国家社科基金重点项目（20AJL016）研究成果
一流专业建设成果

移动支付与中国经济

尹志超　等◎著

经济管理出版社
ECONOMY & MANAGEMENT PUBLISHING HOUSE

图书在版编目（CIP）数据

移动支付与中国经济/尹志超等著 .—北京：经济管理出版社，2023.10
ISBN 978-7-5096-9420-6

Ⅰ．①移…　　Ⅱ．①尹…　　Ⅲ．①移动通信—通信技术—应用—支付方式—研究—中国
Ⅳ．①F832.6-39

中国国家版本馆 CIP 数据核字（2023）第 213421 号

组稿编辑：任爱清
责任编辑：任爱清
责任印制：许　艳
责任校对：张晓燕

出版发行：经济管理出版社
　　　　　（北京市海淀区北蜂窝 8 号中雅大厦 A 座 11 层　　100038）
网　　　址：www. E-mp. com. cn
电　　　话：（010）51915602
印　　　刷：唐山昊达印刷有限公司
经　　　销：新华书店
开　　　本：787mm×1092mm/16
印　　　张：23.75
字　　　数：605 千字
版　　　次：2024 年 1 月第 1 版　　2024 年 1 月第 1 次印刷
书　　　号：ISBN 978-7-5096-9420-6
定　　　价：138.00 元

序　言

波澜壮阔的改革开放改变了中国，也影响了世界。在40多年改革开放的伟大历程中，金融作为实体经济的血脉，实现了从大一统的计划金融体制到现代金融体系的"凤凰涅槃"，初步建成了与国际先进标准接轨、与我国经济社会实际契合的中国特色社会主义金融发展路径。

经过40多年的努力，我们不断改革完善金融服务实体经济的理论体系和实践路径。持续优化完善传统信贷市场，为服务实体企业改革发展持续注入金融活水；建立健全以股票、债券等金融工具为代表的资本市场，畅通实体企业直接融资渠道，增强其可持续发展能力；推动低效产能有序退出市场、临时困难但前景良好的企业平稳渡过难关、优质企业科学稳健发展，鼎力支撑我国企业从无到有、从小到大、从弱到强，逐步从低端加工制造向高附加值迈进。

经过40多年的努力，我们基本构建了以人民为中心的居民家庭金融服务模式。不仅借鉴西方现代金融实践，支持家庭部门熨平收入波动，实现跨期消费效用最大化，而且也充分利用我国银行业分支机构延伸到乡镇、互联网全面覆盖到村落等良好基础设施，逐步实现基础金融服务不出村，促使我国普惠金融走在了世界前列；同时，积极构建与精准扶贫相配套的金融服务体系，发挥金融在扶贫攻坚中优化资源配置的杠杆作用，为人民对美好生活的向往提供金融动力。

经过40多年的努力，我们探索了从国民经济循环流转大局增强金融和财政合力的有效方式。在改革开放过程中，我们不断优化财政支持与金融服务的配套机制，运用金融工具缓解财政资金使用碎片化问题和解决财政资金跨期配置问题，增进财政政策促进经济结构调整和金融政策促进经济总量优化的协调性，持续提升国民经济宏观调控能力和水平，既避免金融抑制阻碍发展，又防止过度金融风险集聚。

2008年，美国次贷危机引发的全球金融海啸引发了人们对金融理论和金融实践的深刻反思。金融理论是否滞后于金融实践，缺乏对金融实践有效的指引？金融实践是否已过度复杂化，致使金融风险难以识别、度量和分散？近年来，随着互联网、大数据、人工智能、区块链等技术的出现，科技发展在极大提高金融业服务效率的同时，也对传统金融业带来了冲击。金融业态正在发生重大变化，金融风险出现新的特征。在新的背景下，如何处理金融改革、发展、创新与风险监管的关系，如何守住不发生系统性金融风险的底线，已经成为世界性重大课题。在以习近平同志为核心的党中央坚强领导下，我国进入中国特色社会主义新时代。在这个伟大的时代，对上述方面进行理论创新和实践探索的任务非常艰巨，使命非常光荣。为完成这一伟大历史使命，需要建设好一流金融学科和金融专业，大规模培养高素质金融人才，形成能力素质和知识结构与时代要求相匹配的金融人才队伍。北京正在建设"政治中心、文化中心、国际交往中心、科技创新中心"，加强金融学科建设和金融人才培养正当其时。

　　欣闻首都经济贸易大学金融学成功入选国家级一流专业，正在组织出版"一流专业建设系列成果"，这为打造高素质金融人才培养基地迈出了重要步伐，将对我国金融学科和金融专业的建设起到积极的推动作用，为促进我国金融高质量发展并建成现代金融体系作出应有贡献，为实现中华民族伟大复兴提供有益助力。

尚福林

2023 年 12 月

前　言

近年来，在传统金融供给不足、数字技术快速发展、监管环境相对友好的背景下，移动支付迅速普及，并成为中国经济发展中的一个亮点。目前，中国移动支付规模非常庞大，用户已经超过 10 亿，移动支付效率领先于世界。中国移动支付的资损率①为千万分之三，而美国 Paypal 资损率为万分之三。中国移动支付规模庞大，2022 年支付金额 500 万亿元人民币，支付业务 1585 亿笔。移动支付逐渐对家庭行为、企业经营和公共服务等产生深刻影响。在此背景下，本书研究移动支付对中国经济的影响，共分为十八章。

第一章，移动支付在中国的发展。介绍移动支付的概念、发展历程及其在中国的发展现状。

第二章，移动支付与县域经济。移动支付能够显著促进县域经济增长，移动支付指数每提高 1%，县域实际 GDP 则提高约 7883 万元。缓解信息不对称、降低金融约束，扩大市场可及性，促进就业、优化就业结构是移动支付推动县域经济增长的主要渠道。

第三章，移动支付与乡村振兴。移动支付对乡村振兴发展有积极影响。移动支付通过促进农村地区形成特色产业、普及和深度发展农村电商以及推动乡村治理的数字化转型等方式推动乡村振兴全面发展。

第四章，移动支付与小微企业经营。移动支付能够显著提高小微企业经营收入、利润以及资产规模。移动支付能够显著缓解小微企业融资约束、提高小微企业经营便利性以及激发小微企业进行创新活动，从而提高企业经营绩效。

第五章，移动支付与小微企业创新。地区移动支付指数和企业层面数字支付的使用均能够显著地提高小微企业创新活动与研发投入。移动支付主要通过改善创新环境、缓解信贷约束、促进信息共享等方式助力小微企业可持续发展。

第六章，移动支付与货币需求。移动支付能够显著降低家庭不同层次的货币需求。交易成本是移动支付对家庭货币需求影响的重要渠道，在交易成本高的地区，移动支付对现金需求的影响更大。

第七章，移动支付与家庭信贷。移动支付能够显著提高家庭获取信贷资源的概率，缓解家庭的流动性约束。移动支付通过降低信息不对称、提高个体的风险偏好水平、提高社会信任和社会互动渠道来促进家庭获取信贷资源。

第八章，移动支付与家庭储蓄。移动支付能够显著降低家庭储蓄率。缓解流动性约束、信贷约束和扩大社会网络是移动支付降低家庭储蓄率的主要渠道，移动支付可以缓解健康风险、医疗风险、失业风险、收入风险等背景风险对预防性储蓄的影响。

第九章，移动支付与保险决策。移动支付能够显著促进家庭商业保险参与。移动支付

---

① 资损率是指一个平台上产生资金损失的金额与总交易额的比值。

能够扩宽人们了解金融知识的渠道、增强家庭之间的社会互动、缓解保险机构和保险产品的约束，促进家庭商业保险参与。

第十章，移动支付与股市参与。移动支付对家庭提高股票市场参与、进行分散化投资有正向影响。移动支付通过金融信息获取、风险态度转变、提高信任感及信贷可得等渠道促进家庭参与股票市场进行分散化投资。

第十一章，移动支付与家庭创业。移动支付通过降低成本，缓解信贷约束，显著提高家庭创业的概率，提高工商业项目的经营绩效。移动支付可以为家庭创造更有利的创业条件，从而使其主动创业。

第十二章，移动支付与家庭就业。移动支付指数每上升 1 单位，家庭部门的就业率提高 0.10%，其中，自雇佣就业率显著提高 0.08%。创业型自雇佣就业活动的开展是移动支付发展提升家庭就业率的重要原因。

第十三章，智能手机与灵活就业。智能手机的使用能够显著提高个体参与非正规就业的概率，提高非正规就业者和个体经营者的工资性收入。信息获取、社交活动和智能手机使用广度，是智能手机影响灵活就业的可能渠道。

第十四章，移动支付与消费升级。移动支付能够显著增加家庭消费支出，降低家庭恩格尔系数，推动非生存型消费支出的增加，是家庭消费结构优化升级的重要推动力。便捷支付、降低成本是移动支付影响家庭消费升级的重要机制。

第十五章，移动支付与低碳消费。相较于从未使用过移动支付的家庭，一直使用移动支付的家庭和新增使用移动支付的家庭的人均碳消费会显著减少。移动支付对不同类型碳消费以及不同分位点碳足迹的影响不同。

第十六章，移动支付与旅游消费。移动支付能够显著提高家庭出游概率、家庭旅游消费、旅游支出占比。支付便利性、社会互动以及信任水平是移动支付影响家庭旅游消费的重要机制。

第十七章，通勤时间、移动支付与家庭消费。通勤时间增加能够显著促进家庭消费，移动支付在其中发挥着重要作用。移动支付打破了时空的制约性，使得消费行为碎片化，缓解了没有时间去实体商店购物的不便，减轻了闲暇不足带来的消费减少问题。

第十八章，结论与建议。总结本书各章的研究发现，并根据研究结果提出对策建议。

本书是国家社科基金重点项目"移动支付对中国经济的影响"（20AJL016）的研究成果，是课题组成员的集体智慧。具体分工如下：第一章尹志超、王瑞，第二章尹志超、吴子硕，第三章张安、郭沛瑶，第四章尹志超、郭润东，第五章郭沛瑶、尹志超，第六章尹志超、公雪、潘北啸，第七章张诚、尹志超，第八章尹志超、吴子硕，第九章尹志超、田文涛、王晓全，第十章杨阳、吴子硕、尹志超，第十一章尹志超、公雪、郭沛瑶，第十二章尹志超、刘泰星，第十三章尹志超、仇化、公雪，第十四章公雪、尹志超、路晓蒙，第十五章尹志超、蒋佳伶，第十六章尹志超、郭润东，第十七章尹志超、仇化、路慧泽，第十八章尹志超、郭润东。

移动支付已经深刻改变了中国家庭、企业和政府的行为，未来可能还将继续产生影响，期待着大家继续关注和研究。本书的研究仅仅是个起步，其中不足之处必定很多，恳望各位读者指正！

2023 年 12 月

目　录

第二篇　移动支付与金融

第三篇　移动支付与生产

第四篇　移动支付与消费

第一章 移动支付在中国的发展

随着移动通信技术的发展，移动支付（Mobile Payment）凭借其便捷性优势，逐步渗透到日常生活的方方面面。习近平指出："分享经济、网络零售、移动支付等新技术新业态新模式不断涌现，深刻改变了中国老百姓生活。"[1] 中国人民银行发布的《2022 年支付体系运行总体情况》显示，2022 年我国移动支付交易 11826.88 亿笔，交易规模达到837.49 万亿元[2]。中国银联发布的《2022 年移动支付安全大调查研究报告》也显示，2022 年居民月均移动支付金额占消费总金额的 86.1%，77.5% 的受访者每天都使用移动支付进行消费结算[3]。本章主要介绍移动支付在中国的发展历程和微观家庭特征。

第一节 移动支付的相关概念

一、移动支付的含义

国家信息中心等联合发布的《中国移动支付发展报告（2019）》认为，移动支付是一种借助于接入通信网络的移动终端设备（智能手机、平板、电脑等移动工具），实现资金从支付方向受让方转移的支付手段[4]。谢平和刘海二（2013）认为，移动支付以移动终端和移动互联网为基础，转移货币价值，以清偿债权债务关系。综上所述，我们认为移动支付包括以下三个内涵：①以手机等移动通信设备和无线通信技术为载体；②是电子货币形态的表现形式；③本质上是一种支付方式。

移动支付与第三方支付、互联网支付等概念不同。移动支付强调使用移动设备进行支付。第三方支付是指非金融机构作为支付中介提供支付服务（主要是网络支付、银行卡等），重点强调运营机制。互联网支付则强调以互联网为媒介进行非现金交易。

二、移动支付的特点

移动支付针对不同角色的人群具有不同特点。对消费者而言，移动支付具有便捷性、安全性、环保性、理财性、优惠性和潮流性等特点。对商家而言，移动支付手续费低、方便管理和营销、具有智能化和多样化的特点。对政府而言，移动支付有助于社保、医疗、税务、交通等政务民生一网通办、实现智慧政务，具有便利性特点。

---

① 资料来源：http：//www.gov.cn/xinwen/2018-11/18/content_5341461.htm。
② 资料来源：http：//www.pbc.gov.cn/zhifujiesuansi/128525/128545/128643/4213347/index.html。
③ 资料来源：https：//www.mpaypass.com.cn/download/202102/01173414.html。
④ 资料来源：http：//www.199it.com/archives/953247.html。

此外，移动支付还具有风险性，例如，手机丢失、支付密码被破解、信息泄露等带来的安全风险，系统漏洞及资金系统保护不当等造成的系统风险，监管法规不完善带来的监管风险等。

三、移动支付的分类

根据不同的分类标准，移动支付可分为五种不同类型：①根据支付账户的不同，移动支付可分为银行卡账户支付、第三方中介账户支付、移动通信话务费抵扣支付。②基于结账清算的时间分为即时交易、预付交易和离线交易。③根据支付方式的不同分为短信支付、扫码支付、刷脸、指纹、声波支付。④根据移动支付技术可以分为NFC、RFID-SIM、SIM Pass和智能SD卡等。⑤根据移动支付的运营主体，可以分为以移动运营商为主体的支付、银行系移动支付和以第三方支付企业为主的移动支付。除此之外，还可以根据收款对象、资金流动的规模等对移动支付进行分类。

第二节　移动支付在中国的发展历程

一、移动支付市场发展脉络

移动支付的萌芽时期：1990~2003年。移动支付在中国的发展可以追溯到20世纪90年代，阿里巴巴、易趣、亚马逊平台开启了线上购物，催生了在线交易媒介，如1998年成立的首易信支付，这也是我国第一家第三方支付平台。

移动支付的早期探索时期：2003~2009年。2003年阿里巴巴成立了支付宝业务部，2004年12月支付宝APP问世，主要功能是充当信用中介。2005年马云提出第三方支付平台概念，同年，腾讯成立了第三方支付平台财付通，且PayPal进入中国，当年还成立了其他50余家第三方支付公司。这一时期除了第三方支付，还出现了电子支付、电话支付等支付方式。截至2009年，我国共存在300余家支付平台。虽然第三方支付平台快速增长，但由于智能手机并未普及，通信以2G和3G网络为主，第三方支付平台处于监管空白期，缺乏行业标准和制度规范，移动支付在这一时期实际发展缓慢，仍处于摸索前进阶段。

移动支付的快速发展时期：2010年至今。2010年央行出台《非金融机构支付服务管理办法》，移动支付被纳入金融监管领域。2011年6月国家开始审核发放第三方支付牌照，银联、支付宝、财付通等27家公司获得首批支付许可证。2012年得益于移动支付NFC标准统一、4G网络应用、智能手机开始普及等，为移动支付的发展提供了硬件基础。2013年支付宝推出余额宝，2014年微信推出红包功能，打车软件的出现更是促使移动支付用户量级增长的重要原因。中国人民银行发布的《2015年支付体系运行总体情况》中指出，2015年银行业发生电子支付交易1052.34亿笔，支付金额2506.23万亿元，非银行支付机构发生网络支付业务821.45亿笔，金额49.48万亿元，同比增长119.51%和

100.16%①。截至 2015 年，中国人民银行共发放 8 批 267 家支付牌照。同年，刷脸支付问世，更是极大地提高了支付效率。2016 年，Apple Pay 进入中国，华为和小米也纷纷上线支付功能，各商业银行和手机供应商也加入移动支付，有利于进一步扩大移动支付用户群体。2020 年之后受疫情的影响，为降低接触风险，提倡使用非纸币交易，移动支付又迎来了一波用户增长高峰。

综上所述，2010 年之前由于客观技术条件落后及智能手机等移动设备尚未普及，移动支付业务未大规模展开。2010 年后得益于有利的技术条件和国家相关政策规范的出台，移动支付飞速发展，在新冠疫情期间移动支付覆盖面逐渐扩大，中国互联网信息中心发布的第 47 次《中国互联网络发展情况统计报告》显示，截至 2020 年 12 月，我国手机网络支付用户规模达到 8.53 亿②。

表 1-1 描述了 2011~2022 年我国移动支付市场交易规模的情况。2011~2021 年我国移动支付发展势头迅猛。从移动支付交易金额来看，银行机构处理的移动支付交易金额迅速从 2011 年的 0.99 万亿元增长到 2021 年的 526.90 万亿元，11 年间快速增长；非银行机构处理的网络支付业务也从 2013 年的 9.22 万亿元增长到 2021 年的 355.46 万亿元。从移动支付交易笔数来看，2011 年银行机构处理移动支付交易 2.47 亿笔，2021 年达到 1512.28 亿笔；非银行支付机构处理网络支付业务也从 2013 年的 153.38 亿笔增长到 2021 年的 10283.22 亿笔。受经济形势影响，2022 年我国移动支付交易笔数和金额略有下降，但银行移动支付笔数仅占银行非现金支付笔数的 34.26%，银行移动支付金额仅占银行非现金支付金额的 10.40%，可以预测，移动支付仍具有巨大的可发展空间。

表 1-1　2011~2022 年我国移动支付交易业务量及网络支付用户规模③

年份	银行机构处理移动支付业务量		非银行支付机构处理网络支付业务量	
	交易金额（万亿元）	交易数量（亿笔）	交易金额（万亿元）	交易数量（亿笔）
2011	0.99	2.47	—	—
2012	2.31	5.35	—	—
2013	9.64	16.74	9.22	153.38
2014	22.59	45.24	24.72	374.22
2015	108.22	138.37	49.48	821.45
2016	157.55	257.10	99.27	1639.02
2017	202.93	375.52	143.26	2867.47
2018	277.39	605.31	208.07	5306.10
2019	347.11	1014.31	249.88	7199.98
2020	432.16	1232.20	294.56	8272.97
2021	526.90	1512.28	355.46	10283.22
2022	499.62	1585.07	337.87	10241.81

注：以上数据通过手动整理中国人民银行各年支付体系运行情况报告所得。银行机构处理移动支付业务量是指客户通过手机银行，从结算类账户发起的账务变动类业务笔数和金额。2013~2014 年，非银行支付机构处理网络支付业务指网络支付业务，包括互联网支付、移动电话支付、固定电话支付和数字电视支付业务。2015 年后，非银行支付机构处理网络支付业务包含支付机构发起的涉及银行账户的网络支付业务量，以及支付账户的网络支付业务量，但不包含红包类等娱乐性产品的业务量。中国人民银行并未分类汇报非银行支付机构网络支付业务，仅报告总量。

---

① 资料来源：http：//www.pbc.gov.cn/zhifujiesuansi/128525/128545/128643/index.html。
② 资料来源：http：//www.cnnic.net.cn/hlwfzyj/hlwxzbg/。
③ 资料来源：http：//www.pbc.gov.cn/zhifujiesuansi/128525/128545/128643/index.html。

图1-1描述了银行机构处理移动支付业务的增长情况，2015年是移动支付交易金融和交易笔数增长最快的年份，此后，移动支付规模在保持高位的情况下，始终保持稳定增长。

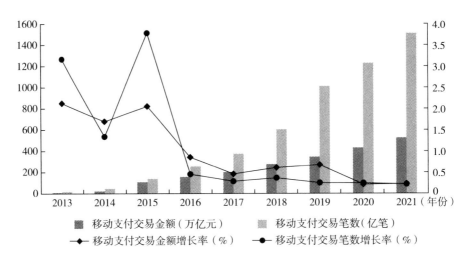

图1-1　银行处理移动支付交易金额与交易笔数及增长率

注：左轴代表移动支付交易金额，右轴代表移动支付交易笔数。

二、移动支付相关政策梳理

表1-2梳理了近年来我国出台的移动支付相关政策。中国人民银行负责出台各类非金融机构支付业务的管理办法，中国支付清算协会印发移动支付行业的各类公约，共同促进移动支付行业规范发展。得益于规范良好的政策环境，移动支付在我国快速发展。

表1-2　移动支付相关政策梳理

年份	政策
2005	中国人民银行印发《电子支付指引》
2010	中国人民银行出台《非金融机构支付服务管理办法》，开始颁布第三方支付牌照
2011	中国人民银行发布《关于非金融机构支付业务监督管理工作的指导意见》
2012	支付清算协会印发《移动支付行业自律公约》
2014	银监会发布《关于加强商业银行与第三方支付机构合作业务管理的通知》
2015	中国人民银行实施《非银行支付机构网络支付业务管理办法》、发布《支付业务许可证》续展工作的通知
2016	中国人民银行发布《非银行支付机构风险专项整治工作实施方案》和《非银行支付机构分类评级管理办法》
2017	中国人民银行发布《关于实施支付机构客户备付金集中存管有关事项的通知》《关于进一步加强无证经营支付业务政治工作的通知》《关于规范支付创新业务的通知》和《条码支付业务规范（试行）》
2018	中国人民银行发布《关于对非银行机构网络支付清算平台渠道接入工作情况通告函》
2020	中国人民银行公告修订《非金融机构支付服务管理办法实施细则》等5个规范性文件，支付清算协会印发《人脸识别线下支付行业自律公约（试行）》

续表

年份	政策
2021	中国人民银行印发《非银行支付机构重大事项报告管理办法》，实施《非银行支付机构客户备付金存管办法》

资料来源：https：//www.gov.cn/govweb/jrzg/2005-10/30/content_86881.htm；https：//www.gov.cn/flfg/2010-06/21/content_1632796.htm；https：//www.mpaypass.com.cn/download/201802/10164102.html；https：//www.pcac.org.cn/eportal/ui？pageId=607975&articleKey=596555&columnId=596534；https：//www.gov.cn/xinwen/2014-04/18/content_2662478.htm；https：//www.gov.cn/gongbao/content/2016/content_5061699.htm；https：//www.mpaypass.com.cn/news/201706/26194021.html；https：//www.gov.cn/xinwen/2016-10/13/content_5118605.htm；http：//www.pbc.gov.cn/tiaofasi/144941/3581332/3589036/index.html；http：//www.pbc.gov.cn/goutongjiaoliu/113456/113469/3234922/index.html；http：//www.echinalaw.net/pay/2019/1214/206.html；http：//www.pbc.gov.cn/tiaofasi/144941/3581332/3589723/index.html；http：//www.pbc.gov.cn/tiaofasi/144941/3581332/3589728/index.html；https：//m.mpaypass.com.cn/download/201901/08143949.html；https：//www.gov.cn/gongbao/content/2011/content_1845071.htm；https：//www.pcac.org.cn/eportal/ui？pageId=598041&articleKey=609432&columnId=595027；https：//www.gov.cn/gongbao/content/2021/content_5641354.htm；https：//www.gov.cn/zhengce/zhengceku/2021-01/23/content_5582141.htm.

第三节　移动支付在中国发展的微观证据

移动支付凭借其便捷性、安全性等优势，逐渐成为家庭主要的支付方式（谢平、刘海二，2013）。本章基于2017~2021年中国家庭金融调查（China Household Finance Survey，CHFS）数据，描述移动支付在中国家庭发展的微观特征。CHFS在全国范围内进行，数据采用科学、随机的抽样方式，并且在城乡结构、人口年龄结构、性别结构等多个方面与国家统计局数据相一致，具有良好的数据代表性（甘犁等，2012）。CHFS数据覆盖我国除新疆、西藏、港澳台之外的29个省份，数据内容包括家庭的人口统计特征、资产与负债、保险与保障、收入与支出等，并提供了家庭详细的支付数据。2017年、2019年和2021年分别调查了家庭样本40011个、34643个和22027个。

家庭移动支付定义。由于调查问卷的适时调整，各年移动支付的定义略有差异，但不影响整体的一致性。2017年数据中，如果家庭在购物中通过手机、iPad等移动终端支付（包括支付宝APP、微信支付、手机银行、Apple Pay等），则定义家庭使用移动支付，2017年数据采集了样本中所有家庭的支付信息，可用样本为40011个。2019年数据中，受限于问卷信息，根据家庭是否开通支付宝、微信支付、京东网银钱包、百度钱包等第三方支付账户定义移动支付，少数家庭缺失移动支付信息，可用样本为34378个。2021年数据中，如果家庭在日常生活中使用过微信支付、支付宝支付、手机银行和网银支付，那么定义家庭使用移动支付，可用样本22027个。

我国使用移动支付的家庭比例日益提高。图1-2直观地描述了2017年、2019年、2021年我国使用移动支付的家庭比例的变化情况。从移动支付的使用规模来看，2017年有27.40%的家庭使用移动支付，其中，25.46%的家庭为移动支付和现金支付、刷卡支付等支付方式相结合，1.94%的家庭只使用"移动支付"这一种支付方式，移动支付是除了现金支付之外家庭使用最多的一种支付方式；对于使用移动支付的家庭而言，移动支付月支付金额平均为 2415.72 元①。2019 年 CHFS 数据表明有 45.60% 的家庭使用移动支付，2021 年有 59.95% 的家庭使用移动支付，超过半数的家庭使用移动支付。从移动支付使用比例的增长情况来看，2017~2019 年增长比重为 66.42%，2019~2021 年增长比重为 31.47%，移动支付使用比例的增长率有所下降。但移动支付使用比例仍不断增长，逐步向家庭渗透。

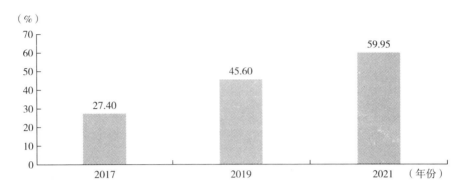

图 1-2　2017~2021 年中国家庭移动支付使用比例

注：2017 年、2019 年和 2021 年 CHFS 数据使用家庭权重进行调整，样本量分别为 40011 个、34378 个和 22027 个。

一、移动支付与家庭所在地区异质性

为了更直观地考察移动支付在不同地区的发展情况，以下按照城乡、东中西东北、省份分别描述移动支付的发展情况。

（一）移动支付发展的城乡差异

表 1-3 报告了城乡家庭使用移动支付的差异。CHFS 数据提供了家庭常住地和户籍信息，可以根据调查地点（常住地）划分，也可以按家庭户口类型划分，由于我国存在大量的流动人口，两种划分方式存在一定差异。表 1-3 同时报告了两种划分方式下使用移动支付的家庭比例。从使用移动支付的家庭比例看，按调查地点划分时，2017 年 34.39% 的城市家庭使用移动支付，9.89% 的农村家庭使用移动支付，2019 年这一比例增长到了 59.34% 和 31.88%，2021 年这一比例增长到了 69.11% 和 48.13%。可见，城市之间移动支付使用存在巨大差异，农村居民使用移动支付的比例较低，依据户口划分城乡时，本章同样得到以上结论。从移动支付使用的增长情况来看，2017~2019 年调查地点为城市、农村，以及户口为城市、农村和统一居民的家庭使用移动支付的比例的增长率分别为 72.55%、223.35%、71.98%、92.45% 和 65.91%，2019~2021 年各调查地点和户口家庭使用移动支付比例的增长率分别为 16.46%、50.97%、21.81%、36.63% 和 17.31%。2017~2019 年是移动支付快速增长的时期，随着使用移动支付的家庭过半，移动支付使用比例的增速也有所下降，相比于城市，农村家庭移动支付的使用比例增长较快。

---

① 对移动支付月支付金额数据进行上下 1% 缩尾。

表 1-3　移动支付使用比例的城乡差异

单位:%

年份	调查地点		户口		
	城市	农村	城市	农村	统一居民
2017	34.39	9.89	35.19	19.99	34.58
2019	59.34	31.88	60.52	38.47	57.37
2021	69.11	48.13	73.72	52.56	67.30

注:以上数据按家庭权重进行调整。按调查地点划分时,2017~2021 年总样本量分别为 40011 个、34378 个和 22027 个。按户主户口划分时,由于部分家庭户口信息缺失,2017~2021 年总样本量分别为 39915 个、34306 个和 21927 个。

(二) 移动支付发展的地区差异

表 1-4 报告了不同地区的家庭使用移动支付的差异。本报告分别按照东中西部和南北划分地区。从使用移动支付的家庭比例看,按照东、中、西、东北进行划分时,东北家庭使用移动支付的比例最低,中部次之,东部家庭使用移动支付的比例最高;按照南北划分时,北方家庭使用移动支付的比例从 27.61% 增长到 61.25%,南方家庭使用移动支付的比例从 30.70% 增长到 62.10%,可见,南方家庭使用移动支付的比例相比于北方更高,移动支付的使用存在地区差异。从移动支付使用的增长情况来看,2017~2019 年以下各列增长率分别对应为 56.48%、79.96%、77.62%、79.95%、57.05% 和 63.49%,2019~2021 年以下各列增长率分别对应为 30.99%、29.47%、32.00%、40.40%、41.07% 和 23.75%。随着使用移动支付的家庭过半,移动支付使用比例的增速有所下降。中部和东北地区增长较快,北方家庭使用移动支付的比例低,且增长慢,应重点关注。

表 1-4　移动支付使用比例的地区差异

单位:%

年份	东、中、西、东北				南、北	
	东	中	西	东北	北	南
2017	32.23	24.11	24.84	23.29	27.61	30.70
2019	49.04	43.19	44.12	41.91	43.36	50.19
2021	64.24	55.92	58.24	58.84	61.25	62.10

注:以上数据按家庭权重进行调整。按东中西部划分时,2017~2021 年总样本量分别为 40011 个、34378 个和 22027 个。按南北划分时,剔除了秦岭淮河沿线省份(剔除了重庆、安徽、江苏、四川、湖北、陕西、河南),2017~2021 年总样本量分别为 30066 个、25101 个和 17358 个。

(三) 移动支付发展的省份差异

图 1-3 基于 2021 年数据报告了不同省份的家庭使用移动支付的差异。根据图 1-3,从使用移动支付的家庭比例看,沿海省份和北京等地区家庭使用移动支付的比例高,中西部省份家庭使用移动支付的比例较低。其中,天津市家庭使用移动支付的比例最高,为 75.18%,福建省家庭使用移动支付的比例次之,为 74.78%,上海市为 74.40%。除云南省外,其余各省使用移动支付的家庭均过半,云南省家庭使用移动支付的比例最低,为 43.44%。当前,移动支付使用仍存在较大的省份发展差异。

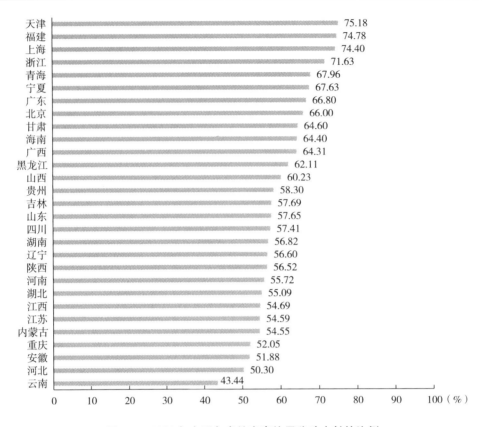

图 1-3　2021 年中国各省份家庭使用移动支付的比例

注：计算不同省份家庭移动支付比例时进行了家庭权限调整。

二、移动支付与家庭人口结构

家庭的人口特征和家庭的支付行为选择密切相关，以下从家庭人口规模、年龄、教育和性别角度分别描述移动支付使用的状况。

（一）家庭人口规模与移动支付

表 1-5 报告了不同人口规模的家庭使用移动支付的差异。根据家庭人口数目将样本划分为 6 组，移动支付使用基本与家庭人口规模保持正相关关系。从使用移动支付的家庭比例看，人口规模在 3~4 人的家庭使用移动支付的比例较高，2019 年这部分家庭中，60% 以上使用移动支付，2021 年达到 75% 以上，在 4 口之家分组中，使用移动支付的家庭比例更高。相比之下在两人及以下的家庭分组中，使用移动支付的比例较低，2019 年不及 30%，2021 年不及 50%。从移动支付使用的增长情况来看，2017~2019 年增长率分别为 33.44%、114.63%、51.44%、80.90%、101.47% 和 115.98%，2019~2021 年不同家庭规模的增长率分别为 70.31%、78.92%、20.73%、9.53%、10.07% 和 9.09%。随着使用移动支付的家庭过半，移动支付使用比例的增速有所下降。规模为 2 人和 4 人及以上的家庭使用移动支付的比例增长较快，独居家庭不仅移动支付使用比例低，且增长慢。

表 1-5 家庭移动支付使用比例与家庭规模   单位:%

年份	1 人	2 人	3 人	4 人	5~6 人	7 人及以上
2017	17.97	11.76	41.82	38.75	29.88	27.41
2019	23.98	25.24	63.33	70.10	60.20	59.20
2021	40.84	45.16	76.46	76.78	66.26	64.58

注:以上数据按家庭权重进行调整。2017~2021 年样本量分别为 40011 个、34378 个和 22027 个。

(二) 年龄与移动支付

1. 户主年龄与移动支付

表 1-6 报告了不同户主年龄的家庭使用移动支付的差异。根据户主年龄将样本划分为五组,使用移动支付的家庭比例随着户主年龄的增长而下降。从使用移动支付的家庭比例看,户主年龄在 30 岁以下的分组中,使用移动支付的家庭比例最高,2019 年这部分家庭使用移动支付的比例达到 95.22%,基本实现全覆盖;相比之下户主年龄在 60 岁以上的分组中,使用移动支付的家庭比例仅为 19.10%。从移动支付使用的增长情况来看,2017~2019 年以下各列增长率分别对应为 31.23%、43.09%、81.71%、128.84% 和 140.05%,2019~2021 年以下各列增长率分别对应为 -1.25%、2.92%、17.14%、39.32% 和 65.08%。随着使用移动支付的家庭占比提高,移动支付使用比例的增速有所下降。中老年人家庭使用移动支付的比例呈现快速增长的趋势。

表 1-6 户主年龄与移动支付使用   单位:%

年份	30 岁及以下	31~40 岁	41~50 岁	51~60 岁	60 岁以上
2017	72.56	60.25	40.14	21.98	7.94
2019	95.22	86.21	72.94	50.30	19.10
2021	94.03	88.73	85.44	70.08	31.53

注:以上数据按家庭权重进行调整。由于无法获得个人层面的移动支付数据,参考家庭经济学领域的文献,使用户主年龄代表家庭年龄,部分样本缺失户主年龄信息,2017~2021 年总样本量分别为 40000 个、34363 个和 22027 个。

图 1-4 描述了 2021 年不同年龄分组的家庭样本量及其移动支付使用情况,纵轴表示不同组别的家庭样本量,可以直观地看出,随着户主年龄的增加使用移动支付的家庭占比在下降,移动支付使用比例与户主年龄成反比例关系。这同时也说明了样本中有大量的中老年人家庭被移动支付排斥。因此,需要特别关注中老年人的移动支付使用问题。

2. 老年人口占比与移动支付

表 1-7 报告了家庭老年人口占比与移动支付使用的关系。按 60 岁及以上老年人口占家庭总人口的比重,将样本分为家庭中无老年人,家庭中 33% 及以下的人口为老年人,家庭中 34%~66% 的人口为老年人,67%~99% 的人口为老年人,家庭全部人口为老年人。从使用移动支付的家庭比例来看,老年人比重越高,使用移动支付的家庭比例越低。对于没有老年人的家庭而言,有 67.63% 的家庭使用移动支付,对于全部是老年人的家庭而言,仅有 11.06% 的家庭使用移动支付。从移动支付使用的增长情况来看,2017~2019 年以下各列增长率分别对应为 61.87%、110.13%、97.12%、114.37% 和 345.97%,2019~2021 年以下各列增长率分别对应为 22.21%、8.49%、32.19%、62.16% 和 142.86%。随着使用移动支付的家庭占比提高,移动支付使用比例的增速有所下降。

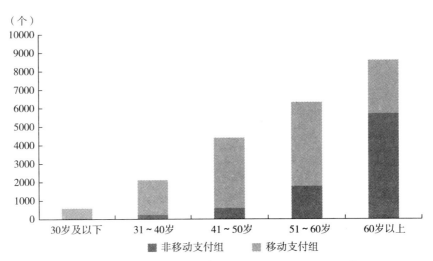

图 1-4　2021 年 CHFS 户主年龄与移动支付使用情况①

表 1-7　老年人口占比与移动支付使用　　　　　　　　单位:%

年份	0	0.01~0.33	0.34~0.66	0.67~0.99	1
2017	41.78	28.04	19.78	13.71	2.48
2019	67.63	58.92	38.99	29.39	11.06
2021	82.65	63.92	51.54	47.66	26.86

注:以上数据按家庭权重进行调整。2017~2021 年总样本量分别为 40011 个、34378 个和 22027 个。

（三）教育与移动支付

1. 户主学历与移动支付

表 1-8 报告了不同户主学历的家庭使用移动支付的差异。根据户主学历将样本划分为八组，使用移动支付的家庭比例随着户主学历的提高而上升。从使用移动支付的家庭比例看，户主学历在大专及以上的家庭使用移动支付的比例较高，2019 年这部分家庭中有80%以上使用移动支付，2021 年达到 90%以上。户主学历是研究生的家庭基本实现移动支付全覆盖。相比之下户主学历在小学水平及以下的分组中，使用移动支付的家庭比例不及30%。从移动支付使用比例的增长情况来看，2017~2019 年以下各列增长率分别对应为157.17%、150.97%、108.10%、75.62%、67.69%、46.71%、35.92%和14.91%，2019~2021 年以下各列增长率分别对应为 96.36%、39.37%、25.31%、26.55%、17.13%、9.14%、6.61%和3.97%。随着使用移动支付的家庭占比提高，移动支付使用比例的增速有所下降。户主学历较低的分组中，由于使用移动支付的家庭占比较低，呈现出快速增长的趋势。

表 1-8　户主学历与移动支付使用　　　　　　　　　　单位:%

年份	文盲	小学	初中	高中	中专	大专	大学	研究生
2017	4.81	10.81	23.47	33.26	39.92	55.81	63.69	82.27
2019	12.37	27.13	48.84	58.41	66.94	81.88	86.57	94.54

①　根据《中国家庭普惠金融发展研究》报告，2019 年 CHFS 调查样本的人口结构除老年人样本较高之外，与统计局人口结构基本可比。

续表

年份	文盲	小学	初中	高中	中专	大专	大学	研究生
2021	24.29	37.81	61.20	73.92	78.41	89.36	92.29	98.29

注：以上数据按家庭权重进行调整。由于无法获得个人层面的移动支付数据，参考家庭经济学领域的文献，使用户主受教育水平进行描述性统计。部分样本缺失户主受教育信息，2017~2021年总样本量分别为39958个、34340个和21943个。

图1-5描述了2019年不同学历分组的家庭样本量和移动支付使用情况，纵轴表示不同组别的样本量，随着户主学历上升，使用移动支付的家庭占比也在提高。样本中有大量的户主学历较低的家庭被移动支付排斥。要尤其关注低学历群体的移动支付使用问题。

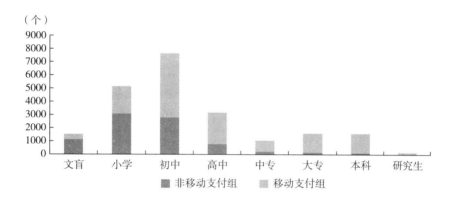

图1-5 2019年CHFS户主受教育信息与移动支付使用①

2. 低学历人口占比与移动支付

表1-9报告了低学历人口占比与移动支付使用的关系。按初中及以下学历的家庭成员占家庭总人口的比重，将样本分为家庭中无初中及以下学历的成员，家庭中33%及以下成员为初中及以下学历，家庭中34%~66%成员为初中及以下学历，67%~99%成员为初中及以下学历，家庭全部成员为初中及以下学历。从使用移动支付的家庭比例来看，低学历成员占比越高，使用移动支付的家庭占比越低，学历均在初中以上的分组中，使用移动支付的家庭比例可以达到87.66%，学历均在初中及以下分组中，使用移动支付的家庭占比仅为32.52%。从移动支付使用比例的增长情况来看，2017~2019年以下各列增长率分别对应为43.94%、61.53%、122.85%、129.17%和241.46%，2019~2021年以下各列增长率分别对应为11.97%、6.93%、21.24%、16.34%和98.41%。随着使用移动支付的家庭占比提高，移动支付使用比例的增速有所下降。低学历家庭中，使用移动支付的家庭比例增长较快，可见，移动支付使用门槛并不高。

表1-9 低学历人口占比与移动支付使用 单位：%

年份	0	0.01~0.33	0.34~0.66	0.67~0.99	1
2017	54.39	47.05	24.42	23.45	4.80
2019	78.29	76.00	54.42	53.74	16.39

① 根据《中国家庭普惠金融发展研究》报告，2019年CHFS调查样本的受教育水平分布，与统计局信息基本可比。

年份	0	0.01~0.33	0.34~0.66	0.67~0.99	1
2021	87.66	81.27	65.98	62.52	32.52

注：以上数据按家庭权重进行调整。部分样本缺失户主受教育信息，2017~2021年总样本量分别为39958个、34340个和21943个。

（四）性别与移动支付

表1-10报告了不同户主性别的家庭使用移动支付的差异。根据户主性别将样本划分为两组，家庭是否使用移动支付与户主性别相关不大。从使用移动支付的家庭比例来看，户主男性的分组中，使用移动支付的家庭占比在不同调查年份分别为27.03%、45.69%和60.66%，户主女性的分组中，使用移动支付的家庭占比在不同调查年份分别为28.84%、45.28%和59.63%。使用移动支付的家庭占比在两组之间差异不大。进一步根据家庭女性成员占比将样本分为五组①，结果表明，当女性成员占比过高或过低，性别结构单一时，使用移动支付的家庭比例低。从移动支付使用的增长情况来看，2017~2019年以下各列增长率分别对应为69.03%、57.00%、9.82%、71.54%、72.79%、71.01%和65.18%，2019~2021年以下各列增长率分别对应为32.76%、31.69%、75.54%、15.85%、27.49%、12.28%和48.43%。随着使用移动支付的家庭占比提高，移动支付使用比例的增速有所下降。家庭成员性别结构单一不利于移动支付使用。

表1-10 性别与移动支付使用 单位：%

年份	户主性别		家庭女性成员占比				
	男	女	0	0.01~0.33	0.34~0.66	0.67~0.99	1
2017	27.03	28.84	23.01	36.30	24.99	40.25	17.75
2019	45.69	45.28	25.27	62.27	43.18	68.83	29.32
2021	60.66	59.63	44.36	72.14	55.05	77.28	43.52

注：以上数据按家庭权重进行调整。2017~2021年总样本量分别为40011个、34378个和22027个。

三、移动支付与家庭经济条件

移动支付的使用和家庭的经济条件密切相关，以下从家庭的就业、经营、住房、收入和资产角度分别描述了移动支付的发展情况。

（一）家庭就业结构与移动支付

表1-11报告了不同户主职业的家庭使用移动支付的差异。本章使用户主的就业状况代理家庭的就业结构，户主的就业情况可以分为未就业、非农就业和务农。对于非农就业的户主，还可继续分为在公共部门和私人部门就业。从使用移动支付的家庭比例来看，户主非农就业的分组中，使用移动支付的家庭比例最高，2017年为44.72%，2019年增长为72.33%，2021年增长为83.31%。务农的分组中，使用移动支付的家庭比例最低，2017年仅为6.99%，2019年增长为27.11%，2021年也只达到44.00%。户主未就业分组中，使用移动支付的家庭比例从14.10%增加到47.77%。对于户主在公共部门就业的分组而言，使用移动支付的家庭比例从53.74%增长到90.20%。对于户主在私人部门就业的分组

---

① 与表1-6、表1-8分组类似，不再赘述。

而言，使用移动支付的家庭比例从 30.08%增长到 78.37%。从移动支付使用比例的增长情况来看，2017～2019 年以下各列增长率分别对应为 129.86%、61.74%、287.84%、42.30%和 118.88%，2019～2021 年以下各列增长率分别对应为 47.39%、15.18%、62.30%、17.95%和 19.03%。随着使用移动支付的家庭占比提高，移动支付使用比例的增速有所下降。户主未就业、务农和在私人部门就业的家庭使用移动支付的比例低，增长速度较快。要重点关注家中成员失业和以务农为生的家庭。

表1-11 户主职业与移动支付使用 单位:%

年份	就业情况			非农就业	
	未就业	非农就业	务农	公共部门	私人部门
2017	14.10	44.72	6.99	53.74	30.08
2019	32.41	72.33	27.11	76.47	65.84
2021	47.77	83.31	44.00	90.20	78.37

注：以上数据按家庭权重进行调整。由于无法获得个人层面的移动支付数据，参考家庭经济学领域的文献，使用户主职业进行描述性统计。2017～2021 年总样本量分别为 40011 个、34378 个和 22027 个。

(二) 家庭经营与移动支付

表1-12 报告了家庭工商业经营与移动支付使用的关系。首先根据家庭是否经营工商业进行分类描述，其次在经营工商业的家庭中，根据工商业经营的形式和是否互联网经营进行分类描述。从使用移动支付的家庭比例看，经营工商业的分组中，使用移动支付的家庭比例较高，2017 年为 49.04%，2019 年增长为 84.17%，2021 年为 87.14%。无工商业经营的分组中，使用移动支付的家庭比例较低，2017 年为 23.36%，2019 年增长为 40.87%，2021 年为 57.24%。接下来考察有工商业经营的家庭，对于自雇经营的分组，使用移动支付的家庭比例从 46.73%增长为 85.82%，对于雇主，使用移动支付的家庭比例从 66.38%增长为 92.76%。另外，对于参与互联网经营的分组，使用移动支付的家庭比例高于未参与互联网经营的创业分组。从移动支付使用比例的增长情况来看，2017～2019 年以下各列增长率分别对应为 71.64%、74.96%、78.28%、38.39%、77.82%和 27.07%，2019～2021 年以下各列增长率分别对应为 3.53%、4.01%、3.01%、0.98%、4.33%和 -3.38%。随着使用移动支付的家庭占比提高，移动支付使用比例的增速有所下降。是否经营工商业对移动支付使用比例的增长影响差异不大，自雇经营和无互联网经营的家庭由于使用移动支付的比例较低，增长速度较快。要重点关注未参与工商业经营的家庭。

表1-12 家庭经营与移动支付使用 单位:%

年份	是否经营工商业		经营形式		互联网经营	
	是	否	自雇	雇主	无	有
2017	49.04	23.36	46.73	66.38	46.89	74.89
2019	84.17	40.87	83.31	91.86	83.38	95.16
2021	87.14	57.24	85.82	92.76	86.99	91.94

注：以上数据按家庭权重进行调整。工商业经营情况为家庭层面数据。2017～2021 年总样本量分别为 40011 个、34378 个和 22027 个。

(三) 家庭收入与移动支付

表1-13 报告了不同收入的家庭使用移动支付的差异。根据家庭收入的 20 百分位数，

40 百分位数、60 百分位数和 80 百分位数将样本分为低、中低、中等、中高、高收入五组。从使用移动支付的家庭比例来看，使用移动支付的家庭比例随着家庭收入的增加而提高。在高收入分组中，使用移动支付的家庭比例最高，2017 年为 56.72%，2019 年增长为 81.29%，2021 年为 86.84%。在低收入分组中，使用移动支付的家庭比例较低，2017 年仅为 9.23%，2019 年增长为 25.45%，2021 年为 41.72%。在中低收入分组中，使用移动支付的家庭比例从 14.23% 增长为 53.43%，在中等收入分组中，使用移动支付的家庭比例从 23.62% 增长为 65.47%，在中高收入分组中，使用移动支付的家庭比例从 34.32% 增长为 72.24%。从移动支付使用的增长情况来看，2017~2019 年以下各列增长率分别对应为 175.73%、147.93%、113.21%、82.20% 和 43.32%，2019~2021 年以下各列增长率分别对应为 63.93%、51.45%、30.00%、15.53% 和 6.83%。随着使用移动支付的家庭占比提高，移动支付使用比例的增速有所下降。低收入和中低收入家庭使用移动支付的比例低。要重点关注低收入家庭的移动支付使用情况。

表 1-13　家庭移动支付使用比例与家庭收入　　　　　单位:%

年份	低收入	中低收入	中等收入	中高收入	高收入
2017	9.23	14.23	23.62	34.32	56.72
2019	25.45	35.28	50.36	62.53	81.29
2021	41.72	53.43	65.47	72.24	86.84

注：以上数据按家庭权重进行调整。收入为家庭层面数据，对家庭收入进行上下 1% 缩尾。2017~2021 年总样本量分别为 40011 个、34378 个和 22027 个。

（四）家庭资产与移动支付

表 1-14 报告了不同资产的家庭使用移动支付的差异。根据家庭资产的 20 百分位数、40 百分位数、60 百分位数和 80 百分位数将样本分为低、中低、中等、中高、高资产五组。从使用移动支付的家庭比例来看，使用移动支付的家庭比例随着家庭资产规模的扩大而提高。在高资产分组中，使用移动支付的家庭比例最高，2017 年为 50.37%，2019 年增长为 74.19%，2021 年为 82.83%。在低资产分组中，使用移动支付的家庭比例较低，2017 年仅为 8.68%，2019 年增长为 21.93%，2021 年为 37.22%。在中低资产分组中，使用移动支付的家庭比例从 14.96% 增长为 53.33%，在中等资产分组中，使用移动支付的家庭比例从 25.49% 增长为 66.51%，在中高资产分组中，使用移动支付的家庭比例从 38.62% 增长为 75.77%。从移动支付使用比例的增长情况来看，2017~2019 年以下各列增长率分别对应为 152.65%、151.87%、106.55%、74.83% 和 47.29%，2019~2021 年以下各列增长率分别对应为 69.72%、41.53%、26.32%、12.22% 和 11.65%。随着使用移动支付的家庭占比提高，移动支付使用比例的增速有所下降。低资产和中低资产的家庭移动支付使用比例的增长较快。要重点关注低资产家庭的移动支付使用情况。

表 1-14　家庭移动支付使用比例与家庭资产　　　　　单位:%

年份	低资产	中低资产	中等资产	中高资产	高资产
2017	8.68	14.96	25.49	38.62	50.37
2019	21.93	37.68	52.65	67.52	74.19
2021	37.22	53.33	66.51	75.77	82.83

注：以上数据按家庭权重进行调整。资产为家庭层面数据，对家庭资产进行上下 1% 缩尾。2017~2021 年总样本量分别为 40011 个、34378 个和 22027 个。

本章小结

移动支付凭借其便捷性特点，正处于快速发展阶段。在监管方面，中国人民银行出台各类管理办法，营造日益规范的支付环境。移动支付日渐成为中国家庭的主要支付方式，本节重点在于描述移动支付在中国家庭发展的微观证据，通过描述性统计，本章发现家庭移动支付具有以下三个特征：

（1）从家庭地理位置来看：①农村地区居住的家庭使用移动支付的比例低，由于使用基数小，增长速度快；②北方家庭使用移动支付的比例低；③通过各省数据的比较，东南沿海家庭使用移动支付的比例高，中部家庭使用移动支付的比例低。

（2）从家庭的人口结构来看：①规模小的家庭移动支付使用的比例低，规模大的家庭使用移动支付的增速快；②老年人口多的家庭移动支付使用的比例低，由于使用基数小，增长速度快；③受教育水平低的成员多的家庭移动支付使用的比例低，由于使用基数小，增长速度快；④移动支付使用与性别结构关系不大，但家庭性别结构单一不利于移动支付使用。

（3）从家庭的经济条件来看：①务农的家庭移动支付使用的比例低，家庭成员在公共部门就业有利于使用移动支付；②经营工商业，尤其是雇主的家庭移动支付使用的比例高；③低收入、低资产的家庭移动支付使用的比例低，由于使用基数小，增长速度快。

当前，随着使用移动支付的家庭占比提高，移动支付使用比例的增速有所下降。应重点关注还没有使用移动支付的家庭，根据本章分析，这部分家庭具有以下两个基本特征：①位于中部或东北地区农村，家庭规模小，且以老年人为主，普遍受教育程度低，多以务农为生；②不从事非农就业或工商业经营，家庭缺少收入流，而且资产较少。

第一篇

移动支付与经济

第二章　移动支付与县域经济①

第一节　研究背景

习近平总书记向 2021 年世界互联网大会乌镇峰会致贺信指出："数字技术正以新理念、新业态、新模式全面融入人类经济、政治、文化、社会、生态文明建设各领域和全过程，给人类生产生活带来广泛而深刻的影响。"在国际环境日益复杂，经济下行压力持续增大，国内外新冠疫情不稳定的大背景下，用数字技术赋能经济，让数字技术成就经济已是大势所趋。随着 5G 网络、数据中心等新型基础设施建设进度的加快和数字设备的不断普及，依托于互联网、大数据、云计算、人工智能、区块链的数字经济正在重组要素资源，改变经济结构，并逐渐成为了推动新型经济发展的重要引擎。近年来，我国政府也制定了一系列政策普及数字技术和发展数字经济。2020 年《中共中央关于制定国民经济和社会发展第十四个五年规划和二〇三五年远景目标的建议》将加快数字化发展，打造数字经济新优势，全面建设数字中国作为国家未来政策的重点方向。2022 年国务院印发的《"十四五"数字经济发展规划》指出："要不断优化并升级数字基础设施，完善数字经济治理体系，推动数字经济健康发展。"作为数字经济的主要表现形式，中国移动支付发展取得巨大进步。根据中国家庭金融调查数据，2017~2021 年中国家庭使用移动支付的比例从 27% 增加至 64%。中国人民银行公布的《2022 年支付体系运行总体情况》显示，移动支付业务量达到 1585.07 亿笔，同比增长 4.81%。在疫情不断反复的大背景下，移动支付用户规模继续下沉，截至 2022 年 6 月，中国移动支付用户规模达到 9.04 亿，是全球移动支付使用率最高的国家。相比传统支付方式，一方面，移动支付能够推动普惠金融发展，帮助资金供给端采集用户征信及物质禀赋信息，降低居民面临的金融排斥，有效缓解其信贷约束；另一方面，移动支付的发展促进了创业，催生了多种新型灵活就业模式，带动了就业。

改革开放以来，中国经济迅猛增长，创造了举世瞩目的"增长奇迹"。县域是城市群、都市圈和乡村的重要联合点，是承接农村及城市产业的重要载体，是形成以国内大循环为主体、国内国际双循环相互促进新发展格局的中坚力量。中华人民共和国民政部于 2022 年发布的《2021 年民政事业发展统计公报》显示，2021 年底，中国除市辖区、林区及特区外，共有 1864 个县级行政区，数量远高于市辖区、林区及特区的总和，县域布局了我国 70% 的人口及 45% 的地区生产总值，对经济总量的提高发挥着不可替代的作用。县域经

---

① 尹志超，吴子硕. 移动支付与县域经济增长 ［J］. 财经研究，2023，49（8）：124-138.

济是国民经济的重要组成部分，是以城带乡的最佳桥梁，能够有效连接农村经济和城市经济。全面促进县域经济增长能够健全农村经济发展的服务体系，巩固农业的产业化发展，全面推进农业升级、农村进步、农民发展，推动产业结构转型，为解决"三农"问题及繁荣农村经济夯实基础，从而逐步缩小其与城市经济之间的差距，进而为扎实推动共同富裕，助力乡村振兴，实现中国式现代化提供关键性力量。数字经济的发展，能够加速推进农村一二三产业融合，加快仓储、物流、快递、广告营销等一系列服务行业的发展，优化农村地区的就业和创业环境①，实现产业结构的优化升级，从而筑牢县域经济发展的基础。作为数字经济重要表现形式且依托于数字技术的移动支付发挥的经济效应备受学术界关注。已有研究表明，移动支付可以降低金融获得成本，推动普惠金融发展，减小家庭现金持有量，促进家庭创业，带动家庭就业，提高家庭消费水平，降低家庭储蓄率，优化家庭资产配置，提高资产组合有效性（焦瑾璞，2014；王晓彦和胡德宝，2017；Yin et al.，2019；尹志超等，2019；尹志超等，2022；杨阳等，2023）。但移动支付究竟对县域经济增长发挥怎样的作用？其具体作用机制是什么？是否存在异质性？目前，并无文献深入回答此问题。因此，研究移动支付和县域经济增长之间的因果关系，有助于认识数字经济对县域经济增长发挥的作用，为保障我国经济平稳运行，助力乡村振兴，推动共同富裕及实现中国式现代化提供新动能，同时也可为政府制定数字经济的相关政策提供依据。

本章基于2016~2020年县域数据，使用双向固定效应模型和工具变量法实证分析了移动支付对县域经济增长的影响。研究发现，移动支付显著促进了县域经济增长，在替换不同工具变量、替换被解释变量、使用中国城乡社区治理调查数据、控制其他数字普惠金融子指数、替换解释变量及剔除深圳、杭州等样本后结论仍然成立。机制分析显示，移动支付能够通过缓解信息不对称、降低金融约束，缓解市场规模约束，促进创业、带动就业，从而促进县域经济增长。异质性分析显示，移动支付对贫困县、西部地区、低经济发展区域的县域经济有更为显著的推动作用，表明了移动支付能够发挥普惠效应，从而助力共同富裕的实现。进一步分析表明，移动支付与"电子商务进农村综合示范"项目相辅相成，两者共同促进县域经济增长。

与现有文献相比，本章的贡献有以下四个：①从县域层面系统分析了移动支付对县域经济增长发挥的作用，提供了移动支付与县域经济增长关系的证据。②从信息不对称、金融约束，市场规模约束、创业、就业等方面对移动支付发挥作用的具体渠道进行了深入分析，为认识移动支付对县域经济发展的影响渠道提供了证据。③具体分析了移动支付对贫困县、西部、低经济发展区域的影响，证明了移动支付发挥的普惠作用，为缩小县域经济发展差距，实现共同富裕提供了间接的证据。④从"电子商务进农村综合示范"政策角度进一步探究了移动支付对县域经济增长发挥的作用，发现了"电子商务进农村综合示范"项目能够对移动支付起到锦上添花作用，两者能够发挥协同作用，共同促进县域经济增长。

---

① 阿里研究院、淘宝村发展联盟以及阿里新乡村研究中心联合发布的《1%的改变——2020中国淘宝村研究报告》显示，仅淘宝村和淘宝镇便创造了近828万个就业机会。

第二节 文献综述与研究假设

数字技术作为一种新型技术能够嵌入不同类型生产活动，覆盖家庭、企业及政府部门的各个环节，降低各部门生产生活成本，加快技术创新，赋能实体经济转型发展，从而带动经济发展（田秀娟和李睿，2022）。数字技术与金融结合产生的数字金融扩大了金融覆盖面（谢绚丽等，2018），解决了各部门融资难、融资贵问题，提高了各部门融资效率，为经济转型发展提供了重要力量。依托于数字技术的移动支付凭借其便捷的支付方式、多样的消费场景、丰富的金融服务受到广大居民的青睐。首先，移动支付拓展了金融服务的边界，推动了普惠金融的发展（焦瑾璞，2014），弥补了传统金融的短板，能够对传统信贷市场薄弱地区发挥更大的普惠效应（Hau et al.，2019），在一定程度上解决了小微企业融资难、融资贵问题，为小微企业自主创新提供了重要驱动力（尹志超等，2019；郭沛瑶和尹志超，2022），提高了小微企业经营利润（尹志超等，2019），从而实现经济高质量发展。其次，移动支付具有较强的时间和地理穿透性，降低了贸易成本较高地区居民的消费成本，减小了消费者支付痛感，转变了居民消费形式，亦能够为商家提供营销、数字、数据上的帮助，拉近了商家与消费者的距离，在撬动消费及助力生产方面发挥着无可替代的作用（王晓彦和胡德宝，2017；易行健和周利，2018；张勋等，2020；尹志超等，2022）。最后，已有研究发现数字金融不仅创造了众多就业岗位（Demir et al.，2022），还催生了自由职业、兼职就业等灵活就业模式及零工经济、粉丝经济等新型经济模式（李彦龙和沈艳，2022）。以上经济模式及就业模式的出现都与作为数字金融子维度的移动支付的发展息息相关。例如，美团外卖、滴滴打车、网络主播等一系列灵活就业模式都离不开移动支付的发展。据国家统计局数据，截至 2022 年，我国灵活就业人员已达到 2 亿人，为保障稳就业，促进经济高质量发展起到重要作用。基于以上分析，提出以下假设：

H1：依托于数字技术的移动支付对县域经济增长具有显著正向作用。

本章将结合移动支付的具体功能，详细分析移动支付促进县域经济增长的具体渠道。

首先，移动支付通过缓解信息不对称、降低金融约束从而促进县域经济增长。Stiglitz 和 Weiss（1981）提出了信息不对称市场中存在信贷配给问题。他们认为，在完全信息市场中，价格起到调节作用，信贷市场能够达到均衡状态。但在现实生活中完全信息市场并不存在，在非完全信息市场中，即使信贷市场达到均衡，信贷配给问题仍然存在。在非完全信息市场中，金融机构无法获得借款人的禀赋信息，其出于对借款人物质禀赋、信用情况及最大收益问题的考虑，更乐于将资金贷给物质禀赋高及信用状况较好的借款人，以避免道德风险及逆向选择问题。相较于高禀赋居民，低禀赋居民对信贷资金的需求更大，从而引致信贷需求与信贷供给不匹配的问题，造成信贷市场失灵。移动支付则具有缓解信息不对称、降低金融约束的作用。一方面，移动支付的使用往往需要绑定银行卡，这有助于金融机构采集用户征信记录，获得用户流水信息，快速判断客户的信用风险状况以及偿还贷款的能力，有效解决居民因信息不对称而导致的信贷约束。另一方面，依靠支付宝及微信的移动支付具有蚂蚁花呗、蚂蚁借呗、京东白条、微粒贷等一系列小额借贷功能，提高了居民获得互联网借贷的概率，从而缓解金融约束（张诚和尹志超，2023）。信息不对称的缓解能够促进经济增长（李建军等，2020），金融约束的缓解能够提升居民消费水平（易行健和周利，2018），优化家庭资产配置，促进企业投资，提高小微企业经营利润（尹志超等，2019），帮助小微企业成长（李建军等，2020），从而推动县域经济增长（King and Levine，1993；Rajan and Zingales，1998；Beck et al.，2000；李涛，2016）。

其次，移动支付通过缓解市场规模约束进而拉动县域经济增长。市场的发达程度及可达性是影响县域经济增长的重要因素（张学良，2012）。一方面，资本、劳动力、信息等生产要素更多集中于市场较为发达区域，直接导致弱势地区的市场活力无法充分发挥，是地区经济增长面临的主要瓶颈。另一方面，已有研究发现，为实现规模经济，最大限度降低运输成本，制造业企业更倾向选址在需求更为旺盛的地区（Krugman，1991）。王奇等（2022）在文章中提到，沃尔玛、家乐福等外资零售企业进入我国市场时也优先选址于都市圈。由于多数企业更倾向选址在市场规模较大的地区，那么市场规模较小地区的居民、企业的市场可达性较低，其必然面临着更高的除生产商品之外，获得该商品必须支付的成本，包括支付成本及信息获得成本等贸易成本（王奇等，2022）。而高的贸易成本降低了地区消费总量，提高了企业的生产成本，减少了其生产商品的数量，从而制约了地区经济的发展（王奇等，2021）。移动支付凭借其跨空间的支付优势，拓展了交易的边界，突破了传统交易模式对实体店的依赖，将传统商品交易从线下搬到线上，有效降低了交易的时间和空间成本，克服了因时间和空间对消费和生产的制约，扩大了市场可达性，降低了市场规模的约束，提高了消费及生产总量。与此同时，移动支付的使用有助于消费者收集零散的商品信息，帮助消费者提高了商品透明度，通过优化市场的供需结构、提高市场供需匹配度等降低消费者获得商品的信息成本，从而降低市场规模的约束，而市场规模约束的缓解能够有效推动地区经济的发展（王奇等，2021）。

最后，移动支付通过促进创业、拉动就业从而促进县域经济增长。在全球范围内数字革命的推动下，数字技术已经成为中低收入国家经济增长的重要引擎，为人类的劳动和就业带来了巨大机遇（王永钦和董雯，2020）。依托于数字技术的数字金融能够使新注册企业增加（谢绚丽等，2018；何婧和李庆海，2019），而企业的增加可以创造大量就业岗位（Samila and Sorenson，2011）。作为数字金融重要表现形式的移动支付对促进就业具有深远影响。一方面，移动支付促进了家庭创业①，提高了创业家庭的经营绩效，使就业机会增加并保持稳定（尹志超等，2019；郭沛瑶和尹志超，2022）。另一方面，随着移动支付的普及，平台经济的迅速发展，自由职业、兼职就业、粉丝经济、零工经济已成为新型就业模式和经济模式，消费者与商家的交易模式转变为线上线下相结合，外卖送餐员、快递员、网络主播、滴滴打车等灵活就业岗位应运而生。创业是产生经济价值的生产活动，通过带动就业、优化就业结构等途径促进县域经济增长（Carree and Thurik，2008；陈莉敏，2009；Glaeser et al.，2015）。此外，创业有助于创业者运用新知识进行商业开发（Acs and Plummer，2005），促进知识溢出，从而拉动经济增长（Braunerhjelm et al.，2006）。黄祖辉等（2022）从返乡创业试点政策的视角研究了其对县域经济增长的影响，他们研究

---

① 此处的家庭创业是指家庭从事个体户、租赁、运输、网店、经营企业等，包含采矿业、制造业、建筑业及服务业等类型，但根据中国家庭金融调查数据，在创业家庭中仅有13.62%进行采矿业、制造业、建筑业创业，有86.38%的创业家庭从事服务业创业。因此，从就业供给端来看，移动支付对服务业创业具有更大的促进作用，从而更多地增加了服务业的就业岗位、增多了服务业从业人数。

发现，返乡创业能够通过带动就业、促进创新、优化产业结构、促进经济集聚等渠道推动县域经济增长。无论创业活动的增加还是就业的稳定都是促进经济发展的重要途径（Cueto et al.，2015；黄祖辉等，2022；赵涛等，2020）。基于以上分析，提出以下假设：

H2：移动支付通过缓解信息不对称、降低金融约束，缓解市场规模约束，促进创业、带动就业渠道推动县域经济增长。

2021 年 8 月，习近平总书记在中央财经委员会第十次会议上强调："共同富裕是社会主义的本质要求，是中国式现代化的重要特征，要在高质量发展中促进共同富裕。"要实现共同富裕既要保证经济持续增长，做大蛋糕，又要不断缩小不同地区之间发展的差距，分好蛋糕。在全面建设数字中国的背景下，以移动支付为代表的数字金融得到了快速发展，从中国家庭金融调查微观数据来看，2017~2021 年使用移动支付的家庭占比从 27% 增加至 64%。从宏观层面来看，截至 2022 年我国移动支付用户规模达到 9.04 亿。世界银行将移动支付作为普惠金融的重要组成部分，相较于传统支付方式，依托于数字技术的移动支付的优势在于，居民在支付的同时，可以留下数字足迹，累积信用，提供征信记录（张勋等，2019；张诚和尹志超，2023），有利于资金供给方采集居民征信信息，有效解决因资金供求双方的信息不对称而导致的信贷配给问题，从而惠及那些被传统征信系统排斥在外的群体，提高金融的普惠性。因此，移动支付能够扩展金融服务的覆盖面，降低居民获得金融服务所需的成本，推动普惠金融的发展（焦瑾璞，2014）。相较于非贫困县，贫困县居民收入水平较低，禀赋不足，获取金融服务能力较弱，生产经营与消费行为受到限制，导致经济发展水平较低。与此同时，长期以来，相较于东中部地区，中国的西部地区发展落后，金融发展存在较为强烈的区域不平衡及空间依赖性。移动支付改善了亲富的金融体系，同时兼顾了效率与公平，对经济发展较为薄弱的地区起到"雪中送炭"作用。同时，西部、贫困县、经济发展较低地区的就业水平较低，移动支付的发展催生了滴滴打车、外卖、网络主播等多种灵活就业模式，并促进了创业，为低经济发展地区就业提供了新机会，并为其就业转型提供了新机遇（谢绚丽等，2018），对其就业水平提升的边际作用较高（谢文栋，2023），从而在一定程度上缩小了县域间经济发展的差距。基于以上分析，提出如下假设：

H3：移动支付能够发挥普惠效应，对西部地区、低经济发展地区的县域经济有更大的推动作用，进而助力共同富裕实现。

电子商务是一种依托于数字技术的商务活动，其作为数字经济催生的新业态，为农产品进城和工业品下乡提供了渠道，已成为推动中国经济增长的新生力量（王奇等，2021），受到了政府的高度关注。2005 年，国务院办公厅出台的《关于加快电子商务发展的若干意见》明确提出了加快电子商务发展的基本原则及路径。2009 年，国家发展和改革委员会和商务部等政府部门开展国家电子商务示范城市项目，旨在加强电子商务基础设施，培育电子商务服务，促进经济发展方式转变。2014 年起，商务部等政府部门在全国范围内逐步开展"电子商务进农村综合示范"项目，旨在提高乡村电子商务服务网点的密集度，完善乡村物流体系，打通农村居民通向电子商务服务的"最后一公里"。已有研究发现，"电子商务进农村综合示范"项目的实施丰富了农户销售渠道，降低了销售成本，减小了消费的贸易成本，从而提高了农民收入及消费（唐跃桓等，2020；马彪等，2023）。与此同时，也有研究发现"电子商务进农村综合示范"项目能够促进农户创业活动（涂勤和曹增栋，2022)，缩小城乡收入差距（陈享光等，2021)，对县域经济增长产生了深远的影响（王奇等，2021)。该项目的相关资金主要用于电子商务服务网点、物流体系的建设，然而居民和小微企业的交易活动，仍需依靠移动支付完成。可以说，电子商务服务网点是交易活动完成的基础，而移动支付是交易活动完成的支付手段，两者可能对县域经济增长起到协同作用。基于以上分析，提出如下假设：

H4：移动支付与"电子商务进农村综合示范"项目在促进县域经济增长中存在协同作用。

第三节　数据、变量和模型设定

一、数据来源

本章使用的数据主要来源于以下四个部分：①本章的被解释变量及控制变量主要来源于 2016~2020 年《中国县域统计年鉴》，此统计年鉴较为全面地统计了县域的名义国内生产总值、人口、产业结构、医疗卫生机构床位数、固定电话数量、金融发展、居民储蓄存款、教育水平等基本情况。②本章的解释变量来源为 2016~2020 年北京大学数字普惠金融指数报告（郭峰等，2020)，此数据包含了县域移动支付发展水平，为本章的研究提供了支撑。③不同年份电子商务示范县试点名单来自商务部官方网站。④县域淘宝村数量来源于阿里研究院。本章使用 2016~2020 年数据的原因为：一方面，北京大学数字金融中心从 2014 年开始对县域数字金融指数进行构造；另一方面，相较于 2016 年以后年份，北京大学数字金融中心在 2014 年和 2015 年只对 1754 个区域的数字金融发展水平进行了统计，2016 年以后则对 2800 多个区域的数字金融发展水平进行了统计，为在时间及个体维度上保留更多的样本，本章只使用 2016~2020 年的数据。在剔除部分变量缺失样本后，共获得 1825 个县域的平衡面板数据，共 9125 个观测值。

二、变量说明

（1）被解释变量。本章研究移动支付对县域经济增长的影响，参考以往文献的做法，被解释变量选取县域 GDP、县域人均 GDP 的自然对数（Li et al.，2016；王奇等，2021；黄祖辉等，2022)。为消除通货膨胀的影响，以 2015 年为基期，利用各县域名义 GDP 除以其所属省份的居民消费价格指数得到县域实际 GDP、县域人均实际 GDP。

（2）解释变量。本章的核心解释变量为县域移动支付发展指数，主要由县域人均支付笔数、县域人均支付金额、县域高频度（年活跃 50 次以上）活跃用户数占年活跃 1 次及以上的比例构成。

（3）控制变量。借鉴王奇等（2021）和黄祖辉等（2022）的研究，选取一系列可能会影响县域经济增长的控制变量，具体包括第一产业结构（第一产业增加值/地区生产总值）、第二产业结构（第二产业增加值/地区生产总值）、居民储蓄程度（居民储蓄存款余额与地区生产总值之比）、经济集聚水平（第二、三产业增加值与行政区域面积之比）、财政预算支出（一般公共财政预算支出的对数值）、金融贷款余额（年末金融机构各项贷款余额的对数值）、医疗服务（医院和卫生院的床位数对数值）、基础教育（普通中学在校生人数的对数值）、通信设施（地区固定电话数量的对数值）、产业规模化程度（规模以上工业企业单位数的对数值）、行政区域面积（行政区域面积的对数），具体描述性统计见表2-1。

表2-1　描述性统计

变量名称		观测值	均值	标准差	最小值	最大值
被解释变量	实际GDP（万元）	9125	1828844	2372814	15517.07	3.80e+07
	人均实际GDP（元）	9125	39096	34574	4879	448087
关注变量	移动支付①	9125	6.72112	1.90394	−4.7162	15.1884
县域特征变量	第一产业结构	9125	0.1958	0.1116	0.0064	0.7536
	第二产业结构	9125	0.3758	0.1487	0.0052	0.8767
	经济集聚水平	9125	615.1801	1416.958	0.0071	24144
	居民储蓄程度	9125	0.8870	0.4458	0.0314	7.3447
	医疗水平	9125	7.2743	0.9593	3.1354	9.4454
	通信水平	9125	9.9547	1.1472	2.5649	13.7942
	财政支出水平	9125	12.6533	0.5792	8.5788	15.1120
	教育水平	9125	9.6060	1.0335	4.7095	11.9488
	金融贷款余额	9125	13.5800	1.1472	6.5957	17.5964
	规模企业数量	9125	1.5457	0.3105	0.2184	2.1734
	行政区域面积	9125	7.7180	0.9273	4.5747	12.2175

三、模型设定

首先，为考察移动支付对中国经济增长的影响，建立以下计量模型：

$$Y_{it} = \alpha_0 + \alpha_1 Payment_{it} + \alpha_2 X_{it} + \mu_i + \lambda_t + \varepsilon_{it} \tag{2-1}$$

其中，i 表示县域，t 表示时间。Y_{it} 表示第 i 个县域在 t 时间的实际GDP的自然对数值，$Payment_{it}$ 表示第 i 个县域在 t 时间的移动支付指数值，X_{it} 表示县域其他特征变量，μ_i、λ_t 分别表示县域固定效应和时间固定效应，$\varepsilon_{it} \sim N(0, \sigma^2)$。

其次，为探究移动支付促进中国经济增长的作用渠道，建立以下计量模型：

$$Y_{it} = \beta_0 + \beta_1 Payment_{it} + \beta_2 Payment_{it} * Me_{it} + \beta_3 Me_{it} + \beta_4 X_{it} + \mu_i + \lambda_t + \varepsilon_{it} \tag{2-2}$$

其中，Y_{it} 表示第 i 个县域在 t 时间的实际GDP的自然对数值，$Payment_{it}$ 表示第 i 个县域在 t 时间的移动支付指数值，Me_{it} 表示第 i 个县域在 t 时间的信息成本、金融约束、市场可及性、就业等机制变量，X_{it} 表示县域其他特征变量，μ_i、λ_t 分别表示县域固定效应和时间固定效应，$\varepsilon_{it} \sim N(0, \sigma^2)$。

最后，为进一步研究移动支付促进中国经济增长的影响，建立以下计量模型：

$$Y_{it} = \lambda_0 + \lambda_1 Payment_{it} + \lambda_2 Payment_{it} * EC_{it} + \lambda_3 EC_{it} + \lambda_4 X_{it} + \mu_i + \lambda_t + \varepsilon_{it} \tag{2-3}$$

其中，EC_{it} 表示电子商务发展及样本最低25%分位以下县域的虚拟变量。Y_{it} 表示第 i 个县域在 t 时间的实际GDP的自然对数值，$Payment_{it}$ 表示第 i 个县域在 t 时间的移动支付指数值，其余与模型（2-1）保持一致，不予赘述。

虽然本章在计量模型中加入了县域固定效应及年份固定效应，解决了不随时间变化且

---

① 为使移动支付对县域GDP的影响系数更加可观，本章在回归中将移动支付指数缩小为原来的1/10，这不会影响移动支付的统计意义，回归系数是未缩小前的十倍，但弹性系数不会发生改变。

不可观测的遗漏变量问题，但模型仍然存在内生性问题。首先，随时间变化不可观测的遗漏变量问题。接受新鲜事物的能力、个人偏好等既影响当地移动支付发展情况，也对当地经济发展产生影响。例如，随着数字经济的发展，移动支付成为居民主要的支付方式，但受对新鲜事物的能力、个人偏好等因素影响，部分居民仍然使用传统支付方式，从而阻碍了移动支付的发展。同时，有较低接受新鲜事物的能力的居民进行创业创新的概率较小，从而制约了当地经济发展。其次，逆向因果问题。经济水平的提高有可能推动当地居民使用移动支付，从而影响移动支付发展水平，进而产生逆向因果问题。最后，测量误差问题。本章使用的移动支付发展指数是北京大学数字金融中心和蚂蚁金服使用支付宝数据构造而成，这就忽略了使用微信支付的具体情况，从而低估当地移动支付发展水平。

为克服以上内生性问题，借鉴张勋等（2021）的做法，使用县域所在地级市到杭州的距离作为移动支付的工具变量进行两阶段估计。一方面，杭州是阿里巴巴所在城市，其移动支付发展水平居于全国乃至全世界领先地位，距离杭州越近的城市，移动支付的发展水平越高，满足相关性。另一方面，县域所在地级市到杭州距离属于外生变量，不随其他因素改变而改变，与当地经济水平并无直接关系，满足外生性要求。基于以上分析，使用此变量作为移动支付的工具变量处理内生性是合适的。值得说明的是，使用平衡面板数据，距离变量在样本期内无变化。因此，使用同一市内其他县域移动支付指数的平均值与距离变量进行交互，使其在时间维度上产生变化。在接下来的实证分析中，本章将会进一步说明工具变量的有效性。

第四节　计量结果分析

一、基本实证结果

首先，本章分析了移动支付对县域经济增长的影响。表 2-2 展示了双向固定效应的实证结果。表 2-2 第（1）（2）列被解释变量分别为县域实际 GDP 及县域实际人均 GDP 的自然对数值，第（3）（4）列将解释变量替换为移动支付指数的自然对数值，被解释变量分别为县域实际 GDP 及县域实际人均 GDP 的自然对数值。实证结果表明，移动支付会显著提高县域实际 GDP，以第（3）列为例，移动支付指数每提高 1%，县域实际 GDP 提高约 0.10%。实际经济意义为，移动支付指数每提高 1%，县域实际 GDP 提高 1849 万元[①]。

其次，本章分析了县域特征变量对县域实际 GDP 的影响。优化产业结构是拉动区域经济发展的重要渠道，农业产业的专业化及较低的市场化程度极大制约了经济的发展（黄祖辉等，2022），这一论点得到验证。第二产业是指工业及建筑业，发展工业是实现强国富民的重要渠道，本章发现第二产业比重的提高会促进县域经济增长。经济集聚是经济发展的前提条件，本章发现经济集聚会提高县域实际 GDP，促进县域经济增长。财政预算支出提高了县域实际 GDP，可能的原因为，政府通过财政支出进行资源的再分配，通过加大

---

① 本章使用第（3）列县域移动支付的估计系数乘以县域 GDP 的均值得到 1849 万元。

对教育、医疗、科学技术、就业等方面的支出进行市场调节，从而拉动经济增长。金融机构年末贷款余额可以提高县域实际GDP，可能的原因为，金融贷款充足的区域，面临的流动性约束较小，生活生产活动面临限制较弱。医疗水平、教育水平会提高县域实际GDP，可能的原因为，受教育程度是居民内生禀赋，是提高内生动力的渠道，高教育程度的区域就业水平较高。良好的医疗水平能够为居民身体健康提供良好条件，全面提高居民的内生动力。居民储蓄程度降低了县域实际GDP，主要的原因为，储蓄水平的提升，意味着消费水平的下降，而消费是拉动经济增长的三驾马车之一。产业规模化程度会促进县域经济增长，可能的原因为，产业规模化程度能够吸纳更多劳动力，为地区带来了更多产出。通信水平会提高县域实际GDP，可能的原因为，高通信水平区域具有较低信息获得成本，信息不对称对金融资源获得、消费及就业水平的影响较小。

表2-2 移动支付与经济增长

被解释变量	(1) 县域实际GDP	(2) 县域实际人均GDP	(3) 县域实际GDP	(4) 县域实际人均GDP
移动支付	0.0052** (0.0025)	0.0049** (0.0025)		
ln移动支付			0.1011*** (0.0143)	0.0999*** (0.0143)
第一产业结构	-1.1305*** (0.1063)	-1.1496*** (0.1056)	-1.1507*** (0.1053)	-1.1695*** (0.1037)
第二产业结构	0.2808*** (0.1063)	0.2715*** (0.0445)	0.2604*** (0.0446)	0.2604*** (0.0444)
经济集聚水平	0.0001*** (0.0000)	0.0001*** (0.0000)	0.0001*** (0.0000)	0.0001*** (0.0000)
居民储蓄程度	-0.4800*** (0.0218)	-0.4768*** (0.0217)	-0.4778*** (0.0217)	-0.4743*** (0.0219)
财政预算支出	0.0354*** (0.0100)	0.0344*** (0.0099)	0.0331*** (0.0098)	0.0329*** (0.0097)
金融贷款余额	0.0660*** (0.0150)	0.0648*** (0.0149)	0.0658*** (0.0149)	0.0648*** (0.0146)
医疗水平	0.0049 (0.0125)	0.0046 (0.0124)	0.0047 (0.0124)	0.0042 (0.0122)
教育水平	0.0230* (0.0140)	0.0233* (0.0142)	0.0254* (0.0148)	0.0218 (0.0143)
产业规模化程度	0.0824*** (0.0176)	0.0331*** (0.0055)	0.0332*** (0.0055)	0.0327*** (0.0054)
通信水平	0.0106*** (0.0032)	0.0105*** (0.0031)	0.0109*** (0.0031)	0.0109*** (0.0031)
行政区域面积	0.1721** (0.0798)	0.1690** (0.0779)	0.1702** (0.0775)	0.1570** (0.0728)
县域固定效应	控制	控制	控制	控制
时间固定效应	控制	控制	控制	控制
N	9125	9125	9124①	9124
R^2	0.7476	0.7494	0.7519	0.7521

注：*、**、***分别表示在1%、5%、10%的水平上显著。括号内表示异方差稳健标准误。下表同。

---

① 样本量与第（1）列不一致的原因是有一个县域移动支付指数为负值，无法进行对数处理。

二、工具变量+双向固定效应

为处理遗漏变量、逆向因果、测量误差等内生性问题，本章使用县域所在地级市到杭州的距离与同一市内其他县域移动支付指数的平均值的交互项作为工具变量进行估计。表2-3汇报了工具变量+双向固定效应的实证结果，在两阶段中，第一阶段估计的F值为2316.33，大于10%偏误水平下的临界值16.83（Stock and Yogo，2002），并不存在弱工具变量问题。第（1）列估计结果表明，移动支付每提高1个单位，县域实际GDP提高0.72%；第（3）列估计结果表明，移动支付每提高1个单位，县域实际GDP提高0.37%。以上结果充分说明，移动支付能够推动县域经济增长。

表2-3　移动支付与经济增长：FE-IV

被解释变量	（1）县域实际GDP	（2）县域实际人均GDP	（3）县域实际GDP	（4）县域实际人均GDP
移动支付	0.0238 *** （0.0048）	0.0233 *** （0.0047）		
ln 移动支付			0.1363 *** （0.0272）	0.1335 *** （0.0270）
控制变量	控制	控制	控制	控制
县域固定效应	控制	控制	控制	控制
时间固定效应	控制	控制	控制	控制
N	9125	9125	9124	9124
R^2	0.7473	0.7476	0.7525	0.7527
一阶段 F 值	2316.33	2316.33	1507.48	1507.48

三、稳健性检验

为保证上文估计结果的稳健性，从替换工具变量、替换被解释变量、使用微观数据库、加入其他数字金融子指标、替换解释变量、删除深圳与杭州等样本维度进行分析。

（1）使用县域到省会城市的球面距离作为工具变量。借鉴吴雨等（2021）的做法，使用县域到省会城市的球面距离作为当地移动支付发展的工具变量。已有研究表明距离省会城市越近的地区，移动支付发展状况越好（吴雨等，2021；张勋等，2020），此工具变量满足相关性。而县域离省会城市的距离很难直接影响当地经济的发展程度，本章也控制了县域固定效应，在一定程度上切断地理距离对经济发展的影响，进一步强化了工具变量的外生性（张勋等，2020）。表2-4的实证结果也表明，在使用县域到省会城市的距离作为移动支付发展的工具变量条件下，移动支付仍然可以显著促进县域实际GDP的增长。

表2-4　稳健性检验1

被解释变量	（1）县域实际GDP	（2）县域实际人均GDP	（3）县域实际GDP	（4）县域实际人均GDP
移动支付	0.0410 *** （0.0080）	0.0408 *** （0.0080）		
ln 移动支付			0.2363 *** （0.0453）	0.2350 *** （0.0453）
控制变量	控制	控制	控制	控制
县域固定效应	控制	控制	控制	控制

续表

被解释变量	（1） 县域实际 GDP	（2） 县域实际人均 GDP	（3） 县域实际 GDP	（4） 县域实际人均 GDP
时间固定效应	控制	控制	控制	控制
N	9125	9125	9124	9124
R²	0.7383	0.7384	0.7470	0.7472

（2）使用县域到"八纵八横"光缆骨干网节点城市的平均距离作为工具变量。借鉴田鸽和张勋（2022）、王勋和王雪（2022）的做法，使用县域到"八纵八横"光缆骨干网节点城市（节点城市指"横线"和"纵线"的交叉城市）的平均球面距离作为当地移动支付的工具变量。一方面，移动支付的蓬勃发展与稳定的互联网信号息息相关，而国家发展和改革委员会与工业和信息化部于1986~2000年建设的"八纵八横"大容量光纤干线网络为后期移动支付的发展提供了先决条件，距各节点城市平均距离越近的县域，其移动互联网的稳定性较高，更有利于当地移动支付的发展，此工具变量满足相关性。另一方面，距离变量不受任何其他因素干扰，且与各节点城市的平均距离越近，并不意味着经济发展水平越好，且本章在控制了县域和时间固定效应与一系列会影响当地经济发展程度的变量后，早期的光纤网络建设也很难通过其他渠道发挥作用，工具变量的外生性得以满足（王勋和王雪，2022）。表2-5的实证结果也表明，在使用县域到"八纵八横"光缆骨干网节点城市的平均距离作为移动支付发展的工具变量条件下，移动支付仍然可以显著促进县域实际 GDP 的增长，本章结论保持稳健。

表2-5 稳健性检验2

被解释变量	（1） 县域实际 GDP	（2） 县域实际人均 GDP	（3） 县域实际 GDP	（4） 县域实际人均 GDP
移动支付	0.0408*** (0.0098)	0.0390*** (0.0095)		
ln 移动支付			0.2263*** (0.0543)	0.2387** (0.0935)
控制变量	控制	控制	控制	控制
县域固定效应	控制	控制	控制	控制
时间固定效应	控制	控制	控制	控制
N	9125	9125	9124	9124
R²	0.7423	0.7433	0.7505	0.4484
一阶段 F 值	1173.75	1173.75	871.25	871.25
工具变量 T 值	-18.06	-18.06	-20.09	-20.09

（3）替换被解释变量稳健性检验。一方面，借鉴毛捷和黄春元（2018）的做法，使用县域实际 GDP 增长率[①]衡量县域经济的增长。表2-6第（1）（3）的实证结果表明，移动支付能够提高县域实际 GDP 增长率，以第（3）列为例，移动支付指数每提高1%，县域实际 GDP 增长率就提高3.12%。另一方面，借鉴李彦龙和沈艳（2022）的研究，本章使用年平均夜间灯光强度反映县域经济发展水平。具体地，本章使用2016~2019年SNPP-VIIRS 卫星系统搜集的灯光数据，根据其月度数据得到年度平均值，在计量模型中，对年度灯光强度取自然对数。表2-6第（2）（4）列的实证结果表明，移动支付能够显著

---

① GDP 增长率 =［（当年 GDP-前年 GDP）/前年 GDP］×100%。

提高县域经济发展水平。综上可知，移动支付对县域经济增长促进作用的结论保持稳健。

表2-6　稳健性检验3

被解释变量	（1）县域实际GDP增长率	（2）灯光强度	（3）县域实际GDP增长率	（4）灯光强度
移动支付	0.0080 *** （0.0010）	0.0230 *** （0.0020）		
ln 移动支付			0.0312 * （0.0188）	0.0328 *** （0.0823）
控制变量	控制	控制	控制	控制
县域固定效应	控制	控制	控制	控制
时间固定效应	控制	控制	控制	控制
N	9125	7288	9124	7287
R^2	0.0655	0.3927	0.1552	0.0216

（4）使用微观数据库稳健性检验。本章使用2017年、2019年中国城乡社区治理调查及中国家庭金融调查数据从更为微观的社区维度考察移动支付对经济增长的影响。本章选取访问者对该社区的主观经济评价作为被解释变量，其取值范围为1~5，数值越大表明该社区的经济状况越好。同时，借鉴尹志超等（2019）的做法，将使用手机、iPad等移动终端支付（包括支付宝、微信、手机银行、Apple Pay等）的家庭定义为使用移动支付家庭，取值为1，否则为0，并借鉴甘犁等（2018）在县域加总家庭信用卡使用状况的做法，加总了社区/乡村内使用移动支付的家庭，再除以该社区/乡村调查的家庭数量，从而得到社区/乡村内使用移动支付家庭的比例，在一定程度上反映了该社区/乡村移动支付使用状况，并使用社区/乡村内使用移动支付家庭的比例作为解释变量，控制了社区家庭平均收入、社区家庭平均资产、社区人员平均年龄、社区人员平均受教育程度、社区平均有工作人数、社区平均参与社会养老保险人数、社区平均参与社会医疗保险人数等一系列特征变量及城市固定效应。表2-7第（1）列的实证结果表明，社区移动支付能够改善社区经济状况，且系数在10%的显著性水平上显著。同时，本章设置了主观经济状况的虚拟变量，将主观经济评价得分为1~3的社区定义为0，否则为1。表2-7第（2）列的实证结果表明，社区移动支付能够提高社区为经济状况良好社区的概率。以上结果表明，移动支付对经济增长的正向影响保持稳健。

表2-7　稳健性检验4

被解释变量	（1）主观经济状况	（2）主观经济状况（0-1）
社区移动支付	0.2333 * （0.1375）	0.1415 ** （0.0725）
控制变量	控制	控制
城市固定效应	控制	控制
时间固定效应	控制	控制
N	2774	2774
R^2	0.2556	0.2019

（5）加入数字金融其他子指标稳健性检验。为保证移动支付促进县域经济增长的因果效应成立，本章加入了数字普惠金融的其他子指标，例如，信贷指数、保险指数、货币基金指数、数字化程度指数等。表2-8第（3）（4）列汇报的估计结果表明，移动支付指数

对县域实际 GDP、县域人均实际 GDP 的影响系数分别为 0.1117、0.1104,且在 1% 的显著性水平下显著,从而进一步说明了移动支付对县域实际 GDP 的正向影响保持稳健。

表 2-8 稳健性检验 5

被解释变量	（1）县域实际 GDP	（2）县域实际人均 GDP	（3）县域实际 GDP	（4）县域实际人均 GDP
移动支付	0.0113 *** （0.0030）	0.0110 *** （0.0029）		
ln 移动支付			0.1117 *** （0.0171）	0.1104 *** （0.0171）
控制变量	控制	控制	控制	控制
县域固定效应	控制	控制	控制	控制
时间固定效应	控制	控制	控制	控制
N	9125	9125	9124	9124
R^2	0.7595	0.7594	0.7613	0.7612

（6）替换解释变量及剔除样本稳健性检验。为保证估计结果的稳健性,本章使用市级移动支付指数自然对数作为解释变量进行估计,表 2-9 第（1）（2）列的估计结果表明,市级移动支付指数对县域实际 GDP、县域人均实际 GDP 的影响系数分别为 0.0073、0.0068,并在 5% 的显著性水平下显著。与此同时,杭州市、深圳市属于移动支付和经济发展水平较高的城市,为保证移动支付对县域经济增长的正向影响不是由于个别发展较快的地区所贡献,本章将杭州市、深圳市县域剔除。表 2-9 第（3）（4）列的估计结果表明,移动支付对县域实际 GDP、县域人均实际 GDP 的弹性系数分别为 0.1000、0.0989,且在 1% 的显著性水平下显著,以上结果证明了本章结论的稳健性。

表 2-9 稳健性检验 6

被解释变量	（1）县域实际 GDP	（2）县域实际人均 GDP	（3）县域实际 GDP	（4）县域实际人均 GDP
市级移动支付	0.0073 ** （0.0032）	0.0068 ** （0.0032）		
ln 移动支付[①]			0.1000 *** （0.0143）	0.0989 *** （0.0143）
控制变量	控制	控制	控制	控制
县域固定效应	控制	控制	控制	控制
时间固定效应	控制	控制	控制	控制
N	9124	9124	9109	9109
R^2	0.7519	0.7520	0.7523	0.7525

第五节 机制分析

在数字经济蓬勃发展的大背景下,移动支付的价值远超过支付本身。主要体现在以下三个方面:一是移动支付能够帮助银行等正规金融机构掌握消费者特征、交易信息等,而

---

① 此处结论在不使用移动支付自然对数的情况下依然成立。

信息的收集、整理、分析能够帮助金融机构全面了解居民的禀赋、偏好等，缓解信息不对称，从而降低金融约束。同时，支付宝的花呗、借呗等小额信贷功能同样缓解了金融约束。二是移动支付可以降低交易成本、时间成本，连接不同规模市场，打破空间障碍。三是移动支付促进了创业，带动了就业。本章将从三个方面探讨移动支付影响县域经济增长的具体渠道。首先，检验移动支付能否缓解信息不对称，并降低县域金融约束水平，从而促进县域经济增长。其次，检验移动支付能否挖掘市场潜力，激发不同市场主体活力，缓解市场规模约束，扩大市场可达性，从而促进县域经济增长。最后，检验移动支付能否促进创业、带动就业，从而促进县域经济增长。

一、缓解信息不对称、降低金融约束

经典信贷理论认为，由信息不对称导致的道德风险及逆向选择问题是引起信贷配给的主要原因（Stiglitz and Weiss，1981）。一直以来，中国是一个以银行信贷为主导的金融体系的国家，而金融抑制及信贷配给又是居民面临的重点问题（Li et al.，2013）。由于长期存在的信贷配给问题，家庭及企业难以获得所需资金，削弱了其生产经营活动及消费行为，抑制了经济的增长，而这一问题在偏远地区、通信设施差的地区体现尤其明显（李建军等，2020）。移动支付的出现在一定程度上抑制了信贷配给问题的恶化，缓解了家庭和企业面临的金融约束。一方面，移动支付带动了银行卡的使用，方便了金融机构采集家庭和企业的征信信息及禀赋信息，帮助其精准判断个人和小微企业的禀赋情况，掌握其还债能力，解决了由信息不对称导致逆向因果和道德风险引起的信贷配给问题，帮助企业和家庭获得金融服务。另一方面，移动支付平台可以为消费活动、生产经营活动主体提供蚂蚁花呗、京东白条、微粒贷等小额借贷，帮助其获得互联网借款，从而缓解金融约束，促进其进行消费和生产经营活动，进而拉动县域经济增长。

为验证移动支付缓解信息不对称的机制，本章使用每平方公里固定电话的数量作为信息成本的度量方式（郑世林等，2014）。电信基础设施的普及推动了中国经济增长，其打破了信息封闭圈，有效降低了商业银行获取客户信息及监督客户的成本，降低了居民和企业获得所需金融服务的难度（郑世林等，2014；李建军等，2020）。因此，电信基础设施越不发达的地区，居民和企业获取金融服务的成本越高，面临的信息不对称更为严重。具体地，本章将每平方公里固定电话的数量处于样本 25 分位以下的县域定义为高信息成本县域，取值为 1，否则为 0，并引入了移动支付与高信息成本县域的交互项①。表 2-10 第（1）列实证结果显示，移动支付与高信息成本县域的交互项系数为 0.0144，且在 1% 的统计水平下显著，而高信息成本县域的系数在 1% 的显著性水平下显著为负，表明信息不对称会显著降低县域实际 GDP，这与李建军等（2020）的研究结论也保持一致。相较低信息成本县域，移动支付对高信息成本县域的实际 GDP 有更为显著的正向推动作用，证实了移动支付可以通过降低信息不对称从而提高县域实际 GDP 的机制。同时，为验证移动支付降低金融约束的渠道，本章使用县域每平方公里年末金融机构贷款余额作为金融约束的度量方式，具体地，将每平方公里年末金融机构贷款余额处于样本 25 分位以下的县域

---

① 分别将每平方公里固定电话的数量、每平方公里年末金融机构贷款的余额处于样本 50 分位以下的县域定义为信息成本高县域、金融约束县域，结论未发生改变，将被解释变量替换为县域人均实际 GDP，结论亦未发生改变。

定义为金融约束县域，取值为1，否则为0，并引入了移动支付与金融约束县域的交互项。表2-10第（2）列实证结果显示，金融约束的系数为-0.0799，表明金融约束会抑制县域实际GDP的增长。移动支付与金融约束县域交互项的系数为0.0083，且在5%的显著性水平下显著，表明相较于非金融约束县域，移动支付对金融约束县域的实际GDP有更为显著的正向推动作用，证实了移动支付可以通过缓解金融约束从而提高县域实际GDP的机制，H2得以验证。

表2-10　机制分析：缓解信息不对称、降低金融约束

被解释变量	（1） 县域实际GDP	（2） 县域实际GDP
县域移动支付	0.0021 （0.0025）	0.0034 （0.0026）
县域移动支付×高信息成本	0.0144*** （0.0035）	
高信息成本	-0.0972*** （0.0269）	
县域移动支付×金融约束		0.0083** （0.0038）
金融约束		-0.0799*** （0.0218）
其他控制变量	YES	YES
县域固定效应	YES	YES
时间固定效应	YES	YES
N	9125	9125
R^2	0.7505	0.7450

二、扩大市场可及性

市场的发达程度是影响经济增长的重要因素，而资本、劳动力、信息等生产要素更多集中于市场较为发达区域，直接导致弱势地区的市场活力无法充分发挥，是经济增长的主要瓶颈。经济活动聚集能够促进区域经济增长（Marshall，1961；黄祖辉等，2022），而人口密度及城市规模又是影响经济活动聚集的主要因素。一方面，受资金、技术、人才短缺的制约，人口密度低及小规模城市的生产水平较弱，经济活动聚集水平较低，市场潜能较小。另一方面，在相同固定成本下，生产者在人口密度低及小规模城市面临更大的平均固定成本，从而导致其向都市圈靠拢，进而制约了该地区的经济发展。移动支付能够连接不同市场规模区域，打破因地理位置及人口规模对县域经济的限制。一方面，移动支付凭借其整合数字信息的优势，缓解了消费者及生产者之间的信息不对称，降低了消费者获得商品的信息成本，提高了低人口密度地区及四、五线城市的消费及生产水平，缩小了与其他地区的差距。另一方面，移动支付凭借无接触、跨空间的优势，减少了消费者的贸易成本，克服了距离和时间成本对消费水平的制约，扩大市场可达性，缓解了市场规模的约束，进而减小了其对该地区经济增长的负面影响。

为验证移动支付缓解市场规模约束的渠道，本章使用人口密度作为市场规模的度量方式（Fan et al.，2018；王奇等，2022），具体地，将人口密度处于样本25分位以下的县域

定义为低人口密度县域，即市场规模约束县域①，取值为1，否则为0，并引入了移动支付与市场规模约束县域的交互项。表2-11第（1）列实证结果显示，移动支付与市场规模约束县域交互项的系数为1.01%，且在1%的显著性水平下显著，而市场规模约束县域的系数在1%的统计水平下显著为负，表明相较于市场规模约束较小的县域，移动支付对市场规模约束较大县域的实际GDP有更为显著的正向推动作用，证实了移动支付可以通过降低市场规模约束从而提高县域实际GDP的机制。同时，本章也使用城市规模作为市场规模约束的度量方式，具体地，借鉴尹志超等（2019）的做法，将县域所在地级市属于四、五线城市取值为1，否则为0，并引入了移动支付与四、五线城市的交互项。表2-11第（2）列实证结果显示，移动支付与四、五线城市交互项的系数为0.0120，且在1%的显著性水平下显著，表明相较于城市规模较大的区域，移动支付对城市规模较小县域的实际GDP有更为显著的正向推动作用，H2得以验证。

表2-11 机制分析：扩大市场可及性

被解释变量	（1） 县域实际GDP	（2） 县域实际GDP
移动支付	0.0030 （0.0026）	−0.0029 （0.0031）
移动支付×市场规模约束1	0.0101*** （0.0365）	
市场规模约束1	−0.0979*** （0.0261）	
移动支付×市场规模约束2②		0.0120*** （0.0026）
控制变量	控制	控制
县域固定效应	控制	控制
时间固定效应	控制	控制
N	9125	9125
R^2	0.7505	0.7508

三、促进就业、优化就业结构

经济稳定增长及稳定就业是宏观经济学的四大目标，充足的就业水平是推动经济高质量发展，全面建设社会主义现代国家的内在要求，扎实推动共同富裕的必然途径。发展数字经济能够为培育持续有力的就业新动能打下坚实基础。赵涛等（2020）研究发现，数字经济可以有效提升城市创业活跃度，从而推动经济高质量发展。戚聿东等（2020）研究发现，数字经济能够优化就业结构，提升就业质量。作为数字经济的重要表现形式的移动支付降低了创业的金融获得成本及贸易成本，提高了家庭创业的概率，为实现"大众创业、万众创新"提供了重要推动力，也为扩大就业供给量，实现充分就业打下基础（尹志超等，2019）。另外，移动支付的发展催生了滴滴、首汽约车、外卖、博主、网络主播等新

---

① 将人口密度处于样本50分位以下的县定义为低人口密度县，结论未发生改变，将被解释变量替换为县域人均实际GDP，结论亦未发生改变。

② 城市规模在样本期内不产生变化，使用固定效应会自动删除此变量。因此，在计量模型中不加入城市规模的单项。

型服务业就业模式，为居民实现就业提供了新机遇，促进了就业结构转型，为因受限于受教育程度、身体状况而无法获得职位的弱势群体及经济发展较小的地区提供了就业机会，为实现经济高质量发展提供了基本条件。

为验证移动支付促进创业、带动就业的渠道，本章使用县域淘宝村的数量作为地区创业的度量方式[①]。使用此变量作为地区创业度量方式的原因为，阿里研究院在认定村庄为淘宝村时设定的一个重要界限为，该村庄活跃网店数量必须在100家以上或活跃网店数量占家庭户数的10%，而开设网店已成为中国家庭创业的主要方式（Mei et al.，2020）。表2-12第（1）列的实证结果表明，移动支付的发展显著提高了县域淘宝村的数量，使得更多居民进行网店经营，而网店的开设会加大对劳动力的需求，为居民提供了更多的物流、仓储、快递、包装等一系列服务型的就业岗位（Qi et al.，2019；秦芳等，2022）。据阿里研究院发布的历年淘宝村报告，平均每个网店直接带动就业接近3人，商务部数据显示，截至2021年底，中国农村网商、网店数量达到1632.5万家，带动超过3000万人就业。本章也使用淘宝村的总交易额作为地区网店经营状况的度量方式，表2-12第（2）列的实证结果表明，移动支付可以显著增加县域淘宝村的总交易额[②]，提高了网店经营者的经营利润，为其存活提供了必要条件，从而保证居民就业的稳定性。移动支付发展所催生的滴滴、外卖、博主等新型服务业也为居民提供了就业岗位。因此，移动支付发展亦能够带动就业。借鉴黄祖辉等（2022）和谢文栋（2023）的研究思路，使用每平方公里第二产业从业人数及每平方公里第三产业从业人数的总和（就业密度）作为就业的度量方式，具体地，将每平方公里就业人数处于样本25分位以下的县域定义为低就业水平县域，取值为1，否则为0，并引入了移动支付与低就业水平县域的交互项。表2-12第（3）列实证结果显示，移动支付与低就业水平县域的交互项系数为0.0144，且在1%的显著性水平下显著，即相较高就业水平县域，移动支付对低就业水平县域的实际GDP有更为显著的促进作用[③]，以此说明，移动支付通过促进就业的机制成立，假设2得以验证。

表2-12 机制分析：促进就业

被解释变量	（1） ln 淘宝村数量	（2） ln（淘宝村交易额）	（3） 县域实际GDP
移动支付	0.0218*** （0.0063）	0.1785*** （0.0374）	0.0011 （0.0025）
移动支付×低就业水平			0.0144*** （0.0042）
低就业水平			-0.0992*** （0.0245）
控制变量	控制	控制	控制

① 县域统计年鉴并无地区创业相关信息。因此，本章使用淘宝村定义地区创业。但因"淘宝村"只涉及农村地区，故使用该变量定义地区创业实际上衡量出了农村地区创业程度。但县域经济包括农村经济和城市经济，农村创业水平的增加会推动农村经济增长，则必然推动县域经济的增长。王奇等（2021）具体实证了淘宝村的形成对县域经济增长的影响，他们研究发现，淘宝村的形成确实能够显著促进县域经济增长。

② 阿里研究院在认定村庄为淘宝村时设定的另一个重要界限为，该村庄活跃网店交易额的最低标准为1000万元。因此，本章计算的网店交易额低估了县域网店交易额的总量，表2-9第（2）列的估计结果是实际结果的下限，即移动支付对县域网店交易额的实际影响更大。

③ 将每平方公里就业人数处于样本50分位以下的县定义为低就业水平县域，结论未发生改变。

被解释变量	(1) ln 淘宝村数量	(2) ln（淘宝村交易额）	(3) 县域实际 GDP
县域固定效应	控制	控制	控制
时间固定效应	控制	控制	控制
N	9125	9125	9125
R^2	0.1215	0.0850	0.7448

第六节　异质性分析

以上研究表明，移动支付能够推动县域经济增长。本章将进一步探讨此推动作用在不同特征县域及地区是否有所区别，从而为机制分析提供进一步证据，也为未来制定移动支付相关政策提供参考。贫困县、西部地区、低经济发展区域实际 GDP 总体来说较低，主要体现在以下四个方面：①移动支付破除了空间约束，缓解了市场规模约束，降低了贸易成本；②移动支付推动了普惠金融的发展（焦瑾璞，2014），缩小了不同经济状况地区的金融发展差距；③移动支付促进了创业、带动了就业；④移动支付发展符合边际收益递减规律，非低收入地区、东中部县域、高经济发展县域的移动支付发展水平本身较高，此时在这些经济体中继续推广移动支付的边际成本会大于边际收益，从而对其经济增长影响更小一些。基于以上分析，本章认为移动支付对县域经济增长的推动作用理应在西部地区、低经济发展区域更大。

一、低收入与非低收入地区异质性

2014 年起国家开始对低收入地区实行精准扶贫，包括优惠小额信贷利息，提供信贷服务等一系列金融扶持政策，2016 年中国人民银行等政府部门发布的《关于金融助推脱贫攻坚的实施意见》指出"要大力推进贫困地区普惠金融发展，深化贫困地区支付服务环境建设，提升贫困地区基本金融服务水平"。到 2020 年已实现全面脱贫。金融具有亲富特征，只有禀赋足够大的居民才能够获得其所需金融服务。相较非低收入地区，低收入地区居民因禀赋低、信用记录不足等原因受到正规信贷约束的概率较大，信贷配给问题较为突出。移动支付不仅能够帮助金融机构采集用户征信信息，帮助解决信贷配给问题，其本身提供的小额信贷服务也能够满足居民部分信贷需求，减小其面临的金融约束，促进低收入地区居民进行生产活动及消费行为，进而对当地经济增长起到较大推动作用。本章通过引入县域移动支付与低收入地区的交互项验证以上分析内容。表 2-13 第（1）列汇报的实证结果显示，移动支付与低收入地区的交互项系数为 2.66%，且在 1% 显著性水平下显著，即相较于非低收入地区，移动支付对低收入地区的经济增长有更显著的正向影响，这也表明了移动支付具有普惠性，同时为实现共同富裕提供了间接证据，也为本章的机制分析结论提供了进一步证据。

二、西部与非西部异质性

中国一直以来就面临着区域金融发展不平衡问题，相比东中部地区，西部地区金融发展水平较低，居民获得金融资源的成本较高（尹志超等，2019），导致西部地区的生产经营活动水平较低，从而制约了西部地区经济的发展。此外，受到地理位置的制约，西部地区交通基础设施、对外贸易等均劣于东中部地区，西部地区居民面临较高的贸易成本是消费水平较低、经济发展较慢的主要原因。移动支付能够弥合传统金融服务的短板，覆盖西部地区，降低居民获得金融资源的时间成本，优化了金融资源配置，提高了金融资源使用效率，打破金融约束对经济增长的桎梏。同时，移动支付打破了消费的时间和空间限制，降低了贸易成本，进而提高西部地区生产及消费水平，从而全面提升了该地区的经济增长。本章通过引入移动支付与西部的交互项验证以上分析内容。表 2-13 第（2）列汇报的实证结果显示，移动支付与西部地区的交互项系数为 0.0123，且在 1% 的显著性水平下显著，即相较于非西部地区，移动支付对西部的县域经济增长有更大的正向影响，这也表明了移动支付具有普惠性，同时为共同富裕的实现奠定了基础，也为本章的机制分析结论提供了进一步证据。

三、经济发展异质性

扎实推动共同富裕是中国"十四五"时期的重大任务，是实现中华民族伟大复兴的重要渠道，是全面建设社会主义现代化国家的新征程，是不断推动中国特色社会主义进入更高阶段的必由之路，能够有效解决人民日益增长的美好生活需要与不平衡不充分发展之间的社会主要矛盾。实现共同富裕需要做大蛋糕和分好蛋糕，做大蛋糕指经济增长，分好蛋糕着重于缩小不同地区经济发展差距、不同群体的收入差距。上文研究发现，移动支付能够推动县域经济增长，做大蛋糕。本章将检验移动支付是否缩小了县域经济增长的差距。本章将县域人均实际 GDP 处于样本 25 分位以下的县域定义为低经济发展县，取值为 1，否则为 0，并引入了移动支付与低经济发展县的交互项。表 2-13 第（3）列移动支付与低经济发展县的交互项系数为 0.0211，该结果表明，相较高经济发展县域，移动支付对低经济发展县域的经济增长有更大提升作用，不断缩小了县域之间经济增长的差距，为移动支付推动共同富裕提供了证据。可能的原因为，一方面，移动支付能够为低经济发展县提供金融服务，提高金融使用效率，更好推动生产生活变革，激活市场主体活力，更好发挥了移动支付的普惠作用。另一方面，移动支付能够提供多种灵活就业形式，促进就业结构转型，提升就业质量，从而提高低经济发展县的经济总量，而高经济发展县本身就业水平较高，移动支付对其就业水平提升的边际作用较低（谢文栋，2023），从而导致移动支付对高经济发展县的经济增长推动作用较小。此结论也为本章的机制分析结论提供了进一步证据。

表 2-13　异质性分析

被解释变量	（1） 县域实际 GDP	（2） 县域实际 GDP	（3） 县域实际 GDP
移动支付	−0.0014 (0.0026)	0.0011 (0.0027)	0.0007 (0.0025)
移动支付×低收入地区[①]	0.0266 *** (0.0026)		

① 中国于 1993 年开始实施"八七扶贫攻坚计划"，确定了 592 个国家级贫困县名单，由于贫困县在样本期内未发生变化，使用固定效应会自动删除贫困县变量的单项。西部变量亦是如此，故本章未加入贫困县和西部变量的单项。

续表

被解释变量	(1) 县域实际GDP	(2) 县域实际GDP	(3) 县域实际GDP
移动支付×西部		0.0123*** (0.0029)	
移动支付×低经济发展县			0.0211*** (0.0033)
低经济发展县			−0.2135*** (0.0211)
控制变量	控制	控制	控制
县域固定效应	控制	控制	控制
时间固定效应	控制	控制	控制
N	9125	9125	9125
R^2	0.7555	0.7509	0.7618

第七节　进一步分析

　　2020年新冠疫情暴发，且不断反复，这使线下交易受到一定阻碍，地区经济发展受到一定冲击。在此背景下，线上交易及支付对缓解疫情冲击，稳定经济增长起到重要作用。为进一步落实中共中央关于"完善农村物流服务体系""启动农村流通设施信息化提升工程"精神，加快电子商务在农村的运用，财政部和商务部于2014年7月联合实施了"电子商务进农村综合示范"项目。第一批试点对象包括河北、黑龙江、江苏、安徽、江西、河南、湖北和四川，共8个省，56个县，每个示范县可获得2000万元的财政资金支持，以支持建设农村电子商务服务贸易点、完善物流体系和开展农村电子商务培训。2015年，该项目试点扩大到25个省份和新疆生产建设兵团，共选取200个示范县，每个县获得1850万元资金支持。2016年国务院扶贫办也成为该项目的主管部门，新增240个示范县，此次政策要求资金支出细化，绩效评价与资金挂钩效果更加明显，即先下拨1500万元，绩效考核通过后再拨付500万元，重视信息公开。2017年新增示范县260个，项目规定，支持县域电子商务公共服务中心和乡村电子商务服务站点的建设改造，在全国培育一批能够发挥典型带动作用的示范县。2018年、2019年项目规定基本与2017年相同，分别新增示范县260个、215个。2020年项目支持的省份范围扩大至28个，新增176个县，并将示范县的资金额度由2000万元大幅降低到500万元。

　　电子商务是推动中国经济发展的新动能，"电子商务进农村综合示范"项目的实施丰富了农村的销售渠道，降低了农民的销售成本，减少了其生产及消费的贸易成本，满足居民多样的消费需求，从而提高了农民收入及消费（唐跃桓等，2020；马彪等，2023）。涂勤和曹增栋（2022）研究发现，"电子商务进农村综合示范"项目通过缓解资金约束及社会资本约束渠道促进农民创业。陈享光等（2023）研究发现，"电子商务进农村综合示范"项目的实施能够缩小城乡收入差距。王奇等（2021）研究发现，该项目的实施扩大了市场可及性，减小地理位置及人口规模对经济增长的制约，其为县域带来44818.26万元的收益，远高于初始投入资金。"电子商务进农村综合示范"项目的相关资金主要用于乡镇和村级农村电商服务网点建设、仓储物流中心等项目建设、"县—乡—村"三级物流服务体系建设、特色产品打造与线上线下宣传推广及溯源体系和产品供应链体系建设及农村电商人才培训。因此，该项目的实施其实是为试点地区居民进行网络交易提供了基础设施，丰富了居民销售及购买渠道，但在进行交易时需要移动支付完成居民所进行的交易活动。可以说，电子商务服务网点是交易活动完成的基础，而移动支付是交易活动完成的支付手段。因此，该项目的实施可能与移动支付起到相辅相成的作用，即该项目的实施会加强移动支付对县域经济增长的影响，移动支付也可加强该项目对县域经济增长的影响。

借鉴王奇等（2021）的做法，本章使用商务部、财政部等政府部门开展的"电子商务进农村综合示范"项目代表电子商务，将县域开始试点电子商务的当年及以后年份取值为1，否则为0，并通过引入移动支付和电子商务的交互项验证两者对县域实际GDP、县域人均实际GDP的作用。表2-14第（1）（2）列电子商务对县域实际GDP发挥的总效应分别为0.0103、0.0101，移动支付与电子商务交互项系数分别为0.0029、0.0030，该结果表明，"电子商务进农村综合示范"项目的实施能够显著促进县域经济增长，且能够强化移动支付对县域经济增长的促进作用，同时，移动支付发展亦能够强化该项目对县域经济增长的正向影响，两者相辅相成。考虑到政府部门在选择试点地区时可能存在一定的自选择问题，例如，上级政策制定者更偏好于选择较贫困的地区作为试点地区，由此导致样本产生选择性偏误。因此，为尽可能减小样本自选择对估计结果造成的影响，借鉴唐跃桓等（2020）和黄祖辉等（2022）的做法，本章进一步使用倾向得分匹配（PSM）的方法检验该项目的效果。表2-14第（3）（4）列的实证结果表明，"电子商务进农村综合示范"项目依然能够显著促进县域经济增长，且其与移动支付相辅相成，共同促进县域经济增长的结论保持稳健，H4得以验证。

表2-14　进一步分析

被解释变量	（1） 县域实际GDP	（2） 县域人均实际GDP	（3） 县域实际GDP	（4） 县域人均实际GDP
移动支付	0.0053 ** （0.0025）	0.0050 * （0.0025）	0.0042 * （0.0026）	0.0041 * （0.0025）
移动支付×电子商务	0.0029 * （0.0017）	0.0030 * （0.0017）	0.0055 *** （0.0019）	0.0056 *** （0.0019）
电子商务①	0.0103 ** （0.0067）	0.0101 ** （0.0044）	0.0198 *** （0.0048）	0.0196 *** （0.0048）
控制变量	控制	控制	控制	控制
县域固定效应	控制	控制	控制	控制
时间固定效应	控制	控制	控制	控制
N	9125	9125	7457	7457
R^2	0.7529	0.7531	0.7519	0.7522

本章小结

依托于数字技术的数字经济作为继农业经济、工业经济后主要经济形态，对建设完整

---

① 为直接给读者展示出电子商务对县域GDP发挥的总效应，此处对移动支付进行了去均值化处理。

内需体系，培育新的消费增长点，构建新发展格局，重塑经济结构，建设社会主义现代化国家起到强大推动作用。本章将2016~2020年县域统计年鉴与北京大学数字普惠金融数据进行了匹配，并运用双向固定效应和工具变量法实证研究了移动支付对县域经济增长的影响。研究发现，第一，移动支付可以显著促进县域经济增长，在使用县域到杭州距离与同一市内其他县域移动支付指数均值的交互项作为县域移动支付的工具变量后结果仍然成立。此外，本章在替换工具变量、替换被解释变量、使用中国城乡社区治理调查数据、控制其他数字普惠金融子指数、替换解释变量及剔除深圳与杭州等样本后结论仍然成立。第二，机制分析表明，缓解信息不对称、降低金融约束，缓解市场规模约束，促进创业、拉动就业是移动支付发挥作用的主要渠道。第三，异质性分析显示，移动支付对贫困县、西部地区、低经济发展区域的经济有更为显著的正向推动作用，表明移动支付能够发挥普惠效应，从而助力共同富裕的实现，为未来数字经济政策靶向制定提供了有力参考。第四，进一步分析表明，移动支付与"电子商务进农村综合示范"项目具有协同作用，两者能够共同促进县域经济增长。本章的研究丰富并扩展了数字经济对经济发展影响的相关文献，为充分挖掘县域经济增长潜力提供了政策参考依据，并有以下四点启示：

（1）增强移动支付发展包容性，筑牢发展新基础。研究发现，移动支付能够显著促进县域经济增长，政府应增强移动支付发展包容性。一方面，政府应加大对西部、国家贫困县等落后地区的新型基础设施建设的资金投入，保证4G基站全覆盖的同时，不断推进5G网络建设，加快普及智能手机等数字工具，扩大移动支付发展的覆盖广度和深度；另一方面，政府应以社区为单位，派出专业技术人员，为低受教育水平群体、银龄族等弱势群体提供相应的移动支付技术指导和培训，丰富他们对移动支付使用风险的识别和防范等相关知识，提高其对移动支付平台的信任，从需求端打通居民通向的移动支付"最后一公里"。

（2）优化移动支付的金融功能，最大化其普惠作用。一方面，政府应鼓励移动支付平台积极与银行部门建立合作，着力打破家庭、企业与银行间的信息不对称困局，缓解正规信贷约束，为居民创业及企业发展提供源源不断的金融活水；另一方面，政府应鼓励移动支付平台进行信贷产品和服务创新，发展多样化、多层次的信贷服务体系，提高信贷服务效率，降低信贷获得成本，弥补传统金融难以服务弱势群体、经济发展薄弱地区的不足，改善地区经济发展不均衡的状况。与此同时，政府也应加强对移动支付平台的监管力度，为金融机构和居民搭建一个安全有序、健康和谐的支付环境，使移动支付真正起到普惠的作用，从而助力共同富裕的实现。

（3）探寻移动支付促进就业的多维路径，最大化移动支付的就业效应。研究发现，移动支付能够促进"淘宝村"的形成、带动就业。首先，政府应持续推进产业结构优化，加大对服务业等第三产业的财政资金扶持，增设第三产业发展引导资金，持续培育新业态壮大，从就业供给端筑牢移动支付促进就业的基础；其次，要充分发挥移动支付在推进县域一二三产业融合、优化县域就业和创业环境等方面的积极作用，加快实施县域就业创业促进行动，超前布局"数字新岗位"；最后，政府应鼓励移动支付平台丰富并不断完善就业信息发布服务，实现就业信息的共享，帮助劳动者高效、低门槛地获得就业信息和就业机会。

（4）持续推进"电子商务进农村综合示范"项目，强化移动支付发挥的作用。研究表明，移动支付与"电子商务进农村综合示范"项目能够发挥协同作用，共同促进县域经济增长。因此，政府应持续在全国县域内推广"电子商务进农村综合示范"项目，进一步加大对县域电子商务建设的财政补贴力度，提高乡村电子商务服务网点的密集度，整体提升电子商务服务质量。与此同时，政府在实施政策时应与物流企业达成合作，共同优化乡村物流体系，普及电子商务相关知识，提高居民使用电子商务的积极性，营造移动支付发展环境，从而进一步强化移动支付对县域经济的推动作用。

第三章　移动支付与乡村振兴

第一节　研究背景

2017 年，党的十九大做出重大决策部署，决定实施乡村振兴战略。乡村振兴战略是全面建成小康社会、全面建设社会主义现代化国家的重大历史任务，是新时代"三农"工作的总抓手。2017 年中央农村工作会议明确了实施乡村振兴战略的目标和任务：2020 年，乡村振兴取得重要进展，制度框架和政策体系基本形成；2035 年，乡村振兴取得决定性进展，农业农村现代化基本实现；到 2050 年，乡村全面振兴，农业强、农村美、农民富全面实现①。乡村发展落后是我国社会主要矛盾中发展不平衡不充分的重要表现，是实现中华民族伟大复兴必须加以弥补的短板（刘合光，2018），而乡村振兴战略则是应对新时期社会主要矛盾的必然要求（曾福生和蔡保忠，2018）。2021 年中央一号文件《中共中央、国务院关于全面推进乡村振兴加快农业农村现代化的意见》明确指出，随着脱贫攻坚任务的完成，我国三农工作进入了新的发展阶段（温铁军等，2021），农业农村发展取得新的历史性成就，稳定了经济社会发展大局，发挥了"压舱石"的作用。

近年来，我国金融业数字化的进程不断加快，数字金融正在改变着我国金融业的发展模式，成为了我国经济转型发展的新机遇（房宏琳和杨思莹，2021）。2021 年 10 月，习近平总书记在中共中央政治局第三十四次集体学习时强调，要把握数字经济发展趋势和规律，促进数字技术与实体经济深度融合，把握数字化、网络化、智能化方向，推动制造业、服务业、农业等产业数字化，赋能传统产业转型升级，催生新产业新业态新模式，不断做强做优做大我国数字经济，发挥数字技术对经济发展的放大、叠加、倍增作用，推动我国数字经济健康发展。截至 2021 年 6 月，网商银行为累计超过 4000 万小微经营者提供了数字信贷服务，其中超过 2000 万为涉农用户，占比超过一半。全国 1/3 涉农县区已经与网商银行达成合作，数量超过 850 个②。数字金融的使用不仅激发了农户的创业热情，同时有效地缓解了农户的信贷约束（何婧和李庆海，2019），在金融服务最难触达的农村地区，移动支付的快速发展为农村建设提供了极大的便利。

本章立足于农村家庭，探究移动支付对乡村振兴的影响，并从移动支付的角度提出加快实现乡村振兴的政策建议。具体而言，首先，构建乡村振兴的评价指标，通过熵值法计算得出乡村振兴的综合指数作为本章的被解释变量。其次，将北京大学数字金融研究中心

---

① 资料来源：http://www.gov.cn/zhengce/2018-02/04/content_5263807.htm。
② 资料来源：https://render.mybank.cn/p/c/18mgesuqrvnk/memorabilia.html。

的支付指数数据与中国家庭金融调查 2015 年、2017 年和 2019 年三期的数据进行匹配，采用固定效应模型估计方法，考察了移动支付对乡村振兴发展的影响及作用机制。实证结果表明，移动支付推动了乡村振兴的发展。我们发现，移动支付主要通过加快传统农业转型成为地方特色产业，从而推动产业兴旺的发展；同时，聚焦农村垃圾难以处理的问题，通过垃圾分类回收等网上服务实现垃圾集中处理，保障了农村的生态环境；通过普及移动支付，缩小了城乡收入差距，提高了农村居民的生活质量，为解决城乡发展不平衡提供了现实路径。进一步，我们探讨了"淘宝村"对乡村振兴发展的作用，发现"淘宝县"和"淘宝村"的形成极大地促进了乡村振兴的发展。最后，针对农户受教育年限、收入水平和东部、中部、西部地区进行了异质性分析，并给出了相关的政策建议。

与现有研究相比，本章的主要贡献有以下三个：①从研究的角度来看，现有研究主要集中在村级层面乡村振兴指标的构建与评价的定量研究或基于政治经济学的定性研究。本章着重关注了家庭层面的乡村振兴。②从分析视角来看，现有文献主要集中在宏观层面的乡村振兴发展，或者是宏观层面移动支付的发展，缺乏微观层面的探究。本章则结合了宏观和微观视角，全面分析了区域移动支付的发展与家庭数字支付的使用情况对乡村振兴发展的影响。③从作用机制来看，与现有研究相比，本章主要从产业融合发展、电子商务等方面分析移动支付推动乡村振兴发展的关键因素，从实证角度对影响渠道进行了阐释，为使用移动支付的作用机理提供了有力依据，为全面推动乡村振兴发展提供了政策参考。

第二节　文献综述

一、乡村振兴

21 世纪以来，我国"三农"问题进入了新的发展阶段。新世纪的 20 余年间，从"区域性扶贫"到对准贫困县和"整村推进"，再到精准扶贫（白增博，2019），最终党带领广大人民群众从温饱迈向小康，创造了又一个彪炳史册的人间奇迹。在此期间，党的十九大报告提出了乡村振兴战略，报告强调要坚持农业农村优先发展，按照"产业兴旺、生态宜居、乡风文明、治理有效、生活富裕"的总要求，建立健全城乡融合发展的体制机制和政策体系，加快推进农业农村现代化（熊小林，2018）。脱贫攻坚和乡村振兴战略，这两大重要战略部署具有理念相通性和阶段递进性，脱贫攻坚的胜利为实施乡村振兴战略提供了良好的经验，奠定了扎实的基础，提高两者的政策匹配度和实践融合度，直接关系到乡村振兴的实效（涂圣伟，2020）。

张军（2018）提出，乡村振兴战略是统领农业农村现代化发展，解决我国发展不平衡不充分问题、满足人民日益增长的美好生活需要的总抓手，其"20 字方针"不仅体现在字面的调整上（叶兴庆，2018），更是对农业农村现代化内涵的深化与界定，也表明其内涵的丰富性（张海鹏等，2018）。在全面推进乡村振兴的进程中，不但要把握好"20 字方针"的科学内涵，而且要准确认识方针中五大目标任务的相互关系（黄祖辉，2018）。罗必良（2017）则认为，要以"人、地、钱"为主线，解决农村劳动力与人口问题，深化农村土地制度改革（郭晓鸣，2018），配置公共资源优先向"三农"倾斜（韩俊，2018）。

从城乡融合发展的角度来看，应采取以下两个措施：①要引导特大城市和大城市更好地发挥区域中心城市对乡村振兴发展的辐射带动作用（姜长云，2018）；②要协调好区域性城乡融合发展的差异性，在关注城乡发展的同时，也要促进区域发展的均衡性（涂丽和乐章，2018）。还有学者从数字乡村的角度进行了探讨，王胜等（2021）认为，数字乡村的建设，要提高农业信息化水平（韩旭东等，2018），提供强有力的信息化支撑（王小兵等，2018），不仅要依托数字技术为农业现代化提供动能（夏显力等，2019），还要推进传统乡村管理到数字乡村治理的转变（殷浩栋等，2020），从而推动乡村振兴的全面发展。高鸣和芦千文（2019）认为，要增强集体经济的健康发展，持续壮大农村集体经济，多维度地创新农村集体经济的运行机制，因地制宜地推动乡村集体经济振兴。

二、移动支付

中国的移动支付最早出现于 1999 年，随着信息技术的进步，银联于 2002 年推出了手机短信支付模式。此后的 20 年中，中国联通和中国移动等电子商务公司的出现以及微信支付和支付宝等移动支付平台的大量兴起，使得移动支付水平在我国迅速提升。

近年来随着互联网、大数据、云计算等信息技术的发展，数字化的互联网金融在中国得到迅速的发展和进步（李继尊，2015a）。中国人民银行发布的《2021 年支付系统运行总体情况》统计数据显示，2021 年，银行共处理电子支付业务 2749.69 亿笔，涉及金融达 2976.22 万亿元，同比增长 16.90% 和 9.75%[①]。数字金融服务在中国为数以亿计的用户提供了更为方便的支付、信贷、保险等多个种类的金融服务（Zhang and Chen，2019）。在数字金融时代，众多学者发现，数字金融发展对家庭、地区等具有显著的影响。

从农村家庭来看，移动支付提高了家庭的非农就业，增加了家庭的创业机会（尹志超等，2019a；赵涛等，2020），缓解了家庭的融资约束和信息约束（何婧和李庆海，2019），增加了家庭收入（张勋等，2019），提高了家庭消费水平和消费性信贷需求（傅秋子和黄益平，2018），带动了家庭消费升级（易行健和周利，2018），提高了农村家庭的幸福程度（尹振涛等，2021）。从农村整体来看，数字经济与农村的深度融合，为农业农村新发展带来了新的机遇，通过科技创新的技术协同作用，发挥信息技术的乘数效应和溢出效应（陈一明，2021），多方位促进农业升级、农村进步和农民发展（温涛和陈一明，2020），优化了城乡公共服务的配置，实现乡村振兴的可持续发展。从宏观区域来看，数字金融发展存在明显的空间异质性（郭峰等，2020），数字金融在东、中、西部地区的发展水平整体呈上升趋势，绝对差异大幅度缩小，相对差异总体下降（张龙耀和邢朝辉，2021）。冯兴元等（2021）则从微观区域的角度进行了探讨，发现东部地区县域内的数字金融发展水平较高，而中西部地区和东北地区数字金融发展水平相对落后。杨伟明等（2021）则对城乡和不同地区的数字金融发展进行了讨论，研究表明，数字金融对于城乡消费和不同地区的商品消费存在明显的异质性。

目前关于移动支付对乡村振兴发展的实证研究主要为移动支付对于农村发展中的某个单一变量的影响。鲜有文献探究移动支付对乡村振兴发展的整体影响，深入分析移动支付对乡村振兴各方面及整体发展的作用机制。因此，本章采用区县级移动支付指数和农村家

---

① 资料来源：http：//wzdig.pbc.gov.cn：8080/search/pcRender？pageId=fa445f64514c40c68b1c8ffe859c649e。

庭层面数字支付使用这两个指标，度量了移动支付对乡村振兴发展的影响及其作用机制，分析了移动支付发展对乡村振兴"20 字方针"中五个方面的影响，为移动支付推动乡村振兴发展提供了政策建议。

第三节　乡村振兴评价指标与研究假设

一、乡村振兴评价指标的构建及评价方法

2017 年，习近平总书记在十九大报告中首次提出乡村振兴战略，并提出了乡村振兴战略的总要求：产业兴旺、生态宜居、乡风文明、治理有效、生活富裕。这"20 字方针"既是乡村振兴的总要求，也是广大劳动人民的殷切期盼。2018 年 3 月 5 日，时任国务院总理李克强在《政府工作报告》中讲到，大力实施乡村振兴战略。同年，中共中央政治局召开会议，审议并印发了《国家乡村振兴战略规划（2018－2022 年）》，要求各地区各部门结合实际认真贯彻落实。2021 年，中共中央、国务院发布中央一号文件，即《中共中央　国务院关于全面推进乡村振兴加快农业农村现代化的意见》，同年成立了国务院直属机构国家乡村振兴局。2021 年 3 月，中共中央、国务院发布了《关于实现巩固拓展脱贫攻坚成果同乡村振兴有效衔接的意见》，并提出重点工作。

依据上述乡村振兴的文件和国家政策，本章的被解释变量为根据乡村振兴评价指标计算出的乡村振兴综合指数。按照乡村振兴战略中产业兴旺、生态宜居、乡风文明、治理有效和生活富裕的总要求，结合中国家庭金融调查数据的特点，主要参考张挺等（2018）、贾晋等（2018）对于乡村振兴评价指标的构建，筛选出 5 个二级指标、21 个三级指标。表 3-1 给出了乡村振兴评价指标体系的具体指标及定义方式。指标设置主要覆盖了产业发展、生态环境、基础设施、教科文卫及制度体系等领域。

表 3-1　乡村振兴评价指标的构建

一级指标	二级指标	三级指标	定义方式
乡村振兴	产业兴旺	非农产业劳动者占比	家庭非农劳动力数量/家庭劳动力数量
		非农产业产值	所在地区二三产业产值，取自然对数
		农业机械化水平	农业生产机械使用率（包括耕地、播种、收货环节）
		有特色产业	本村有特色产业取 1，否则取 0
	生态宜居	交通便利	村内硬化道路数，取自然对数
		绿化水平	村民对村内绿化水平的评分：1 差，2 较差，3 一般，4 较好，5 好
		通自来水	村内通自来水取 1，否则取 0
		生活垃圾集中处理	村内生活垃圾集中处理取 1，否则取 0
	乡风文明	有就业培训机构	本村有就业培训机构取 1，否则取 0
		教育文娱支出占比	教育文娱支出/总消费支出
		教师数量的对数	本村的教师数量取自然对数
	治理有效	村两委工作人员大专及以上学历人数	村两委工作人员大专及以上学历人数取自然对数
		党组织书记、村主任一肩挑	村党组织书记、村主任一肩挑取 1，否则取 0
		家庭幸福感	家庭对幸福感的评分：1 差，2 较差，3 一般，4 较好，5 好

续表

一级指标	二级指标	三级指标	定义方式
乡村振兴	生活富裕	网购	家庭成员中有人参与网购取 1，否则取 0
		城乡居民收入比	所在区县城乡居民收入比
		恩格尔系数	家庭一年伙食费/总消费支出
		医疗保健支出占比	医疗保健支出与总支出占比
		消费水平	家庭消费加 1 取对数
		收入水平	家庭收入加 1 取对数
		拥有私家车	家庭拥有私家车为 1，否则取 0

评价方法：熵值法可以明确区分不同指标，并且赋权更加合理客观，可信度较高。因此文本参考张挺等（2018）、贾晋等（2018）的方法，采用了两步熵值法。首先，将 5 个维度的三级指标运用熵值法计算出各个二级指标的指数；其次，对 5 个二级指标运用熵值法，求得各个家庭的乡村振兴评价的总指数。具体计算方法如下：

（1）设置指标方向。正向指标标准化处理：

$$x'_{ij} = \frac{x_{ij} - \min(x_{ij})}{\max(x_{ij}) - \min(x_{ij})} \tag{3-1}$$

负向指标标准化处理：

$$x'_{ij} = \frac{\max(x_{ij}) - x_{ij}}{\max(x_{ij}) - \min(x_{ij})} \tag{3-2}$$

（2）计算样本权重。

$$P_{ij} = \frac{x_{ij}}{\sum_{i=1}^{n} x_{ij}} \tag{3-3}$$

（3）计算指标熵值。

$$e_j = -K \times \sum_{i=1}^{n} (P_{ij} \times \ln(P_{ij})) \tag{3-4}$$

$$K = \frac{1}{\ln(n)} \tag{3-5}$$

其中 n 为样本个数。

（4）计算指标的差异系数。

$$d_j = 1 - e_j \tag{3-6}$$

（5）计算评价指标权重。

$$w_j = \frac{d_j}{\sum_{j=1}^{m} d_j} \tag{3-7}$$

（6）计算各样本在各二级指标的综合指数。

$$z_i = \sum_{j=1}^{m} w_j x_{ij} \tag{3-8}$$

二、研究假设

《2022 年数字乡村发展工作要点》指出，要强化农村数字金融服务，持续推进移动支付便民服务向农村地区下沉。随着互联网技术的不断成熟，数字金融逐渐成为变革农村金融服务的关键力量，通过解决传统金融在信息不对称方面的限制，数字金融让农村弱势群体也有获取现代金融服务的权利（黄倩等，2019），在一定程度上缩小了城乡收入差距（宋晓玲，2017），促进了乡村振兴的发展。彭澎等（2022）指出，中国农村数字金融发展显著提高了农户的收入流动性，积极促进了非农就业，提升了创业概率（周广肃和樊纲，2018）。移动支付等数字金融服务的发展，一方面有助于实现产业兴旺和生态宜居，通过打破信息不对称的壁垒和融资约束的限制，移动支付增加了农户资金的可获得性，而数字技术和传统农业的结合有利于提高农户的生产效率，降低生产成本，促使产业转型升级，并且移动支付对于生活环境的污染程度较小，通过数字技术与传统农业的结合，降低了传统农业对环境的污染程度。另一方面也有助于乡风文明的建设和促进乡村治理更加有效，基于数字金融的电子商务和农村直播带货等互联网服务，极大地促进了农户与外界的联系，大大提高了农户收入，有利于广大农村家庭提高个人素质，形成乡村特有的公序良俗。同时，移动支付也加强了农村内部之间的联系，推动农村地区家庭自主参加到农村治理的活动中去，提高了农村居民参加乡村事务的积极性。此外，移动支付也促进了农户实现生活富裕，一方面移动支付的出现极大地促进了农村地区的就业和创业机会，提升了农户的生活质量；另一方面移动支付也极大地便利了农户的资金流动，使人们的生产生活更加便捷（何雷华等，2022）。据此，提出研究假设 H1。

H1：移动支付能够促进乡村振兴的发展。

2022 年中央一号文件指出，要推动乡村振兴取得新进展，农业农村现代化就要迈出新的步伐。此前，已有学者就相关问题进行了研究：赵霞等（2016）指出，推进中国农村的三产融合发展，是促进中国实现农业农村现代化的重要途径，更是实现乡村振兴的可行路径（陈学云和程长明，2018）。苏毅清（2016）认为，实现农村三产的融合，有利于农民享受产业融合带来的红利，有利于强化农业农村基础设施的互联互通，从而促进新农村建设，更有利于农民实现增收（王乐君和寇广增，2017）。而且随着"淘宝村"的形成，农民家庭实现了就地创业和就业（吕丹，2020），提高了农村经济发展水平，降低了城乡收入差距（崔丽丽等，2014），电子商务的出现极大地促进了当地经济的发展。据此，提出研究假设 H2。

H2：移动支付可以通过电子商务，形成"淘宝村"促进乡村振兴的发展。

实现乡村振兴，必须优先解决农村的教育问题（周锦和赵正玉，2018），高质量全方位地发展农村教育（宋翠平和李宗霖，2022），充分保障农村人力资本的投入和积累，积极推动农村基础教育的普及和职业培训工作，积极改造人力资本，提高农民的知识技能水平，切实有效地促进农村现代化发展，最终实现乡村振兴（温涛和何茜，2018）。唐红涛等（2022）指出，数字金融可以提高人力资本的优势，有助于农户打破信息壁垒，提升收入水平和教育质量，从而促进乡村振兴的发展。高文涛等（2018）认为，人力资本积累有助于提高农户的收入水平，提升农民的科学文化素质和职业技能水平可以带动百姓走向生活富裕。据此，提出研究假设 H3。

H3：提高受教育水平能够显著促进乡村振兴的实现。

第四节　数据及变量

一、数据来源

本章将北京大学数字金融研究中心发布的"移动支付指数"（区县级）与西南财经大学 2015 年、2017 年、2019 年中国家庭金融调查及来自《中国统计年鉴》的部分宏观统计数据相匹配作为实证检验的数据集。中国家庭金融调查数据库不但采集了各省市农村层面的信息，包括产业、经济、基础设施、生态、政治、组织等多方面信息，而且在家庭层面，统计了资产与负债、收入与消费、保险与保障等方面的微观信息，在年龄结构、城乡人口结构、性别结构等方面与国家统计局基本一致，该数据库更有利于本章探究微观层面的乡村振兴发展。本书保留了 2015 年、2017 年、2019 年的 9901 户农村家庭样本的面板数据，共 23604 个观测值，并对所有连续变量进行 1% 缩尾处理。

二、变量选取及说明

（1）核心解释变量。移动支付指数。在宏观层面采用北京大学数字金融研究中心编制的移动支付指数对区县移动支付水平进行度量，编制过程见郭峰等（2020）的研究。通过将代表移动支付水平的支付指数与中国家庭金融调查数据相匹配，可以更加准确详细地度量移动支付在微观层面对乡村振兴发展的影响。

（2）数字支付的使用。参考郭沛瑶和尹志超（2022）的方法，结合 CHFS 问卷对家庭使用数字支付进行了定义，若家庭使用或开通了网上银行、手机银行及第三方支付机构服务，则认为该家庭使用了移动支付，从而对家庭使用数字支付赋值为 1，如果家庭从未使用或开通过网上银行、手机银行及第三方支付机构服务，那么赋值为 0。

（3）控制变量。主要选取了户主特征变量和家庭特征变量作为控制变量。其中户主特征变量主要包括年龄及其平方除以 100、婚姻状况、受教育年限，家庭特征变量主要包括自有住房情况、家庭中党员数量、家庭中是否有领导干部、家庭收入状况、家庭净资产和家庭负债情况以及家庭不健康率。表 3-2 给出了各个变量的具体定义方式。

表 3-2　相关变量及定义方式

	变量名称	变量定义
解释变量	移动支付	支付指数加 1，然后取自然对数
	数字支付	如果家庭成员使用过/开通了网上银行、手机银行及第三方支付机构服务，那么取 1，否则取 0
控制变量	户主年龄	户主的年龄
	户主年龄的平方/100	户主年龄的平方除以 100
	已婚	如果户主已婚，那么取 1，否则取 0
	户主受教育年限	户主的受教育年限
	家庭规模	家庭的总人数
	家庭自有住房	如果家庭拥有自有住房，那么取 1，否则取 0
	党员数量	家庭中受访者以及配偶是党员的数量
	担任领导	如果家庭成员中有领导干部，那么取 1，否则取 0
	劳动者数量	家庭成员中参与劳动或有工作的人数

	变量名称	变量定义
控制变量	家庭净资产的对数	家庭过去一年净资产加 1，然后取自然对数
	家庭收入的对数	家庭过去一年的总收入加 1，然后取自然对数
	家庭负债的对数	家庭过去一整年的总负债额加 1，然后取自然对数
	家庭不健康率	家庭不健康人数/家庭总人口

表 3-3 汇报了描述性统计结果。数据表明，农村户主的平均年龄远超我国总体的平均年龄，户主受教育年限较短，家庭资产、收入均处于较低水平，拥有私家车的家庭数量较少。这一结果，与《中国乡村振兴综合调查研究报告 2021》中的数据情况基本吻合。

表 3-3 描述性统计

	变量名称	样本量	平均值	标准误差	最小值	最大值
（1）被解释变量	乡村振兴综合指数	23604	0.217	0.156	0.019	0.67
	非农产业劳动者占比	23604	0.372	0.413	0	1
	非农产业产值	23604	10.012	0.771	7.7	11.546
	农业机械化水平	23604	0.548	0.436	0	1
	有特色产业	23604	0.473	0.499	0	1
	交通便利	23604	2.539	0.91	0	5
	绿化水平	23604	3.612	1.218	0	5
	通自来水	23604	0.516	0.5	0	1
	生活垃圾集中处理	23604	0.488	0.5	0	1
	有就业培训机构	23604	0.089	0.285	0	1
	教育文娱支出占比	23604	0.06	0.119	0	0.567
	教师数量的对数	23604	1.058	1.334	0	4.949
	两委工作人员大专及以上学历人数对数	23604	0.494	0.561	0	3.091
	党组织书记、村主任一肩挑	23604	0.32	0.466	0	1
	家庭幸福感	23604	3.793	0.909	0	5
	网购	23604	0.15	0.358	0	1
	城乡居民收入比	23604	2.114	2.315	0	15.137
	恩格尔系数	23604	0.33	0.207	0	8.512
	医疗保健支出占比	23604	0.133	0.253	0	1.525
	消费水平	23604	10.205	0.92	0	14.664
	收入水平	23604	9.586	2.371	0	15.425
	拥有私家车	23604	0.15	0.357	0	1
（2）解释变量	移动支付	23604	4.246	0.37	2.647	5.396
	数字支付	23604	0.148	0.355	0	1
（3）控制变量	户主年龄	23604	57.076	12.097	4	117
	户主年龄的平方/100	23604	34.04	13.901	0.16	136.89
	已婚	23604	0.876	0.33	0	1
	家庭规模	23604	3.657	1.82	1	18
	户主受教育年限	23604	6.989	3.432	0	19
	家庭自有住房	23604	0.961	0.193	0	1
	党员数量	23604	0.136	0.376	0	3
	担任领导	23604	0.019	0.135	0	1
	劳动者数量	23604	1.934	1.311	0	12
	家庭收入的对数	23604	9.586	2.371	0	15.425
	家庭净资产的对数	23604	11.256	2.686	0	17.217
	家庭负债的对数	23604	3.223	4.835	0	16.86
	家庭不健康率	23604	0.243	0.32	0	1

第五节　模型设定与内生性讨论

一、实证模型

本章采用固定效应模型来估计移动支付对乡村振兴发展的影响，模型设定如下：

$$Index_{it} = \alpha_0 + \beta_1 \ln\_ paymet_{it} + \beta_2 X_{it} + \lambda_t + \mu_i + \varepsilon_{it} \qquad (3\text{-}9)$$

其中，i 表示家庭，t 表示年份。$Index_{it}$ 表示通过熵值法计算得出的家庭乡村振兴综合指数，指数越高表示乡村振兴发展的水平越高。通过北京大学数字金融研究中心提供的支付指数加 1 取自然对数的方式来表示区县的移动支付水平，文中用 $\ln\_ paymet_{it}$ 表示。X_{it} 表示控制变量，包括家庭特征变量和户主特征变量，相关控制变量的具体信息已在表 3-2 列出。λ_t 表示年份固定效应，μ_i 表示农户固定效应，ε_{it} 表示随机扰动项。

为进一步刻画家庭层面移动支付对乡村振兴发展的影响，通过家庭成员是否使用过或开通了网上银行、手机银行及第三方支付机构服务来描述家庭层面的移动支付水平，如果家庭使用过或开通了网上银行等服务取 1，否则取 0，模型设定如下：

$$Index_{it} = \alpha_0 + \beta_1 dummy\_ payment_{it} + \beta_2 X_{it} + \lambda_t + \mu_i + \varepsilon_{it} \qquad (3\text{-}10)$$

其中，i 表示家庭，t 表示年份，$Index_{it}$ 表示乡村振兴综合指数。$dummy\_ payment_{it}$ 表示家庭是否使用了数字支付，X_{it} 表示控制变量，包括家庭特征变量和户主特征变量。λ_t 表示年份固定效应，μ_i 表示农户固定效应，ε_{it} 表示随机扰动项。

二、内生性讨论

乡村振兴的全面推进可能会影响农村地区移动支付的发展水平，为了解决反向因果的问题，本章选取同一社区除本家庭外其他家庭拥有智能手机的平均值作为工具变量。主要原因有两个：一是杭州作为互联网信息时代的"交通枢纽"，其在金融科技方面的发展居于全国领先地位，移动支付的推广与智能手机的使用存在极大的关系。因此，选取同一社区除本家庭外其他家庭拥有智能手机的平均值作为工具变量满足相关性的条件。二是选取同一社区其他家庭拥有智能手机的平均值代表本家庭的移动支付水平，在一定程度上满足工具变量的排他性条件。因此我们认为，选取同一社区除本家庭外其他家庭拥有智能手机的平均值适合作为移动支付指数的工具变量。

第六节　实证结果与分析

一、移动支付对乡村振兴综合指数的影响

表 3-4 给出了移动支付对乡村振兴发展的回归结果。第（1）列的实证结果表明，移动支付指数每提高 1%，乡村振兴指数就提高了 0.04%，且该系数在 1% 的水平下显著，说明移动支付能够显著促进乡村振兴的发展。为了解决内生性问题，我们引入家庭所在社区的其他家庭拥有智能手机的平均值作为工具变量进行回归，结果表明依然稳健。在工具变

量两阶段回归中，第一阶段估计的 F 值为 24.98，大于 10% 偏误下为 10 的临界值（Stock et al.，2002），不存在弱工具变量问题，因此工具变量选用家庭所在社区的其他家庭拥有智能手机的平均值是合适的。第（2）列为工具变量的回归结果，移动支付每提高 1%，乡村振兴指数则提高 0.58%，该系数在 5% 的显著性水平上显著。在研究控制变量对乡村振兴综合指数的影响中，我们发现，家庭规模、担任领导、家庭劳动者数量、家庭净资产、家庭收入和家庭负债，均在 1% 的水平下显著影响乡村振兴综合指数，家庭自有住房在 10% 的显著性水平下影响乡村振兴综合指数的增长，户主受教育年限在 5% 的显著性水平下促进乡村振兴的发展，而户主年龄的平方除以 100 和家庭不健康率则对乡村振兴综合指数的影响显著为负。总体而言，从宏观层面出发，表 3-4 的回归结果表明了农村家庭区县的移动支付，有力推动了乡村振兴的发展，与我们预期的结果基本一致。

表 3-4　移动支付对乡村振兴综合指数的影响

变量	（1） FE	（2） FE+IV
移动支付	0.0399***	0.5800**
	(0.0070)	(0.2822)
户主年龄	0.0009	-0.0006
	(0.0009)	(0.0013)
户主年龄的平方/100	-0.0015*	0.0000
	(0.0008)	(0.0012)
已婚	-0.0006	-0.0042
	(0.0043)	(0.0055)
家庭规模	0.0134***	0.0116***
	(0.0009)	(0.0014)
家庭自有住房	0.0079*	0.0044
	(0.0045)	(0.0063)
党员数量	0.0044	0.0038
	(0.0034)	(0.0041)
担任领导	0.0259***	0.0203**
	(0.0081)	(0.0096)
劳动者数量	0.0044***	0.0066***
	(0.0010)	(0.0017)
户主受教育年限	0.0010**	0.0016***
	(0.0004)	(0.0006)
家庭收入的对数	0.0015***	0.0024***
	(0.0004)	(0.0007)
家庭净资产的对数	0.0033***	0.0039***
	(0.0004)	(0.0006)
家庭负债的对数	0.0013***	0.0010***
	(0.0002)	(0.0003)
家庭不健康率	-0.0116***	-0.0161***
	(0.0032)	(0.0047)
常数项	-0.0834**	
	(0.0385)	
观测值	23604	23604
农户固定效应	YES	YES
年份固定效应	YES	YES
一阶段 F 值	—	24.98

注：括号中为以农户为聚类变量的聚类稳健标准误。*、**、*** 分别表示在 10%、5%、1% 的水平上显著。控制变量中包含了表 3-2 中所有控制变量。

二、移动支付对二级乡村振兴指数的影响

表3-5探讨了移动支付对二级乡村振兴指数的影响。第（1）列和第（2）列表明，移动支付指数每提高1%，产业兴旺指数和生态宜居指数则分别提高0.06%和0.15%，并且该系数在1%的水平下显著。其中，产业兴旺指数提高的原因可能是移动支付促进了传统产业向地区特色产业转型升级，提高了地区第一产业产值，从而加快乡村振兴的发展。生态宜居指数提高的原因可能是移动支付有效解决了农村垃圾处理难的问题，提高了当地的环境质量和绿化水平，改善了当地的生态环境，保障了人们赖以生存的宜居场所。第（3）列表明，移动支付对于乡风文明指数的影响系数为0.0048，虽然显著性水平较差，但是从系数的正负来看，移动支付依然对乡风文明有着比较明显的正向促进作用；模型的第（4）（5）列说明，移动支付指数每提高1%，治理有效指数和生活富裕指数则分别增长0.02%和0.03%，这意味着移动支付可能提高了地方治理的效率，降低了政府治理农村的成本，从而使得地方治理更加有效。而生活富裕指数的提高，可能是移动支付使城乡收入差距减小，促进了收入分配更加合理化，农户手中的财富不断增加，从而推动人们生活富裕的实现。此外，移动支付的发展也可能提升了社会保障水平，尤其是对医疗保险有着明显的促进效应，从而降低了家庭医疗保健支出，促进了乡村振兴的发展。

表3-5 移动支付对二级乡村振兴指数的影响

变量	（1）产业兴旺指数	（2）生态宜居指数	（3）乡风文明指数	（4）治理有效指数	（5）生活富裕指数
移动支付	0.0594***	0.1510***	0.0048	0.0198*	0.0300**
	（0.0149）	（0.0196）	（0.0113）	（0.0117）	（0.0132）
常数项	−0.0248	−0.1654	0.0619	0.0305	−0.1851**
	（0.0833）	（0.1091）	（0.0599）	（0.0671）	（0.0748）
观测值	23604	23604	23604	23604	23604
控制变量	YES	YES	YES	YES	YES
农户固定效应	YES	YES	YES	YES	YES
年份固定效应	YES	YES	YES	YES	YES
Within R^2	0.0477	0.0060	0.0036	0.0022	0.0813

注：括号中为以农户为聚类变量的聚类稳健标准误。*、**、***分别表示在10%、5%、1%的水平上显著。控制变量中包含了表3-2中所有控制变量。

三、数字支付对乡村振兴综合指数的影响

我们又探讨了家庭数字支付的使用对乡村振兴综合指数的影响。表3-6中回归结果表明，家庭数字支付的使用在1%的显著性水平上使乡村振兴综合指数提高了0.06%。可能的原因是家庭通过参与互联网支付、理财、信贷等多种数字金融活动，从而提高了农户的收入水平和信息接收能力，在一定程度上促进了乡村振兴的发展。

表3-6 数字支付对乡村振兴的影响

变量	（1）FE	（2）FE+IV
数字支付	0.0601***	0.1600**
	（0.0034）	（0.0683）

变量	（1） FE	（2） FE+IV
常数项	0.0948*** （0.0245）	
观测值	23604	23604
控制变量	YES	YES
农户固定效应	YES	YES
年份固定效应	YES	YES

注：括号中为以农户为聚类变量的聚类稳健标准误。*、**、***分别表示在10%、5%、1%的水平上显著。控制变量中包含了表3-2中所有控制变量。

第七节 机制分析

一、特色产业，农业兴

随着移动支付在农村地区的不断普及和深化，农村新技术"走进来"和地方特色产品"走出去"两者协同发展，农民获取信息的渠道更加畅通，地方产业产值逐年提高。表3-7的第（1）列表明，移动支付指数显著促进了特色产业的形成，其系数为0.10，并且在1%的显著性水平下显著，这意味着移动支付推动了传统产业向特色产业转型升级，促进区域特色优势产业价值增值（董玉峰等，2020）。在第（2）列中，移动支付指数每提高1%，第一产业产值则提高0.10%，并且在1%的水平下显著，这说明移动支付在一定程度上提高了第一产业产值，这可能是因为移动支付强化了农业生产数据，农民获取行业资讯的方式更加多样，促进了农村资源整合，有效降低了农业生产成本，农民更加科学便利地管理产业生产，从而提高了第一产业产量。

表3-7 移动支付对产业兴旺指数的作用机制

变量	（1） 特色产业	（2） 第一产业产值
移动支付	0.1003*** （0.0285）	0.1032*** （0.0225）
常数项	−0.0474 （0.1564）	11.8418*** （0.1010）
观测值	23604	23604
控制变量	YES	YES
农户固定效应	YES	YES
年份固定效应	YES	YES
Within R^2	0.0023	0.0052

注：括号中为以农户为聚类变量的聚类稳健标准误。*、**、***分别表示在10%、5%、1%的水平上显著。控制变量中包含了表3-2中所有控制变量。

二、绿水青山就是金山银山

习近平总书记于2005年8月在浙江任职时，提出"绿水青山就是金山银山"的科学论断，既要金山银山，也要绿水青山。良好的生态环境不仅是一笔自然财富，还是一笔巨大的经济财富，不能以牺牲当地生态环境为代价换取短期经济的快速发展，这关系到经济社会长期发展的潜力和后劲，必须加快形成新型绿色的发展方式，促进经济发展和环境保护协同共进，构建经济环境长期可持续发展体系。

在表3-8移动支付指数对生态宜居指数的影响中，第（1）列移动支付指数对绿化水平的影响系数为正，说明移动支付的使用提高了当地环境质量，随着移动支付的普及和深化，农村的村容村貌得到了进一步改善，绿化水平不断提高；第（2）列表明，移动支付指数对农村集中处理垃圾的回归系数为0.2529，这一结果意味着移动支付的使用有助于农村垃圾集中处理，有效促进了当地农村生态环境的保护与发展（赵霞等，2016），提高了农村资源的使用效率，通过移动支付实现农村生态资源资本化、生态资本证券化，促进农村生态资源要素三产化（温铁军等，2018），加快实现农村现代化建设。

表3-8　移动支付对生态宜居指数的作用机制

变量	（1） 绿化水平	（2） 集中处理垃圾
移动支付	0.8889*** （0.0889）	0.2529*** （0.0299）
常数项	0.0441 （0.4870）	−0.5974*** （0.1655）
观测值	23604	23604
控制变量	YES	YES
农户固定效应	YES	YES
年份固定效应	YES	YES
Within R^2	0.0113	0.0058

注：括号中为以农户为聚类变量的聚类稳健标准误。*、**、***分别表示在10%、5%、1%的水平上显著。控制变量中包含了表3-2中所有控制变量。

三、改善民生，实现共同富裕

数字普惠金融和移动支付可以显著地缩小城乡收入差距（宋晓玲，2017），促进收入公平分配（李建军和韩珣，2019），从而显著促进生活富裕指数的增长，推动乡村振兴的发展。在一定程度上，数字普惠金融和移动支付的发展显著提升了社会保障水平（汪亚楠等，2020），从而降低了家庭的医疗保健支出，提高了居民生活质量。

受数据所限，部分样本区县没有农村居民收入，本章采用中国县域统计年鉴中的城镇居民收入/农村居民收入对该变量进行补充。在表3-9中，第（1）（2）列表明移动支付对城乡收入比和医疗保健支出占比的回归系数分别为−0.5264和−0.0527，而且移动支付指数对城乡收入比和医疗保健支出占比的系数都是负号，系数都在1%的水平下显著，这意味着移动支付显著降低了城乡收入差距和农村医疗保健的支出，促进了城乡居民收入分配更加合理，从而有效缓解了城乡发展的不平衡问题，促进了生活富裕指数的增长；而医疗保健支出占比的降低，可能是由于移动支付显著提升了社会保障水平，随着社会保障水平的提升，人们对于医疗保健支出有所降低，从而有助于农村居民生活水平的提高。

表 3-9　移动支付对生活富裕指数的作用机制

变量	（1） 城乡收入比	（2） 医疗保健支出占比
移动支付	−0.5264*** （0.1377）	−0.0527*** （0.0154）
常数项	5.0334*** （0.7800）	0.2737*** （0.0833）
观测值	23604	23604
控制变量	YES	YES
农户固定效应	YES	YES
年份固定效应	YES	YES
Within R^2	0.0037	0.0117

注：括号中为以农户为聚类变量的聚类稳健标准误。*、**、*** 分别表示在 10%、5%、1% 的水平上显著。控制变量中包含了表 3-2 中所有控制变量。

四、电商发展，人才先行

随着电子商务在农村的兴起，移动支付得以在农村地区更好地普及和发展。近几年，政府颁布多个支持农村电子商务发展的文件和政策，为以电商产业为代表的"淘宝村"的形成奠定了基础。阿里研究院发布的《2019 中国淘宝村研究报告》显示，截至 2019 年底，全国共有"淘宝村"4310 个，其中，浙、粤、苏、鲁、冀、闽六省占比高达 95.4%。现有研究显示，电子商务有利于农村家庭提高价格搜索的能力，降低交易成本；以移动支付为依托，电子商务不但提高了产品成交量，而且增加了农村家庭的收入（曾亿武等，2018）。具体地，本章将拥有至少一个"淘宝村"的区县定义为"淘宝县"。

因此，我们加入了移动支付和淘宝县的交互项。表 3-10 的第（1）列回归结果表明，交互项对乡村振兴的回归系数为 0.0619，且该系数在 1% 的显著性水平下显著为正，由此可以发现"淘宝县"的形成大大增加了移动支付对乡村振兴发展的促进作用，其原因可能是，通过"淘宝县"的形成，农民家庭实现了就地创业和就业（吕丹，2015），提高了农村经济发展水平，降低了城乡收入差距（崔丽丽等，2014）。

此外，我们也考察了农户受教育水平在移动支付对乡村振兴中的作用，表 3-10 第（2）列加入了移动支付与户主受教育年限的交互项，交互项的系数为 0.0019，且在 10% 的显著性水平下显著，这表明对于受教育水平越高的农户来说，移动支付对乡村振兴的促进作用越大。因此，积极改造人力资本，提高农户的知识技能水平，为乡村振兴的实现提供了有效路径。

表 3-10　移动支付对乡村振兴的作用机制

变量	乡村振兴综合指数	
	（1）	（2）
移动支付	0.0214*** （0.0076）	0.0267*** （0.0093）
移动支付×淘宝县	0.0619*** （0.0109）	
淘宝县	−0.1793*** （0.0560）	
移动支付×户主受教育年限		0.0019* （0.0010）

续表

变量	乡村振兴综合指数	
	（1）	（2）
户主受教育年限		−0.0072*
		（0.0042）
常数项	−0.0432	−0.0268
	（0.0409）	（0.0463）
观测值	23604	23604
控制变量	YES	YES
农户固定效应	YES	YES
年份固定效应	YES	YES
Within R^2	0.0629	0.0606

注：括号中为以农户为聚类变量的聚类稳健标准误。*、**、***分别表示在10%、5%、1%的水平上显著。控制变量中包含了表3-2中所有控制变量。

第八节　稳健性检验

一、更换计量模型

表3-11为更换了计量模型的实证结果。第（1）（2）列为 Tobit 模型和 IV tobit 模型的回归结果。实证结果表明，在更换了计量模型后，移动支付对乡村振兴发展的回归系数依然为正，且 Tobit 模型和 IV tobit 模型的回归系数均在1%的显著性水平上显著，因此上述估计结果依然稳健。

表3-11　移动支付对乡村振兴的影响：更换计量模型

变量	乡村振兴综合指数	
	Tobit（1）	IV tobit（2）
移动支付	0.0431***	0.3543***
	（0.0037）	（0.0305）
常数项	−0.0005	−1.3725***
	（0.0278）	（0.1370）
观测值	23604	23604
控制变量	YES	YES
省份固定效应	YES	YES
年份固定效应	YES	YES

注：括号中为以农户为聚类变量的聚类稳健标准误。*、**、***分别表示在10%、5%、1%的水平上显著。控制变量中包含了表3-2中所有控制变量。此处控制了省份固定效应和年份固定效应。

二、更换被解释变量的计算方法

表3-12中，我们对乡村振兴综合指数的计算方法进行了更换，将5个乡村振兴二级指标进行累加，得到新的乡村振兴综合指数，第（1）列的回归结果表明，在更换被解释变量的定义方法之后，移动支付指数对乡村振兴发展的影响依然为正，且在1%的显著性水平下显著，第（2）列为加入工具变量后的实证结果，虽然显著性水平较低，但是依然能够表明，移动支付对乡村振兴的发展有着比较积极的促进作用，因此证明上述实验结果依然稳健。

表 3-12　移动支付对乡村振兴的影响：更换被解释变量的计算方法

变量	乡村振兴综合指数	
	FE（1）	FE+IV（2）
移动支付	0.2650***	1.3127
	（0.0367）	（1.3125）
常数项	−0.2829	
	（0.2022）	
观测值	23604	23604
控制变量	YES	YES
农户固定效应	YES	YES
年份固定效应	YES	YES

注：括号中为以农户为聚类变量的聚类稳健标准误。＊、＊＊、＊＊＊分别表示在10%、5%、1%的水平上显著。控制变量中包含了表3-2中所有控制变量。

三、更换数据处理方式

表 3-13 中，我们对所有连续变量进行了5%的缩尾处理，重新利用熵值法计算得到乡村振兴综合指数。研究结果显示，移动支付指数对乡村振兴综合指数的回归系数为0.0156，且在10%的显著性水平下显著，说明移动支付指数对乡村振兴的发展具有显著的正向作用；加入工具变量之后，回归系数为0.6486，且在5%的显著性水平上显著，移动支付对乡村振兴的确有着显著促进作用，即研究结果依然稳健。

表 3-13　移动支付对乡村振兴的影响：更换数据处理方式

变量	乡村振兴综合指数	
	FE	FE+IV
移动支付	0.0156*	0.6486**
	（0.0084）	（0.3041）
常数项	0.1913***	
	（0.0357）	
观测值	23604	23604
控制变量	YES	YES
农户固定效应	YES	YES
年份固定效应	YES	YES

注：括号中为以农户为聚类变量的聚类稳健标准误。＊、＊＊、＊＊＊分别表示在10%、5%、1%的水平上显著。控制变量中包含了表3-2中所有控制变量。

第九节　异质性分析

一、受教育水平

农村群众走向乡村振兴，必须依靠一定的知识技能，从现实情况考虑，农村群众受教育程度普遍较低，接受新鲜事物的能力不强。要想实现乡村振兴，必须要把教育放在重要的发展位置上来，高质量全方位地发展农村教育（宋翠平和李宗霖，2022），充分保障农村人力资本的投入，积极推动农村基础教育改革和职业教育创新，对人力资本进行针对性改造，真正惠及农民，切实有效地促进农村现代化发展，最终实现乡村振兴（温涛和何茜，2018）。

表3-14汇报了移动支付指数对乡村振兴的异质性分析结果，第（1）列表明，当农户户主学历低于高中学历时，移动支付对乡村振兴综合指数的回归系数为0.0363，且系数在1%的显著性水平下显著；第（2）列表明，当农户户主是高中学历及以上时，移动支付对乡村振兴综合指数的回归系数为0.0764，且系数也在1%的显著性水平下显著。比较两列回归结果发现，户主受教育程度越高，移动支付指数对乡村振兴的促进作用越大，受教育水平对乡村振兴的实现具有明显的促进作用。这一结果与实现乡村振兴中教育振兴的预期结果一致（董志勇和赵晨晓，2022）。

表3-14　移动支付对乡村振兴的异质性分析：受教育水平

变量	(1) 低于高中学历	(2) 高中学历及以上
移动支付	0.0363*** (0.00753)	0.0764*** (0.0236)
常数项	−0.0753* (0.0418)	−0.0413 (0.177)
观测值	20387	2026
控制变量	YES	YES
农户固定效应	YES	YES
年份固定效应	YES	YES
Within R^2	0.0565	0.0840

注：括号中为以农户为聚类变量的聚类稳健标准误。*、**、***分别表示在10%、5%、1%的水平上显著。控制变量中包含了表3-2除户主受教育年限外所有控制变量。

二、收入水平

实现乡村振兴，必须持续高速地提高农村居民收入，聚焦农村贫困人口，推动巩固脱贫攻坚成果与乡村振兴有效衔接，采取更加全面具体的措施保障全面乡村振兴的实现。只有农村居民的收入提高了，农村居民的幸福感才会提升，才能更好地发挥移动支付对乡村振兴的促进作用。

在表3-15中，按照家庭收入对数的中位数进行划分，低于收入水平中位数的农户进入低收入组，高于收入水平中位数的农户进入高收入组，第（1）列表示，在低收入组中，移动支付指数每增加1%，乡村振兴综合指数就提高0.02%，且系数在10%的水平下显著；第（2）列表示，在高收入组中，移动支付指数每增加1%，乡村振兴综合指数就提高0.05%，且回归系数在1%的显著性水平下显著，两列回归系数相比较发现，在农户收入水平较高的家庭中，移动支付指数对乡村振兴综合指数的影响较大。

表3-15　移动支付对乡村振兴的异质性分析：收入水平

变量	(1) 低收入组	(2) 高收入组
移动支付	0.0165* (0.0097)	0.0517*** (0.0132)

续表

变量	（1） 低收入组	（2） 高收入组
常数项	−0.0083 （0.0559）	−0.3517*** （0.0792）
观测值	8799	8749
控制变量	YES	YES
农户固定效应	YES	YES
年份固定效应	YES	YES
Within R^2	0.0267	0.0726

注：括号中为以农户为聚类变量的聚类稳健标准误。*、**、***分别表示在10%、5%、1%的水平上显著。控制变量中包含了表3-2中所有控制变量。

三、地区异质性

随着移动支付的飞速发展，农户使用移动支付的意识越来越强，但在地区空间方面还存在着明显差异。在中国农村仍有部分地区没有实现互联网的全面覆盖，移动支付需求的增长意味着互联网和移动通信等数字金融服务仍有进步的空间，特别是经济发展水平较低的偏远地区，因此对不同地区的移动支付水平进行异质性分析十分关键。

表3-16为移动支付对乡村振兴发展的地区异质性结果。第（1）~（3）列的回归系数分别为0.0737、0.0015、0.0351，第（1）列和第（3）列的回归系数都在1%的显著性水平下显著，虽然第（2）列系数的显著性较差，但是该系数依然是正号，这说明从整体上来看，移动支付对东部、中部和西部乡村振兴的发展都有显著的正向促进作用，随着移动支付指数的提高，乡村振兴综合指数也越来越高。但是比较第（1）（3）列的系数发现，移动支付在东部地区更能促进乡村振兴的发展。这一结果与郭峰等（2020）对数字普惠金融空间特征的测度基本相符，而移动支付与数字普惠金融具有极强的联系，从侧面也反映出移动支付在经济发达的地区更能促进乡村振兴的发展。

表3-16 移动支付对乡村振兴发展的异质性分析：地区异质性

变量	（1） 东部地区	（2） 中部地区	（3） 西部地区
移动支付	0.0737*** （0.0140）	0.0015 （0.0127）	0.0351*** （0.0117）
常数项	−0.2235*** （0.0792）	0.0314 （0.0665）	−0.1032 （0.0649）
观测值	6913	7343	6270
控制变量	YES	YES	YES
农户固定效应	YES	YES	YES
年份固定效应	YES	YES	YES
Within R^2	0.0710	0.0614	0.0516

注：括号中为以农户为聚类变量的聚类稳健标准误。*、**、***分别表示在10%、5%、1%的水平上显著。控制变量中包含了表3-2中所有控制变量。

本章小结

本章首先通过构建微观层面乡村振兴评价指标，将区县级移动支付指数与中国家庭金融调查 2015 年、2017 年与 2019 年的数据进行匹配，采用固定效应的估计方法，研究了移动支付对乡村振兴发展的影响。研究发现，移动支付指数每提高 1%，乡村振兴综合指数就提高 0.04%。其次，探究了移动支付指数对 5 个二级指标的影响，结果显示，移动支付指数每提高 1%，二级指标中的产业兴旺综合指数就提高 0.06%，生态宜居综合指数提高 0.15%，乡风文明综合指数提高了 0.0048%，治理有效综合指数提高了 0.02%，生活富裕综合指数提高了 0.03%。再次，根据中国家庭金融调查数据构建了农村家庭层面的数字支付指标，并对乡村振兴综合指数进行了回归检验。实证结果显示，农村家庭层面的数字支付的使用，同样显著提高了乡村振兴综合指数。又次，讨论了移动支付对乡村振兴发展的作用机制。研究发现，移动支付主要通过促进农村地区形成特色产业，提高第一产业产值，加快实现形成"淘宝县"；普及和深度发展农村电商，提高农村家庭收入；提高农户的人力资本和受教育水平；推动乡村治理的数字化转型等方式，弥补乡村治理的不足，推动乡村振兴全面发展。另外，采用更换计量方法、更换被解释变量的计算方法以及更换数据处理方式，对研究结论进行了稳健性检验，实证结果表明，本章的结论依然稳健。最后，进行了异质性分析，农户受教育年限异质性表明，对于受教育程度较高的农户家庭，移动支付的发展更能提高乡村振兴的发展。收入异质性表明，收入水平较高的农户家庭，移动支付的使用更能促进乡村振兴的发展。地区异质性表明，整体上移动支付在东部、中部和西部的农户家庭中都有比较明显的促进作用，而且相比东部和西部地区，移动支付在东部地区的作用更大，说明中部、西部地区的移动支付水平仍待提高，是未来移动支付发展需要深入的重点地区。

基于上述研究结论，针对乡村振兴发展提出以下五个政策建议：

（1）完善移动互联网等基础设施建设，加快移动支付在农村地区的推广和普及，提高移动互联网等数字金融服务平台的建设，切实保障移动支付在农村地区的全覆盖，将移动支付融入到农村家庭日常生活的各个环节中，提升农户家庭对移动支付的认同感和接受程度。

（2）大力发展地方特色产业，充分利用移动支付的特性，推动农村产业融合发展和农村经济的转型升级，加快形成高质量的"淘宝村""淘宝县"，提高产业的可持续发展能力。同时，政府应该出台相关的政策条例和税收优惠政策，建立健全相关的法律法规，积极引导移动支付在乡村振兴中发挥正向良性的作用。

（3）加大对农村居民的教育投入和知识技能培训，提高农村劳动力素质，增加农村地区就业机会。按照地区一二三产业的市场劳动力需求，推动相应的人才培养机制建设，促进当地产业的人力资本积累。同时，做好农民工的教育培训工作，落实农民工子女的随迁教育问题，高度重视农村劳动力严重缺失现象，为农村现代化发展和乡村振兴提供充足的人力资本。

（4）保障农村居民的收入水平，提高农户家庭的生活质量。只有持续增加农户家庭的收入水平，不断缩小城乡收入差距，实现更加公平正义的社会收入分配，才能有效缓解城乡发展的不平衡问题，促进整个社会收入分配结构向橄榄型结构转变。

（5）因地制宜，加快中西部地区的基础设施建设，助力中西部乡村振兴发展。东部地区相对于中西部地区来说，经济发展水平更高，而广大中西部地区的村庄距离城镇较远，经济发展水平相对较差，并且农村劳动力流失严重，所以必须要增加中西部农村地区的就业机会，根据地理位置的差异性，制定科学合理的政策和法律条例，促进乡村振兴的发展。

第四章　移动支付与小微企业经营

第一节　研究背景

规模庞大的小型微型企业是国民经济的重要组成部分，为我国经济高质量发展贡献了重要力量。截至 2018 年末，我国小型企业和微型企业分别共有 239.2 万家和 1543.9 万家，占我国全部规模企业法人单位的比例分别为 13.2% 和 85.3%，相较于 2013 年末分别增长 18.3% 和 151.1%[①]。数据表明，我国小微型企业数量庞大，增速迅猛。时任总理李克强在全国小微企业金融服务电话会议中指出："小微活，就业旺，经济兴。[②]"作为我国经济发展的重要力量，小微企业在吸纳社会就业、推动技术创新以及促进经济增长等方面发挥了不可替代的作用，其经营发展关系到我国经济社会的健康发展以及共同富裕目标的实现（王馨，2015；甘犁等，2019）。在我国，小微企业为我国贡献了约 60% 的国内生产总值、80% 的就业以及 50% 的税收（张铭心等，2022）。然而，长期以来我国小微企业经营面临着初始资金少、融资难以及发展经验不足等问题（郭沛瑶和尹志超，2022）。因此，在需求收缩、供给冲击、预期转弱的背景下，如何推动我国小微企业的高质量发展是值得高度关注的重要问题。

近年来，伴随着智能手机的迅速普及和移动互联网信息技术的高速发展，移动支付、数字货币等数字金融蓬勃发展，对居民生活方式以及国民经济发展带来全方位冲击（江小涓，2017）。习近平总书记在 2021 年 10 月中共中央政治局第三十四次集体学习时指出："要发挥数字技术对国民经济发展的放大、叠加作用，进一步推动数字经济与实体经济融合发展。"对于我国小微企业来说，依托于大数据、人工智能以及云计算等信息技术迅速发展的数字金融对传统小微企业经营模式产生了深刻的影响，重构了企业生产、分配以及消费等环节，为小微企业的高质量发展带来新的契机。

数字金融的核心为线上支付业务，小微企业经营者只需通过智能手机便可获得企业经营所需的金融服务，同时线上支付业务显著提高了支付的便利性，极大促进了居民消费水平（黄益平和黄卓，2018；张勋等，2020）。移动支付通过改善消费场景、降低交易成本以及挖掘支付数据能够补齐传统企业金融服务短板，缓解小微企业融资约束，从而改善小微企业经营状况。根据《2021 年中国第三方支付行业研究报告》，我国 2020 年第三方移

---

① 资料来源：国家统计局：《第四次全国经济普查系列报告之十二》。
② 资料来源：http://www.gov.cn/xinwen/2017-11/07/content_ 5237889. htm#1。

动支付规模高达 249.2 万亿元，同比增长 10.2%①。数据表明，当前我国移动支付市场规模庞大，对国民经济和社会发展的影响已不容忽视。考虑到当前新冠疫情的冲击以及国际贸易环境的变化，我国经济下行压力不断增大，小微企业面临的经营不确定性也不断增强。在此背景下如何破解小微企业融资难、创新能力不足等问题，发挥小微企业推动经济高质量发展的基础作用值得深入研究。依托于大数据、云计算等技术快速发展的移动支付因其支付的便利性、缓解企业融资约束以及激发企业创新活力等特征，为我国小微企业智慧化、数字化转型带来新的契机。因此，移动支付对我国小微企业经营的影响是值得深入研究的重要问题。

　　本章深入考察了在移动支付快速发展的推动下，我国小微企业经营绩效的变化情况，并给出提升企业经营绩效的政策建议。首先，利用 2017～2019 年中国家庭金融调查（CHFS）面板数据和 2015 年中国小微企业调查（CMES）数据，采用固定效应模型、差分模型以及工具变量估计，检验了移动支付对小微企业经营收入、经营利润以及资产规模的影响。实证结果表明，移动支付能够显著提升企业经营绩效。其次，深入探讨了移动支付提高企业经营绩效的作用机制。本章发现，移动支付主要通过缓解企业融资约束、提高经营便利性以及激发企业创新能力等方式提升小微企业经营绩效。再次，从企业所属行业、企业经营生命周期以及地区差异三个视角深入分析了移动支付对小微企业经营绩效的异质性影响。最后，扩展分析了在稳就业和"第三次分配"中数字技术发挥的重要作用。

　　相较于已有文献，本章的贡献体现在以下三个方面：①从移动支付的视角研究小微企业经营绩效，并考察了小微企业数字技术应用对就业和"第三次分配"的影响，丰富和扩展了小微企业经营相关研究文献。②不仅使用固定效应模型和工具变量估计缓解了反向因果、遗漏变量以及不随时间变化因素导致的内生性问题，还利用差分模型探讨了移动支付对企业经营收入、利润以及资产规模增量的影响，更好地识别了移动支付与企业经营的因果效应。③从融资约束、经营便利性以及创新能力三个视角切入，深入考察了移动支付影响企业经营的作用机制。本章的研究为小微企业智慧化、数字化转型提供了重要证据，从微观层面证实了数字技术应用能够助力小微企业高质量发展，发挥稳就业和促进"第三次分配"的重要作用。

第二节　理论分析与研究假设

　　相较于现金、银行卡以及互联网支付等传统支付方式，移动支付为居民生活和企业经营带来极大便利，已成为居民日常生活中的主要支付方式（谢平和刘海二，2013；尹志超等，2019a）。因此，有关移动支付对居民生活方式以及社会经济发展的影响引起国内外学者的关注。现有文献研究重点考察了有关移动支付带来的微观效应，主要从以下三个方面展开：

　　第一，移动支付对居民消费的影响。居民使用移动支付进行交易能够极大提升支付的便利性、弱化支付痛感，从而能够释放居民消费潜力，促进家庭消费结构升级（张勋等，

---

① 资料来源：艾瑞咨询，《2021 年中国第三方支付行业研究报告》。

2020；陈战波等 2021）。在受新冠疫情冲击的影响下，我国居民消费水平显著下降，移动支付因其线下、线上无接触支付的优越性，有效缓解了我国城镇家庭消费水平下降趋势（Liu et al.，2020）。移动支付因其支付便利性、有效缓解信息不对称水平以及提高信任水平，能够显著改善家庭消费结构，提高家庭享乐型消费占比。尹志超和郭润东（2022）研究结果表明，移动支付能够显著促进家庭旅游消费水平，驱动我国旅游消费智慧化、数字化升级。同时，Jack 和 Suri（2014）研究发现，移动支付能够缓解家庭收入风险，从而促进家庭消费水平。

第二，移动支付对创业的影响。已有学者将北京大学数字普惠金融指数与新增企业数据进行匹配，在省级层面发现数字金融的发展对居民创业行为有显著的正向影响（谢绚丽等，2018）。尹志超等（2019a）则基于中国家庭金融调查微观数据，从家庭层面考察了移动支付对家庭创业的影响，研究结果表明，移动支付能够提高金融可得性、优化创业条件，从而显著提高了家庭创业概率。

第三，移动支付对货币需求的影响。尹志超等（2019b）基于鲍莫尔—托宾模型，利用 2017 年中国家庭金融调查数据实证研究发现，移动支付能够显著降低交易成本，从而显著减少了家庭不同层次货币需求。同时已有学者研究表明，移动支付能够显著提高家庭资金流动性，从而提高家庭生活水平（Munyegera and Matsumoto，2016）。然而，也有部分学者对移动支付带来的微观福利效用持怀疑态度，认为居民在使用移动支付的过程中会面临极大的交易风险，这会使部分财务脆弱性较强的家庭的处境更加糟糕（Raphael，2016）。

目前，有关移动支付对小微企业经营影响的文献较为缺乏。支付业务的发展极大推动了数字金融的发展以及企业数字化转型（谢平和刘海二，2013；黄益平和黄卓，2018），已有学者考察了数字金融发展以及企业数字化程度提高对企业经营的影响。传统金融服务由于服务门槛高、办理手续复杂等因素极大限制了企业生产经营（Aghion et al.，2007），移动支付的出现能够降低商品的交易成本，显著促进了企业线上业务的发展（李继尊，2015b）。谢绚丽等（2018）研究发现，数字金融的发展极大地缓解了初创企业线下的搜寻成本，显著提高了初创企业的生存能力。陈中飞和江康奇（2021）进一步研究表明，数字金融发展能够通过企业营收和金融效率两个渠道，显著提高企业全要素生产率。对于企业自身来说，数字化程度的提高能够显著提高企业的净资产收益率和企业生产效率（汪森军等，2006；何帆和刘红霞，2019），金融科技的运用能够显著促进小微企业经营效率，显著降低小微企业破产概率以及收入风险（宋敏等，2021；Kaleemullah et al.，2021；Chen et al.，2022）。Chen 等（2012）研究表明，企业供应链数字化的提高对企业运营能力以及生产效率有着显著的正向影响。张铭心等（2022）基于中国小微企业调查数据，实证研究发现数字金融发展能够显著促进小微企业出口。对于小微企业经营者来说，首先，使用移动支付能够显著缓解信息不对称问题、降低金融交易成本，从而提高企业经营能力。其次，依托于移动支付产生的海量消费大数据，小微企业可以充分了解消费者偏好，为消费者量身打造产品（尹志超和郭润东，2022）。最后，通过支付宝、微信等第三方支付平台交易可以有效追踪交易记录，极大地增强了交易双方对彼此的信任。根据上述分析，提出假设 H1：

H1：移动支付能够显著提高小微企业经营绩效。

长期以来，融资约束是小微企业发展的一大障碍（黄益平和黄卓，2018）。随着智能手机的迅速普及以及大数据、云计算等信息技术快速发展，数字技术与传统金融服务深度融合，为解决小微企业"融资难""融资贵"等问题带来新的解决方案。数字金融发展能够促进金融资源的有效分配、改善企业融资结构，为缓解小微企业融资约束带来新的可能性（王馨，2015；黄锐等，2020）。Lin等（2013）利用美国Prosper借贷平台数据研究发现，数字金融能够有效缓解借贷双方信息不对称问题，从而有效缓解了企业融资约束。Hau等（2018）利用支付宝平台海量小微企业交易数据研究表明，蚂蚁金服通过数字技术能够为淘宝商户提供精准信贷，极大缩减了贷款发放时间，有效缓解了淘宝商户融资约束，显著提高了淘宝商户的经营能力。同时，数字金融发展能够显著提高小微企业应对财务和经营的负向冲击，从而极大提高了小微企业的经营和服务水平（Chen et al.，2022）。Fuster等（2019）研究发现，数字金融发展在加快企业贷款审批速度的同时，并未提高贷款的违约风险，对企业经营和放贷机构都产生显著的正向影响。Beck等（2018）则直接考察了移动支付对企业融资约束的影响，研究发现，肯尼亚的移动支付工具M-PESA能够有效缓解当地企业正规信贷约束，显著提高了当地企业的盈利能力。相较于传统支付方式，小微企业经营者在第三方支付平台可以利用移动支付产生的信用积分申请花呗、借呗、京东白条等小额贷款业务，极大缩减了信贷审批时间，降低了信贷的时间成本。因此，移动支付能够有效缓解小微企业融资约束，从而提升小微企业经营能力。

在我国经济发展进入新常态的背景下，技术创新是小微企业经营和发展的生命线。企业进行创新活动需要前期大量资金投入，且研发活动具有风险高、周期长等特点（谢雪燕和朱晓阳，2021；郭峰和熊云军，2021）。因此对于小微企业而言，由于经营规模小、资金薄弱等问题，小微企业开展创新活动面临着较大困难（Brancati，2015；Turvey and Kong，2015；郭沛瑶和尹志超，2022）。一方面，数字金融发展能够为激发小微企业进行创新活动提供强有力的支持。唐松等（2020）基于上市公司数据，实证研究发现，数字金融能够将金融市场上规模庞大的小规模投资者转化为金融供给，拓宽了企业融资渠道，从而能够激发进行创新的活动。郭沛瑶和尹志超（2022）则利用2015~2017年中国家庭金融调查数据直接考察了数字金融发展对小微企业创新的影响，研究结果发现，数字金融发展主要通过提高政府推动力、缓解融资约束以及提高社会互动水平，将小微企业进行创新活动的概率提高0.17%，研发投入资金增加0.92%。另一方面，移动支付的蓬勃发展改变了传统商业模式中的支付环节，显著推动了小微企业进行商业经营模式的创新。例如，支付宝、微信等第三方支付平台的出现，极大地促进了电子商务的发展，将线下交易业务逐步转至线上（李继尊，2015a）。与此同时，移动支付能够突破现金、银行卡以及互联网支付的限制，小微企业经营者仅需通过智能手机便可轻松完成交易，极大提升了小微企业经营的便利性。张勋等（2020）理论分析表明，以移动支付为核心的数字金融发展能够缩短居民购物时间从而提高消费水平，并进一步利用中国家庭追踪调查进行了实证检验，实证结果表明，数字金融发展能够显著提高支付便利性，从而提升居民消费水平。在传统支付方式下，尽管银行卡支付能够有效减少小微企业经营者进行"找钱"、管理经营收入现金等烦琐环节，但小微企业经营者必须配备POS机等刷卡设备才能完成交易。这不仅使商家承担交易手续费，而且要求消费者随身携带银行卡。移动支付的出现能够显著改善这一问题，极大提升了小微企业经营便利性，从而有效提高小微企业经营能力。根据上述分析，提出假设H2：

H2：移动支付能够缓解融资约束、提高经营便利性以及激发创新活动，从而提高小微企业经营绩效。

综上所述，移动支付可能会显著提高小微企业经营绩效。进一步地，融资约束、经营便利性以及创新活动可能是移动支付影响小微企业经营绩效的重要原因。下面将基于中国家庭金融调查微观数据和中国小微企业调查数据对上述假设进行实证检验。

第三节　数据来源与识别策略

一、数据来源

本章数据来自 2017～2019 年中国家庭金融调查（China Household Finance Survey，CHFS）和 2015 年中国小微企业调查（China Micro and Small Enterprise Survey，CMES）。CHFS 由西南财经大学中国家庭金融调查与研究中心发起，样本分布于全国 29 个省（市）、367 个县（区），覆盖家庭 4 万余户。CHFS 问卷涵盖家庭人口特征、支付习惯、社保情况以及家庭工商户经营收入、资产以及盈利情况等，具有较高的数据质量和全国代表性（甘犁等，2013）。在本章稳健性检验部分与扩展分析中使用了 2015 年 CMES 数据，CMES 为西南财经大学中国家庭调查与研究中心在全国范围内抽样采集。CMES 样本分布于全国 28 个省（市）、80 个县（区），覆盖 5601 家小微企业。CMES 对我国小微企业进行全面细致的刻画，问卷涵盖企业基本信息、生产经营状况、投融资情况、税费以及研发和创新等，具有较高的质量和全国代表性（甘犁等，2019）。

CHFS 和 CMES 为本章考察移动支付对中国小微企业经营的影响提供重要数据支持。在正式研究前，对 CHFS 原始数据做了三个处理：①将家庭、个人以及社区数据库匹配，并将 2017 年和 2019 年数据合并成非平衡面板数据；②参考郭沛瑶和尹志超（2022）的做法，将雇佣员工数量小于 100 人的家庭工商生产经营项目作为小微企业样本，保留 2017 年或 2019 年从事工商业经营的小微企业；③剔除关键变量缺失样本。CMES 原始数据做了三个处理：①匹配企业数据和社区数据库；②根据工业和信息化部 2017 年发布的《统计上我国大中小微企业划分标准》，将大型企业从样本中剔除；③剔除关键变量缺失样本。经过上述处理，最终共获得 9468 个观测值（CHFS）和 4233 个观测值（CMES）。

二、变量介绍

（1）解释变量。本章解释变量为小微企业经营者移动支付使用情况。CHFS 详细调查了小微企业经营者的支付习惯，为本章研究提供强有力的支持。借鉴尹志超等（2019a）的做法，将受访者通过手机、iPad 等移动终端（支付宝 APP、微信支付、Apple Pay 等）进行支付定义为使用移动支付，赋值为 1，否则为 0。由表 4-1 Panel A 可以看出，我国小微企业经营者使用移动支付的比例为 64.90%，表明在我国小微企业移动支付使用仍有较大的推广空间。

（2）被解释变量。本章研究移动支付对小微企业经营绩效的影响，被解释变量包括企业经营收入、经营资产以及经营利润。根据 CHFS 问卷中"去年/今年上半年，工商业经营项目的营业收入是多少元？"这一问题定义小微企业经营收入。小微企业经营资产根据

CHFS 问卷中问题"目前，正在经营的工商业项目的总资产是多少元？"进行定义。根据 CHFS 问卷中"去年/今年上半年，工商业经营项目盈利多少元？"这一问题定义小微企业经营利润。根据表 4-1 Panel A 可以看出，研究样本中小微企业经营收入均值为 29.98 万元，经营资产均值为 48.57 万元，经营利润均值为 9.86 万元。在后续实证分析部分，对企业经营收入、经营资产以及经营利润均进行了对数化处理。

（3）控制变量。参考甘犁等（2019）、郭沛瑶和尹志超（2022）的做法。本章控制了小微企业经营者的个体特征、小微企业特征、行业特征以及企业层面固定效应。小微企业经营者个人特征包括年龄、婚姻、受教育年限、是否拥有自有住房以及居住地。小微企业特征包括经营年限、企业规模、所属行业、组织形式以及是否获得政府补贴。本章将小微企业所属行业分为制造建筑类、批发零售业、交通运输业、住宿餐饮业、服务业及其他。由表 4-1 Panel A 可以看出，经营者平均年龄为 48.46 岁，已婚比例为 91.40%，平均受教育年限为 9.94 年，城镇居住比例为 77.20%，拥有自有住房比例高达 91.40%。企业经营年限平均为 10.06 年，企业平均规模为 2.98 人，11.90% 的小微企业获得过政府补助。有关 CMES 样本相关变量描述性统计见表 4-1 Panel B。

表 4-1 变量描述性统计

Panel A：CHFS	观测值	均值	标准差
移动支付	9468	0.649	0.477
经营收入（万元）	9468	29.980	97.560
经营利润（万元）	9468	9.856	35.980
经营资产（万元）	9468	48.570	202.400
经营者年龄	9468	48.460	11.780
经营者婚姻	9468	0.914	0.280
经营者受教育年限	9468	9.940	3.505
经营者住房	9468	0.914	0.280
城镇	9468	0.772	0.419
经营年限	9468	10.060	9.002
所属行业	9468	2.992	1.587
组织形式	9468	4.795	0.943
企业规模	9468	2.979	20.750
政府补助	9468	0.119	0.324
Panel B：CMES	观测值	均值	标准差
移动支付	4233	0.110	0.310
经营收入（万元）	4233	1265.000	9951.000
经营利润（万元）	4233	77.926	414.327
经营资产（万元）	4233	3661.000	150000.000
企业规模	4233	33.980	45.240
经营年限	4233	7.820	7.530
税费负担	4233	0.180	0.390
行业协会	4233	0.330	0.470
乡镇	4233	0.040	0.190
政府补助	4233	0.070	0.250
组织形式	4233	2.530	1.180
所有制	4233	3.000	0.510
所属行业	4233	3.460	2.470

资料来源：笔者根据 CHFS 和 CMES 数据计算得到。

表 4-2 报告了按小微企业是否使用移动支付分组的均值差异检验结果。由表 4-2 可以

看出，使用移动支付的小微企业经营收入均值为 36.918 万元，未使用移动支付的小微企业经营收入均值为 17.141 万元。通过对比可知，使用移动支付小微企业经营收入明显较高，且均值差异在 1% 水平线显著。类似地，使用移动支付与未使用移动支付小微企业的经营资产和经营利润也存在显著差异。上述均值差异检验结果表明，移动支付与小微企业经营收入、资产以及利润具有显著的正相关关系。为下文设定严格的计量模型识别移动支付与小微企业经营收入、资产以及利润之间的因果效应提供了基本事实依据。

表 4-2　移动支付与企业经营：均值差异检验

变量名称	使用移动支付	未使用移动支付	均值差异检验
经营收入（万元）	36.918	17.141	-19.777***
经营利润（万元）	12.043	5.811	-6.232***
经营资产（万元）	55.916	34.988	-20.929***

资料来源：笔者根据 CHFS 数据计算得到。

三、计量模型设定

为考察移动支付对小微企业经营的影响，本章设定如下计量模型：

$$\ln(Income_{it}) = \alpha + \beta_1 Payment_{it} + \beta_2 x_{it} + c_i + \lambda_t + \varepsilon_{it} \tag{4-1}$$

$$\ln(Asset_{it}) = \alpha + \beta_1 Payment_{it} + \beta_2 x_{it} + c_i + \lambda_t + \varepsilon_{it} \tag{4-2}$$

$$\ln(Profit_{it}) = \alpha + \beta_1 Payment_{it} + \beta_2 x_{it} + c_i + \lambda_t + \varepsilon_{it} \tag{4-3}$$

在计量模型（4-1）~模型（4-3）中，i 表示小微企业，t 表示年份。$Payment_{it}$ 是小微企业经营者移动支付变量，如果经营者使用移动支付则取值为 1，否则为 0。$Income_{it}$、$Asset_{it}$ 以及 $Profit_{it}$ 分别表示小微企业经营收入、资产以及利润。x_{it} 表示小微企业经营者个人特征以及小微企业特征，c_i 表示家庭固定效应，λ_t 表示年份固定效应，ε_{it} 表示随机扰动项。

本章进一步考察了小微企业经营者在 2017~2019 年移动支付使用变化情况对小微企业经营的影响。本章借鉴尹志超和郭润东（2022）的做法，将移动支付使用情况分为四类，分别为 2017~2019 年两期一直使用移动支付、第 1 期未使用移动支付而第 2 期使用（新增移动支付）、第 1 期使用移动支付而第 2 期未使用（样本中该类型家庭比例为 0）以及一直未使用移动支付。通过差分模型考察移动支付变化情况对企业经营变化的影响，具体模型设定如下：

$$\Delta\ln(Income_i) = \beta_1 Payment_{11} + \beta_2 Payment_{01} + \beta_2 \Delta X_i + \varepsilon_i \tag{4-4}$$

$$\Delta\ln(Asset_i) = \beta_1 Payment_{11} + \beta_2 Payment_{01} + \beta_2 \Delta X_i + \varepsilon_i \tag{4-5}$$

$$\Delta\ln(Profit_i) = \beta_1 Payment_{11} + \beta_2 Payment_{01} + \beta_2 \Delta X_i + \varepsilon_i \tag{4-6}$$

在计量模型（4-4）~模型（4-6）中，$\Delta\ln(Income_i)$、$\Delta\ln(Asset_i)$ 以及 $\Delta\ln(Profit_i)$ 分别表示 2017 年和 2019 年两期小微企业经营收入、资产以及利润的差分。$Payment_{11}$ 和 $Payment_{01}$ 分别为小微企业经营者一直使用移动支付和新增移动支付，在差分模型估计中，将小微企业经营者 2 期均未使用移动支付作为参照组。ΔX_i 表示相关控制变量的两期差分，ε_i 表示随机扰动项。

四、内生性讨论

尽管本章使用双向固定效应模型控制了不随时间变化的小微企业层面遗漏变量，但本章计量模型（4-1）～模型（4-3）仍可能因随时间变化遗漏变量和反向因果问题而导致估计偏误，即模型存在内生性问题。一方面，小微企业经营者可能随着经营绩效的提高，为了加快交易结算速度从而安装第三方支付 APP 并使用移动支付，因此计量模型（4-1）～模型（4-3）可能存在反向因果问题。另一方面，小微企业经营者个人接受新鲜事物的能力、性格以及成长经历等不可观测变量既会影响企业经营绩效，也会影响移动支付的使用，因此计量模型（4-1）～模型（4-3）可能存在遗漏变量问题。

基于上述分析，本章使用工具变量估计克服计量模型（4-1）～模型（4-3）中可能存在的内生性问题。本章借鉴 Rozelle 等（1999）、Nevo 和 Rosen（2012）以及 Acemoglu 等（2019）的研究思路，选用同社区除自身以外其他小微企业移动支付占比作为工具变量。同一社区中的小微企业具有大致相同的特征（周边经济社会环境、金融服务等），已有学者研究表明同社区具有大致相同特征的群体间存在同侪效应（Araujo et al.，2010）。对于本章所选取的工具变量是否满足相关性而言，一方面，小微企业经营者是否使用移动支付与其所生活社区信息基础设施建设等密切相关；另一方面，由于同侪效应，小微企业是否使用移动支付与同社区具有相同特征的小微企业移动支付使用情况密切相关。因此，同社区除自身企业外其他小微企业移动支付使用均值满足工具变量相关性条件。对于工具变量是否满足外生性而言，同社区其他小微企业移动支付使用并不会对自身企业经营产生影响，因此满足工具变量外生性条件。根据上述分析，本章选取的工具变量在理论上是可行的，相关统计检验结果会在下文实证分析部分给出。

第四节 实证结果分析

一、基准回归结果

（一）移动支付对小微企业经营收入的影响

本章首先检验移动支付对小微企业经营收入的影响，表 4-3 报告了实证估计结果。表 4-3 第（1）（2）列被解释变量均为小微企业经营收入对数，其中第（1）列为固定效应模型估计结果，第（2）列为固定效应的工具变量估计结果。表 4-3 第（1）列估计结果显示，在控制了小微企业经营者特征、企业特征以及年份和企业固定效应后，移动支付估计系数为 0.3093，且在 1%水平下显著。从经济意义上来看，相较于未使用移动支付小微企业，小微企业使用移动支付能够将企业收入提高 30.93%，具有显著的经济意义。在控制变量方面，小微企业经营者受教育年限、企业经营年限以及企业规模均对企业经营收入有着显著的正向影响。表 4-3 第（2）列工具变量估计结果表明，在考虑到第（1）列模型估计可能存在的内生性问题后，移动支付依然显著提高了小微企业经营收入，估计系数为 0.3772。表明相较于未使用移动支付小微企业，使用移动支付使企业经营收入提高 37.72%，经济意义显著。控制变量方面，工具变量估计结果与固定效应模型估计结果系数以及显著性基本一致，因此不再对相关控制变量估计结果进行解读。表 4-3 第（2）列底部报告了内生性检验结果以及一阶段估计 F 值以及 T 值。检验结果显示，Davidson-MacKinnon 内生性检验结果在 1%显著性水平下拒绝了计量模型（1）不存在内生性的原假设，表明移动支付在固定效应模型估计中是内生的。Stock 和 Yogo（2002）提出，如果工具变量一阶段 F 值大于 16.38，那么在 10%置信水平下不存在弱工具变量问题。表 4-3 第（2）列一阶段估计 F 值为 443.2950，远超临界值 16.38，表明第（2）列估计不存在弱工具变量问题。表 4-3 第（2）列一阶段估计 T 值为 21.05 且在 1%水平下显著，表明移动支付与本章选取的工具变量具有显著的相关性。综上所述，移动支付能够显著提高小微企业经营收入。

表 4-3 移动支付与企业经营收入

变量名称	（1）	（2）
	经营收入	
	FE	FE-IV
移动支付	0.3093***	0.3772*
	（0.1090）	（0.2271）
经营者年龄	0.0106	0.0018
	（0.0079）	（0.0098）
经营者婚姻状况	−0.3779	−0.3416
	（0.4313）	（0.3566）
经营者受教育年限	0.0597*	0.0594*
	（0.0324）	（0.0358）
经营者住房情况	−0.0679	−0.0605
	（0.2209）	（0.2977）
城镇	−0.3821	−0.3993
	（0.3395）	（0.5815）
经营年限	0.0239**	0.0243**
	（0.0120）	（0.0105）
企业行业	0.0369	0.0331
	（0.0592）	（0.0529）
企业组织形式	−0.0102	−0.0067
	（0.1391）	（0.1034）
企业规模	0.0136**	0.0136**
	（0.0066）	（0.0059）
政府补助	−0.0815	−0.0901
	（0.1618）	（0.1738）
年份固定效应	控制	控制
企业固定效应	控制	控制
观测值	9468	9468
Davidson-MacKinnon 检验		0.1680***
一阶段 F 值		443.2950
一阶段工具变量 T 值		21.05***

注：*、**、***分别表示在 10%、5%、1%的水平上显著。括号内为聚类到企业层面的稳健标准误。

（二）移动支付对小微企业经营利润的影响

表 4-4 汇报了移动支付对小微企业经营利润的估计结果，其中第（1）（2）列被解释变量均为小微企业经营利润对数。表 4-4 第（1）列为固定效应模型估计结果，第（2）列为固定效应工具变量估计结果，所有回归中均控制了小微企业经营者特征、企业特征以及年份和企业固定效应。表 4-4 第（1）列估计结果显示，移动支付估计系数为 0.1469。从经济意义上来看，相较于未使用移动支付小微企业，使用移动支付能够将小微企业经营利润提高 14.69%，具有显著的经济意义。表 4-4 第（2）列估计结果表明，在考虑了计

量模型（4-3）估计可能存在的内生性问题后，移动支付对小微企业经营利润的正向影响依然稳健。从经济意义来看，相较于未使用移动支付小微企业，使用移动支付能够将小微企业经营利润提高 22.35%，具有显著的经济意义。表4-4 第（2）列底部 Davidson-MacKinnon 内生性检验结果表明，移动支付在计量模型（4-3）中是内生的。一阶段估计 F 值以及 T 值结果表明，本章选取的工具变量不是弱工具变量，且移动支付与工具变量具有显著的相关性。以上分析表明，移动支付能够显著提高小微企业经营利润。

表4-4 移动支付与企业经营利润

变量名称	（1）	（2）
	经营利润	
	FE	FE-IV
移动支付	0.1469**	0.2235*
	（0.0639）	（0.1259）
控制变量	控制	控制
年份固定效应	控制	控制
企业固定效应	控制	控制
观测值	9468	9468
Davidson-MacKinnon 检验		0.9626***
一阶段 F 值		256.449
一阶段工具变量 T 值		16.01***

注：*、**、*** 分别表示在 10%、5%、1% 的水平上显著。括号内为聚类到企业层面的稳健标准误。控制变量与表4-3 相同。

（三）移动支付对小微企业资产规模的影响

企业经营资产是衡量企业经营能力的重要指标之一，因此表4-5 检验了移动支付对小微企业经营资产的影响，其中第（1）（2）列的被解释变量均为小微企业经营资产对数，回归中均控制了小微企业经营者特征、企业特征以及年份和企业固定效应。表4-5 第（1）列固定效应模型估计结果表明，移动支付对小微企业经营资产有着显著的正向影响。从经济意义来看，相较于未使用移动支付小微企业，使用移动支付能够使小微企业经营资产提高 18.29%，具有显著的经济意义。表4-5 第（2）列报告了固定效应工具变量估计结果，结果显示，移动支付估计系数为 0.2407，且在 10% 水平下显著。表4-5 第（2）列估计结果表明，在考虑了计量模型（4-2）可能存在的内生性问题后，移动支付依然能够将小微企业经营资产提高 24.07%，经济意义显著。表4-5 第（2）列底部内生性检验结果以及一阶段估计 F 值以及 T 值表明，移动支付在计量模型（4-2）估计中是内生的，且第（2）列估计模型不存在弱工具变量问题。以上分析表明，移动支付能够显著提高小微企业经营资产。

表4-5 移动支付与企业经营资产

变量名称	（1）	（2）
	经营资产	
	FE	FE-IV
移动支付	0.1829**	0.2407*
	（0.0720）	（0.1374）
控制变量	控制	控制
年份固定效应	控制	控制
企业固定效应	控制	控制

续表

变量名称	（1）	（2）
	经营资产	
	FE	FE-IV
观测值	9468	9468
Davidson-MacKinnon 检验		0.1586 ***
一阶段 F 值		414.6090
一阶段工具变量 T 值		21.05 ***

注：*、**、***分别表示在10%、5%、1%的水平上显著。括号内为聚类到企业层面的稳健标准误。控制变量与表4-3相同。

（四）差分模型估计结果

为考察小微企业经营者在2017年和2019年两期一直使用移动支付与新增移动支付对企业经营收入、资产以及利润增量的影响，本章借鉴尹志超和郭润东（2022）的做法，使用差分模型进行估计，估计结果见表4-6。表4-6第（1）列汇报了移动支付两期变化情况对经营收入增量的影响，被解释变量为小微企业经营收入对数两期差分。表4-6第（1）列估计结果显示，一直使用移动支付和新增移动支付的估计系数分别为0.0710和0.3121，且在10%和1%水平下显著。表4-6第（1）列估计结果表明，相较于2017~2019年均未使用移动支付的小微企业，一直使用移动支付和新增移动支付均对小微企业经营收入增量产生显著的正向影响，并且新增移动支付对小微企业经营收入增量产生更大的影响。表4-6第（2）列为移动支付对小微企业经营资产增量影响的估计结果，结果表明，一直使用移动支付和新增移动支付均显著提高了企业经营资产增量，估计系数分别为0.0774和0.1860。可以看出，新增移动支付对小微企业经营资产增量产生更大的影响。表4-6第（3）列检验了移动支付对小微企业经营利润增量的影响，估计结果显示，一直使用移动支付和新增移动支付的估计系数分别为0.1765和0.1534。表4-6第（3）列估计结果表明，相较于2017~2019年均未使用移动支付的小微企业，一直使用移动支付和新增移动支付均显著提高了小微企业经营利润，且一直使用移动支付对小微企业经营收入增量产生更大的影响。以上分析结果表明，新增移动支付能够显著提高小微企业经营收入增量、资产增量以及利润增量。

综上所述，移动支付能够显著提高小微企业的经营收入、资产以及利润，研究假设H1成立。

表4-6　移动支付与企业经营：差分模型

变量名称	（1）Δ 经营收入	（2）Δ 经营资产	（3）Δ 经营利润
一直使用移动支付	0.0710 * （0.1233）	0.0774 * （0.0644）	0.1765 *** （0.0603）
新增移动支付	0.3121 *** （0.1096）	0.1860 ** （0.0724）	0.1534 ** （0.0643）
Δ 控制变量	控制	控制	控制
观测值	1202	1202	1202

注：*、**、***分别表示在10%、5%、1%的水平上显著。括号内为聚类到企业层面的稳健标准误。控制变量与表4-3相同。

二、稳健性检验

（一）排除智能手机的影响

小微企业经营者需通过智能手机或 iPad 等电子设备进行移动支付，为了排除智能手机对本章基准模型估计结果的干扰，我们在基准模型中进一步控制了小微企业经营者是否使用智能手机。在本章估计样本中，有 85.48% 的小微企业经营者使用智能手机，表明智能手机普及率已达较高水平。表4-7 汇报了排除智能手机影响的估计结果，其中第（1）~（3）列均使用固定效应模型估计。表4-7 第（1）~（3）列估计结果表明，在控制变量中加入智能手机后，移动支付依然显著提高了小微企业的经营收入、资产以及利润。同时，通过对比表4-7 第（1）~（3）列移动支付估计系数和基准回归估计系数可以看出，移动支付估计系数大小以及显著性基本一致。以上分析表明，在排除了智能手机对估计结果的影响后，移动支付对小微企业的经营收入、资产以及利润的正向作用依然稳健。

表4-7　排除智能手机影响：FE

变量名称	（1） 经营收入	（2） 经营资产	（3） 经营利润
移动支付	0.2964 *** (0.1139)	0.1888 ** (0.0751)	0.1280 ** (0.0643)
智能手机	0.0972 (0.2013)	−0.0437 (0.1771)	0.1637 (0.1511)
控制变量	控制	控制	控制
年份固定效应	控制	控制	控制
企业固定效应	控制	控制	控制
观测值	9468	9468	9468

注：*、**、*** 分别表示在10%、5%、1%的水平上显著。括号内为聚类到企业层面的稳健标准误。相较于表4-3 控制变量，我们进一步控制了经营者是否使用智能手机。

（二）放松工具变量排他性约束

尽管本章借鉴 Acemoglu 等（2019）的研究思路，选择同社区除自身外其他小微企业移动支付使用均值作为本章的工具变量，但仍无法完全排除工具变量是否通过其他渠道影响小微企业的经营收入、资产以及利润。为了进一步检验工具变量估计结果的稳健性，本章借鉴 Conley 等（2012）提出的近似于零方法（LTZ）进行估计。近似于零方法假设工具变量约束性条件仍然存在，但约束由"完全外生"变成了"近似外生"。因此，本章假设工具变量是近似外生的，通过放松工具变量排他性约束条件，使用近似于零方法检验本章所选工具变量估计结果的稳健性。表4-8 汇报了近似于零方法估计结果，其中第（1）~（3）列被解释变量分别为经营收入、资产以及利润对数。表4-8 估计结果显示，移动支付估计系数分别为 0.6776、0.3563 以及 0.5232，且均在 1% 水平下显著。表4-8 估计结果表明，在工具变量近似外生条件下，移动支付依然能够显著提高小微企业的经营收入、资产以及利润。以上分析结果表明，在放松了工具变量排他性约束后，本章基准回归估计结果依然稳健。

表4-8 放松工具变量排他性约束：LTZ

变量名称	（1）经营收入	（2）经营资产	（3）经营利润
移动支付	0.6776***	0.3563***	0.5232***
	(0.1930)	(0.1225)	(0.1105)
控制变量	控制	控制	控制
年份固定效应	控制	控制	控制
企业固定效应	控制	控制	控制
观测值	9468	9468	9468

注：*、**、***分别表示在10%、5%、1%的水平上显著。括号内为聚类到企业层面的稳健标准误。控制变量与表4-3一致。

（三）替换样本

为了检验基准回归结果的稳健性，本章替换估计样本，选择 CMES 数据检验移动支付对小微企业经营绩效的影响。CMES 详细询问了小微企业销售商品的主要结算方式，因此本章借鉴何婧和李庆海（2019）定义数字支付的思路，将小微企业商品销售的主要结算方式为支付宝、财付通、易宝支付等定义为使用移动支付，赋值为1，否则为0。表4-9 报告了移动支付对小微企业经营收入、资产以及利润的估计结果。表4-9 第（1）列估计结果表明，移动支付能够显著提高小微企业经营收入。从经济意义来看，相较于未使用移动支付的企业，使用移动支付能够使经营收入增加38.22%，具有显著的经济意义。表4-9 第（2）列估计结果显示，移动支付估计系数为0.1870，表明移动支付能够将小微企业经营资产提高18.70%，经济意义显著。表4-9 第（3）列估计结果表明，相较于未使用移动支付企业，使用移动支付使小微企业经营利润增加38.26%。以上分析表明，在替换样本估计后，移动支付对小微企业的经营收入、资产以及利润依然有着显著的正向影响，进一步验证了基准回归结果的稳健性。

表4-9 移动支付与企业经营：替换样本

变量名称	（1）经营收入	（2）经营资产	（3）经营利润
移动支付	0.3822**	0.1870*	0.3826***
	(0.1719)	(0.1026)	(0.0988)
控制变量	控制	控制	控制
省份	控制	控制	控制
观测值	4233	4233	4233

注：来自2015年CMES。*、**、***分别表示在10%、5%、1%的水平上显著。括号内为异方差稳健标准误。控制变量为：企业经营规模、经营年限、企业组织形式、企业所有制、企业所属行业、税费负担、是否加入行业协会、企业所在地，相关变量描述性统计见表4-1 Panel B。

第五节 机制检验与异质性分析

一、机制检验

本章第四节已经验证了假设 H1，移动支付能够显著提高小微企业的经营收入、利润以及资产规模。但移动支付通过哪些渠道影响小微企业经营还需进一步实证检验。本章理论分析部分提出，移动支付可能通过缓解企业融资约束、提高企业经营便利性以及促进企业进行创新活动来提高企业经营绩效。下面将从以上三个维度来检验移动支付影响小微企业经营绩效的作用机制。

（一）移动支付能够缓解企业融资约束

融资难、融资贵等问题是长期以来制约小微企业发展的拦路虎，缺少融资渠道的企业即使生产效率高也会因缺少资金的有力支持而面临困境（Song et al.，2011）。已有研究表明，数字金融发展能够有效缓解企业融资约束，从而提高企业经营能力（Lin et al.，2013；王馨，2015；Chen et al.，2022）。而移动支付能否缓解小微企业融资约束还需进一步实证检验。借鉴郭沛瑶和尹志超（2022）的做法，本章将小微企业需要银行或信用社贷款，而申请贷款遭到拒绝或未申请贷款定义为企业受到融资约束，并赋值为1，否则为0。表4-10汇报了移动支付对小微企业融资约束的影响，其中第（1）（2）列被解释变量均为融资约束。表4-10第（1）列固定效应模型估计结果显示，移动支付估计系数为-0.0343，且在5%水平下显著，表明移动支付能够显著缓解小微企业融资约束。从经济意义来看，相较于未使用移动支付的小微企业，使用移动支付能够将小微企业受到融资约束的概率减少3.43%，具有显著的经济意义。表4-10第（2）列为固定效应工具变量估计结果，结果表明，在克服第（1）列模型可能存在的内生性问题后，移动支付依然能够显著缓解小微企业融资约束。例如，在日常生活中小微企业经营者可以通过移动支付所产生的信用积分申请花呗、京东白条等小额贷款业务（尹志超等，2019a），极大减少信贷获得的时间成本，有效缓解了小微企业融资约束。以上分析表明，移动支付能够显著缓解小微企业融资约束，从而提高小微企业的经营绩效。

表4-10 移动支付与企业融资约束

变量名称	（1）	（2）
	融资约束	
	FE	FE-IV
移动支付	-0.0343 ** （0.0170）	-0.0612 * （0.0323）
控制变量	控制	控制
年份固定效应	控制	控制
企业固定效应	控制	控制
观测值	9468	9468
Davidson-MacKinnon 检验		0.9362 ***
一阶段 F 值		414.609
一阶段工具变量 T 值		20.36

注：*、**、***分别表示在10%、5%、1%的水平上显著。括号内为聚类到企业层面的稳健标准误。控制变量与表4-3一致。

（二）移动支付能够激发企业进行创新活动

技术创新是小微企业经营和发展的生命线。由于经营规模小、资金薄弱等问题，小微企业开展创新活动面临着较大困难（Brancati，2015；Turvey and Kong，2015）。已有研究表明，数字金融能够为企业创新提供强有力的支持（唐松等，2020；郭沛瑶和尹志超，2022）。作为数字金融核心的移动支付对小微企业创新活动的影响还需进一步实证检验。根据CHFS问卷问题"去年或今年上半年，工商业经营项目在产品、技术、营销、服务等方面是否有创新活动？"来定义小微企业是否有创新活动，若小微企业有过创新活动则赋值为1，否则为0。由于只有2017年CHFS问卷涉及企业创新相关问题，所以此部分仅使用2017年CHFS数据进行实证检验。表4-11汇报了移动支付对小微企业创新的影响，其中第（1）（2）列被解释变量为企业是否有创新活动。表4-11第（1）列为Probit模型估计，结果显示，移动支付估计系数为0.0949，且在1%水平下显著。表4-11第（1）列估计结果表明，移动支付能够显著提高小微企业进行创新活动的概率。从经济意义上来看，相较于未使用移动支付的小微企业，使用移动支付能够将小微企业创新活动的概率提高9.49%，经济意义显著。表4-11第（2）列IV-Probit模型估计结果表明，在克服Probit模型估计可能存在的内生性问题后，移动支付依然能够显著促进小微企业进行创新活动。随着支付宝、微信等第三方支付APP的出现，移动支付深刻改变了传统商业模式，极大推动了电子商务的发展，将线下交易业务逐步引导至线上（李继尊，2015a）。以上分析表明，移动支付能够激发企业进行创新活动，从而提高企业经营绩效。

表4-11 移动支付与企业创新活动

变量名称	（1）	（2）
	企业创新	
	Probit	IV-Probit
移动支付	0.0949***	0.1030***
	(0.0106)	(0.0946)
控制变量	控制	控制
省份	控制	控制
观测值	5572	5572
一阶段F值		41.6726
一阶段工具变量T值		6.46
Wald检验		20.21***

注：来自2017年CHFS。*、**、***分别表示在10%、5%、1%的水平上显著。表中报告的均为边际效应，括号内为稳健标准误。控制变量与表4-3一致。

（三）移动支付能够提高企业经营便利性

相较于传统支付方式，移动支付能够极大提升支付的便利性（张勋等，2020）。已有学者利用居民是否进行网购以及网购频率作为支付便利性的代理变量（易行健和周利，2018；尹志超和郭润东，2022）。沿着这一思路，本章利用小微企业是否通过网络销售作为经营便利性的代理变量，如果小微企业通过网络销售商品，那么赋值为1，否则为0。表4-12报告了移动支付对小微企业经营便利性的影响，其中第（1）（2）列被解释变量为企业是否通过网络销售产品。表4-12第（1）列固定效应模型估计结果表明，移动支付对企业网络销售有着显著的正向影响。从经济意义来看，相较于未使用移动支付的小微企业，使用移动支付能够将小微企业进行网络销售的概率提高1.79%，具有显著的经济意义。表4-12第（2）列固定效应工具变量估计结果表明，在考虑了第（1）列估计可能存在的内生性问题后，移动支付依然能够显著提高小微企业经营进行网络销售。移动支付能够突破传统支付方式的种种限制，一方面，小微企业经营者仅需通过智能手机便可在线上轻松完成交易，极大提高了经营便利性；另一方面，消费者通过"扫一扫""刷脸"等即可完成交易，极大提升了消费者购物体验（尹志超和郭润东，2022）。以上分析表明，移动支付能够显著提高小微企业经营便利性，从而提升了小微企业经营绩效。

综上所述，移动支付能够缓解小微企业融资约束、激发小微企业进行创新活动以及提高小微企业经营便利性，从而进一步提升企业经营能力，研究假设 H2 成立。

表 4-12　移动支付与企业经营便利性

变量名称	（1）	（2）
	网络销售	
	FE	FE-IV
移动支付	0.0179 *	0.0270 *
	（0.0098）	（0.0270）
控制变量	控制	控制
年份固定效应	控制	控制
企业固定效应	控制	控制
观测值	9468	9468
Davidson-MacKinnon 检验		0.2218 ***
一阶段 F 值	—	414.609
一阶段工具变量 T 值		20.36

注：*、**、*** 分别表示在 10%、5%、1% 的水平上显著。括号内为聚类到企业层面的稳健标准误。控制变量与表 4-3 一致。

二、异质性分析

本章基准回归结果证实了移动支付对小微企业经营收入、利润以及资产规模的促进作用，但移动支付对小微企业不同群体可能存在差异。下面将从小微企业所属行业、生命周期以及区域三个维度深入探讨移动支付对小微企业经营绩效的异质性影响。

（一）行业异质性分析

为了考察移动支付究竟对哪些行业的小微企业经营产生显著影响，将小微企业分为制造建筑业、批发零售业、交通运输业、住宿餐饮业以及服务业。表 4-13 报告了移动支付对不同行业小微企业经营收入的影响，其中第（1）~（5）列被解释变量均为小微企业经营收入对数。表 4-13 第（1）~（5）列固定效应模型估计结果表明，移动支付对批发零售业以及服务业经营收入产生显著的正向影响，而对制造建筑业、交通运输业以及住宿餐饮业小微企业经营无显著影响。对于批发零售业来说，表 4-13 第（2）列估计结果表明，相较于未使用移动支付的小微企业，使用移动支付能够将从事批发零售的小微企业经营收入提高 10.62%，经济意义显著。对于服务业来说，表 4-13 第（5）列估计结果显示，移动支付估计系数为 0.4458，且在 5% 水平下显著。从经济意义来看，使用移动支付能够将从事服务业小微企业经营收入提高 44.58%，具有显著的经济意义。以上分析表明，移动支付能够显著提高从事批发零售以及服务行业的小微企业经营收入。在日常活动中，从事批发零售和服务业的小微企业，相较于其他行业日常进行交易支付的频率更高。因此，这两类行业企业经营者们通过使用移动支付，能够明显节省交易的时间成本，提升经营便利性，进而提高经营收入。

表 4-13　行业异质性：FE

变量名称	（1）制造建筑业	（2）批发零售业	（3）经营收入交通运输业	（4）住宿餐饮业	（5）服务业
移动支付	0.2485	0.1062 *	-0.9268	0.2789	0.4458 **
	（0.5838）	（0.1223）	（1.2891）	（0.2690）	（0.2416）

变量名称	(1) 制造建筑业	(2) 批发零售业	(3) 经营收入 交通运输业	(4) 住宿餐饮业	(5) 服务业
控制变量	控制	控制	控制	控制	控制
年份固定效应	控制	控制	控制	控制	控制
企业固定效应	控制	控制	控制	控制	控制
观测值	1238	4176	631	1172	1345

注: *、**、***分别表示在10%、5%、1%的水平上显著。括号内为聚类到企业层面的稳健标准误。除未控制企业所属行业，其余控制变量与表4-3一致。

（二）企业生命周期异质性分析

表4-13回归结果表明，小微企业经营年限对企业经营收入有着显著的正向影响。那么，小微企业经营年限差异是否会影响移动支付对小微企业经营收入的促进效应？本章按照样本企业经营年限中位数（8年），将样本划分为处于成长期小微企业和非成长期小微企业。表4-14汇报了移动支付对不同生命周期小微企业经营收入的影响，其中第（1）（2）列被解释变量均为企业经营收入对数。表4-14估计结果表明，移动支付对处于成长期小微企业经营收入有着显著的正向影响，而对处于非成长期小微企业经营收入无显著影响。对于处于成长期小微企业来说，其受到的企业融资约束以及现金流紧张情况相较于非成长期企业更为严重。移动支付的蓬勃发展为处于成长期小微企业带来曙光，通过使用移动支付极大缓解了处于成长期小微企业受到的融资约束，为小微企业经营"保驾护航"，因此移动支付对处于成长期小微企业经营收入产生更大的影响。以上分析表明，移动支付主要促进了处于成长期小微企业的经营收入。

表4-14　生命周期异质性：FE

变量名称	(1) 经营收入 成长期	(2) 经营收入 非成长期
移动支付	0.7219*** (0.2791)	0.0640 (0.0989)
控制变量	控制	控制
年份固定效应	控制	控制
企业固定效应	控制	控制
观测值	4937	4531

注: *、**、***分别表示在10%、5%、1%的水平上显著。括号内为聚类到企业层面的稳健标准误。除未控制企业经营年限，其余控制变量与表4-3一致。

（三）区域异质性分析

我国西部、中部和东部地区经济发展水平以及信息基础设施建设存在显著差异（尹志超和郭润东，2022）。本章进一步检验了移动支付对我国所处不同区域小微企业经营收入的影响，估计结果见表4-15。表4-15第（1）~（3）列均使用固定效应模型估计，被解释变量均为小微企业经营收入对数。表4-15估计结果表明，移动支付对我国西部地区小微企业经营收入产生更大的影响，这一结果与谢绚丽等（2018）的研究一致。可能的原因是处于中东地区的小微企业可以享受到更为丰富的金融服务，因此对移动支付依赖程度相对较低，移动支付对中东地区的作用属于"锦上添花"。而对西部地区小微企业来说，移动支付的出现为他们提供了更为便捷和多样的金融服务,起到了"雪中送炭"的作用。以上分析表明,移动支付对我国西部地区小微企业经营收入产生了更大的影响。

表4-15 区域异质性:FE

变量名称	(1)	(2)	(3)
	经营收入		
	东部	中部	西部
移动支付	0.3115**	0.1006	0.4365**
	(0.1559)	(0.2283)	(0.1917)
控制变量	控制	控制	控制
年份固定效应	控制	控制	控制
企业固定效应	控制	控制	控制
观测值	4442	2554	2472

注:*、**、***分别表示在10%、5%、1%的水平上显著。括号内为聚类到企业层面的稳健标准误。控制变量与表4-3一致。

第六节 扩展分析

本章已经证实了移动支付能够显著提高小微企业的经营收入、利润以及资产规模,并发现移动支付主要通过缓解企业融资约束、激发企业进行创新活动以及提升经营便利性三种渠道影响小微企业经营绩效。下面进一步考察移动支付对小微企业新员工招聘以及捐赠行为的影响。由于CHFS数据未涉及小微企业员工招聘以及慈善活动相关信息,因此本部分将使用CMES数据进行实证检验。

一、稳就业:移动支付与企业新员工招聘

就业是最大的民生。2022年6月27日,时任总理李克强在考察民政部和人力资源社会保障部时召开的座谈会中强调"要进一步增强紧迫感,以发展促就业,以就业保民生,推动经济社会持续健康发展"。小微企业为我国贡献了80%的就业,是解决我国劳动力就业的主力军。依托于数字技术快速发展的移动支付能够有效缓解小微企业融资约束、激发小微企业创新活动并提高小微企业经营便利性,从而提高小微企业经营能力。随着小微企业生产、经营规模不断扩大,小微企业将会在劳动力市场招聘新员工,进一步发挥解决民生、吸纳就业的重要作用。由于CHFS数据未涉及小微企业员工招聘相关信息,接下来,本章利用CMES数据检验移动支付是否会促进企业劳动力数量的增加。本章根据CMES问卷中问题"最近一年,企业是否招聘了新员工?",如果受访者回答是则赋值为1,否则为0。表4-16汇报了移动支付对小微企业新员工招聘的影响,估计结果见第(1)(2)列。表4-16第(1)列Probit模型估计结果表明,移动支付对小微企业新员工招聘有着显著的正向影响。从经济意义来看,相较于未使用移动支付小微企业,使用移动支付能够将小微企业招聘新员工的概率提高19.6%,经济意义显著。表4-16第(2)列IV-Probit模型估计结果表明,在考虑第(1)列可能存在的内生性问题后,移动支付对企业新员工招聘的正向作用依然稳健。以上分析表明,移动支付能够显著提高小微企业新员工的增加,进一步发挥了小微企业吸纳就业的重要作用。

二、当爱心"落"在指尖：移动支付与企业捐赠行为

让爱心"落"在指尖。2021年8月17日，习近平总书记在中央财经委员会第十次会议上明确指出："共同富裕是社会主义的本质要求，要坚持以人民为中心的发展思想，构建初次分配、再分配、三次分配协调配套的制度安排，在高质量发展中促进共同富裕。""第三次分配"是促进共同富裕的重要途径之一，个人和企业通过自愿向公益慈善组织或困难群体捐赠等方式回报社会，能够有效弥补"初次分配"和"再分配"的不足，形成先富带动后富的良好社会分配格局。由于支付的便利性等特征，移动支付的蓬勃发展显著提高了个人和企业参与慈善活动。小微企业进行慈善活动，一方面能够发挥第三次分配促进共同富裕的重要作用；另一方面，在声誉动机的作用下，慈善捐赠行为会对小微企业经营产生显著的正向影响，提高小微企业经营者的财富水平（郑呆娉和徐永新，2011；潘越等，2017）。由于CHFS数据未涉及小微企业慈善活动相关信息，下面基于CMES数据检验移动支付对小微企业慈善捐赠行为的影响。根据CMES问卷问题"过去一年，贵企业是否进行过主动的公益捐赠（包括国内外的各项慈善捐赠)?"如果受访者回答是则赋值为1，否则为0。表4-16汇报了移动支付对小微企业慈善捐赠行为的影响，估计结果见第（3）（4）列。表4-16第（3）列为Probit模型估计，结果显示，移动支付系数为0.1104，且在1%水平下显著。从经济意义来看，相较于未使用移动支付的小微企业，使用移动支付能够将小微企业捐赠概率提高11.04%，具有显著的经济意义。表4-16第（4）列IV-Probit模型估计结果表明，在考虑了第（3）列可能存在的内生性问题后，移动支付依然显著提高了小微企业进行慈善捐赠的概率。以上分析表明，移动支付能够提高小微企业进行慈善捐赠活动的概率，进一步发挥小微企业助力共同富裕的重要作用。

表4-16 移动支付与企业新员工招聘及捐赠行为

变量名称	（1）	（2）	（3）	（4）
	新员工招聘		企业捐赠	
	Probit	IV-Probit	Probit	IV-Probit
移动支付	0.1960***	0.2874**	0.1104***	0.1343***
	(0.0234)	(0.1127)	(0.0200)	(0.0359)
控制变量	控制	控制	控制	控制
省份	控制	控制	控制	控制
观测值	4233	4233	4233	4233
一阶段F值		20.93		20.93
一阶段工具变量T值		61.95		61.95
DWH检验				
Wald检验		6.62***		15.28***

注：来自2015年CMES。空白处表示无数据。*、**、***分别表示在10%、5%、1%的水平上显著。表中报告的均为边际效应，括号内为稳健标准误差。控制变量为：企业经营规模、经营年限、企业组织形式、企业所有制、企业所属行业、税费负担、是否加入行业协会、企业所在地，相关变量描述性统计见表4-1 Panel B。

本章小结

中国经济发展进入新常态，规模庞大的小微企业对我国经济高质量发展贡献了重要力

量。考虑到当前新冠疫情的冲击以及国际贸易环境的变化，我国小微企业面临的经营不确定性也不断增强。在此背景下如何破解小微企业融资难、创新能力不足等问题，发挥小微企业推动经济高质量发展的基础作用值得深入研究。

本章利用 2017~2019 年中国家庭金融调查数据和 2015 年中国小微企业调查数据，实证分析了移动支付对小微企业经营绩效的影响及其作用机制。研究发现，移动支付能够显著提高小微企业的经营收入、利润以及资产规模，在替换估计样本、放松工具变量排他性约束条件以及排除智能手机影响后基准回归结果依然稳健。本章使用固定效应-工具变量法克服基准估计模型中可能存在的内生性问题，选取同社区除自身外小微企业移动支付使用均值作为工具变量进行估计，结果表明，移动支付对小微企业经营绩效的正向影响依然稳健。差分模型估计结果表明，相较于未使用移动支付的小微企业，一直使用移动支付和新增移动支付小微企业均能显著提高小微企业的经营收入、资产以及利润增量，进一步证实了移动支付对小微企业经营绩效的正向作用。进一步研究发现，移动支付能够显著缓解小微企业融资约束、提高小微企业经营便利性以及激发小微企业进行创新活动，从而进一步提高企业经营绩效。同时移动支付对小微企业经营的影响存在异质性，表现为对批发零售业、服务业、处于成长期以及西部小微企业经营绩效促进效用更大。扩展分析表明，移动支付能够显著提高小微企业招聘新员工以及进行慈善捐赠活动概率。根据研究结论，提出以下三个政策建议：

（1）扩大移动支付规模，助力小微企业发展。依托于大数据、云计算等技术迅速发展的移动支付不仅极大提高了小微企业经营便利性、缓解小微企业融资约束，也深刻改变着传统商业发展模式。在此背景下，一方面，政府相关部门和第三方支付平台应结合小微企业经营实际情况，进一步为小微企业提供更加多元化、便利化的数字金融服务产品，助力小微企业发展；另一方面，小微企业在扩大移动支付规模的同时，应充分挖掘移动支付产生的海量交易数据，为消费者习惯和偏好进行"描绘"，从而为消费者提供更加优质的服务。

（2）加强信息基础设施建设，结合行业特征推进小微企业数字化转型。移动支付的迅速发展和普及离不开信息基础设施的建设。研究发现，移动支付对小微企业经营绩效的影响存在区域异质性。一方面，政府相关部门应加强我国经济发展落后地区信息基础设施建设，进一步发挥移动支付"雪中送炭"的作用；另一方面，鼓励第三方支付平台进行金融产品和服务创新，为我国经济发达地区小微企业提供更加优质的服务，进一步发挥移动支付"锦上添花"的作用。研究同时发现，移动支付对小微企业经营绩效的影响存在行业异质性，因此小微企业应结合各自行业特征进行数字化转型。例如，对于批发零售业以及服务业小微企业，应将重点放在支付大数据处理分析、商品销售预测以及数字营销等方面。

（3）加强移动支付监管，完善数字监管体系。我国移动支付市场参与主体错综复杂，通过移动支付产生的海量交易数据更是难以监管。为适应移动支付环境新变化，在扩大移动支付规模的同时，小微企业应建立完备支付数据管理系统，及时发现、处理潜在风险。政府相关部门则应进一步完善数字监管体系，加强个人信息保护，利用大数据、人工智能等方法对潜在风险进行实时跟踪与评估，全力保障小微企业健康、长远地发展。

第五章 移动支付与小微企业创新[①]

第一节 研究背景

党的十八大以来，以习近平同志为核心的党中央作出"必须把创新作为引领发展的第一动力"的重大战略抉择，实施创新驱动发展战略，加快建设创新型国家。2016年5月，中共中央、国务院发布《国家创新驱动发展战略纲要》，明确我国到2020年进入创新型国家行列，到2030年跻身创新型国家前列，到2050年建成世界科技创新强国。同时，《中华人民共和国国民经济和社会发展的规划纲要》强调"十四五"时期经济社会发展要在质量效益明显提升的基础上实现经济持续健康发展，充分发挥增长潜力、优化经济结构、提升创新能力。随着我国金融业数字化、高效化的发展进程，数字金融正在逐步改变我国金融业的发展模式，为经济转型发展带来了新的发展机遇（房宏琳和杨思莹，2021）。2021年10月，习近平在中共中央政治局第三十四次集体学习时强调，要把握数字经济发展趋势和规律，推动数字经济与实体经济融合发展，持续发挥数字技术对经济发展的放大、叠加、倍增作用，牵住自主创新的"牛鼻子"。小型微型企业（含个体工商户，以下简称小微企业）作为我国创新工作不可忽视的市场主体，为我国贡献了约50%的税收、60%的国内生产总值、70%的技术创新，却一直面临着分散、规模小、缺乏抵押物、信息不对称程度高的问题，通常难以获得传统正规金融机构的资金支持（Hall and Lerner，2010），无法顺利开展研发活动（解维敏和方红星，2011；Evans and Jovanovic，1989）[②]。因此，我们应当对为小微企业提供可持续发展的融资渠道，保护既有研发成果等相关问题予以高度关注。目前，我国正处于从世界制造中心向R&D中心转变的高速发展阶段，创新可通过提高全要素生产率，整体提升中国经济增长的效率（易纲等，2003）。任保平和文丰安（2018）提到，企业的创新水平、创新能力不仅直接决定企业竞争力，对中国高质量发展也有着重要的影响。而小微企业作为我国经济、社会发展的重要支柱，在改善经济结构、扩大社会就业、保持社会稳定等方面发挥了不可替代的作用（何韧等，2012；王馨，2015）。

本章立足于小微企业，探究在移动支付的推动下创新活动与研发投入资金的变化情况，从数字金融角度出发，给出提升企业创新能力的政策建议。具体而言，首先，构建理论模型分析了移动支付对企业创新活动的内在机理；其次，将移动支付地级市层面的数据

[①] 郭沛瑶，尹志超．小微企业自主创新驱动力——基于数字普惠金融视角的证据［J］．经济学动态，2022（2）：85-104.

[②] 本章依据工商总局《进一步做好小微企业名录建设有关工作的意见》，按照国家统计局《统计上大中小微型企业划分标准》，对小微企业（含个体工商户）作出明确界定。

与中国家庭金融 2015 年、2017 年两期数据进行匹配，采用固定效应的方法，考察了移动支付对小微企业创新的影响及作用机制。实证结果表明，移动支付对小微企业的创新活动起到了强劲的推动作用。同时，我们发现移动支付主要通过提高政府推动力，改善创新环境；增加金融拉动力，缓解信贷约束；加强社会互动力，促进信息共享等方式，为企业创新注入新动力。最后，探讨了企业经营者特征与地区特征的异质性，并给出了相应的政策建议。

与现有研究相比，本章有三个贡献：①从研究对象上来看，关于数字金融发展对企业影响的文献主要集中于上市公司，鲜有文献聚焦小微企业创新问题。本章着重关注移动支付对"长尾"小微企业的创新活动、研发投入、创新产出的影响。②从分析视角来看，现有文献普遍基于宏观视角探讨数字金融发展带来的影响，缺乏微观层面的讨论。结合宏观与微观视角，全面分析宏观地区移动支付发展与微观企业个体数字金融使用情况对小微企业创新水平的影响。③从影响机理来看，与现有研究相比，详细探讨了政府推动力、金融拉动力、社会互动力等数字金融驱动创新的关键因素，从理论与实证的角度对影响渠道进行了阐释，为理解移动支付作用机理提供了依据，为数字技术助力小微企业可持续发展提供了政策参考。

第二节　文献综述

一、企业自主创新

企业自主创新能力是指企业通过对内外资源的有效运用，实现产业关键技术突破，培育自有品牌，从而掌握或影响价值分配过程的素质（许庆瑞等，2013）。Hall（2002）从创新的特征出发，指出创新具有高融资成本和高调整成本（Adjustment Cost）的特点。从融资视角来看，企业的创新活动因其长期性和不确定性，收入波动较为剧烈，加之自主创新具有排他性，研发信息作为商业机密，外部投资者难以获取，加剧了信息不对称。传统金融部门在面临较大的不确定性风险时，往往不愿对小微企业所生产新产品的潜在资金回报进行详细评估，导致具有创新力的企业缺乏稳定的资金来源与融资渠道，形成"麦克米伦缺口"（Macmillan Gap），严重阻碍了企业的创新发展（Brancati，2015）。从调整成本视角来看，一方面，企业生产的突然中断和再延续会使企业遭受很大的损失（Hall et al.，2009）；另一方面，小微企业的创业者由于人才少、本钱小、实力弱等特点，受限于固有思维模式，习惯于低层次生产，对创新产品带来的潜在影响认识较弱，在面临创新高昂的调整成本时，往往不肯将精力与资金投入创新研发（Calum and Kong，2010）。上述两方面因素极大地制约了小微企业的可持续性发展，而这种情况在生产要素与科技资源缺乏的地区更为突出。为此，学者们对创新驱动因素展开了激烈的讨论。从内部因素来看，现有研究主要围绕企业家精神（Baumol，1990）、治理结构（李春涛和宋敏，2010）、融资情况（张璇等，2017）、载体水平（袁航和朱承亮，2018）等方面展开分析。从外部因素来看，现有研究主要探讨了科学技术推力（Comanor and Scherer，1969）、市场需求拉力（Jaffe，1988）、市场竞争压力（聂辉华等，2008）、政府支持助力（黎文靖和郑曼妮，2016）对创新发展的驱动作用。结合本章研究内容，将结合企业融资等内部因素与政府支持等外部因素进行研究。

二、移动支付

近年来，互联网快速普及，大数据、云计算等信息技术日渐成熟，移动支付作为一种金融基础设施，取得了突飞猛进的发展（李继尊，2015a）。中国人民银行发布的统计数据显示，2020年银行共处理移动支付业务1232.2亿笔，金额432.16万亿元[①]。数字金融服务为数亿用户提供了支付、转账、投资、保险等多种类的金融服务（Zhang and Chen，2019）。在此背景下，学者们发现数字金融对家庭、企业、金融机构具有广泛影响。

从家庭来看，数字金融扩宽了就业渠道（汪亚楠等，2020），增加了创业机会（谢绚丽等，2018；尹志超等，2019c），改善了农村内部的收入分配状况（宋晓玲，2017），提高了家庭消费水平，带动了家庭消费升级（易行健和周利，2018），促进中国经济的包容性增长（张勋等，2019）。从企业来看，数字金融影响企业的生产经营主要源于数字金融的两个特征：①边际成本递减。5G网络、数字中心等新型基础设施被广泛地运用于信息处理过程中，数据的积累大大降低了开拓业务的边际成本，数字化的经营模式使金融服务的覆盖范围不受时间和空间的限制。②网络外部性。数字金融参与者从网络中可能获得的效应与网络规模存在明显的相关性。数字金融的很多模式在超过一定规模后，便可快速扩张，在竞争中获得优势。在上述特征的带动下，企业积极搭建数字化平台，推动数字金融与企业经营的融合发展（Kuusisto，2017）。部分学者发现数字金融显著提升了中小企业全要素生产率与经营效率（陈中飞和江康奇，2021），降低了小微企业的收入波动和破产概率（Chen et al.，2021）。在企业创新方面，首先，数字金融促使地方信息和私人信息公开化，推动信贷资源"均等化"，克服了传统VC遵循的"20分钟规则"[②]，为企业提供持续的、可负担的金融支持（谢平等，2015）。其次，数字化服务平台的搭建已成为一种必要的竞争资源，它在改进创新推广，促进新知识创造的同时，加剧了行业竞争，迫使上市公司进行技术创新获得新的竞争优势。从金融机构来看，数字金融替代了传统金融中介和市场中的物理网点和人工服务（Lu，2018），促进了营运优化，缩短了资金融通中的链条，提高了金融机构的交易效率，降低了交易成本（Jack and Suri，2014），推动了利率市场化（邱晗等，2018）。

可以看出，企业自主创新方面的研究主要探讨了企业创新发展的瓶颈，分析了企业内部与外部因素对创新的驱动作用。移动支付方面的研究着重关注了数字金融对家庭、企业、金融机构等不同部门的影响，基本肯定了移动支付在提高居民生活水平、优化金融服务质量、提升企业经营效率等方面的重要推动作用。然而关于数字金融发展对企业影响的相关文献主要集中于上市公司，鲜有文献聚焦于小微企业，深入分析移动支付发展对其自主创新的影响及作用机制。因此，本章分别采用宏观地区层面移动支付指数与微观企业层面数字支付使用两个维度的指标度量移动支付和数字金融的发展，从理论与实证的角度系统地考察了移动支付发展对小微企业创新的作用及影响机制，分析数字金融发展对创新活动产出的影响，为数字技术助力小微企业可持续发展提供政策建议。

---

① 见中国人民银行发布2020年支付体系运行总体情况数据，www.gov.cn/xinwen/2021－03/24/content_5595415.htm。

② "20分钟规则"具体是指VC距离被投企业不超过20分钟车程。

第三节　理论分析与研究假设

数字金融的发展主要依赖通信技术的进步、计算能力的提升，以及个人、企业信息的数字化。互联网技术变革使金融交易和企业经营发生根本性变化，其影响并不能简单地被视为金融活动中提供便利性的辅助平台或工具。其内在逻辑是通过政府、企业、社会各主体协同作用，缓解信息不对称问题，降低交易成本，形成科技、市场、文化创新驱动合力，支持小微企业高质量发展。

为更清楚地探讨数字金融对小微企业自主创新发挥作用的具体渠道，本章借鉴 Takalo 和 Tanayama（2008）的方法，通过比较引入移动支付前后的差异构建了理论模型。根据小微企业创新的能力，将其划分为高能力 H 和低能力 L，假设高能力企业与低能力企业成功的概率分别为 λ_H、λ_L，且 $\lambda_H > \lambda_L$，对有无数字金融支持的两种情形分别展开讨论。

（1）无数字金融支持情形下企业研发投入。假设银行等金融机构认为高能力 H 型企业的占比为 p，低能力 L 型企业的占比为 $1-p$。对于传统金融机构而言，企业创新成功的先验概率为 $\bar{\lambda} = p\lambda_H + (1-p)\lambda_L$。假设传统金融机构投入资金 F_T，小微企业研发投入资金 A，总研发投入 $I = A + F_T$，且项目成功后的总收益为 $R = R_i^E + R_i^T$，其中，R_i^E 表示企业收益，R_i^T 表示投资者收益。同时，小微企业创新需要付出的交易成本为 $c(g_T, s_T)$，其中 g_T、s_T 分别表示传统模式下地方政府科技支持力度与社会网络覆盖程度，$c(\cdot)$ 是关于 g、s 的减函数，即地方政府科技支持力度越大，社会网络覆盖程度越高，交易成本 $c(\cdot)$ 越低。

小微企业参与执行研发项目的约束为：

$$\lambda_i R_i^E \geq A + c(g_T, s_T) \tag{5-1}$$

传统金融投资小微企业的约束为：

$$\bar{\lambda} R_i^F \geq F_T \tag{5-2}$$

通常来说，低能力企业给投资者承诺更高的投资回报以获得所需资金，即：

$$R_H^F \leq R_L^F \tag{5-3}$$

综合上式，得出：

$$\frac{I-A}{\lambda} \leq R_H - \frac{A + c(g_T, s_T)}{\lambda_H} \tag{5-4}$$

企业研发投入上限为：

$$I \leq \bar{I} = A + \bar{\lambda} \left(R_H - \frac{A + c(g_T, g_T)}{\lambda_H} \right) \tag{5-5}$$

（2）有数字金融支持情形下企业研发投入。假设小微企业利用数字金融平台融资的概率为 α_i，高能力 H 型企业使用数字金融平台融资的概率为 α_H，低能力 L 型企业使用数字金融平台融资的概率为 α_L。数字金融机构在大数据和人工智能技术应用背景下，通过对企业所处行业、营收情况、政府补贴等信息的深度挖掘，能够准确识别出企业能力类型的概率为 θ。使用贝叶斯法则得到企业创新成功的后验概率 $\overline{\lambda_D} = p(H \mid D)\lambda_H + [1 - p(H \mid D)]\lambda_L$。其中，$p(H \mid D) = \dfrac{p\theta}{p\theta + (1-p)\alpha_L(1-\theta)}$ 为给定小微企业获得数字融资条件下，该企业为高能力类型企业的概率。当 $\theta > \dfrac{\alpha_L}{1+\alpha_L}$ 时，$p(H \mid D) - P = \dfrac{p(1-P)[\theta - \alpha_L(1-\theta)]}{p\theta + (1-p)\alpha_L(1-\theta)} > 0$，投资者在观察到小微企业获得数字金融支持后，判断企业属于高能力类型的概率上升了，企业向外部释放出积极信号。假设数字金融平台等投资者投入资金 F_D，总研发投入 $I = A + F_D$，且项目成功后的总收益为 $R_i = R_i^E + R_i^D$，其中，R_i^E 表示企业收益，R_i^D 表示数字金融平台收益。同时，小微企业通过数字平台融资需要付出成本 $c(g_D, s_D)$，其中 g_D、s_D 分别表示数字平台下地方政府科技支持力度与社会网络覆盖程度。

小微企业参与执行研发项目的约束为：

$$\lambda_i R_i^E \geq A + c(g_D, g_D) \tag{5-6}$$

数字金融模式下投资小微企业的约束为：

$$\overline{\lambda_D} R_i^F \geq F_D \tag{5-7}$$

假设低能力企业给投资者承诺更高的投资回报以获得所需资金，即

$$R_H^D \leq R_L^D \tag{5-8}$$

综合上式，得出：

$$\frac{1-A}{\lambda_D} \leq R_H - \frac{A + c(g_D, s_D)}{\lambda_H} \tag{5-9}$$

企业研发投入上限为：

$$I \leq \overline{I}_D = A + \overline{\lambda_D} \left(R_H - \frac{A + c(g_D, s_D)}{\lambda_H} \right) \tag{5-10}$$

比较 $\overline{I}$ 和 $\overline{I}_D$：

$$\overline{I}_D - \overline{I} = (\overline{\lambda_D} - \overline{\lambda}) \left(R_H - \frac{A}{\lambda_H} \right) + \frac{1}{\lambda_H} (\overline{\lambda} c(g_T, s_T) - \overline{\lambda_D} c(g_D, s_D)) \tag{5-11}$$

为此，我们可以得知 $\overline{I}_D - \overline{I} > 0$，即移动支付可以提高企业的研发投入。具体来看，在满足一定条件时，式（5-11）第一部分中 $\overline{\lambda_D} - \overline{\lambda} > 0$，$R_H - \dfrac{A}{\lambda_H} > 0$[①]，表示数字金融的发展提高了投资平台对高能力企业判断的先验概率，增加了企业的融资能力，激励了企业研发投入。第二部分中传统金融模式下 $c(g_T, s_T) > 0$，而数字金融交易"去中介化"与移动支付的"网络效应"加剧了金融机构的竞争程度，提高了创新要素的集聚效应，加大了政府投入对企业创新的刺激作用，促使交易成本 $c(g_D, s_D)$ 降低，甚至趋近于 0。因此，$\dfrac{1}{\lambda_H}$ $[\overline{\lambda} c(g_T, s_T) - \overline{\lambda_D} c(g_D, s_D)] > 0$。结合第一、第二部分可得，$\overline{I}_D - \overline{I} > 0$。根据理论分析，本章将从以下三个方面展开讨论。

首先，在移动互联网普及、数字技术创新为基础的背景下，习近平总书记强调，发展数字经济是把握新一轮科技革命和产业变革新机遇的战略选择，要充分发挥海量数据和丰富应用场景优势，促进数字技术与实体经济深度融合，不断做强做优做大我国数字经济。为此，数字金融模式下拥有更良好的创新环境，即 $g_D - g_T$。其中，地方政府主要采用以下

---

① 当 $\theta > \dfrac{\alpha_L}{1+\alpha_L}$ 时，$\overline{\lambda_D} - \overline{\lambda} > 0$，$R_H - \dfrac{A}{\lambda_H} > 0$ 可根据式（5-9）得出。

三种方式支持数字经济发展：①支持数字经济基础建设和资源数字化。通过建设"智慧杆塔"等数字经济基础设施、开放公共资源、完善数据共享体系建设等方式，加快区域内数字经济基础建设进程。②开放重点应用领域、加快产业数字化改造。通过开展"智慧城市""未来社区"等重点工程建设，支持应用示范基地建设等项目，促进产业数字化改造。③培育数字产业化聚集区。通过设立数字经济园区，引进数字经济领军企业等方式加速数字产业化聚集（肖文和林高榜，2014）。在"趋优"机制的作用下，R&D 人员和 R&D 资本等研发要素会向政府支持更多、边际收益更高的地区进行配置和流动，使研发要素在特定区域上聚集，加速了区域内知识链联动，提升区域协同创新水平。根据式（5-11），在数字金融的作用下政府投入增加，即 g_D 越大，交易成本 $c(g_D, s_D)$ 减小，当其他条件不变时，$\bar{I}_D - \bar{I}$ 增加。由此，提出假设 H1。

H1：移动支付发展通过提高政府推动力，改善创新环境，激发小微企业创新动力。

其次，小微企业创新需要大量稳定的资金投入，且短期内难以带来回报，仅依靠内源性融资，很难满足企业需要，因而面临较强的融资约束（Hsu et al.，2014）。现有文献一般认为有以下三个原因：①创新具有风险大、失败率高、不可预测等特点（张杰等，2012），巨额的前期投入往往成为沉没成本，创新成果转化为企业收益也需要耗费较长时间（余明桂等，2019），内源融资无法支撑创新活动长期持续性的资金需求。②创新本身具有高度信息不对称，David 等（2008）发现企业研发投入方向主要集中于人力资本和无形资产，银行不愿意选择此类资产作为抵押品。因此，小微企业创新活动常受到外源性融资的约束。③银行是金融资源的主要提供者，受政策导向影响，国有企业和政府享用了绝大多数的金融资源（Acharya and Xu，2016），小微企业由于规模小、历史短、信息不对称等原因很难获得传统银行的扶持。然而，移动支付引入后，企业类型识别能力 θ 增加，使 $p(H \mid D) - p > 0$。也就是说，移动支付通过与互联网技术有效结合，通过供应链金融等模式，对企业经营情况进行全程化动态实时监控，定制企业版"体检报告"，从而对小微企业类型、融资需求等信息进行有效甄别，缓解信息不对称问题。由此，提出假设 H2。

H2：移动支付发展通过增加金融拉动力，缓解信息不对称，提升小微企业创新能力。

最后，有效的知识传递和技术交流依赖于社会网络的形成，可以刺激技术的创新（Inkpen and Tsang，2005）。数字支付的使用需要企业经营者通过互联网进行对安全性要求极高的金融资产交易（何婧和李庆海，2019），使经营者对社会的信任感提高，信任成本降低。同时，移动支付本身具有融资平台与社交平台的双重属性，"粉丝经济"等去中心化的模式有助于经营者不断扩展社会网络，拓展交易可能性集合（周广肃等，2015），加快信息传播速度，降低交易成本。具体来看，一方面，企业经营者社会网络的扩大能够促进创新信息传播与创新机会的经验分享，增加企业经营者之间的沟通合作，为企业创新风险分担提供多种渠道，综合提升企业家能力，推动小微企业的创新力进一步提高。另一方面，企业经营者社会网络的扩大有助于优化金融触达方式，降低金融服务供求双方的交易成本，提高资金效率。结合式（5-11），由于 s 是关于交易成本 $c(\cdot)$ 的减函数，s_D 上升使交易成本 $c(g_D, s_D)$ 减小。在其他条件不变时，$\bar{I}_D - \bar{I}$ 增加。因此，提出假设 H3。

H3：移动支付发展通过加强社会互动力，促进信息共享，增强小微企业创新活力。

<h1 style="text-align:center">第四节 数据和变量</h1>

一、数据来源

本章将北京大学数字金融研究中心发布的"移动支付指数"与2015年、2017年中国家庭金融调查数据相匹配作为实证检验的数据集。中国家庭金融调查是一项全国性调查。CHFS数据在样本人口年龄结构、城乡人口结构、性别结构等多个方面与国家统计局数据相一致，数据具有代表性，其中2015年、2017年的家庭金融调查分别为37289户与40011户。该数据共覆盖全国29个省（区、市）、353个县（区、市）。本章将中国家庭金融调查数据与移动支付发展指数进行匹配，参考尹志超和马双（2016）对小微企业的界定方法，选定了雇佣员工数量小于100人的家庭工商生产经营项目①作为小微企业样本。为将移动支付发展对小微企业创立成功与失败的影响均考虑在内，尽可能充分地考察移动支付对小微企业创新的影响，本章保留了2015年、2017年从事工商业经营的小微企业两期平衡面板数据，共8964个观测值。

二、变量选取及说明

（1）被解释变量。创新活动与家庭研发投入的金额。本章将家庭是否有创新活动与家庭研发投入的金额作为企业创新的度量指标。其中，创新活动为二元变量。根据CHFS问卷中对于去年/今年上半年，针对工商业项目在产品、技术、组织、文化、营销、服务等方面是否有创新活动的回答来定义家庭是否有创新活动，如果回答是，那么创新活动等于1，如果回答否，那么创新活动为0。家庭研发投入的金额，CHFS问卷中询问了"针对该工商业项目研发与创新活动总共投入了多少钱？"本章根据此问题的回答定义家庭创新活动的投入金额。

（2）核心解释变量。移动支付发展水平。在宏观层面，采用北京大学数字金融研究中心编制的移动支付指数进行度量，编制过程见郭峰等（2020）的研究。选用移动支付指数代理移动支付发展水平进行详细探讨。另外，使用指数是"市级"层面数据，该数据能综合反映该市区数字金融发展情况（傅秋子和黄益平，2018）。为方便回归结果系数的解释，将移动支付指数进行对数化处理。在微观层面，参考何婧和李庆海（2019）的方法，根据数字支付的服务，结合CHFS调查数据对数字支付进行定义。如果企业使用数字支付的服务，那么该企业经营者使用了数字支付，即企业数字支付赋值为1。如果未使用，那么企业数字支付赋值为0。

（3）中介变量。财政科学技术支出、供给型信贷约束、工商业信贷约束、信贷规模与社会网络。本章采用地方政府财政科学技术支出分析移动支付政府推动力渠道；利用供给型信贷约束、工商业信贷约束检验移动支付拉动力渠道；使用礼金支出度量企业经营者的

---

① 根据问题"目前，您家是否从事工商业生产经营项目，包括个体户、租赁、运输、网点、经营企业等"进行定义，本章仅保留从事工商业经营的受访户。

社会网络，研究移动支付社会互动力渠道。

（4）控制变量。本章控制了个人和家庭特征、小微企业特征、地区宏观经济发展因素、行业固定效应、企业固定效应。个人特征包括年龄、年龄的平方、性别、婚姻状况、受教育程度、金融知识（尹志超等，2015a）①。考虑到家庭特征主要包括家庭规模、家庭劳动力数量、家庭有住房、受访者及配偶是党员数量、家庭成员担任领导、家庭净资产、家庭总负债、家庭总收入。小微企业特征主要包括企业资产、企业收入、去年企业所获利润以及小微企业所处行业。将小微企业所属行业分为制造建筑类、批发零售业、交通运输业、信息服务业、住宿餐饮业、服务业及其他。地区宏观经济因素包括人均 GDP、科学技术支出、外商投资企业数。表 5-1 给出了相关变量及定义方式。

表 5-1　相关变量及定义方式

变量名称	变量定义
创新活动	开展创新活动则取 1，否则取 0
研发投入	针对该工商业项目研发与创新活动总共投入资金加 1 后取自然对数
移动支付指数	支付指数加 1 取自然对数
数字支付	如果使用过/开通了网上银行、手机银行以及第三方支付机构服务或有过网上购物经历，那么取 1，否则取 0
年龄	年龄
年龄的平方/100	年龄的平方除以 100
男性	如果为男性，那么取 1，否则取 0
已婚	如果为已婚，那么取 1，否则取 0
受教育年限	根据受教育水平导出的受教育年限，其中没上过学、小学、初中、高中、中专、大专、大学本科、硕士研究生和博士研究生受教育年限依次为 0 年、6 年、9 年、12 年、13 年、15 年、16 年、19 年、22 年
金融知识	根据经济金融问题回答情况构建金融知识指数
家庭规模	家庭总人数
家庭劳动力数量	家庭中有工作，包括务农的劳动力的数量
家庭自有住房	家庭拥有自有住房，那么取 1，否则取 0
受访者及配偶是党员数量	家庭中受访者以及配偶是党员的数量
家庭成员担任领导	家庭成员中有领导，那么取 1，否则取 0
家庭供给型信贷约束	家庭申请过银行/信用社贷款被拒绝，那么取 1，否则取 0
家庭工商业信贷约束	工商业经营需要银行/信用社贷款，未申请或申请被拒绝取 1，否则为 0
家庭净资产	家庭过去一年净资产加 1，取自然对数
家庭收入	家庭过去一年的总收入加 1，取自然对数
家庭负债	家庭过去一整年的总负债额加 1，取自然对数
企业资产	个体工商户项目总资产额加 1，取自然对数
企业收入	个体工商户项目年收入额加 1，取自然对数
企业利润	个体工商户项目年利润额加 1，取自然对数
人均 GDP	小微企业所在地市人均 GDP，取自然对数
科学技术支出	小微企业所在地市科学技术支出，取自然对数
外商投资企业数	小微企业所在地市外商投资企业数，取自然对数

由表 5-2 可知，根据描述性统计结果可以看出，首先，参与创新活动的小微企业占比为 9.20%，研发投入的均值为 3918.04 元。其次，从小微企业经营者特征来看，年龄均值为 49.46 岁；多为男性；受教育年限均值为 9.61 年；金融知识水平的分数为 61.41。再

① 参考尹志超等（2014）、张号栋和尹志超（2016）金融知识的定义方式，根据 CHFS 问卷中经济、金融相关问题的回答，通过因子分析构建金融知识指数。

次，从小微企业经营者的家庭特征来看，每户平均有 3.91 个家庭成员；劳动力数量均值为 2.12 人；93.60% 的家庭拥有自有房屋；户主及配偶是党员数量均值为 0.15；家庭成员中有领导的家庭占比为 2.70%。0.08% 的家庭有工商业信贷约束，1.30% 的小微企业无法从正规金融机构获取资金，存在供给型信贷约束。最后，从小微企业特征来看，对数资产、对数收入、对数利润的均值分别为 7.76、7.41、5.32；小微企业仍然以批发零售业为主。

表 5-2 变量描述性统计

变量名称	观测值	均值	标准差	最小值	最大值
关注变量					
创新活动	8964	0.092	0.289	0.000	1.000
研发投入	8964	3918.035	51852.850	0.000	2000000.000
数字普惠金融指数（取对数）	8964	5.342	0.160	4.982	5.658
覆盖广度（取对数）	8964	5.288	0.173	4.833	5.613
关注变量					
使用深度（取对数）	8964	5.304	0.274	4.623	5.789
数字服务支持程度（取对数）	8964	5.527	0.061	5.384	5.759
信贷指数（取对数）	8964	5.005	0.185	4.391	5.279
企业数字普惠金融使用	8964	0.537	0.498	0	1
数字支付	8964	0.534	0.499	0	1
数字理财	8964	0.106	0.398	0	1
数字借贷	8964	0.039	0.195	0	1
控制变量					
年龄	8964	49.460	12.062	17.000	93.000
年龄的平方/100	8964	25.918	12.433	0.090	86.490
男性	8964	0.829	0.377	0.000	1.000
已婚	8964	0.916	0.278	0.000	1.000
受教育年限	8964	9.612	3.509	0.000	22.000
金融知识	8964	61.410	25.634	0.000	100
家庭规模	8964	3.911	1.597	1.000	16.000
劳动力数量	8964	2.120	1.097	1.000	12.000
家庭自有住房	8964	0.936	0.245	0.000	1.000
受访者及配偶是党员数量	8964	0.145	0.407	0.000	4.000
家庭成员担任领导	8964	0.027	0.161	0.000	1.000
家庭工商业信贷约束	8964	0.008	0.091	0.000	1.000
家庭供给型信贷约束	8964	0.013	0.114	0.000	1.000
家庭净资产（取对数）	8964	12.886	3.275	-17.217	17.217
家庭负债（取对数）	8964	4.139	5.509	0.000	15.096
家庭收入（取对数）	8964	10.305	3.685	-13.816	15.425
企业资产（取对数）	8964	7.755	5.290	0.000	17.728
企业收入（取对数）	8964	7.412	5.298	0.000	15.895
企业利润（取对数）	8964	5.319	6.130	-14.914	15.425
制造建筑业	8964	0.106	0.307	0.000	1.000
批发零售业	8964	0.335	0.472	0.000	1.000
交通运输业	8964	0.061	0.238	0.000	1.000
信息服务业	8964	0.012	0.105	0.000	1.000
住宿餐饮业	8964	0.085	0.279	0.000	1.000
服务业及其他行业	8964	0.131	0.338	0.000	1.000
人均GDP（取对数）	8964	10.926	0.557	9.636	12.028
科学技术支出（取对数）	8964	11.380	1.614	7.819	15.211
外商投资企业数（取对数）	8964	5.198	1.148	0.693	6.363

第五节　模型设定和内生性讨论

一、计量模型构建

为考察移动支付对小微企业创新活动的影响，构建模型（5-12）与模型（5-13）进行研究：

$$Prob(Innovtion_{ijt}) = \alpha_0 + \alpha_1 MP_{jt} + X\beta + \mu_i + \varepsilon_{ijt} \tag{5-12}$$

$$\ln\_ innov_{ijt} = \alpha_0 + \alpha_1 MP_{jt} + X\beta + \mu_i + \varepsilon_{ijt} \tag{5-13}$$

模型（5-12）中 $Innovtion_{ijt}$ 为二元被解释变量，如果该企业开展了创新活动，那么 $Innovtion_{ijt} = 1$，否则，$Innovtion_{ijt} = 0$。为此，模型（5-12）运用线性概率模型（LPM）进行估计。MP_{jt} 表示移动支付，系数 α_1 衡量移动支付对创新活动的影响。在模型（5-13）中，$\ln\_ innov_{ijt}$ 表示小微企业在创新活动上的投入资金，模型（5-13）中的系数 α_1 为移动支付发展对小微企业创新投入的估计系数。模型（5-12）与模型（5-13）中 X 表示一系列控制变量，主要包括经营者和家庭特征变量、小微企业特征变量以及行业固定效应。ε_{ijt} 表示随机扰动项，μ_i 表示小微企业不随时间变化的不可观测因素。如果 μ_i 与关注变量移动支付相关，那么会因遗漏变量而带来内生性问题。为解决此问题，参考鞠晓生等（2013）的研究方法，采用固定效应模型对移动支付对小微企业创新活动的影响进行估计。由于不同行业与企业的投资活动可能存在较大差异，在模型估计时，控制了行业固定效应与企业固定效应。

为验证假设 H1、H2 与 H3，参考房宏琳和杨思莹（2021）的研究方法，模型设定如下：

$$M_{ijt} = \beta_0 + \beta_1 MP_{jt} + X\beta + \mu_i + \varepsilon_{ijt} \tag{5-14}$$

$$Prob(Innovtion_{ijt}) = \gamma_0 + \gamma_1 MP_{jt} + \gamma_2 M_{ijt} + X\beta + \mu_i + \varepsilon_{ijt} \tag{5-15}$$

$$\ln\_ innov_{ijt} = \gamma_0 + \gamma_1 MP_{jt} + \gamma_2 M_{ijt} + X\beta + \mu_i + \varepsilon_{ijt} \tag{5-16}$$

式（5-14）至式（5-16）中 M_{ijt} 表示中介变量，主要表示政府科学技术支出、信贷规模、社会网络。如果式（5-14）中 β_1、式（5-15）与（5-16）中 γ_2 同时显著，那么代表移动支付会通过改变 M_{ijt}，影响到创新活动与研发投入；如果 β_1 和 γ_2 不同时显著，那么说明该机制不存在。

二、内生性讨论

小微企业创新的发展可能会影响当地移动支付的发展，为了解决反向因果的问题，参考张勋等（2019）的做法，选取小微企业所在地区与杭州的球面距离作为工具变量。一方面，杭州作为互联网时代信息高速公路的"交通枢纽"，金融科技方面居于全国乃至全球领先地位，而数字金融产品推广的效率与地理位置息息相关（刘修岩，2014）。因此，小微企业所在地区到杭州之间的距离与移动支付的发展存在密切的联系，满足相关性条件。另一方面，小微企业所在地区与杭州的球面距离属于外生指标，创新活动并不会影响企业所在地区到杭州的距离，故满足排他性条件。因此我们认为小微企业所在地与杭州的距离作为移动支付指数的工具变量是合适的。后面还将在估计中给出具体检验的结果，对工具变量做进一步说明。

第六节　实证结果

一、移动支付对小微企业创新的影响

为探究移动支付指数对小微企业创新的作用，本章分别对模型（5-12）与模型（5-13）进行回归，估计结果见表5-3。以第（2）列为例，移动支付指数每提高1%，小微企业开展创新活动的概率就提高0.16%，该系数在1%的显著性水平下显著。关于其他控制变量，家庭负债、企业资产、企业收入与市级科学技术支出均能显著提高小微企业从事创新活动的概率。为了解决移动支付内生性的问题，我们引入了家庭所在地区与杭州的球面距离作为工具变量进行估计。在两阶段工具变量估计中，第一阶段估计的 F 值为3674.29，Stock 和 Yogo（2002）提出，F 值大于10%偏误下的临界值为10，不存在弱工具变量问题。因此，用家庭所在地区与杭州的球面距离作为工具变量是合适的。第（3）列为工具变量的回归结果，我们发现，移动支付指数每提高1%，小微企业创新活动的概率就提高0.17%。第（4）~（6）列为移动支付对研发投入的影响，第（5）列的回归结果显示，移动支付指数每增加1%，研发投入就增加1.02%，该系数在1%显著性水平下显著。其余控制变量的估计结果与第（2）列的结果类似，第（5）列中家庭净资产、家庭负债、企业资产、企业收入能显著增加研发投入的资金，并且估计系数均在1%的显著性水平下显著。在考察其他控制变量对小微企业创新活动与研发投入的影响时，发现个人特征变量基本不显著。其可能的原因是这些变量不会随着时间的变化而发生巨大的变化（张勋等，2019），因此被固定效应所吸收。另外，第（6）列为工具变量的回归结果，该结果同样显示出移动支付能显著提升小微企业的研发投入。总体而言，表5-3的结果从宏观层面出发，说明地区移动支付的发展促进了小微企业的创新，与预期结果基本一致。

表5-3　移动支付对小微企业创新的影响

变量	创新活动			研发投放		
	FE （1）	FE （2）	FE+IV （3）	FE （4）	FE （5）	FE+IV （6）
移动支付指数	0.1406*** （0.0212）	0.1585*** （0.0308）	0.1713*** （0.0382）	0.5800*** （0.1613）	1.0166*** （0.2347）	0.9877*** （0.2958）
年龄		−0.0020 （0.0036）	−0.0021 （0.0033）		−0.0014 （0.0271）	−0.0011 （0.0266）
年龄的平方/100		0.0012 （0.0034）	0.0013 （0.0030）		−0.0034 （0.0257）	−0.0036 （0.0245）
男性		0.0151 （0.0148）	0.0150 （0.0153）		−0.0990 （0.1129）	−0.0986 （0.1095）
已婚		−0.0037 （0.0225）	−0.0037 （0.0195）		−0.0877 （0.1713）	−0.0876 （0.1506）

续表

变量	创新活动			研发投放		
	FE (1)	FE (2)	FE+IV (3)	FE (4)	FE (5)	FE+IV (6)
受教育程度		0.0004 (0.0024)	0.0003 (0.0022)		0.0149 (0.0181)	0.0150 (0.0158)
金融知识		-0.0006 (0.0045)	-0.0006 (0.0080)		-0.0769 ** (0.0343)	-0.0769 (0.0498)
家庭规模		-0.0031 (0.0045)	-0.0028 (0.0039)		0.0092 (0.0342)	0.0086 (0.0293)
家庭劳动力数量		-0.0028 (0.0054)	-0.0030 (0.0051)		-0.0511 (0.0415)	-0.0508 (0.0392)
家庭自有住房		0.0091 (0.0211)	0.0091 (0.0213)		-0.1883 (0.1606)	-0.1881 (0.1495)
受访者及配偶是党员数量		0.0323 (0.0630)	0.0334 (0.0521)		0.1255 (0.4802)	0.1230 (0.2804)
家庭成员担任领导		0.0234 (0.0282)	0.0231 (0.0315)		-0.0208 (0.2147)	-0.0203 (0.2840)
家庭净资产		0.0019 (0.0014)	0.0019 (0.0012)		0.0213 ** (0.0104)	0.0213 ** (0.0096)
家庭收入		-0.0006 (0.0013)	-0.0007 (0.0015)		0.0009 (0.0101)	0.0010 (0.0119)
家庭负债		0.0040 *** (0.0009)	0.0040 *** (0.0010)		0.0386 *** (0.0072)	0.0386 *** (0.0072)
企业资产		0.0062 *** (0.0017)	0.0062 *** (0.0016)		0.0435 *** (0.0131)	0.0435 *** (0.0133)
企业收入		0.0047 *** (0.0018)	0.0047 *** (0.0018)		0.0363 *** (0.0134)	0.0363 ** (0.0156)
企业利润		0.0007 (0.0010)	0.0007 (0.0011)		-0.0053 (0.0078)	-0.0054 (0.0090)
人均地区生产总值		-0.0682 (0.0538)	-0.0815 (0.0568)		-1.1028 *** (0.4100)	-1.0726 ** (0.4645)
科学技术支出		0.0309 *** (0.0119)	0.0304 ** (0.0118)		0.1609 * (0.0905)	0.1621 * (0.0896)
外商投资企业数		-0.0036 (0.0050)	-0.0035 (0.0052)		-0.0392 (0.0384)	-0.0395 (0.0394)
常数项	-0.7409 *** (0.1145)	-0.3729 (0.5463)		-3.0324 *** (0.8726)	-0.0179 (0.1583)	-0.0163 (0.1778)
行业固定效应	YES	YES	YES	YES	YES	YES
企业固定效应	YES	YES	YES	YES	YES	YES
样本量	8964	8964	8964	8964	8964	8964
一阶段 F 值			3674.29			3642.97
Within R^2	0.0478	0.0701	0.0700	0.0277	0.0513	0.0513

注：括号中为以企业为聚类变量的聚类稳健标准误。 * 、 ** 、 *** 分别表示在10%、5%、1%的水平上显著。

二、企业数字支付使用对小微企业创新的影响

我们根据中国家庭金融调查问卷中的问题，采用微观视角定义企业移动支付使用情况，研究企业层面移动支付的使用对创新的影响。表5-4汇报了企业层面数字支付使用情况对创新活动与研发投入的影响。表5-4第（1）列为企业数字支付使用对创新活动的影响，从回归结果可以发现，数字支付使用促进了企业创新活动。使用数字支付的企业参与

创新活动的概率提高0.024%。第（2）列汇报了数字支付对研发投入的影响。实证结果发现企业数字支付使研发投入显著提高0.1582。这印证了在微观视角下，移动支付为小微企业实现技术创新和产品开发提供更为有利的条件，企业经营者数字支付的参与提高了创新活动的参与，增加了企业的研发投入。

表5-4 小微企业数字支付对创新活动与研发投入的影响

变量	创新活动	研发投入
	（1）	（2）
数字支付	0.0240** （0.0108）	0.1582** （0.0820）
控制变量	控制	控制
行业固定效应	控制	控制
企业固定效应	控制	控制
时间固定效应	控制	控制
样本量	8964	8964
Within R^2	0.0718	0.0520

注：括号中为以企业为聚类变量的聚类稳健标准误。＊、＊＊、＊＊＊分别表示在10%、5%、1%的水平上显著。

三、移动支付对创新活动产出的影响

进一步地，我们采用"创新活动是否增加了该项目的收入"度量了小微企业自主创新的效果，如果企业经营者回答"是"，那么创新增收为1；如果企业经营者回答"否"，那么创新增收为0。表5-5的实证结果显示，移动支付指数增加1%，企业创新增收的概率提高0.09%。相应地，加入工具变量之后，使用移动支付的企业，创新增收的概率提高0.10%。实证结果表明，宏观地区层面移动支付的发展能有效增加创新活动产出，说明移动支付推动小微企业发展的机制是可持续的。

表5-5 小微企业移动支付对创新活动产出的影响

变量	创新增收	
	FE	FE+IV
移动支付指数	0.0879*** （0.0262）	0.0983*** （0.0332）
控制变量	控制	控制
行业固定效应	控制	控制
企业固定效应	控制	控制
样本量	8964	8964
一阶段F值		7318.91
Within R^2	0.0441	0.0441

注：括号中为以企业为聚类变量的聚类稳健标准误。＊、＊＊、＊＊＊分别表示在10%、5%、1%的水平上显著。

第七节 进一步分析

一、政府推动力——改善创新环境

政府科学技术支出等资本投入是区域创新发展中的核心元素，能够提供研发创新动

力，改善科技创新环境。为验证假设 H1，我们分析了数字金融发展对财政科学技术支出的影响，表 5-6 第（1）列回归显示移动支付指数增加 1%，财政科学技术支出提高 0.2910，说明移动支付发展有助于区域创新水平提升，该结果与谢绚丽等（2018）的发现保持一致。第（2）（3）列汇报了在加入科学技术支出变量前后，移动支付对创新活动的影响。通过比较第（2）（3）列的结果，可以发现第（3）列中科学技术支出回归系数显著为正，说明政府科技支出可以有效促进家庭创新活动的开展。结合第（1）（3）列的实证结果，我们发现政府科技支出是移动支付促进创新活动有力的外部渠道。结合第（1）（4）（5）列的结果，也可以发现移动支付通过提高政府科技支出，带动小微企业的研发投入，假设 H1 得以证实。可能的原因是，习近平总书记强调，发展数字经济是把握新一轮科技革命和产业变革新机遇的战略选择。地方政府为解决移动支付发展等产业升级中所遇到的难题，会相应地增加科学技术支出，更大力度、更大规模地建设各类科技创新基地（薛莹和胡坚，2020），加速成果转化，通过技术扩散和知识溢出效应（白俊红和蒋伏心，2011），改善创新外部环境，激发小微企业创新动力。

表 5-6　移动支付对小微企业创新的影响渠道

变量	科学技术支出	创新活动	创新活动	研发投入	研发投入
	FE	FE	FE	FE	FE
	（1）	（2）	（3）	（4）	（5）
移动支付指数	0.2910*** (0.0386)	0.1675*** (0.0306)	0.1585*** (0.0308)	1.0634*** (0.2333)	1.0166*** (0.2347)
科学技术支出			0.0309*** (0.0119)		0.1609*** (0.0905)
控制变量	控制	控制	控制	控制	控制
行业固定效应	控制	控制	控制	控制	控制
企业固定效应	控制	控制	控制	控制	控制
样本量	8964	8964	8964	8964	8964
Within R^2	0.2764	0.0686	0.0701	0.0506	0.0513

注：括号中为以企业为聚类变量的聚类稳健标准误。*、**、***分别表示在 10%、5%、1%的水平上显著。

二、金融拉动力——缓解信贷约束

Song 等（2011）、邓可斌和曾海舰（2014）指出，中国企业发展取决于是否拥有融资渠道。缺乏融资渠道的企业即使生产效率高，也会因为缺乏资金支持而被市场淘汰。为此，我们通过实证分析检验了移动支付对信贷约束的影响。表 5-7 第（1）（2）列分别是移动支付对供给型信贷约束与工商业信贷约束的回归结果。以第（1）列为例，回归结果显示，移动支付指数每增加 1%，供给型信贷约束显著降低 -0.0387，并且该系数在 1%的显著性水平下显著。进一步地，根据第（2）列的回归结果，我们发现移动支付指数每上升 1%，工商业信贷约束显著下降 -0.0259。可能的原因是居民和小微企业的贷款、支付等金融需求都可以足不出户地使用移动终端完成，商家通过经营模式创新，将业务从线下转到线上，进一步刺激其进行经营模式以及业务范围的转变，持续扩大信贷资源的积极影响，提升小微企业创新能力。

表5-7 移动支付对小微企业信贷约束的影响

变量	供给型信贷约束	工商业供给型信贷约束
	FE	FE
	（1）	（2）
移动支付指数	−0.0387***	−0.0259**
	（0.0127）	（0.0105）
控制变量	控制	控制
行业固定效应	控制	控制
企业固定效应	控制	控制
样本量	8964	8964
Within R²	0.0088	0.0101

注：括号中为以企业为聚类变量的聚类稳健标准误。*、**、*** 分别表示在10%、5%、1%的水平上显著。

三、社会互动力——促进信息共享

大量研究表明，社会网络的形成有利于知识传递与技术交流，可以激励技术创新（Inkpen and Tsang，2005）。为此，我们针对移动支付对社会网络的影响进行了检验。表5-8为H3的实证检验结果，根据第（1）列实证结果，我们发现企业数字支付的使用显著扩大了经营者的社会网络。第（2）（3）列汇报了在加入社会网络变量前后，数字支付对创新活动的影响。通过比较第（2）（3）列的结果，可以发现第（3）列中社会网络回归系数显著为正，说明经营者社会网络可以有效促进家庭创新活动的开展。结合第（1）（3）列的实证结果，我们发现社会网络是数字支付促进企业参与创新的渠道。结合第（1）（4）（5）列的结果，也可以发现数字支付通过扩宽经营者的社会网络提高小微企业的研发投入，H3得以证实。可能的原因是，一方面，数字支付的使用能够推动经营者通过移动互联网进行对安全性要求极高的金融资产交易，有助于提升创业者对社会的信任感（何婧和李庆海，2019）。在相互信任的环境中有助于企业主之间传递新知识，分享新经验（周广肃等，2015），互相帮助，形成团队，扩宽社会网络，增强小微企业产品创新能力。另一方面，数字经济的发展催生出"粉丝经济"新业态，小微企业经营者通过直播、短视频等方式在用户生成内容（User-Generated Content，UGC）平台上进行产品推广①，直接地推动了企业运营模式与营销渠道创新。

表5-8 移动支付对小微企业创新的影响渠道

变量	社会网络	创新活动	创新活动	研发投入	研发投入
	FE	FE	FE	FE	FE
	（1）	（2）	（3）	（4）	（5）
数字支付	0.5965***	0.0240**	0.0225**	0.1582*	0.1512*
	（0.1228）	（0.0108）	（0.0108）	（0.0820）	（0.0822）
社会网络			0.0026*		0.0117
			（0.0013）		（0.0100）
控制变量	控制	控制	控制	控制	控制
行业固定效应	控制	控制	控制	控制	控制
企业固定效应	控制	控制	控制	控制	控制

① 小微企业经营者在UGC平台（大众点评、小红书等）上进行产品宣传，降低了营销成本，简化了下单流程，提高了下单率，推动了小微企业运营模式转变与营销渠道创新。

变量	社会网络	创新活动	创新活动	研发投入	研发投入
	FE	FE	FE	FE	FE
	（1）	（2）	（3）	（4）	（5）
时间固定效应	控制	控制	控制	控制	控制
样本量	8964	8964	8964	8964	8964
Within R^2	0.0315	0.0718	0.0726	0.0520	0.0523

注：括号中为以企业为聚类变量的聚类稳健标准误。＊、＊＊、＊＊＊分别表示在10％、5％、1％的水平上显著。

第八节　稳健性检验

一、更换计量方法

表5-9为更换计量方法的实证结果。第（1）列与第（2）列为 Probit 模型与 IVprobit 模型下的估计结果。第（3）列与第（4）列为 Tobit 模型与 IVtobit 模型的回归结果。实证结果表明，在更换计量方法后，移动支付对小微企业的创新活动与研发投入的影响仍然为正，证明上述实证结果依然稳健。

表5-9　移动支付对小微企业创新活动与研发投入的影响（更换计量方法）

变量	创新活动	研发投入	创新活动	研发投入
	Probit	IVprobit	Tobit	IVtobit
	（1）	（2）	（3）	（4）
移动支付指数	0.1309＊＊＊	0.7024＊＊＊	0.1419＊＊＊	11.5332＊＊＊
	（0.0211）	（0.2506）	（0.0214）	（4.0077）
控制变量	控制	控制	控制	控制
行业固定效应	控制	控制	控制	控制
省份固定效应	控制	控制	控制	控制
样本量	8964	8964	8964	8964

注：括号中为以企业为聚类变量的聚类稳健标准误。＊、＊＊、＊＊＊分别表示在10％、5％、1％的水平上显著。

二、倾向得分匹配法

从微观角度出发，考虑到创新的企业更愿意选择数字金融的相关服务，为解决样本自选择问题，我们采用倾向得分匹配法（PSM）对移动支付使用对小微企业创新的影响进行稳健性检验。具体而言，本章采用 1∶5 最近邻匹配的方法，选取个人特征变量、家庭特征变量、企业特征变量与宏观经济特征变量等进行匹配，最终实现匹配的样本为3564户。表5-10列出了匹配前后均衡性检验结果，可以看出匹配前企业经营者的年龄、性别、婚姻状况、受教育程度等变量差异较大，匹配后均值差异不显著。

表5-10　PSM 前后变量均值检验

变量名	匹配前		匹配后	
	t 值	p 值	t 值	p 值
年龄	−20.50	0.000	−0.22	0.824

变量名	匹配前		匹配后	
	t 值	p 值	t 值	p 值
年龄的平方/100	−19.39	0.000	−0.03	0.976
男性	−4.49	0.000	1.39	0.166
已婚	−1.84	0.066	−1	0.317
受教育年限	23.72	0.000	1.25	0.211
金融知识	19.70	0.000	−2.06	0.039
家庭规模	−2.65	0.008	−2.05	0.041
劳动力数量	−0.03	0.978	−0.2	0.843
家庭拥有自有住房	1.27	0.204	−1.82	0.07
受访者及配偶是党员数量	7.73	0.000	0.78	0.437
家庭成员为领导	4.23	0.000	−0.81	0.42
家庭净资产（取对数）	12.83	0.000	2.25	0.025
家庭负债（取对数）	9.33	0.000	−0.04	0.966
家庭收入（取对数）	7.39	0.000	0.2	0.839
企业资产（取对数）	11.62	0.000	−1.48	0.14
企业收入（取对数）	9.59	0.000	−2.17	0.03
企业利润（取对数）	5.45	0.000	−0.97	0.334
人均 GDP（取对数）	9.54	0.000	−0.39	0.693
科学技术支出（取对数）	13.60	0.000	0.95	0.343
外商投资企业数（取对数）	2.42	0.015	0.56	0.574

表 5-11 为倾向得分匹配后的实证结果，发现使用数字支付的企业，创新活动的概率显著增加 2.0%，研发投入提高 17.97%，与表 5-4 第（1）（2）列的实证结果保持一致，证明前文的结论仍然保持稳健。

表 5-11　倾向得分匹配法检验

变量	创新活动 （1）	研发投入 （2）
数字支付	0.0201* （0.0118）	0.1797* （0.0898）
控制变量	控制	控制
行业固定效应	控制	控制
企业固定效应	控制	控制
时间固定效应	控制	控制
样本量	7128	7128
Within R^2	0.0709	0.0539

注：括号中为以企业为聚类变量的聚类稳健标准误。*、**、***分别表示在 10%、5%、1%的水平上显著。

第九节　异质性分析

一、企业异质性

黄宇虹和黄霖（2019）发现金融知识可以作用于小微企业的创新意识与创新活力。因此，参考尹志超等（2014）的方法，构建金融知识指数，按照金融知识的均值分为金融知识水平高与金融知识水平低两组，进一步对比了移动支付对金融知识不同的小微企业经营者创新活力的影响。对比表 5-12 第（1）（2）列的结果，我们发现，金融知识水平低的家庭移动支付发挥作用的系数为 0.0903，而对于金融知识水平较高的家庭，移动支付指数对创新活动的回归系数为 0.1351，并且系数在 1% 的显著性水平下显著，这说明金融知识水平为移动支付发挥作用提供了跑道，提高金融知识水平、提升经营者对数字金融相关技术的认知力，可以推动企业创新活动的开展。

表 5-12 移动支付对小微企业创新影响——金融知识异质性

变量	创新活动		研发投入	
	金融知识水平低（1）	金融知识水平高（2）	金融知识水平低（3）	金融知识水平高（4）
移动支付指数	0.0903 *** （0.0289）	0.1351 *** （0.0347）	0.5078 ** （0.2110）	0.4342 （0.2715）
控制变量	控制	控制	控制	控制
行业固定效应	控制	控制	控制	控制
企业固定效应	控制	控制	控制	控制
样本量	4118	4842	4118	4842
Within R^2	0.0802	0.1137	0.0747	0.0796

注：括号中为以企业为聚类变量的聚类稳健标准误。*、**、*** 分别表示在 10%、5%、1% 的水平上显著。

我们按照受访者风险偏好程度的大小将受访者分为风险厌恶家庭与非风险厌恶家庭[①]，表 5-13 的第（1）（2）列汇报了移动支付对创新活动风险偏好的异质性，可以发现第（1）列的回归系数更大，这说明相较于风险厌恶家庭，非风险厌恶的家庭移动支付更能促进其创新活动。根据第（3）（4）列的结果，可以发现对于非风险厌恶家庭，移动支付对家庭研发投入的影响更为明显。可能的原因是风险态度在一定程度上反映人们经济行为的成熟性和进取精神，风险承受能力更强的小微企业经营者更愿意选择风险更大的创新活动，而移动支付为这部分企业提供了发展的良好契机，可以促使小微企业的创新研发活动顺利开展。

表 5-13 移动支付指数对小微企业研发投入的影响——风险偏好异质性

变量	创新活动		研发投入	
	非风险厌恶（1）	风险厌恶（2）	非风险厌恶（3）	风险厌恶（4）
移动支付指数	0.1585 *** （0.0355）	0.0600 ** （0.0304）	0.4229 （0.2799）	0.2954 （0.2167）
控制变量	控制	控制	控制	控制
行业固定效应	控制	控制	控制	控制
企业固定效应	控制	控制	控制	控制
样本量	4754	3618	4754	3618
Within R^2	0.1134	0.0832	0.0895	0.0664

注：括号中为以企业为聚类变量的聚类稳健标准误。*、**、*** 分别表示在 10%、5%、1% 的水平上显著。

二、地区异质性

魏江等（2015）通过对各省区创新能力分析后发现，各省创新能力指数排名在地区上存

---

① 我们根据 CHFS 问卷中对"如果您有一笔资金用于投资，您最愿意选择哪种投资项目？"，回答"不愿意承担任何风险"的受访者为风险厌恶，其余回答"高风险、高回报的项目""略高风险、略高回报的项目""平均风险、平均回报的项目""略低风险、略低回报的项目"的受访者为非风险厌恶家庭。

在显著差异。为此，本章分别考察了移动支付对北方地区和南方地区小微企业创新的影响，表 5-14 汇报了上述影响的回归结果。通过对比第（1）（2）列结果，我们发现，移动支付对北方地区和南方地区小微企业整体上来说都有明显的促进作用，而且移动支付对南方地区创新活动的激励作用更为显著。第（3）（4）列的回归结果显示，移动支付指数每提高 1%，南方地区小微企业的研发投入就提高 1.60%，相较于北方地区，其激励作用更加明显。这说明移动支付的发展显著地提高了南方地区的研发投入，其效果优于北方地区。本章研究说明，在创新驱动战略发展的新时期，区域间创新能力发展不均衡的问题仍是未来移动支付突破的重点。移动支付应当充分利用其"成本低、速度快、覆盖广"等多种优势，创造打破传统金融的局限性的可能，从而积极推动小微企业的创新发展，激发欠发达地区的创新动力。

表 5-14　移动支付对小微企业创新的影响——南北方地区异质性

变量	创新活动		研发投入	
	北方地区 （1）	南方地区 （2）	北方地区 （4）	南方地区 （5）
移动支付指数	0.1381*** （0.0429）	0.2070*** （0.0642）	1.0314*** （0.3119）	1.6043*** （0.5022）
控制变量	控制	控制	控制	控制
行业固定效应	控制	控制	控制	控制
企业固定效应	控制	控制	控制	控制
样本量	3572	5392	3572	5392
Within R^2	0.0696	0.0785	0.0486	0.0621

注：括号中为以企业为聚类变量的聚类稳健标准误。*、**、***分别表示在 10%、5%、1%的水平上显著。

三、城市异质性

表 5-15 是移动支付对小微企业创新的城市异质性影响，我们按照新一线城市研究所公布的城市排行榜，将城市划分为一线、新一线、二线城市，三、四、五线及其他城市两组（尹志超等，2019a）。实证结果表明，移动支付使一线、新一线、二线城市的创新活动提高 0.14%，影响在 1%的显著性水平下显著，三、四、五线及其他城市提高 0.08%，系数在 1%显著性水平下显著。从回归系数来看，移动支付对一线、新一线及二线城市的影响更大，研发投入上同样呈现出相同结果。这说明相较于三、四、五线及其他城市，移动支付对更为发达的城市家庭的创业活动促进作用更大。

表 5-15　移动支付对小微企业创新的影响——城市异质性

变量	创新活动		研发投入	
	一线、新一线、 二线城市 （1）	三、四、五线及 其他城市 （2）	一线、新一线、 二线城市 （3）	三、四、五线及 其他城市 （4）
移动支付指数	0.1402*** （0.0362）	0.0794*** （0.0307）	0.6854** （0.2857）	0.1986 （0.2301）
控制变量	控制	控制	控制	控制
行业固定效应	控制	控制	控制	控制
企业固定效应	控制	控制	控制	控制
样本量	4328	4636	4328	4636
Within R^2	0.1114	0.0995	0.0925	0.0779

注：括号中为以企业为聚类变量的聚类稳健标准误。*、**、***分别表示在 10%、5%、1%的水平上显著。

本章小结

本章将移动支付指数与中国家庭金融 2015 年、2017 年工商业家庭数据进行匹配，采用固定效应的方法，研究了移动支付对小微企业创新的影响。研究发现，首先，从宏观角度来看，地区移动支付发展对小微企业的创新活动有显著的正向影响。地区移动支付指数每提高 1%，小微企业开展创新活动的概率就提高 0.16%，小微企业研发投入增加 1.02%，企业创新活动产出就增加 0.09%。企业数字支付的使用使得创新活动提高 0.03%，研发投入增加 0.16%。其次，从微观角度来看，我们通过中国家庭金融数据构造了企业层面微观数字支付指标，并且通过问卷提取出数字支付指标进行检验。实证结果发现，企业层面数字支付的获得显著地提高了创新活动与研发投入。再次，本章探讨了移动支付对小微企业创新的传导机制。发现移动支付主要通过提高政府推动力，改善创新环境；增加金融拉动力，缓解信贷约束；加强社会互动力、促进信息共享等方式，助力小微企业可持续发展。另外，在进一步分析中采用更换计量方法、倾向得分匹配法对本章的结论进行稳健性检验，实证结果表明本章的结论仍然稳健。最后，本章进行了异质性分析，企业特征异质性表明，对于金融知识水平高、非风险厌恶的小微企业经营者，移动支付的发展更能激发其创新研发活力。地区特征异质性表明，移动支付在南方、一线、新一线及二线等发展水平更高的地区作用更大，说明北方地区与三、四、五线及其他城市移动支付的发展相对迟缓，是未来金融创新服务深化的重点工作区域。基于上述研究结论，本章针对小微企业发展提出以下三个政策建议：

（1）政府部门应加快数字产业链和生态圈建设，改善创新环境。各地区要抢抓机遇，加快布局以 5G、人工智能、工业互联网等为代表的新型基础设施建设，着力打造数字金融产业集聚高地。同时，地方政府可以从政府补贴、社会保障等多角度切入，引进具有创新精神的专业技术人才，提供小微企业创新急需的外部资源，着力降低企业创新的调整成本，促进政府科技支持与移动支付的深度融合。

（2）金融机构加强金融科技核心技术开发，缓解信贷约束。首先，金融机构设立科研平台和智库机构，聚焦大数据、人工智能、分布式技术等前沿方向，突破关键核心技术，优化软信息识别算法，构建征信体系，缓解信息不对称问题。其次，数字金融平台亟须开发设计一系列用户友好型数字金融产品并派出相关人员深入考察创新项目，针对项目所处的不同阶段做到"精确评估""精准投放"，整体提升数字金融服务质量，在严控金融风险的同时实现数字经济的包容性发展。最后，金融机构可以通过金融科技创新带动工业经济向数字驱动型创新体系转变，推进信息化和工业化深度融合，为小微企业提供融资支持。

（3）社会层面加速科技孵化平台建设与推广，促进信息共享。移动支付通过构建多节点、广覆盖的金融创新体系，拓宽了企业经营者的社会网络，加强创新增强金融要素的集聚与辐射能力，形成高效互动、融合共赢的布局。另外，由于经济薄弱地区移动支付作用远不及发达城市，因此，社区组织可以结合当地金融机构，共同举办数字金融知识教育活动，在鼓励数字金融发展的同时，普及互联网金融风险的识别与防范等相关知识，消除数字鸿沟，共同打造小微企业创新良好的社会环境。

第二篇

移动支付与金融

第六章 移动支付与货币需求[①]

第一节 研究背景

目前，"无现金社会"和"去现金化"成为现金管理领域的热点问题。从国外的情况来看，瑞典是较早开始建设无现金社会的国家，这缘于其人口密度低、现金调运成本高，并且社会信息化程度很高（王信和郭冬生，2017）。根据凯捷咨询和法国巴黎银行的研究，目前瑞典的现金使用额在总交易额中仅占2%。[②] 与此同时，瑞典现金流通量也大幅下降，1600多家银行网点中有900多家不再提供现金服务，农村地区不再设置自动取款机（王信和郭冬生，2017）。电子支付方式的使用，有效地减少了假币监管、运输以及印钞等现金管理活动所消耗的人力、物力成本，改变了传统现金交易安全性差、时空约束强、资源浪费严重等问题（王山，2017）。银行卡、网上银行等可追溯性支付工具的使用，可以防止使用现金进行的逃税、腐败等违法犯罪行为，减轻金融机构和相关监管机构的反洗钱压力。因此，非现金支付有助于降低社会交易成本、维护社会秩序稳定，从而提高社会运行效率。

尽管我国的电子支付起步较晚，但是发展迅速。1985年出现第一张信用卡，1998年有了网上银行，2002年成立银行卡清算组织，2003年支付宝诞生，2014年微信推出微信支付功能，至此，我国的电子支付体系形成了一个由银行卡支付、互联网支付、移动支付所构成的完整体系。银行卡是集消费、结算、信贷、理财等功能于一体的现代化支付工具（谢凯和陈进，2013）。樊玉红（2010）认为，银行卡的使用可替代传统货币并加快现金流通速度。银行卡支付减少了人们携带、管理现金的麻烦，信用卡还提供了一定的消费透支额度。但也有其局限性，例如，要求商家必须有POS机等刷卡设备，给商家带来了交易手续费等成本支出；要求使用者随身携带卡片，有丢失被盗的风险等。互联网支付的出现，使人们不需再面对面交易，实现了线上支付，但互联网支付以PC端和宽带为依托，对支付环境要求较高。而移动支付突破了银行卡支付和互联网支付的弊端，通过移动设备和移动网络就可以完成支付行为，可以绑定多张银行卡，无须携带，具有便携、快捷等特点。移动支付完全有可能成为主要的支付方式（谢平和刘海二，2013）。

2018年5月4日，阿里巴巴财报数据首次公布支付宝全球活跃用户数量，这个数字高

[①] 尹志超，公雪，潘北啸. 移动支付对家庭货币需求的影响——来自中国家庭金融调查的微观证据 [J]. 金融研究，2019（10）：40-58.

[②] 资料来源：http://baijiahao.baidu.com/s? id=1599439914709962975&wfr=spider&for=pc.

达8.7亿。2018年"两会"期间，马化腾在接受媒体采访时透露，2018年春节期间，微信和WeChat的合并月活跃账户数量超过10亿，此前，他在一个媒体沟通会上表示，微信红包月活跃用户已经超过8亿。① 这意味着，微信支付已经覆盖了微信用户中的绝大多数，几乎是微信的标配应用。现代移动通信技术的发展以及移动设备的普及，使移动支付迅速替代互联网支付成为第三方支付的中坚力量。移动支付甚至被称为新时代的"四大发明"之一。② 图6-1是互联网支付和移动支付规模占第三方支付的比重。从图6-1可知，2011年，移动支付仅占第三方支付的3.5%，2015年所占比重首次突破50%，到2016年，占比达到74.6%，已经成为最主要的第三方支付方式。

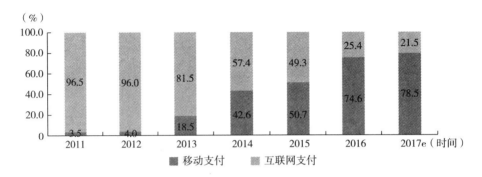

图6-1 互联网支付和移动支付规模占比情况③

图6-2是移动支付交易规模。从交易规模来看，2013年，伴随着余额宝的推出，移动支付交易规模达到1.2万亿元，较2012年同比增长500%。2017年移动支付交易规模预计为98.7万亿元，较2016年同比增长68%。因此，移动支付交易规模呈快速增长态势。

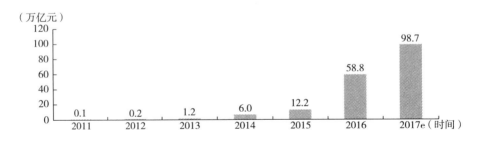

图6-2 移动支付交易规模④

在中国，电子支付已经给人们的生活带来了巨大的变化，尤其是支付宝和微信支付等移动支付工具，这些新型支付工具集流动性与收益性于一身，一方面对传统的支付方式造成了冲击；另一方面，其提供的理财工具为家庭提供了更多的持币方式选择，在一定程度上替代了储蓄存款。

---

① 资料来源：http：//www.raincent.com/content-10-10943-1.html。

② 资料来源：https：//www.sohu.com/a/199251575_99949244。

③④ 资料来源：艾瑞咨询《2017年中国第三方移动支付行业研究报告》，统计企业类型中不含银行和中国银联，仅指第三方支付企业，2017年数据为预期值。

目前关于支付方式和货币需求的研究主要是从宏观层面展开的，从微观角度分析支付方式对家庭货币需求影响的文献较少，主要见于国外文献。Boeschoten（1998）基于鲍莫尔—托宾模型，分析了 ATM 的使用对荷兰居民现金存货的影响后发现，ATM 会减少其每次取现的数量，并降低其储蓄余额；机会成本较高（如有工作、收入高、年龄大）的人群会倾向于减少取现频率而提高单次取现金额；性别、城市化程度也对取现情况有显著影响。John 和 William（1995）使用 Heckman 两步法研究发现，拥有信用卡的概率越高，支票账户和货币市场基金账户余额越少。Kalckreuth、Schmidt 和 Stix（2014）发现，即使在德国这样一个对现金高度依赖的国家，信用卡也会显著降低其现金支付比例。Lippi 和 Secchi（2009）运用意大利家庭收入与财富调查（SHIW）在 1993~2004 年进行的 6 次调查，以城市拥有的金融机构数量作为取现技术变革的代理变量，发现金融机构越多，居民的货币需求越低。Bagnall 等（2016）运用来自 7 个国家的付款日记调查来衡量消费者的现金使用情况，他们认为，现金不会走向消亡，在所研究的这 7 个国家中，现金依然被广泛使用，尤其是在小额交易支付中，而在澳大利亚和德国，现金依然是人们的主要支付方式。他们还指出，除交易规模和消费者使用偏好之外，现金使用还与人口社会学统计特征（收入、年龄、受教育程度等）以及销售点特征有关。

宏观角度的研究主要从货币需求动机角度展开。Humphrey（2004）对美国 1974~2000 年的现金使用情况进行了分析，他认为借记卡和信用卡已经部分取代了现金和支票，但是现金在短期内并不会消失。巫云仙和杨洁萌（2016）通过分析近年来 M_0 总量增长速度递减和相关比例下降的趋势后得出结论，非现金支付工具特别是银行卡和第三方支付工具对现金具有替代效应，互联网金融的发展则改变了人们的货币需求动机。周袁民（2017）基于凯恩斯流动性偏好理论，通过建立 VAR 模型分析了第三方支付对金融消费者货币需求的影响，发现第三方支付对预防性和投机性货币需求有完全替代作用，对交易性货币需求有不完全替代作用。陈莹和李淑锦（2017）认为，第三方互联网支付可以加速不同层次货币之间的转化，进而减少预防性货币需求。周广友（2006，2009，2010）认为，电子货币降低了货币流通速度，模糊了货币层次之间的界限，对传统货币具有明显的替代效应，尤其是对流动性较强的货币。

关于我国支付方式与货币需求的研究主要从宏观视角展开，分析非现金支付方式对货币流通速度、货币层次转换的影响。如前文所述，支付宝、微信等移动支付方式在我国发展十分迅速，已经成为了最主要的第三方支付方式。而移动支付方式的快速兴起是我国的特有国情，国外文献探讨的支付方式主要为 ATM 和信用卡，不能反映我国的实际情况。研究移动支付对我国家庭货币需求的影响，可以为我国现金管理政策的制定提供理论依据，证明移动支付在"去现金化"进程中的作用，具有十分重要的理论和实践意义。在此背景下，本章将使用 2017 年中国家庭金融调查（CHFS）数据，基于鲍莫尔—托宾模型，分析移动支付对我国家庭货币需求产生的影响。本章的创新之处主要体现在以下三个方面：①从微观角度入手，研究移动支付对家庭货币需求的影响；②根据中国人民银行的货币层次统计标准，定义了家庭的 M_0、M_1、M_2，并以此来度量家庭的货币需求；③以社区内/村行政区划内有无金融服务网点作为交易成本的替代变量，分析了交易成本对现金需求的影响，证实了鲍莫尔—托宾模型的结论。

本章第二部分是货币需求的理论框架，第三部分介绍实证模型、数据和变量，第四部分报告实证结果，第五部分进行异质性分析，第六部分进行稳健性检验，第七部分是结论。

第二节　理论框架

凯恩斯的流动性偏好理论对货币需求理论的发展做出了不可磨灭的贡献，他将人们持有货币的动机分为三类：交易动机、预防动机和投机动机。相应地，货币需求也被分为三个部分：交易性需求、预防性需求和投机性需求。由于交易性需求和预防性需求主要取决于收入，投机性需求主要取决于利率，因而，凯恩斯的货币需求公式为：

$$M = M_1 + M_2 = L_1(Y) + L_2(r) \tag{6-1}$$

其中，M_1 表示与收入 Y 相关的交易性货币需求，M_2 表示与利率 r 相关的投机性货币需求。传统货币需求理论的一个重要基础是对不同层次的货币的划分，国际货币基金组织根据金融资产流动性的高低，将货币划分为 M_0、M_1 和 M_2 等不同层次，自 1994 年第三季度开始中国人民银行正式确定并开始公布货币供应量值。

在流动性偏好理论之后，经济学家们一直致力于将货币需求理论进一步修改和完善，其中，鲍莫尔—托宾模型（Baumol，1952；Tobin，1956）做出了突出贡献。该模型将存货管理理论应用到货币需求分析中来，将持有货币视同为持有存货，如果持币过多，会形成利息损失，如果持币过少，那么不能满足日常交易所需。因而，需要确定一个最佳持币规模，使持有货币的成本最小。

假定消费者每隔一段时间就可获得一定量的收入 Y，并在该时间段内将其全部花费完。期初额为 Y，期末额为 0，那么这段时间的平均货币持有额为 $Y/2$。模型假定有两种极端情况：首先，如果全部以货币形式持有这笔收入，假定该时期的无风险利率为 i，那么消费者的当期利息损失为 $\dfrac{Y}{2} \times i$。其次，如果全部以债券形式持有这笔收入，在发生支出时卖出部分债券，那么这样就可以最大限度地保有利息收入。但是交易是有成本的，包括在出售债券时所消耗的时间、精力和手续费等。假定每次交易发生的成本为 b，当交易次数达到一定水平时，交易费用就会超过利息收入。因而，有必要寻找一个恰当的持币规模，使得利息收入损失和交易费用之和最小。

假定消费者在期初全部以债券形式持有收入 Y，在一定时刻出售债券的数量 K 以满足其交易需求，则在一定时期内，债券的交易成本为 $b \times \dfrac{Y}{K}$，平均货币持有额为 $\dfrac{K}{2}$，损失的利息收入为 $i \times \dfrac{K}{2}$。则总成本 C 为：

$$C = i \times \frac{K}{2} + b \times \frac{Y}{K} \tag{6-2}$$

对 C 求关于 K 的一阶导数并令其等于 0：

$$\frac{\partial C}{\partial K} = \frac{i}{2} - \frac{bY}{K^2} = 0 \tag{6-3}$$

从而得到：

$$K^* = \sqrt{\frac{2bY}{i}} \tag{6-4}$$

由此可以得到整个支出期间的最优货币持有量，即 $\frac{1}{2}\sqrt{\frac{2bY}{i}}$。这就是著名的平方根公式，从公式可以看出，交易性货币需求与收入 Y 和交易费用 b 成正向变化，与利率 i 成负向变化。

但是，该模型中只有现金一种支付工具，并没有考虑支付体系的变化对货币需求产生的影响。在中国，支付体系的改变已经给人们的生活带来翻天覆地的变化，以支付宝、微信支付、手机银行为代表的移动支付方式，由于其所代表的电子货币具有高流动性、低交易成本的特点，加快了金融资产之间的相互转换，增强了不同货币之间的替代性（周光友，2010），因而在很大程度上满足了人们对流动性的需求。在很多消费场所移动支付可以直接代替现金执行流通手段职能，大大降低了交易成本。除此之外，支付宝所提供的余额宝、微信支付提供的理财通，以及各家银行提供的手机银行理财工具，又满足了人们对营利性的需求。移动支付中的资产既可以与现金进行转换，又具有一定的营利性。

由此可见，支付体系的变化在很大程度上改变了人们的生活，因此在考察家庭货币需求时，将支付体系的变化考虑在内至关重要。Snellman 和 Viren（2009）在鲍莫尔—托宾模型的基础上引入了 ATM，在此基础上，进一步加入了移动支付，以此来观察移动支付对家庭货币需求的影响。首先假设：

（1）ATM 是家庭获取现金的唯一渠道；

（2）家庭在长度为 1 的圆周上均匀分布，他们到 ATM 的距离不同；

（3）ATM 在长度为 1 的圆周上均匀分布，ATM 的数量为 A，使用 ATM 的成本为 C，且 C 是 A 的单调减函数：$C = C(A)$；

（4）家庭只有现金和移动支付两种支付方式；

（5）使用移动支付的单位成本为 v。

将式（6-4）代入式（6-2），可得：

$$C = i \times \frac{K^*}{2} + b \times \frac{Y}{K^*} = \frac{i\sqrt{\frac{2bY}{i}}}{2} + \frac{bY}{\sqrt{\frac{2bY}{i}}} = \sqrt{2bYi} \tag{6-5}$$

式（6-5）为使用现金的成本。当使用现金的成本等于使用移动支付的成本时，即

$$\sqrt{2bYi} = vY \tag{6-6}$$

此时，消费者对这两种支付方式的偏好无差异。解得均衡值：

$$b_0 = \frac{v^2 Y}{2i} \tag{6-7}$$

图 6-3 展示了家庭对于支付方式的选择。$C_{\max}$ 表示家庭到 ATM 的最大距离，根据塞洛普圆周（Salop Circle）模型，消费者到最近的 ATM 的最大距离为 $1/2A$，即 $C_{\max} = 1/2A$。在 b_0 处，家庭使用现金和移动支付的成本相同，实现均衡。当家庭位于 b_0 点左侧时，家庭会选择使用现金交易；当家庭位于 b_0 点右侧时，家庭会选择使用移动支付交易。因此，引入移动支付这种支付工具后，现金交易的比重变为：

$$\frac{b_0}{C_{\max}} = \frac{\dfrac{v^2Y}{2i}}{\dfrac{1}{2A}} = \frac{Av^2Y}{i} \tag{6-8}$$

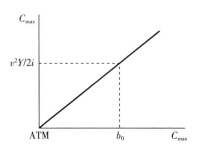

图 6-3　支付工具的选择

由式（6-8）可知，在引入移动支付后，现金交易的比重与 ATM 数量、移动支付使用成本和收入成正比，与利率成反比。当现金使用成本低，即 ATM 数量多时，人们的现金需求会随之增加。随着移动支付使用成本的降低，人们的现金需求会降低。移动支付工具的出现，使居民在进行支付时不必将资产转换为现金，而是直接使用手机、PAD 等工具通过移动支付方式进行支付。这极大地减少了居民的交易成本：银行柜台等待时间、往返银行时间及费用、跨行取款手续费、现金被抢劫偷盗的风险以及为防范这些风险而付出的成本等。因此，移动支付的引入使得家庭现金需求减少。

同时，在传统的鲍莫尔—托宾模型中，i 表示的是无风险利率，选择持有现金意味着损失持有债券的利息收入，产生机会成本。而移动支付一方面拥有高流动性，在特定场合可以直接代替现金使用；另一方面，其所提供的理财工具（如余额宝、理财通等）一般是货币市场基金，其收益率高于无风险利率，表现在式（6-8）中，即为移动支付理财工具的使用使得 i 提高，从而使得现金需求下降。货币市场基金的收益率不仅高于现金，同时也高于活期储蓄、定期储蓄、公积金存款等资产。因而，从机会成本角度来看，M_1、M_2 水平也应该有所下降。

从理论分析角度可以得出结论：移动支付工具的使用可以减少现金需求。同时，如果移动支付所代表的电子货币具有营利性，同时又可在不同货币形式之间进行快速转换，那么人们所持有的现金减少的同时，其他层次的货币需求也应下降。下文将通过实证分析来检验这一推断。

第三节　模型与变量

一、模型

本章估计移动支付对家庭货币需求影响的模型设定如下：

$$M = \alpha Payment + \beta X + \varepsilon \qquad (6-9)$$

其中，M 表示家庭货币需求，考虑到家庭间金融资产存在巨大差异，相对值的讨论比绝对值更有意义，分别用 M_0、M_1、M_2 占金融资产的比重进行衡量。$Payment$ 是我们关注的移动支付，如果家庭拥有移动支付工具则为 1，没有则为 0。X 表示控制变量，ε 是残差项。

模型（6-9）中的移动支付可能存在内生性问题。首先，交易性货币需求较大时，为了减少持有现金的交易成本，家庭可能会开始使用移动支付，因此不能忽视支付与家庭货币需求之间可能存在的逆向因果关系。其次，是否使用移动支付工具可能会受到习惯、当地习俗等因素的影响，而这些因素不可观测。这些因素都可能导致内生性问题，进而引起估计结果有偏。为此，本章采用工具变量法来解决可能存在的内生性问题。借鉴以往文献（吴雨等，2016；尹志超等，2015a），我们用社区内除自身以外使用移动支付的家庭的比重作为工具变量。家庭是否使用移动支付工具与其所生活的地区密切相关，因而一个家庭是否使用移动支付工具与该地区类似家庭是相关的，但其他家庭的移动支付工具使用情况对家庭自身货币需求情况影响较小。因而，采用该工具变量是可行的，下文将给出工具变量的详细检验结果。

二、数据

本章使用的数据来自西南财经大学 2017 年在全国范围内开展的第四轮中国家庭金融调查（CHFS）。CHFS 样本覆盖了除西藏、新疆、港澳台地区以外的 29 个省（市、自治区）、353 个县（区）、1417 个社区（村），共获得了 40000 多户家庭的微观数据。中国家庭金融调查收集了家庭人口统计特征、资产与负债、保险与保障、收入与支出等各方面的信息。在资产部分，详细询问了家庭的金融资产分类；在负债部分，询问了家庭购物时的一般支付方式，这为本章研究移动支付和货币需求提供了非常好的数据支持。

三、变量

（一）移动支付

移动支付是消费者通过手机、便携式平板电脑，以个人信用或货币存款在移动支付服务商处向商家支付等价值的数据获得商品或服务而完成的交易（Heijden，2002）。陈华平和唐军（2006）认为，移动支付是作用在手机、PAD 等移动智能终端设备上并通过 WAP 等通信方式来进行银行转账、缴费和购物等一系列消费活动的过程。中国家庭金融问卷中关于支付方式的问题为：您和您的家人在购物（包括网购）时，一般会使用下列哪些支付方式？（可多选）①现金；②刷卡（包括银行卡、信用卡等）；③通过电脑支付（包括网银、支付宝等）；④通过手机、iPad 等移动终端支付（包括支付宝 APP、微信支付、手机银行、Apple Pay 等）；⑤其他。沿用上述文献的定义，本章将答案中包含了选项④的定义为拥有移动支付工具，赋值为 1，不包含的则赋值为 0。

（二）货币需求

巫云仙和杨洁萌（2016）、周光友和施怡波（2015）分别使用 M_0 占 M_1 的比重、

M_0 占 M_2 的比重、M_0 占 GDP 的比重、储蓄存款占 M_2 的比重来观察流动中的现金以及不同层次的货币需求的变化情况。本章基于微观数据展开分析，考虑到不同家庭金融资产存在较大差异，使用 M_0、M_1、M_2 占金融资产的比重作为被解释变量，来观察移动支付对家庭货币需求的影响。根据 2018 年 1 月中国人民银行最新修改的货币层次统计标准，将 M_0 定义为家庭所拥有的现金，M_1 指家庭拥有的现金与活期存款之和，M_2 指家庭拥有的现金、活期存款、定期存款、股票账户现金余额、公积金存款和货币市场基金[①]之和。

（三）控制变量

参照以往文献，本章选取的控制变量包括户主特征变量（包括性别、年龄、受教育程度[②]、婚姻状况[③]、工作状况和风险态度[④]）、家庭特征变量（包括家庭除金融资产外的财富、收入、家庭规模）和地区特征变量。为了控制地区经济发展水平的差异，引入家庭所在省的人均 GDP；为了控制地域的固定效应，引入省份哑变量。在数据处理中，剔除了存在缺失的样本，最后剩余样本 39054 户。表 6-1 给出了变量的描述性统计。

表 6-1 描述性统计

变量名	观测值	均值	标准差	变量名	观测值	均值	标准差
M_0 占比	39054	0.258	0.337	研究生及以上学历	39054	0.011	0.104
M_1 占比	39054	0.522	0.384	户主已婚	39054	0.853	0.354
M_2 占比	39054	0.689	0.364	户主有工作	39054	0.619	0.486
移动支付	39054	0.281	0.450	户主风险偏好	39054	0.091	0.288
户主男性	39054	0.794	0.404	户主风险厌恶	39054	0.605	0.489
户主年龄	39054	55.107	14.173	除金融资产外财富（万元）	39054	93.675	174.928
初等教育	39054	0.570	0.495	收入（万元）	39054	8.310	10.319
中等教育	39054	0.196	0.397	家庭规模	39054	3.182	1.549
高等教育	39054	0.075	0.264	所在省份人均 GDP（万元）	39054	6.235	2.577

图 6-4 给出了拥有移动支付和没有移动支付的家庭三个层次货币持有量占比的对比情况。从图 6-4 中我们可以看出，拥有移动支付的家庭，M_0、M_1 和 M_2 占比都要低于没有移动支付的家庭。下面将进行深入的计量经济分析，探讨移动支付和货币需求之间的因果关系。

---

① 问卷中关于货币市场基金的问题为：按照投资标的的不同，您家拥有的基金主要是什么类型？（可多选）a. 股票型；b. 债券型；c. 货币市场基金；d. 混合型；e. QDII 型；f. 商品型；g. 其他。在此基础上询问了基金总市值。我们计算的货币市场基金仅包含只选择了货币市场基金的情况。为了避免内生性，没有把互联网货币市场基金计算在内。

② 根据问卷选项，以没有文化的家庭作为对照组，初等教育组为拥有小学、初中学历；中等教育组为拥有高中、中专、职高学历；高等教育组为拥有大专、高职、本科学历；研究生及以上组为拥有硕士、博士研究生学历。

③ 问卷中关于婚姻状况的选项包括未婚、已婚、同居、分居、离婚、丧偶、再婚。将已婚和再婚定义为已婚。

④ 问卷中衡量风险态度的问题为如果你有一笔资产，将选择哪种投资项目？a. 高风险、高回报项目；b. 略高风险、略高回报项目；c. 平均风险、平均回报项目；d. 略低风险、略低回报项目；e. 不愿意承担任何风险。本章中将选项 a 和 b 定义为风险偏好、选项 c 定义为风险中性、选项 d 和 e 定义为风险厌恶。

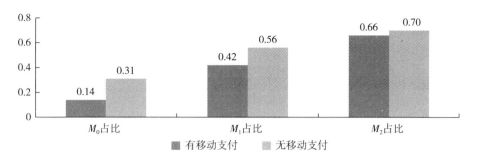

图 6-4　支付方式与家庭货币需求①

第四节　实证结果

本部分是主要的实证结果，其中表 6-2～表 6-4 第（1）列给出了移动支付对家庭不同层次货币需求影响的估计结果，第（2）列为了解决移动支付可能存在的内生性问题，引入工具变量进行两阶段估计。表 6-5 讨论了交易成本对现金需求的影响，表 6-6 分析了移动支付对哪种货币需求动机的影响更为显著。

一、移动支付与现金需求 M_0

表 6-2 第（1）列给出了移动支付对家庭 M_0 占金融资产比重的影响。在控制户主特征变量、家庭特征变量和地区特征变量后，我们发现，移动支付的估计系数为 -0.082，并且在 1% 的水平上显著，说明拥有移动支付降低了家庭的 M_0 占比，减少了其 M_0 层次的货币需求。

表 6-2　移动支付与现金需求 M_0

货币需求	M_0 占比	
	OLS （1）	2SLS （2）
（1）关注变量		
移动支付	-0.082*** （0.004）	-0.250*** （0.027）
（2）户主特征		
户主男性	-0.007 （0.004）	-0.010** （0.004）
户主年龄	-0.001 （0.001）	-0.005*** （0.001）
户主年龄的平方/100	0.001* （0.001）	0.003*** （0.001）
初等教育	0.024*** （0.005）	0.007 （0.006）

①　西南财经大学中国家庭金融调查与研究中心的 2017 年"中国家庭金融调查"（China Household Finance Survey，CHFS）。

续表

货币需求	M_0 占比	
	OLS (1)	2SLS (2)
中等教育	−0.024*** (0.005)	−0.027*** (0.005)
高等教育	−0.050*** (0.006)	−0.039*** (0.006)
研究生及以上学历	−0.031*** (0.010)	−0.008 (0.011)
户主已婚	−0.017*** (0.006)	−0.022*** (0.006)
户主有工作	−0.007 (0.004)	0.001 (0.004)
户主风险偏好	−0.023*** (0.005)	−0.013** (0.006)
户主风险厌恶	−0.008** (0.004)	−0.016*** (0.004)
（3）家庭特征		
ln（除金融资产外财富）	−0.017*** (0.001)	−0.013*** (0.001)
ln（收入）	−0.034*** (0.001)	−0.029*** (0.002)
家庭规模	0.008*** (0.001)	0.011*** (0.001)
（4）地区特征		
农村	0.023*** (0.004)	−0.0001 (0.006)
lnGDP	0.003 (0.010)	0.254*** (0.032)
省份哑变量	已控制	已控制
N	39054	39054
adj. R²	0.130	0.097
一阶段 F 值		539.75
一阶段工具变量 T 值		29.16
DWH 检验 F 值/Chi2 （p-value）		40.553 (0.000)

注：*、**、***分别表示在10%、5%、1%的水平上显著，括号内为异方差稳健标准差。下同。

从控制变量来看，第（1）列估计结果显示，M_0 占比随户主年龄的增长先降低再提高，两者呈非线性关系。受教育水平与对照组没有文化相比，除初等教育组为正向影响外，其余组均为负向影响，且都在1%的水平上显著，其中高等教育组估计系数最小。户主已婚对 M_0 占比有负向影响，估计系数为−0.017，且在1%的水平上显著。户主风险偏好或风险厌恶均会显著降低家庭 M_0 占比。财富水平和收入水平越高，家庭 M_0 占比越低；家庭规模越大，M_0 占比越高。总结可以发现，时间成本相对较高的家庭，例如，学历高、已婚、财富水平高、收入水平高的家庭，往往 M_0 占比较低，即其持有的现金资产占金融资产的比重较低，这与以往研究结果一致（Boeschoten，1998；Kalckreuth，Schmidt and Stix，2014）。此外，相较城市地区，农村地区家庭的 M_0 占比较高。

然而，第（1）列估计中移动支付可能存在内生性问题，这样估计的结果就可能是有偏的，为此，在第（2）列中以社区内除自身以外使用移动支付的家庭比重作为工具变量进行了两阶段估计。第（2）列底部报告了 DWH 检验移动支付内生性的结果，在1%的水平上拒绝了不存在内生性的假设，说明移动支付具有内生性。在两阶段工具变量估计中，一阶段估计 F 值为539.75，工具变量 T 值为29.16。根据 Stock 和 Yogo（2002）的研究，F 值大于10%偏误水平下的临界值为16.38，因而拒绝了弱工具变量假设。在两阶段估计中，移动支付的估计系数为-0.250，在1%的水平上显著，其他变量估计结果与前文基本一致。因此，两阶段估计结果进一步证明了，拥有移动支付的家庭 M_0 占金融资产的比重较低，即其 M_0 层次货币需求较低。这与鲍莫尔—托宾模型的结果一致，移动支付的出现降低了最优持币规模，其使用者的 M_0 货币需求要少于非使用者。

二、移动支付与货币需求 M_1

表6-3第（1）（2）列给出了移动支付对 M_1 占金融资产比重影响的实证结果。第（2）列 DWH 检验结果在1%的水平上拒绝了移动支付不存在内生性的假设，说明其具有内生性，因而第（1）列回归基准结果是有偏的。第（2）列两阶段估计结果的系数为-0.361，且在1%的水平上显著，说明拥有移动支付的家庭 M_1 占比低于没有移动支付的家庭。这证实了我们前文根据鲍莫尔—托宾模型推导出的结论：移动支付工具对 M_1 占比也会产生负向影响。

表6-3　移动支付与货币需求 M_1

货币需求	M_1 占比	
	OLS（1）	2SLS（2）
（1）关注变量		
移动支付	-0.073*** (0.005)	-0.361*** (0.033)
（2）户主特征		
户主男性	0.005 (0.005)	0.001 (0.005)
户主年龄	-0.009*** (0.001)	-0.016*** (0.001)
户主年龄的平方/100	0.008*** (0.001)	0.012*** (0.001)
初等教育	0.080*** (0.006)	0.051*** (0.007)
中等教育	0.027*** (0.006)	0.021*** (0.007)
高等教育	-0.083*** (0.008)	-0.063*** (0.009)
研究生及以上学历	-0.049** (0.020)	-0.008 (0.022)
户主已婚	-0.029*** (0.006)	-0.037*** (0.005)
户主有工作	0.005 (0.005)	0.018*** (0.005)

货币需求	M_1 占比	
	OLS （1）	2SLS （2）
户主风险偏好	-0.038^{***} （0.007）	-0.020^{***} （0.007）
户主风险厌恶	-0.009^{**} （0.004）	-0.023^{***} （0.005）
（3）家庭特征		
ln（除金融资产外财富）	-0.010^{***} （0.001）	-0.004^{***} （0.001）
ln（收入）	-0.029^{***} （0.001）	-0.021^{***} （0.002）
家庭规模	0.004^{***} （0.001）	0.009^{***} （0.002）
（4）地区特征		
农村	0.025^{***} （0.005）	-0.014^{**} （0.007）
lnGDP	-0.043^{***} （0.013）	0.253^{***} （0.037）
省份哑变量	已控制	已控制
N	39054	39054
adj. R^2	0.091	0.014
一阶段 F 值		539.75
一阶段工具变量 T 值		29.16
DWH 检验 F 值/Chi2 （p-value）		85.072 （0.000）

基准回归和两阶段回归结果均显示，M_1 占比随户主年龄的增加呈现先降低再增加的趋势。与对照组无文化的家庭对比，初等教育和中等教育对 M_1 占比为正向影响，高等教育对 M_1 占比为负向影响。机会成本相对较高的家庭（已婚、财富水平高、收入水平高）M_1 占比较低。户主风险偏好或厌恶都会降低 M_1 占比。家庭规模越大，M_1 占比越高。处于农村地区会降低家庭 M_1 占比，而 GDP 水平较高地区家庭 M_1 占比则较高。

三、移动支付与货币需求 M_2

表6-4 第（1）（2）列给出了移动支付对 M_2 占金融资产比重影响的实证结果。第（2）列 DWH 检验结果在1%的水平上拒绝了移动支付不存在内生性的假设，说明其具有内生性，因而第（1）列回归基准结果是有偏的。第（2）列两阶段估计结果的系数为-0.217，且在1%的水平上显著，说明拥有移动支付的家庭比没有移动支付的家庭 M_2 占比低。周光友和施怡波（2015）认为，移动支付加速了不同层次货币间的转换，从而降低了预防性货币需求。这进一步证实前文根据鲍莫尔—托宾模型推导出的结论：通过加速货币层次间的转化，移动支付降低了收益资产和现金之间进行转换的机会成本，从而对 M_2 占比为负向影响。

两阶段回归结果显示，M_2 占比同样随户主年龄的增加呈现先降低再增加的趋势。与对照组无文化的家庭对比，中等教育对 M_2 占比为正向影响，其他学历水平对 M_2 占比无显著影响。户主有工作和财富水平较高的家庭 M_2 占比较高。户主风险偏好会降低 M_2 占比。与 M_0 与 M_1 占比不同，农村地区家庭 M_2 占比较低，而 GDP 水平较高地区家庭 M_2 占比则较高。

表 6-4　移动支付与货币需求 M_2

货币需求	M_2 占比	
	OLS （1）	2SLS （2）
（1）关注变量		
移动支付	−0.042*** （0.005）	−0.217*** （0.032）
（2）户主特征		
户主男性	0.002 （0.005）	−0.001 （0.005）
户主年龄	−0.005*** （0.001）	−0.009*** （0.001）
户主年龄的平方/100	0.004*** （0.001）	0.007*** （0.001）
初等教育	0.028*** （0.006）	0.010 （0.006）
中等教育	0.026*** （0.007）	0.022*** （0.007）
高等教育	0.009 （0.009）	0.021** （0.009）
研究生及以上学历	0.020 （0.033）	0.045 （0.033）
户主已婚	−0.004 （0.007）	−0.009 （0.007）
户主有工作	0.010** （0.004）	0.018*** （0.005）
户主风险偏好	−0.044*** （0.007）	−0.034*** （0.007）
户主风险厌恶	0.007* （0.004）	−0.001 （0.005）
（3）家庭特征		
ln（除金融资产外财富）	−0.001 （0.001）	0.003** （0.001）
ln（收入）	−0.003** （0.001）	0.002 （0.002）
家庭规模	−0.004*** （0.001）	−0.001 （0.002）
（4）地区特征		
农村	−0.020*** （0.005）	−0.044*** （0.006）
lnGDP	0.038 （0.012）	0.079** （0.035）
省份哑变量	已控制	已控制
N	39054	39054
adj. R^2	0.012	—
一阶段 F 值		539.75
一阶段工具变量 T 值		29.16
DWH 检验 F 值/Chi2 （p-value）		32.034 （0.000）

四、交易成本与现金需求

在理论模型分析中，移动支付的使用使交易成本下降，从而现金，即 M_0 占比下降。现有文献从不同的角度论证了交易成本对现金需求的影响。周光友和施怡波（2015）认为，电子货币除能进行交易之外，还具有安全性和收益性特征，能满足预防性和投机性货币需求，因此相较于现金，人们更愿意以电子货币形式持有资产。电子货币还可以在不同的货币层次之间进行快速、低成本的转换，降低了信息成本和交易费用，模糊了不同动机货币需求之间的界限，使人们更愿意持有电子货币。Priyatama 和 Apriansah（2010）认为，目前在印度尼西亚，银行现在的服务使客户可以不用通过现金而进行资金转移、购买股票等业务，客户不需要再排队等候，交易成本的降低是他们使用电子货币的一个重要激励。因此，交易成本对现金需求具有直接影响。

为了分析交易成本对现金需求的影响，在表 6-5 中，以社区内/村行政区划内有无金融服务网点①作为交易成本的替代变量进行了回归分析。社区或村行政区划内有金融服务网点的家庭显然比没有的家庭交易成本要低，交易成本包括到金融网点办理业务花费的时间与交通费用等，因而无金融服务网点表示交易成本高，有金融服务网点则表示交易成本低。如第（1）列所示，移动支付使交易成本高的家庭 M_0 占比下降了 9%，表 6-2 中在未加入移动支付与交易成本交互项时，移动支付使家庭 M_0 占比下降 8.2%，这说明移动支付对交易成本高的家庭的 M_0 占比负向影响更大。第（2）列采用工具变量法进行估计，进一步证明了第（1）列的结论。这表明，在交易成本高的地区，移动支付对现金需求的影响更大。这也证实了根据鲍莫尔—托宾模型得出的结论，交易成本的下降会降低家庭的现金持有水平。

表 6-5　不同交易成本的移动支付影响差异

货币需求	M_0 占比	
	OLS （1）	2SLS （2）
移动支付	-0.071*** （0.005）	-0.241*** （0.035）
移动支付×无金融服务网点	-0.019** （0.008）	-0.066*** （0.029）
无金融服务网点	0.019*** （0.005）	0.024*** （0.009）
N	25520	25520

注：回归结果中所有控制变量均与前文相同，限于篇幅，其余控制变量的回归结果未予展示。下同。

五、分位数回归：预防性还是交易性货币需求？

根据凯恩斯的理论，人们持有货币是为了满足交易性需求、预防性需求和投机性需求。在我们的分析中，我们将现金（M_0）视为交易性货币需求。然而，有文献认为，人们持有现金并不只是为了满足交易性需求，Fujiki 和 Shioji（2006）指出，日本家庭将现金

---

① 该处数据来源为 2015 年中国家庭金融调查（CHFS），因社区/村行政区划内金融服务网点数量短期内不会发生巨大变化，故该数据的使用有其合理性。

视为其资产组合的一部分，并且当利率较低或认为金融机构表现不佳时，其持有现金的偏好会超过持有收益性资产。这种现金持有动机之间的差异在我们的数据中并不能被准确识别，因为 M_1 和 M_2 包含的资产种类更多，其持有动机识别的难度只会更大。基于上述原因，我们的实证结果并不能得出移动支付究竟替代了哪一种货币需求的结论。Fujiki 和 Tanaka（2009）认为，出于交易性动机持有的现金余额会低于出于预防性动机持有的现金余额。即如果家庭持有的现金占比较低，那么其持有现金主要是为了满足其交易性货币需求；如果家庭持有的现金占比较高，那么有更大的可能是为了满足其预防性货币需求。周光友（2009）指出，电子货币的出现，模糊了 M_0 和 M_1 之间的界限，缩小了其流动性差异，因此，将 M_0 的结论同样推及 M_1，并通过分位数回归来检验移动支付对不同持有目的货币需求的影响。

由表 6-6 可知，移动支付对不同层次货币需求占比水平的影响均显著为负。在 Panel A 中，估计系数随 M_0 占比的增加而减小，经过检验，可以在 1% 的显著性水平上认为以上分位数回归系数不完全相等。结合上文所述，这说明从 M_0 层次来看，移动支付对预防性货币需求的负向影响大于交易性货币需求。M_1 和 M_2 层次的分位数回归系数也都在 1% 的显著性水平上不完全相等。M_1 占比分位数回归系数最小值出现在 60 分位数上，综合来看，M_1 占比高分位数的回归系数要小于低分位数，说明从 M_1 层次来看，移动支付对预防性货币需求的负向影响也大于交易性货币需求。M_2 层次分位数回归系数的最小值出现在 60 分位数，最大值在 80 分位数。因为 M_2 构成比 M_0、M_1 更为复杂，流动性上也有所差异，不能再简单通过持有水平高低来衡量其货币持有动机，对该结果的解释值得在进一步的研究中进行探讨。

表 6-6 分位数回归

Panel A	（1）	（2）	（3）	（4）
	M_0 占比			
	20 分位	40 分位	60 分位	80 分位
移动支付	−0.002*** (0.000)	−0.010*** (0.001)	−0.035*** (0.003)	−0.199*** (0.012)
Panel B	M_1 占比			
	20 分位	40 分位	60 分位	80 分位
移动支付	−0.004* (0.003)	−0.062*** (0.007)	−0.149*** (0.010)	−0.102*** (0.006)
Panel C	M_2 占比			
	20 分位	40 分位	60 分位	80 分位
移动支付	−0.033*** (0.012)	−0.089*** (0.007)	−0.093*** (0.004)	−0.022*** (0.002)
N	39054	39054	39054	39054

第五节 移动支付对家庭货币需求影响的异质性

下面按户主年龄、户主受教育水平、家庭是否居住在城市、家庭所处地区、家庭所在城市分级进行分组，进一步分析移动支付对不同类型家庭货币需求的影响。

一、移动支付对家庭货币需求影响的年龄差异

在表6-7中，我们按照联合国世界卫生组织的标准将家庭按年龄分成了两组，60岁以下代表户主为中青年的家庭，60岁以上（含60岁）表示户主为老年人的家庭。以第（2）列为例，在60岁以上家庭，使用移动支付的家庭 M_0 占比比不使用的家庭低38.6%，相较于未加入交互项时的下降25%，可见，移动支付对老年家庭 M_0 占比的负向影响更大。从社会现实来看，老年人被抢劫、偷盗的风险更大，ATM的出现提供了更为安全的新技术，从而老年人会选择增加取钱频率而降低现金持有。第（3）（4）列结果说明，老年家庭的 M_1 占比受移动支付影响更大。根据CHFS数据，在全样本中，老年家庭和中青年家庭 M_1 占比分别为54.85%和50.45%，而如果我们将样本缩小到拥有移动支付的家庭时，两种家庭的 M_1 占比分别变为38.67%和42.53%，进一步验证了上述结论。这可能是因为，相较于中青年家庭，老年家庭户主大部分已经进入退休状态，收入相对减少，在保证资金安全的情况下，对金融资产所带来的收益更为重视，移动支付所提供的理财工具安全性与流动性与 M_1 没有显著差异，但收益率相对较高。因此，其更有可能出于理财的目的而将资产转入移动支付账户。第（6）列交叉项系数不显著。

表6-7 不同年龄的移动支付影响差异

货币需求	M_0 占比		M_1 占比		M_2 占比	
	OLS	2SLS	OLS	2SLS	OLS	2SLS
	(1)	(2)	(3)	(4)	(5)	(6)
移动支付	-0.078 *** (0.004)	-0.197 *** (0.018)	-0.053 *** (0.005)	-0.250 *** (0.023)	-0.055 *** (0.005)	-0.292 *** (0.023)
移动支付×60岁以上	-0.028 *** (0.007)	-0.189 *** (0.058)	-0.052 *** (0.011)	-0.188 *** (0.066)	-0.039 *** (0.014)	0.009 (0.062)
60岁以上	0.017 *** (0.005)	0.011 (0.008)	0.009 * (0.005)	-0.015 * (0.009)	0.045 *** (0.005)	-0.008 (0.008)
N	39054	39054	39054	39054	39054	39054

二、移动支付对家庭货币需求影响的教育差异

表6-8分析了移动支付对户主受教育水平不同的家庭货币需求的影响。我们按照户主受教育水平分为专科及以下、本科及以上两组。以第（2）列为例，当户主学历水平为专科及以下时，移动支付使家庭 M_0 占比下降了27.3%，相较表6-2未加入交互项的结果，说明户主学历水平较低家庭的 M_0 占比受移动支付的负向影响更大。M_1 占比两阶段回归结果交叉项系数不显著。M_2 占比的回归结果则有所不同，从两阶段回归结果来看，在户主学历水平较低的家庭，移动支付使家庭 M_2 占比下降了20%，而未加入交互项时系数为21.9%，说明移动支付对户主学历水平较低家庭的 M_2 占比负向影响相对较小。这可能是因为，户主受教育水平与家庭金融市场参与和风险资产占比呈正向关系（尹志超等，2014）。当户主受教育水平较低时，其家庭资产较为单一，移动支付的出现为其提供了新的支付和理财工具，对其现金实现了有效替代。但同时，户主受教育水平较低，其投资的风险资产会较少，因而移动支付对户主受教育水平低的家庭的 M_2 资产的影响有限。

表6-8 不同受教育水平的移动支付影响差异

货币需求	M_0 占比		M_1 占比		M_2 占比	
	OLS	2SLS	OLS	2SLS	OLS	2SLS
	（1）	（2）	（3）	（4）	（5）	（6）
移动支付	-0.038***	-0.155***	-0.050***	-0.342***	-0.066***	-0.367***
	（0.009）	（0.038）	（0.013）	（0.059）	（0.016）	（0.167）
移动支付×专科及以下	-0.054***	-0.118***	-0.034**	-0.043	0.025	0.167***
	（0.009）	（0.033）	（0.014）	（0.052）	（0.016）	（0.061）
专科及以下	0.083***	0.100***	0.143***	0.110***	-0.006	-0.101
	（0.008）	（0.022）	（0.012）	（0.034）	（0.012）	（0.107）
N	39054	39054	39054	39054	39054	39054

三、移动支付对家庭货币需求影响的城乡差异

表6-9分析了移动支付对城乡家庭货币需求的影响。以第（2）列为例，在城市地区，移动支付使得家庭 M_0 占比下降了25.9%，与表6-2中系数相对比，说明在移动支付的作用下，城市地区家庭的 M_0 占比下降幅度更大。第（3）（4）列系数表明，M_1 占比的变化情况与 M_0 类似。进一步说明了，移动支付发挥作用需要有一定的城市化基础。但是在加入交互项后，M_2 占比对移动支付的回归系数不再显著。

表6-9 城乡地区间移动支付影响差异

货币需求	M_0 占比		M_1 占比		M_2 占比	
	OLS	2SLS	OLS	2SLS	OLS	2SLS
	（1）	（2）	（3）	（4）	（5）	（6）
移动支付	-0.069***	-0.167***	-0.017	-0.128**	0.011	0.048
	（0.008）	（0.055）	（0.011）	（0.062）	（0.011）	（0.061）
移动支付×城市	-0.016*	-0.092*	-0.068***	-0.257***	-0.065***	-0.298***
	（0.009）	（0.049）	（0.012）	（0.056）	（0.012）	（0.055）
城市	-0.020***	0.013	-0.015***	0.049***	0.031***	0.084***
	（0.005）	（0.009）	（0.005）	（0.010）	（0.005）	（0.009）
N	39054	39054	39054	39054	39054	39054

四、移动支付对家庭货币需求影响的区域差异

表6-10分析了移动支付对东中西部家庭货币需求的影响。将问卷中的29个省份分为东中西部地区，以西部地区作为参照组，可以发现移动支付与东部地区交互项的两阶段回归结果均显著为负，说明与西部地区相比，移动支付对东部地区家庭 M_0、M_1 和 M_2 占比的负向作用更明显。第（2）列系数表明，与西部地区相比，移动支付对中部地区家庭现金需求的负向影响更大。而第（3）~（6）列交互项系数均不显著。该表结果进一步验证了城市发展程度对移动支付的作用发挥至关重要。

表6-10 东中西部移动支付影响差异

货币需求	M_0 占比		M_1 占比		M_2 占比	
	OLS	2SLS	OLS	2SLS	OLS	2SLS
	（1）	（2）	（3）	（4）	（5）	（6）
移动支付	-0.068***	-0.208***	-0.058***	-0.285***	-0.010	-0.087**
	（0.007）	（0.032）	（0.009）	（0.038）	（0.012）	（0.040）

续表

货币需求	M_0 占比		M_1 占比		M_2 占比	
	OLS （1）	2SLS （2）	OLS （3）	2SLS （4）	OLS （5）	2SLS （6）
移动支付×东部	−0.013 （0.008）	−0.051 * （0.024）	−0.021 ** （0.010）	−0.100 *** （0.029）	−0.051 *** （0.013）	−0.178 *** （0.031）
移动支付×中部	−0.030 *** （0.009）	−0.098 *** （0.032）	−0.013 （0.012）	−0.030 （0.037）	−0.018 （0.014）	0.017 （0.036）
东部	−0.095 *** （0.028）	0.108 *** （0.018）	−0.075 ** （0.030）	0.121 *** （0.021）	0.100 *** （0.029）	0.050 *** （0.019）
中部	0.008 （0.015）	0.058 *** （0.014）	−0.003 （0.016）	0.009 （0.016）	0.028 * （0.015）	0.004 （0.015）
N	39054	39054	39054	39054	39054	39054

五、移动支付对家庭货币需求影响的城市差异

为了细化分析城市发展水平不同时，移动支付对货币需求的影响有何差异，表 6-11 比较了移动支付对分级城市家庭货币需求的影响。根据新一线城市研究所公布的城市排行榜，将城市划分为一线、新一线、二线、三线、四五线城市五组，以一线城市家庭作为对照组。第（2）列数据表明，相较于一线城市，移动支付对其他城市家庭 M_0 占比的负向影响先增加后降低，对三线城市的负向影响最大。这一方面是因为移动支付的使用需要一系列的外部条件（如快递公司、扫码设备的配套建设等），在城市化程度较低的地区普及度较低；另一方面，三线城市品牌覆盖率比发达城市要低，因而线上购物可能更为活跃。移动支付对 M_1 占比的影响与 M_0 占比相似，虽然只有二、三线城市是显著的，但对 M_2 占比的影响城市间无显著差异。

表 6-11　城市间移动支付影响差异

货币需求	M_0 占比		M_1 占比		M_2 占比	
	OLS （1）	2SLS （2）	OLS （3）	2SLS （4）	OLS （5）	2SLS （6）
移动支付	−0.065 *** （0.009）	−0.097 ** （0.046）	−0.088 *** （0.013）	−0.268 *** （0.062）	−0.067 *** （0.016）	−0.275 *** （0.061）
移动支付×新一线城市	−0.019 * （0.011）	−0.146 *** （0.045）	0.016 （0.016）	−0.074 （0.059）	0.020 （0.019）	0.021 （0.059）
移动支付×二线城市	−0.025 ** （0.011）	−0.184 *** （0.044）	0.011 （0.016）	−0.117 ** （0.058）	0.017 （0.019）	0.045 （0.062）
移动支付×三线城市	−0.017 （0.011）	−0.207 *** （0.053）	0.017 （0.016）	−0.146 ** （0.067）	0.027 （0.018）	0.043 （0.064）
移动支付×四五线城市	−0.015 （0.010）	−0.143 *** （0.041）	0.021 （0.015）	−0.084 （0.055）	0.039 ** （0.017）	0.086 （0.056）
N	39054	39054	39054	39054	39054	39054

综合本部分的结果，移动支付对现金货币需求的影响结果非常稳健，结论可靠。

第六节 稳健性检验

为了验证上文结论的稳健性，接下来对上文估计结果进行稳健性检验。我们检验了其他非现金支付方式对现金需求的影响，并在最后分别剔除了 M_0、M_1、M_2 上下 1% 的样本，以证实我们的结果不受极端值的影响。

表6-12 给出了借记卡和信用卡对 M_0 占比的影响。我们将拥有借记卡定义为1，没有借记卡定义为0。Panel A 第（1）列基准回归中拥有借记卡对 M_0 占比的估计系数为 -0.263，且在1%的水平上显著。DWH 检验结果拒绝了借记卡不存在内生性的假设，因而第（2）列结果是可靠的。在第（2）列中，以社区内除自身以外拥有借记卡的家庭比重作为工具变量进行两阶段估计，估计系数为-0.421，在1%的水平上显著，说明拥有借记卡对 M_0 占比会产生负向影响，这与周光友（2010）的观点一致，他认为电子货币对现金具有明显的替代作用，银行卡的使用使得现金持有率下降，从而影响货币结构和货币流动性。

在 Panel B 中，将拥有信用卡定义为1，没有信用卡定义为0。DWH 检验结果表明信用卡是存在内生性的，以社区内除自身以外拥有信用卡的家庭比重作为工具变量进行两阶段估计，估计系数为-0.286，说明拥有信用卡的家庭 M_0 占比较低，信用卡这种支付方式的使用，也显著降低了家庭的现金持有比重，与 Kalckreuth、Schmidt 和 Stix（2014）根据德国家庭微观数据得出的结论一致。

表6-12 借记卡、信用卡与 M_0 占比

货币需求	M_0 占比	
	（1） OLS	（2） 2SLS
Panel A		
借记卡	-0.263*** (0.008)	-0.421*** (0.044)
一阶段 F 值		55.86
一阶段工具变量 T 值		21.89
DWH 检验 F/Chi2 （p-value）		13.359 (0.000)
Panel B		
信用卡	-0.064*** (0.004)	-0.286*** (0.034)
一阶段 F 值		244.35
一阶段工具变量 T 值		23.84
DWH 检验 F/Chi2 （p-value）		48.754 (0.000)
控制变量	控制	控制
N	39054	39054

上文中的分析是针对家庭是否拥有借记卡和信用卡展开的，在表6-13 中，我们在进行支付时，通常会选择刷卡（包括借记卡、信用卡等）和电脑支付的影响进行实证分析。根据 DWH 检验，银行卡支付和电脑支付均存在内生性，第（2）列使用的工具变量分别

为社区内除自身以外使用银行卡进行支付的家庭比重和社区内除自身以外使用电脑支付的家庭比重。结果显示，这两种支付方式的使用均会显著降低家庭的 M_0 占比，减少家庭的现金持币需求。

表 6-13　银行卡支付、电脑支付与 M_0 占比

货币需求	M_0 占比	
	(1) OLS	(2) 2SLS
Panel A		
银行卡	-0.085^{***} (0.003)	-0.321^{***} (0.028)
一阶段 F 值		330.59
一阶段工具变量 T 值		28.14
DWH 检验 F/Chi2 （p-value）		80.358 (0.000)
Panel B		
电脑支付	-0.051^{***} (0.004)	-0.300^{***} (0.048)
一阶段 F 值		95.21
一阶段工具变量 T 值		17.27
DWH 检验 F/Chi2 （p-value）		29.978 (0.000)
控制变量	控制	控制
N	39054	39054

表 6-14 中，我们分别剔除了 M_0、M_1 和 M_2 上下 1% 的样本，移动支付对不同层次货币需求的影响依然显著为负，说明我们的结果是可靠的，不受极端值的影响。综上所述，银行卡支付、电脑支付的使用也减少了家庭的货币需求，并且我们的结果在剔除极端值之后依然稳健。

表 6-14　剔除 M_0、M_1、M_2 上下 1% 样本

货币需求	M_0 占比		M_1 占比		M_2 占比	
	OLS (1)	2SLS (2)	OLS (3)	2SLS (4)	OLS (5)	2SLS (6)
移动支付	-0.083^{***} (0.004)	-0.254^{***} (0.027)	-0.076^{***} (0.005)	-0.366^{***} (0.033)	-0.049^{***} (0.004)	-0.240^{***} (0.030)
控制变量	控制	控制	控制	控制	控制	控制
N	38812	38812	38667	38667	38665	38665
一阶段 F 值		531.70		529.67		530.91
一阶段工具变量 T 值		29.12		28.81		28.00
DWH 检验 F/Chi2 （p-value）		42.243 (0.000)		87.826 (0.000)		42.124 (0.000)

本章小结

基于中国家庭金融调查数据，本章研究了移动支付与家庭货币需求之间的关系。为了

避免内生性的影响，本章选取工具变量，采用两阶段最小二乘法（2SLS）进行估计。研究发现，移动支付导致家庭的 M_0 占比降低 25.0%、M_1 占比下降 36.1%、M_2 占比下降 21.7%，表明移动支付降低了家庭不同层次的货币需求。在移动支付日益普及的背景下，货币政策的制定需要充分考虑支付方式的变迁对中国货币需求的影响。进一步的分析表明，交易成本是移动支付对家庭货币需求影响的重要渠道，在交易成本高的地区，移动支付对现金需求的影响更大。此外，通过分位数回归，发现移动支付对预防性货币需求的影响大于交易性货币需求。此外，从控制变量来看，年龄与家庭货币需求为非线性相关关系。受教育水平、财富水平、收入水平、城市化程度越高，移动支付对 M_0 需求的负向影响越明显。已婚、风险偏好、风险厌恶均会降低家庭的现金持有水平。M_1、M_2 的结果与 M_0 相似。

在对户主年龄、户主受教育水平、家庭是否居住在城市、家庭所处地区、家庭所处城市分级进行分组的基础上，进行了异质性分析。通过移动支付对家庭货币需求影响的城乡、区域、城市等级差异分析，发现城市发展程度对移动支付作用的发挥至关重要。此外，对于户主学历水平较低的家庭，移动支付对其 M_0、M_1 占比的负向影响也相对较大，但对其 M_2 占比负向影响相对较小。最后，分别分析拥有借记卡、信用卡，使用银行卡支付、电脑支付对现金占比的影响，估计系数全部显著为负。这说明，支付方式的变革已经给家庭的持币行为带来了深刻的影响。基于上述研究结论，提出以下三个政策建议：

（1）制定货币政策时充分考虑支付方式的变迁对中国货币需求的影响。移动支付的出现，极大程度上改变了人们的支付习惯，仅需携带手机就可以完成大部分的支付，简化了支付行为。电子支付的使用，极大地节约了纸质货币的监管、磨损、运输等费用，降低了现金交易可能产生的假币欺诈、抢劫等犯罪行为发生的可能。与此同时，移动支付的使用也降低了家庭不同层次货币的需求，在移动支付日益普及的背景下，货币政策的制定需要充分考虑支付方式的变迁对中国货币需求的影响。

（2）加强移动支付使用过程中的风险监管。因为电子支付的网络化、无形化以及可能存在的技术安全隐患，使得电子支付存在风险并且传播十分迅速。风险一旦发生，将会迅速通过网络扩散，引发全局性、系统性的金融风险。因此，鼓励电子支付方式的使用时，必须加强其使用过程中的风险监管，制定法律法规规范交易双方的行为，使用金融科技手段加强平台安全性建设，使电子支付真正发挥其作用。

（3）鼓励电子支付方式的使用，加强移动互联网金融的基础设施建设。移动支付能够降低社会交易成本、为交易提供可追溯记录，从而提高经济效率、规范现金管理秩序，并减轻金融机构和相关监管部门的反洗钱压力、抑制腐败行为。因此，应当鼓励电子支付方式的合理使用，加强移动互联网金融的基础设施建设，提升和普及移动支付的覆盖群体，推动"去现金化"社会的建设，推进普惠金融的发展，提高全民福祉，促进共同繁荣。

第七章　移动支付与家庭信贷①

第一节　研究背景

在当今信息技术快速发展，金融与之深度融合的背景下，互联网金融逐步成为中国金融创新的重要组成部分。在满足小微信贷群体需求、减少金融市场的信贷配给等方面发挥着越来越重要的作用（中国人民银行征信中心与金融研究所联合课题组，2014）。中国人民银行等机构部门联合印发的《关于促进互联网金融健康发展的指导意见》明确指出，支持互联网企业依法合规设立支付机构、网络融资平台、股权众筹融资平台、网络金融产品销售平台。通过建立服务实体经济的多层次金融服务体系，满足中小微企业和个人投融资需求，对拓展普惠金融的广度和深度具有深远的意义。目前，中国正处于国际国内双循环的转型阶段，各部门高度重视依靠消费内需拉动经济增长的作用。推广互联网金融，对于释放家庭信贷需求，缓解家庭信贷约束，提升家庭消费水平具有积极意义（尹志超和张号栋，2018）。

近些年，我国互联网消费金融信贷市场规模快速发展。根据艾瑞咨询的调查数据显示，我国的互联网消费金融贷款规模已超过 4 万亿元。互联网消费信贷规模由 2012 年的0.018 万亿元，增加到 2020 年的 20.2 万亿元。与此同时，移动支付业务量增速相对较快，普及率遥遥领先于其他国家。根据中国支付清算协会发布的数据，截至 2021 年底，我国移动终端用户规模达 9.04 亿，占网民整体的 87.6%。蓬勃发展的移动支付如何影响家庭的信贷行为？

从供给和需求两个方面来看，一方面，信贷资源的供给方。在互联网金融出现之前，银行等正规金融机构在判断是否给借贷方发放贷款时，需要对借款方偿还债务的能力和抵押债务风险的能力进行信息收集，耗费大量的人力成本和物力成本（谢绵陛，2017）。因此，银行和正规金融机构不愿给初始禀赋较低的群体提供信贷，导致低收入和低财富以及小微企业较难获取信贷资源（Turvey and Kong，2010；胡枫和陈玉宇，2012）。随着数字普惠金融的迅猛发展，特别是移动支付的快速普及，大大缓解了金融机构和借款方之间的信息不对称，可以实现支付、转账、借贷等功能，在一定程度上解决了传统微型金融机构及风险评估成本高的问题（谢绚丽等，2018）。其原因是移动支付普及以后，互联网金融机构和第三方支付平台能够精准地获取个体的一些基本信息，比如个人的消费记录、信用记录及小微企业的交易记录。这些信息可以帮助金融机构和银行快速判断个人的还债能力

---

① 张诚，尹志超. 移动终端应用对中国家庭信贷可得性的影响［J］. 经济与管理研究，2023，44（2）：17-36.

和小微企业的经营状况，进而判定是否给信贷需求者发放贷款及相应的额度（杨波等，2020）。另一方面，信贷资源的需求方。随着第三方支付和互联网金融的普及，消费金融市场也同样得到迅猛的发展。支付平台通常和电子购物平台相结合（如淘宝、京东和苏宁易购等）。为了刺激大家的购买需求，第三方支付平台依托自身的平台优势不断推出互联网金融消费产品，如京东白条、蚂蚁花呗等。同时，消费者在电商平台购物时，也可以进行分期付款。这些内生于支付平台的互联网金融消费产品，极大地满足了个人平滑消费性信贷的需求（何婧和李庆海，2019）。在此背景下，本章重点探究以下三个问题：①移动支付是否显著提升了个体的信贷可得性以及背后的机制是什么？②个体通过移动支付增加互联网信贷是为满足消费性需求还是经营性需求？③移动支付主要提高哪部分群体的信贷可得性？对以上问题的回答，构成了本章的主要研究动机。

本章的主要贡献体现在以下三个方面：①从移动支付角度来分析我国家庭的信贷行为，丰富了该领域的研究。②利用个体使用智能手机和所在城市与杭州及省会城市的距离，作为移动支付的工具变量，对本章的关注变量进行了内生性处理，估计结果更加可靠。本章从信息不对称、风险偏好和社会资本视角，详细探讨了移动支付影响家庭信贷可得的原因。③进一步研究了移动支付对不同群体（人力资本、流动性约束、户主年龄和地理位置）家庭信贷可得的异质性。

第二节　文献综述与研究假设

一、家庭信贷行为影响因素的文献综述

家庭信贷行为主要包括正规信贷和非正规信贷，已有学者主要从人力资本、社会资本和家庭特征等方面进行研究。首先，人力资本对家庭信贷行为产生重要影响。陈姿和裴雅文（2019）发现，受教育水平抑制居民参与信贷，但会促进家庭参与正规信贷市场。金融知识的匮乏引起中国家庭信贷需求不足、信贷可得性较低以及信贷约束（宋全云等，2017），导致居民有限参与正规金融市场（Rooij et al.，2007）。而金融知识的提高有助于拓宽借款渠道，降低正规信贷约束的概率（马双和赵鹏飞，2015；尹志超和张号栋，2020），降低贷款利率（吴卫星等，2019）。其次，社会资本的视角，主要包括社会信任、社会互动和社会网络关系等方面。高水平的社会资本有助于降低信息不对称，提高家庭获取正规借款的可能性（Guiso，2004；Cassar，2007），而不同强度的社会资本对农户家庭信贷行为的影响存在显著差异（杨明婉和张乐柱，2019）。社会互动使家庭获取借款的可能性增强（Georgarakos et al.，2015）。尹志超和潘北啸（2020）进一步细分研究发现，社会信任能提高家庭正规信贷可得性、降低家庭非正规信贷的概率。孙永苑等（2016）发现，社会关系能显著提高家庭获得正规信贷的概率，但关系对获得非正规信贷没有显著影响。与此相反，一些学者认为，社会网络关系通过降低信息不对称和分散风险，来促进家庭获取正规信贷（Fafchamps，2006；Fafchamps and Gubert，2007；马光荣和杨恩艳，2011）。然后，以家庭特征的视角进行分析。一些学者发现人口结构（周利和王聪，2017）、户主年龄（童馨乐等，2011）、借款信誉（Turvey and Kong，2010）、家庭收入和

劳动力数量（胡枫和陈玉宇，2012）等因素均会影响家庭借款成功的概率及借款额度。

在微观层面，已有文献主要探究了移动终端对家庭经济行为决策的影响。在家庭金融市场参与方面，移动终端通过提升个体的金融素养、增加社会互动和增强保险可得性，能够有效提高家庭参与商业保险市场的概率（尹志超等，2022）。移动支付与储蓄账户相结合，便利个体的支付方式，降低交易成本。一方面，移动终端减少了家庭的货币需求，降低了家庭的现金持有水平（尹志超等，2019）；另一方面，移动终端提高家庭配置无风险金融资产的比例，抑制家庭投资风险资产（高玉强等，2022）。与此相反，一些学者研究表明，移动支付通过缓解家庭流动性来增强家庭的金融可得性，进而提高家庭风险资产的配置比例（饶育蕾等，2021）。在家庭消费方面，移动终端突破空间和时间的限制，有效缓解个体消费时间的不足，提升家庭的消费水平（王晓彦和胡德宝，2017；裴辉儒和胡月，2020；尹志超等，2022）。此外，移动终端通过缓解信贷约束和提升社会资本，能够进一步降低家庭消费不平等（陈铭聪和程振源，2021）。在主观幸福感方面，移动终端工具能够激发农村家庭的消费潜力，优化家庭的消费结构，从而提升个体的幸福感（冷晨昕等，2022）。最后，还有一些学者研究表明移动支付有助于提升家庭创新创业的概率、改善家庭的经济绩效（尹志超等，2019）、放大家庭的债务风险（柴时军，2020）。通过以上的文献梳理不难发现，鲜有从移动支付的视角分析家庭的信贷行为。

二、研究假设的提出

移动支付是否影响家庭的信贷行为？在直接影响方面，移动支付有助于拓宽家庭的外部融资渠道，缓解家庭的流动性约束（柴时军，2020）。一方面，移动支付引致的客户信息积累，促进金融机构为家庭提供个性化的金融产品或服务，从而进一步提高居民获得信贷的概率（杨波等，2020）。个体使用移动支付需绑定银行卡，使银行等金融机构能够精准获取个体的信息记录，进而基于大数据技术快速判断客户的信用风险状况以及偿还贷款的能力（杨波等，2020），有助于金融机构向个体发放信贷资源。另一方面，移动支付具备为客户提供不同额度信贷服务的功能（谢平和刘海二，2013；何婧和李庆海，2019）。移动支付通常与电子购物平台相结合，为刺激客户在购物平台进行消费，商家会不断推出自己的互联网信贷产品。例如，居民可以使用支付宝的花呗以及京东的白条进行提前消费。与此同时，移动支付平台基于用户在支付过程中积累起来的信用积分，会提供相应的信贷服务[①]。移动支付平台所衍生的信贷服务具有无抵押、审核流程简单且放贷快的特点，并且显著降低金融服务门槛，提高弱势群体获取信贷资源的能力（尹志超等，2019）。在间接影响方面，移动终端可能通过信息不对称、风险偏好和社会资本渠道来影响家庭的信贷可得性。首先，金融中介机构促进金融资本提供者和使用者之间的互动和交易。基于经典的信息经济学理论，在传统的金融市场经济活动中，金融机构人员对有资金需求群体的信息了解存在差异。由于借款人与其融资人之间的信息不对称，贷款流动性不足。对于掌握信息比较充分的人员，往往处于比较有利的地位易于获取信贷资源，而信息贫乏的人员，则处于比较不利的地位，难以申请到贷款资金。移动终端是金融机构和个体获取信息的主要来源之一，运用大数据和人工智能的技术，能够有效帮助他们减少相关的风险和不确

---

① 如支付宝的蚂蚁借呗和微信支付的微粒贷。

定性。其次，与现金消费相比，人们使用移动终端支付进行消费感知的支出痛感明显下降，提高家庭过度消费和过度负债的概率，进而可能提升个体的风险感知水平。最后，移动终端在数字普惠金融发展中扮演着重要的角色，作为连接金融机构与个体之间的桥梁，能够突破地理和物理上的界限，彼此建立沟通和联系，增强个体和金融机构之间的社会信任和社会互动，改善弱势群体获取信贷资源的能力。基于以上的分析，提出研究假设 H1：

H1：移动支付对家庭的信贷可得性具有显著的正向影响。

移动终端如何影响家庭的信贷可得性？本章主要从信息不对称、风险偏好和社会资本三个方面分析移动终端影响家庭信贷可得性的机制。首先，移动终端的普及能够显著降低用户与金融机构之间的信息不对称，提高家庭获取信贷资源的概率。与传统媒介相比，移动终端具备收集和传播信息的优势（Gajewski and Li，2015），能够加强客户和投资者的沟通，并降低信息收集成本（Bagnoli et al.，2014）。此外，由于网络信息分布广泛，移动终端能够减少信息目标用户之间的信息不对称（Gajewski and Li，2015）。因此，移动终端在提供有关新技术的信息方面发挥着重要作用。传统金融机构在判断是否给个体发放信贷资源时，需要了解家庭的收入和财产水平来判断其偿还贷款的能力和抵押风险的能力（谢绵陛，2017）。由于信息不对称问题，金融机构需要花费大量的时间成本和物质成本去搜集信贷需求者的信息，使弱势群体很难获得信贷资源。信息不对称引致的逆向选择和道德风险是导致信贷需求者获取信贷的重要阻力（Stiglitz and Weiss，1981）。互联网金融在降低信息不对称、减少金融交易摩擦、拓宽交易边界等方面发挥重要作用（谢平等，2015；Beck et al.，2018）。作为互联网金融参与的重要组成部分，移动支付平台作为中介和桥梁，能够有效降低信息不对称，缓解家庭的信贷约束（潘爽等，2020）。此外，移动支付依托平台所建立的数据优势，能够精准分析用户的财务信息和信用等级，降低与借款者的信息不对称，改善信贷需求者信贷可得的可能性（安宝洋，2014；何婧和李庆海，2019）。基于此，提出研究假设 H2：

H2：移动支付通过降低信息不对称来提高家庭获得信贷资源的概率。

其次，移动支付通过提高个体的风险偏好水平，提高家庭信贷可得性的概率。一方面，移动支付平台附带的金融产品服务，其中的典型代表蚂蚁花呗和京东白条，具有类似信用卡的功能和特征。人们在使用蚂蚁花呗或京东白条购买商品及服务时，感受到的支付痛苦与现金相比显著下降（裴辉儒和胡月，2020），从而引起家庭过度消费，放大家庭的财务杠杆（柴时军，2020）。因此，移动支付在一定程度上能够降低用户的风险感知水平，提高个体的风险偏好水平。另一方面，风险态度与人们的金融决策密切相关（Dohmen，2010）。风险偏好决定了风险成本和风险溢金，进而影响个体的信贷行为和信贷配给（庞新军和冉光和，2014）。一些学者从金融知识的视角进行分析，发现金融知识能够改变个体的风险态度，进而影响个体的信贷行为（赵青，2018）、股市参与（周弘，2015）和创业决策（尹志超等，2015）。移动支付作为普惠金融与数字金融的重要组成部分，可能会提高个体的金融知识水平，改变居民的风险偏好程度，进而影响家庭在金融市场中的融资行为。基于此，提出研究假设 H3：

H3：移动支付通过提高个体的风险承担水平影响家庭获得信贷资源。

最后，移动终端通过提高社会资本，促进家庭获取信贷。基于交易成本理论，一方面，移动终端相比于传统的金融机构，天然独立于时间和空间，有助于降低银行的服务成本。移动终端通过克服物理距离和金融排斥等问题，能够有效降低金融机构与个体之间的交易成本，在发展中国家推进普惠金融方面日益发挥重要作用（Baptista and Oliveira，2015）。另一方面，以社会信任和社会规范为代表的社会资本，能够减少整个社会的信息搜索，降低经济活动中的交易成本，促进科学社会的发展（Fafchamps，2006）。与此同时，数字金融的推广能够加强个体之间的社会互动，提升整个社会的信任感（何婧和李庆海，2019）。此外，移动互联网的普及进一步拓宽了人们之间的社会网络，而频繁的社会网络互动有利于家庭参与金融市场并获得信贷资金（林建浩等，2016）。因此，社会资本能够降低交易成本，缓解家庭信贷约束，促进家庭获得金融市场的信贷资源（Fafchamps，2006；Fafchamps and Gubert，2007；马光荣和杨恩艳，2011；孙永苑等，2016）。基于此，提出研究假设H4：

H4：移动支付通过提高家庭的社会资本影响家庭获取信贷。

第三节 模型与变量

一、模型设定

由于家庭信贷可得是二值选择行为，因此利用 Probit 模型考察移动支付对信贷可得性的影响。参考已有文献，建立如下计量模型：

$$Credit_i^* = a_0 + \alpha_1 Mobile\_pay_i + \alpha_2 X_i + \mu_i \tag{7-1}$$

$$Credit_i = 1(Line\_debt_i^* > 0) \tag{7-2}$$

其中，$Credit_i$ 是二值变量，表示家庭 i 的信贷可得情况，如果家庭获得信贷，那么赋值为1，否则为0。同时，也包括家庭的正规信贷、民间信贷和网络信贷。$Mobile\_pay_i$ 表示家庭使用移动支付的状况，如果家庭拥有移动支付，那么赋值为1，否则为0。X_i 表示控制变量，包括户主特征变量、家庭特征变量和地区特征变量。μ_i 表示随机误差项。

二、数据与变量

本章数据来源于西南财经大学 2017 年全国范围内开展的中国家庭金融调查（China Household Finance Survey，CHFS）项目。CHFS 调查了除新疆、西藏和港澳台地区外的全国 29 个省/市/自治区，使其在全国层面、城镇层面和农村层面均具有代表性。数据获取了居民家庭的人口统计特征、家庭财富、收入支出、保险保障及就业方面的信息。详细询问了个体的信贷行为，同时也详细记录了家庭成员移动支付的使用情况。问卷信息为本章研究移动支付与家庭可得问题提供了可靠的数据支持。CHFS 数据采用科学、随机的抽样方式，调查数据具有良好的代表性，数据质量较高（甘犁等，2012）。下面对一些主要的变量进行说明。

（1）信贷可得性。家庭是否获得信贷资源是本章的主要被解释变量，主要包含正规信贷、民间信贷和网络信贷，我们根据问卷对其严格进行界定。如果家庭拥有上面三种信贷可得的任何一种，那么将其定义为信贷可得，赋值为1；如果家庭没有任何一种类型的信贷，那么将信贷可得赋值为0。关于正规信贷和民间信贷，参照尹志超和潘北啸（2020）的定义方式，根据问卷对家庭农业、工商业，住房、商铺、汽车，金融资产、教育分别询问家庭是否有尚未还清的银行、合作社借款，是否有尚未还清的民间借款。我们把有任何一种银行、信用社借款的家庭定义为有正规信贷可得，有任何一种民间借款的家庭定义为有民间信贷可得。关于网络信贷的问题主要包含工商业经营信贷、住房信贷以及消费信贷（蚂蚁花呗、京东白条、分期乐、网络融资等互联网金融形式获取资金）。如果家庭有通过一种及以上上述方式获取资金，那么将家庭定义为网络信贷可得，赋值为1，否则为0。

（2）移动支付。家庭拥有移动支付是主要关注变量，参照已有文献（尹志超等，2019）的定义，对移动支付进行界定。2017年CHFS的问卷详细询问了家庭使用移动支付的情况，具体问题如下："您和您的家人在购物时（包括网购），一般会使用下列哪些支付方式？①现金；②刷卡（包括银行卡、信用卡等）；③通过电脑支付（包括网银、支付宝等）；④通过手机、iPad等移动终端支付（包括支付宝APP、微信支付、手机银行等）；⑤其他方式。"根据以往文献定义方式，将家庭回答选项④的界定为使用移动支付。

（3）控制变量。本章参考关于研究信贷可得的相关文献，选取了如下的控制变量，包括个体特征变量、家庭特征变量及地区特征变量。其中，个体特征变量包括：户主的年龄、户主的性别、户主婚姻、户主工作、户主农村、户主的受教育水平及户主的风险偏好。家庭特征变量包括：家庭3岁以下孩子的数目、4~6岁孩子的数目、7~15岁孩子的数目、家庭规模、家庭拥有自有住房、家庭收入水平、家庭净财富水平、家庭拥有工商业经营。地区变量包括城市地区房价和省份人均GDP。具体的描述性统计如表7-1所示。

表7-1 变量描述性统计

变量名称	样本数	均值	标准差	最小值	最大值
信贷可得	39954	0.2754	0.4467	0	1
正规信贷	39954	0.1364	0.3432	0	1
民间信贷	39954	0.1415	0.3486	0	1
网络信贷	39954	0.0526	0.223	0	1
移动支付	39954	0.2922	0.4548	0	1
户主年龄	39949	55.20	14.21	16	102
户主男性	39953	0.793	0.405	0	1
户主已婚	39918	0.851	0.356	0	1
户主工作	39941	0.637	0.481	0	1
户主受教育年限	39954	9.274	4.163	0	22
家庭3岁以下孩子数目	39954	0.0331	0.186	0	3
家庭4~6岁孩子数目	39954	0.0465	0.219	0	3
家庭7~15岁孩子数目	39954	0.170	0.447	0	5
家庭拥有住房	39954	0.905	0.293	0	1
工商业经营	39953	0.143	0.350	0	1
家庭收入（万元）	39954	8.0773	11.1742	-595.1	65
家庭净财富（万元）	39954	98.0838	183.7	-194	1200
户主风险偏好	39954	0.0903	0.287	0	1
户主风险中性	39954	0.305	0.460	0	1
户主风险厌恶	39954	0.605	0.489	0	1
农村	39954	0.318	0.466	0	1
家庭规模	39954	3.173	1.551	1	15
城市房价（万元）	39954	1.7506	1.6289	0.2353	5.0944
省份人均GDP（万元）	39954	6.7022	2.8066	1.9001	12.90

注：城市房价数据来源于住房大数据联合实验室数据库，省份人均GDP来源于省级统计年鉴。其他数据来源于2017年中国家庭金融调查数据（CHFS）。

由表 7-1 可知，中国家庭拥有移动支付的比例为 29.22%，近 1/3 的家庭拥有移动支付，说明我国家庭拥有移动支付的比例较高。家庭信贷可得的平均水平为 27.54%，其中家庭参与正规借贷的比例为 13.64%，参与民间借贷的比例为 14.15%，参与网络借贷的比例为 5.26%。家庭的户主特征显示，户主的平均年龄为 55.2 岁，户主为男性的比例为 79.3%，户主已婚的比例为 85.1%，户主的平均受教育水平为 9.27 年。关于户主风险态度的统计显示，仅有 9.03% 的户主偏好风险、30.5% 的户主为风险中性、60.5% 的户主为风险厌恶型。家庭中 3 岁以下孩子数目、4~6 岁孩子数目、7~15 岁孩子数目的平均拥有率分别为 3.31%、4.65%、17.00%，家庭的平均规模为 3.17 人。家庭拥有住房的比例为 90.5%，说明大多数家庭拥有自有住房，家庭从事工商业经营项目的比例为 14.3%。家庭平均年收入水平为 8.08 万元，净财富水平为 98.08 万元。其中，农村户籍家庭所占比例为 31.8%。地区特征显示，城市房价的平均水平为 1.75 万元，省份人均 GDP 为 6.70 万元。

表 7-2 报告了中国家庭信贷可得的基本概况。总的来看，家庭使用移动支付的信贷可得比例高于不使用移动支付的家庭。家庭使用移动支付信贷可得的比例为 42.81%；未使用移动支付的家庭信贷可得的比例仅为 21.24%，两者在 1% 的统计水平上显著相差 21.57%。分类来看，使用移动支付家庭获取正规信贷的比例比未使用移动支付家庭高出 16.48%；民间信贷的平均统计结果显示，使用移动支付的家庭比例低于未使用移动支付家庭 2.73%；使用移动支付的家庭网络信贷的比例为 16.65，未使用移动支付的家庭比例仅为 0.57%。从表 7-2 的基本描述统计来看，使用移动支付的家庭网络信贷的比例明显高于不使用移动支付的家庭，网络消费信贷和网络经营性信贷呈现类似的特征。从基本的描述性统计结果来看，家庭使用移动支付平均的信贷参与比例、正规信贷比例及网络信贷比例显著高于未使用移动支付的家庭；而家庭的民间借贷比例低于未使用移动支付的家庭。

表 7-2　家庭信贷可得概况

	使用移动支付		未使用移动支付		Diff
	样本量	参与率	样本量	参与率	
信贷可得	11697	0.4281	28305	0.2124	0.2157*** (0.0048)
正规信贷	11697	0.2531	28305	0.0882	0.1648*** (0.0037)
民间信贷	11697	0.1223	28305	0.1495	-0.0273*** (0.0038)
网络信贷	11697	0.1665	28305	0.0057	0.1608*** (0.0023)
网络消费信贷	11697	0.1627	28305	0.0046	0.1581*** (0.0023)
网络经营信贷	11697	0.0017	28305	0.0002	0.0015*** (0.0003)

三、内生性分析

在模型（7-1）中，家庭是否使用移动支付可能是内生的。一方面，存在遗漏变量的问题。个体的支付习惯、当地的风俗、文化及个体的消费习惯等不可观测的变量，可能既会影响家庭是否使用移动支付，同时影响家庭的信贷可得，从而产生内生性。另一方面，联立性可能引起内生性。家庭借助于网络平台进行信贷，特别是第三方支付平台，如支付宝的蚂蚁花呗、京东白条等，也会导致家庭使用移动支付。以上的原因均会导致内生性。

为克服内生性，本章采用工具变量法进行两阶段估计。借鉴尹志超等（2019）的做法，采用家庭是否使用智能手机作为移动支付的工具变量。一方面，拥有智能手机的家庭，更可能使用移动支付；另一方面，使用智能手机对家庭是否进行信贷融资没有直接的联系。因此，使用智能手机作为移动支付的工具变量是合适的。在稳健性检验部分，为进一步保证估计结果的稳健性，借鉴张勋等（2019）和何宗樾等（2020）的研究，采用户主所在地与杭州及省会城市的球面距离作为移动支付的工具变量。一方面，该变量表示数字普惠金融的发展水平；另一方面，该变量相对外生，与信贷可得没有直接的相关关系。

第四节　估计结果

接下来分析移动支付与家庭信贷可得之间的关系。在基准结果分析之后，进一步讨论移动支付对家庭不同类型信贷可得的影响。

一、移动支付与家庭信贷可得

首先，分析移动支付对信贷可得的影响。其中，表 7-3 第（1）列和第（2）列是线性概率模型（LPM）和 Probit 模型的估计结果；第（3）列是考虑内生性以后，Ivprobit 模型的估计结果。

表 7-3　移动支付与家庭信贷可得

	（1） LPM	（2） Probit	（3） IVprobit
移动支付	0.0975 *** （0.0061）	0.0917 *** （0.0052）	0.1502 *** （0.0384）
户主男性	−0.0030 （0.0054）	−0.0049 （0.0197）	0.0006 （0.0199）
户主已婚	−0.0130 *** （0.0063）	−0.0613 ** （0.0247）	−0.0522 ** （0.0254）
家庭规模	0.0299 *** （0.0018）	0.1057 *** （0.0055）	0.1024 *** （0.0056）
风险偏好	0.0579 *** （0.0088）	0.1691 *** （0.0260）	0.1534 *** （0.0274）
风险厌恶	−0.0169 *** （0.0047）	−0.0619 *** （0.0162）	−0.0509 *** （0.0178）
户主年龄	−0.0140 *** （0.0010）	−0.0118 *** （0.0040）	−0.0058 （0.0049）
户主年龄的平方	0.0061 ** （0.0009）	−0.0154 *** （0.0037）	−0.0188 *** （0.0040）
3 岁以下孩子数目	0.0411 *** （0.0138）	0.0837 ** （0.0370）	0.0616 （0.0401）
4~6 岁以下孩子数目	0.0116 （0.0119）	0.0027 （0.0318）	−0.0066 （0.0326）

	（1） LPM	（2） Probit	（3） IVprobit
7~15 岁以下孩子数目	-0.0031 (0.0060)	-0.0396** (0.0163)	-0.0434*** (0.0166)
家庭受教育年限	0.0014** (0.0006)	0.0049** (0.0023)	0.0030*** (0.0031)
拥有自有住房	0.0960*** (0.0062)	0.3964*** (0.0286)	0.3911*** (0.0284)
拥有工商业	0.0654*** (0.0071)	0.1907*** (0.0203)	0.1650*** (0.0255)
户主农村	0.0667*** (0.0053)	0.2349*** (0.0183)	0.2454*** (0.0222)
家庭收入对数	0.0033 (0.0022)	0.0051 (0.0074)	-0.004 (0.0106)
省份人均 GDP	-0.0543*** (0.0072)	-0.1908*** (0.0243)	-0.1950*** (0.0246)
城市房价	-0.0082** (0.0036)	-0.0325*** (0.0125)	-0.0354*** (0.0130)
N	39514	39514	39500
一阶段 Z 值			29.74
Wald 检验			1.2800 (0.2574)
R^2/Pseudo R^2	0.1513	0.1421	0.1359

注: *、**、***分别表示在 10%、5%、1%的水平上显著，括号里报告的是异方差稳健标准误。系数为边际效应。下同。

表 7-3 的第（1）（2）列中，作为基本的参照结果，移动支付的估计系数分别为 0.0975、0.0917，均在 1%的统计水平上显著，初步表明整体而言移动支付显著提高家庭信贷可得的概率。第（3）列是考虑内生性以后，使用工具变量的估计结果。底部报告了 Durbin-Wu-Hausan 家庭使用移动支付的内生性检验结果，p 值在 10%的水平内拒绝了模型不存在内生性的问题，说明模型存在内生性。一阶段回归结果均显示，拥有智能手机对家庭使用移动支付的估计系数在 1%的水平上显著，一阶段的 Z 值大于临界值。根据 Stock 和 Yogo（2005）的经验值，F 值大于 10%的临界值为 16.38，故本章中用智能手机做工具变量是合适的，且不存在弱工具变量选择问题。工具变量的估计结果显示，移动支付在 1%的统计水平上显著为正，且系数为 0.1502。以上的估计结果表明，移动支付显著促进家庭信贷可得，拓宽了家庭融资的渠道和成功的概率。基准结果反映了移动支付具备为客户提供信贷服务的功能（谢平和刘海二，2013；何婧和李庆海，2019），降低了金融服务门槛，提高了个体获取信贷资源的能力（尹志超等，2019）。以上的结果验证了研究假设 H1。

本章简要分析控制变量的系数，估计结果基本符合预期。从第（1）~（3）列，控制变量的估计系数显著性基本一致。为避免重复，以第（3）列工具变量的估计结果为例。基于户主的特征，估计结果发现户主已婚、户主风险厌恶显著抑制家庭信贷可得；户主年龄越大，获得信贷的概率也越小；户主是农村、户主的受教育程度以及户主风险偏好会显著提高家庭信贷可得；户主的性别对家庭信贷可得无显著性影响。从家庭特征的估计结果来看，家庭规模显著提升个体参与信贷市场的概率；经营工商业和拥有住房显著提升家庭参与信贷行为；子女的数目及家庭收入对家庭信贷行为无显著性影响。从地区特征结果来看，省份人均 GDP 和城市房价的估计系数均在 1% 的统计水平上显著为负。

二、移动支付对不同类型信贷的影响

基准的估计结果表明，移动支付显著提高家庭参与信贷市场的概率。接下来主要从正规信贷、民间信贷和网络信贷视角，分析移动支付对不同类型信贷的影响。表 7-4 中的 Panel A 部分是移动支付对正规信贷可得的影响，LPM 模型、Probit 模型和 IVprobit 模型的估计结果均在 1% 的统计水平上显著为正，说明移动支付能显著提高家庭参与正规信贷市场的概率。验证了杨波等（2020）的结论，数字普惠金融显著促进了家庭正规信贷获得，并且该促进作用主要是通过数字支付渠道来实现的。

表 7-4 移动支付对不同类型信贷的影响

Panel A：移动支付与正规信贷		
（1）LPM	（2）Probit	（3）IVprobit
移动支付 0.0586*** （0.0051）	0.0424*** （0.0039）	0.2282*** （0.0323）
户主特征控制 是	是	是
家庭特征控制 是	是	是
地区特征控制 是	是	是
N 39514	39514	39500
一阶段 Z 值		29.74
Wald 检验		32.17 （0.0000）
R^2/Pseudo R^2 0.3217	0.1554	0.1533

Panel B：移动支付与民间信贷		
（1）LPM	（2）Probit	（3）IVprobit
移动支付 -0.0268*** （0.0046）	-0.0132*** （0.0044）	-0.0799*** （0.0299）
户主特征控制 是	是	是
家庭特征控制 是	是	是
地区特征控制 是	是	是
N 39514	39514	39500
一阶段 Z 值		29.74
Wald 检验		5.18 （0.0229）
R^2/Pseudo R^2 0.0940	0.1258	0.2345

Panel C：移动支付与网络信贷		
（1）LPM	（2）Probit	（3）IVprobit
移动支付 0.1053*** （0.0034）	0.0853*** （0.0031）	0.4687*** （0.0378）
户主特征控制 是	是	是
家庭特征控制 是	是	是
地区特征控制 是	是	是
N 39514	39514	39500
一阶段 Z 值		54.32
Wald 检验		107.38 （0.000）
R^2/Pseudo R^2 0.1535	0.3141	0.2577

注：*、**、***分别表示在 10%、5%、1% 的水平上显著，括号里报告的是异方差稳健标准误。

表 7-4 的 Panel B 部分分析了移动支付对民间信贷的影响。从第（1）~（3）列，移动支付的估计系数均在 1% 的统计水平上显著为负，结果表明移动支付抑制家庭参与民间信贷。我们以 LPM 模型的估计结果为例，结果发现使用移动支付使得家庭参与正规信贷的概率显著提升 5.86%，参与民间信贷的概率下降 2.86%，说明移动支付对两者之间的影响存在互相替代的作用。从边际系数的估计结果来看，移动支付促进家庭参与正规信贷的概率大于抑制家庭参与民间信贷的概率，说明移动支付对两者的影响并不是完全互相替代的作用。实证结果验证了移动支付所引致的客户信息积累，能够促进金融机构为家庭提供个性化的金融产品或服务，提高居民获得信贷的概率（杨波等，2020）。此外，个体在使用移动支付展开经济活动时，需要与银行卡相互绑定，使银行等正规金融机构能够精准获取个体的信息记录，进而基于大数据技术快速判断客户的信用风险状况以及偿还贷款的能力，有助于金融机构向个体发放信贷资源，提高家庭获取正规信贷的概率。Panel C 部分分析了移动支付对网络信贷的影响。从第（1）~（3）列，移动支付的估计系数分别为 0.1053、0.0853、0.4687，均在 1% 的统计水平上显著，结果表明移动支付显著提高家庭网络融资的概率。以上的分析进一步验证了移动支付促进家庭参与网络融资，提高家庭获取信贷资源的概率，拓宽家庭的融资渠道（柴时军，2020），在一定程度上缓解了家庭的流动性约束。

三、移动支付对不同类型网络信贷的影响

表 7-4 中 Panel C 部分结果表明，移动支付显著提高了家庭参与网络借贷的概率。一方面，随着移动支付和互联网金融的普及，消费金融市场同样得到迅猛的发展。第三方支付平台往往和电子商务购物平台相结合（如淘宝和京东）。这些平台拥有自己的支付体系，为了刺激大家的购买需求，支付平台不断推出自己的互联网金融信贷产品，如京东白条、蚂蚁花呗等。同时，消费者在平台购买产品也可以进行分期付款。这些内生于第三方支付平台的互联网金融消费产品，极大地满足了个人平滑消费的需求。另一方面，移动支付的普及，使得互联网金融机构和第三方支付平台能够精准地获取个体工商户和小微企业的基本信息。例如，企业的经营状况、付款记录、信用记录及交易记录，而这些记录能够帮助互联网金融公司快速判断商家的还债能力和信用评级，进而判定是否给生产经营者发放贷款及相应的额度。基于以上分析，移动支付使家庭获得网络融资，是为了满足其消费性信贷需求还是经营性信贷需求？接下来，按照网络融资的类型，将其分为网络消费性信贷和网络经营性信贷，分别考察移动支付对不同类型网络融资的影响。

表 7-5 分析了移动支付对家庭不同网络融资类型的影响。其中，Panel A 部分考察了移动支付对家庭网络消费信贷的影响。第（1）~（3）列的估计结果显示，移动支付的系数均在 1% 的统计水平上显著为正，表明使用移动支付显著提升家庭的网络消费性信贷需求。进一步地，在 Panel B 部分，三种估计方法显示，移动支付的估计系数均在 10% 的统计水平上不显著，说明家庭使用移动支付并未显著提升家庭的网络经营性信贷需求。以上的估计结果表明，家庭使用移动支付主要是显著提高家庭网络消费信贷的概率，而对家庭网络经营性信贷无显著性的影响。

表 7-5 移动支付与不同类型网络借贷

	Panel A：移动支付与网络消费信贷		
	（1） LPM	（2） Probit	（3） IVprobit
移动支付	0.1047 *** （0.0034）	0.0870 *** （0.0030）	0.5190 *** （0.0425）
户主特征控制	是	是	是
家庭特征控制	是	是	是
地区特征控制	是	是	是
N	39514	39514	39500
一阶段 Z 值			99.96
Wald 检验			148.94 （0.0000）
R^2/Pseudo R^2	0.1520	0.3215	0.2622
	Panel B：移动支付与网络经营信贷		
	（1） LPM	（2） Probit	（3） IVprobit
移动支付	0.0002 （0.0004）	0.0003 （0.0003）	−0.0020 （0.0021）
户主特征控制	是	是	是
家庭特征控制	是	是	是
地区特征控制	是	是	是
	Panel B：移动支付与网络经营信贷		
	（1） LPM	（2） Probit	（3） IVprobit
N	39514	39514	39500
一阶段 Z 值			−1.68
Wald 检验			0.0909 （2.86）
R^2/Pseudo R^2	0.0037	0.2357	0.2345

注：*、**、***分别表示在 10%、5%、1%的水平上显著，括号里报告的是异方差稳健标准误。

第五节 进一步分析

一、异质性分析：移动支付对不同群体的影响

由前面的分析结果可知，移动支付显著提高家庭获得信贷资源的概率。由于中国地域面积广大，人口众多，家庭类型各异，移动支付对不同群体的信贷行为可能存在显著差异。在异质性分析部分，分别按照家庭特征和地区特征，考察移动支付对不同群体信贷行为的影响。在家庭特征方面，主要从个体的金融知识水平、家庭面临的流动性约束和户主的年龄来进行异质性分析。首先，移动支付对金融知识水平不同群体的信贷可得性可能存在差异。已有文献研究表明，个体金融知识水平的提高，有助于拓宽融资渠道，降低正规信贷约束的概率（尹志超和张号栋，2020）以及贷款利率（吴卫星等，2019）。移动支付平台能够为个体提供小额转账、汇款、取现、各项补贴发放等基础性的、必须性的金融服务（任碧云和张彤进，2015），在此过程中也可能会提高个体的金融知识水平。因此，移

动支付可能对不同金融知识水平群体的信贷可得性存在显著差异。其次，流动性约束的异质性分析。家庭受到的流动性约束越大，为满足当前的消费需求，个体需要借贷的概率越大。移动支付借助于互联网金融消费产品，可以满足个人平滑消费性信贷的需求（何婧和李庆海，2019），增加个体获取信贷资源的概率。然后，移动支付对个体不同年龄段的影响可能也存在差异。

在表 7-6 中，考察了移动支付对不同家庭特征信贷行为的影响。第（1）列分析了金融知识水平异质性的影响。第（1）列移动支付与户主高金融知识交叉项的估计系数为 0.0615，在 1% 的统计水平上显著。结果表明，移动支付显著促进金融水平较高家庭获取信贷。估计结果说明，移动支付显著提升人力资本较高水平家庭获取信贷资源的概率。第（2）列考察了流动性约束的异质性影响。关于流动性约束的定义，参照甘犁等（2018）的做法，根据问卷中家庭是否使用信用卡（未激活的信用卡不包括在内），选项为："1. 是；2. 否"。本章将回答选项 1 的定义为家庭受到流动性约束，赋值为 1，否则为 0。流动性约束与移动支付的交叉项的估计系数在 1% 的统计水平上显著为正，表明移动支付对受到流动性约束家庭的信贷有显著的提升作用，在一定程度上能够缓解家庭的流动性约束。第（3）列考察了移动支付对户主不同年龄段的影响。本章将户主的年龄分为五组，分别为 30 岁及以下、31~40 岁、41~50 岁、51~60 岁、60 岁及以上。在回归分析当中，为避免完全共线性，以户主 60 岁及以上的组为参照组。结果发现，移动支付与户主年龄 30 岁及以下，以及移动支付与户主年龄 31 岁到 40 岁的交叉项的估计系数显著为正。交叉项的结果表明，相比较而言，移动支付对年轻群体的借贷行为影响更大，对中老年群体的影响较小。

表 7-6　不同家庭特征的估计结果

	（1） 金融知识	（2） 流动性约束	（3） 户主年龄
移动支付	0.1016*** (0.0408)	0.1020*** (0.0403)	0.1145*** (0.0462)
移动支付×高金融知识①	0.0615*** (0.0226)		
高金融知识	-0.0149** (0.0073)		
移动支付×流动性约束		0.2344*** (0.0426)	
流动性约束		-0.0466 (0.0286)	
移动支付×年龄 30 岁及以下			0.1556* (0.0807)
移动支付×年龄 31~40 岁			0.1883*** (0.0550)
移动支付×年龄 41~50 岁			-0.0071 (0.0447)
移动支付×年龄 51~60 岁			-0.0295 (0.0154)

---

① 本章按照金融知识的均值进行划分，将金融知识高于均值的定义为高金融知识家庭，赋值为 1，否则为 0。

续表

	（1） 金融知识	（2） 流动性约束	（3） 户主年龄
户主年龄 30 岁及以下			−0.1840*** （0.0288）
户主年龄 31~40 岁			−0.0703 （0.0689）
户主年龄 41~50 岁			−0.0681* （0.0361）
户主年龄 51~60 岁			0.0431** （0.0194）
户主特征控制	是	是	是
家庭特征控制	是	是	是
地区特征控制	是	是	是
N	39500	39500	39500
R^2	0.151	0.151	0.151

注：*、**、***分别表示在 10%、5%、1%的水平上显著，括号里报告的是异方差稳健标准误。

在表 7-7 中，进一步考察地区特征的异质性结果。第（1）~（3）列按照家庭所在的地理位置进行划分，将样本分为东部地区、中部地区和西部地区。在控制户主特征、家庭特征和地区特征以后，结果发现移动支付对中西部地区家庭获取信贷的影响作用最大，对东部地区的影响最小。第（4）（5）列按照城乡划分，估计结果表明，相比于城市地区，移动支付对农村家庭获取信贷的影响作用更大。地区特征的结果说明，移动支付对中西部地区和农村地区获取信贷的作用更大。这也侧面反映了移动支付具有金融普惠的功能，能够突破地理和物理上的界限，有效降低金融服务的门槛和服务成本，惠及偏远地区的弱势群体享受到更多的信贷资源（尹志超等，2019）。

表 7-7　不同地区特征的估计结果

	按地理位置划分			按照城乡划分	
	（1） 东部	（2） 中部	（3） 西部	（4） 城市	（5） 农村
移动支付	0.1490*** （0.0511）	0.2193*** （0.0811）	0.1830*** （0.0867）	0.1672*** （0.0432）	0.2178*** （0.0736）
户主特征控制	是	是	是	是	是
家庭特征控制	是	是	是	是	是
地区特征控制	是	是	是	是	是
N	20673	9745	9082	26988	12512
Pseudo R^2	0.158	0.1146	0.1201	0.1624	0.1023

注：*、**、***分别表示在 10%、5%、1%的水平上显著，括号里报告的是异方差稳健标准误。

综合以上的异质性分析结果不难发现，移动支付主要对人力资本水平较高、受到流动性约束及年轻群体的作用更为敏感。此外，移动支付有效发挥了互联网金融的优势，实现了普惠金融的功能，促进中西部地区和农村地区的家庭享受到信贷服务，缓解家庭的流动性约束。上述结论体现了数字普惠金融的"长尾"特性，提高了农村地区、中西部地区人群获得信贷的可能性（杨波等，2020）。

二、机制分析

在表7-8中，基准分析的结果表明，移动支付能显著提高家庭获取信贷资源的概率，其背后的原因是什么？在进一步分析当中，主要从以下三个方面来进行探讨：信息不对称、风险偏好和社会资本。

（1）移动支付通过降低信息不对称影响个体的借贷行为。移动支付依托互联网技术，能够提高信息传递的速度和深度，缓解信息不对称（Yin et al.，2020）。此外，随着网络技术的发展，移动支付作为互联网金融的重要组成部分，与各个平台的融合和交流也在不断加强，缓解信息不对称的作用也日益凸显（李继尊，2015）。第三方支付基于自身的平台数据优势，能够精准地获取个人的消费记录、信用记录及小微企业的交易记录等信息，大大缓解信息不对称，帮助金融机构和银行快速判断个人的还债能力和小微企业的经营状况。因此，移动支付可能通过降低信息不对称，增加个体获取信贷资源的概率。

（2）移动支付通过改变个体的风险偏好来影响个体的借贷行为。移动支付的使用改变人们的风险态度，使个体更易于接受更高的风险项目（Yin et al.，2020）。借贷和融资项目风险水平相对较高，而风险偏好决定了风险成本和风险溢价，影响个体的信贷行为和信贷配给（庞新军和冉光和，2014）。风险偏好越高的群体，正规借款和民间借款的金额越高（罗午阳，2016）。

（3）移动支付通过提高社会资本影响个体的借贷行为。移动支付依托于第三方互联网金融平台，具备一定的社交功能。以微信为例，基本功能是提供即时通信服务，能够促进人与人之间的沟通和交流，增强社会互动和社会信任。此外，它还提供支付功能以及红包转账等服务，这些社交功能有利于拉近亲朋好友之间的距离，维系良好的人际关系。此外，通过朋友圈、微信公众号和微信小程序，个人也可以借鉴和学习别人的成功经验，提高个体的社会资本水平。社会资本有助于提高家庭获取正规借款的可能性（Cassar，2007）。

表7-8 机制分析：移动支付对家庭信贷可得性的影响

Panel A：移动支付、信息不对称与信贷可得		
	（1）信息搜寻	（2）家庭信贷
移动支付	0.0867*** (0.0067)	
信息搜寻		0.0281*** (0.0046)
控制变量	是	是
N	39514	39500
Pseudo R^2	0.0831	0.1365
Panel B：移动支付、风险偏好与信贷可得		
	（1）风险偏好	（2）家庭信贷
移动支付	0.0456*** (0.0412)	
风险偏好		0.0676*** (0.0068)
控制变量	是	是
N	39514	39500
Pseudo R^2	0.0682	0.1350

续表

Panel C：移动支付、社会资本与信贷可得				
	（1） 社会互动	（2） 家庭信贷	（3） 社会信任	（4） 家庭信贷
移动支付	0.6975*** （0.0442）		0.1049*** （0.0058）	
社会互动		0.0048** （0.0006）		
社会信任				0.0259*** （0.0045）
控制变量	是	是	是	是
N	39514	39514	39267	39267
R^2/Pseudo R^2	0.0863	0.1368	0.0514	0.1358

注：*、**、***分别表示在10%、5%、1%的水平上显著，括号里报告的是异方差稳健标准误。

第一，移动支付通过降低信息不对称，提高家庭信贷可得的概率。本部分通过以下两个方面进行检验：一方面检验移动支付是否降低了信息不对称；另一方面论证信息不对称对家庭信贷可得的影响。问卷没有直接关于信息不对称的问题设计，根据2017年CHFS问卷中的问题"您平时对经济、金融方面的信息关注程度如何？"，其中选项包括："1. 非常关注；2. 很关注；3. 一般；4. 很少关注；5. 从不关注。"我们将户主回答"非常关注和很关注"的定义为信息搜寻，赋值为1，否则为0。表7-8中 Panel A 部分，第（1）列是移动支付对信息搜寻的回归，Probit 的估计结果在1%的统计水平上显著为正，说明移动支付显著提高了家庭信息搜寻的概率，降低了信息不对称。第（2）列是信息搜寻对家庭信贷可得的影响，估计结果表明，信息搜寻显著提高家庭信贷可得的概率。以上的估计结果证实，移动支付降低了家庭与贷款机构的信息不对称，提高了家庭信贷可得的概率（安宝洋，2014；何婧和李庆海，2019），验证了研究假设H2。

第二，分析家庭通过提升个体的风险偏好水平，提高家庭信贷可得的概率。金融市场中的借贷行为呈现出风险不确定性的特点，需要借贷双方拥有较高的风险承担能力。接下来与信息不对称的机制分析类似，一方面验证移动支付对风险偏好的影响，另一方面论证风险偏好对家庭信贷可得的影响。表7-8中 Panel B 部分，第（1）列的估计结果显示，移动支付的估计系数均在1%的统计水平上显著为正，说明移动支付能显著提升个体的风险偏好；第（2）列的估计系数为0.0676，在1%的统计水平上显著，结果表明风险偏好能显著提升家庭信贷可得的概率。实证结果证实，移动支付通过改变个体的风险偏好水平，进而提高家庭获取信贷资源的能力，实证结果验证了研究假设H3。

第三，分析移动支付通过提高社会资本，促进家庭获取信贷资源。本章主要从社会互动和社会信任两个视角，分析社会资本机制的作用。借鉴马光荣和杨恩艳（2011）的做法用礼金的往来衡量个体的社会互动水平；参照尹志超和潘北啸（2020）的做法用户主对不认识人的信任度来衡量社会信任。表7-8中 Panel C 部分，第（1）列检验移动支付通过社会互动作用于家庭信贷可得。估计结果显示移动支付能显著提升家庭的社会互动水平，第（2）列的社会互动的系数在1%的统计水平上显著为正，说明社会互动能够促进家庭获得信贷。第（1）（2）列的结果表明，移动支付通过增强社会互动，提高家庭获取信贷资源的概率。第（3）（4）列论证了移动支付通过社会信任影响家庭的信贷行为。第（3）列是移动支付对社会信任的回归结果，估计系数均在1%的统计水平上显著为正，表明移动支付能显著提高个体的社会信任水平；第（4）列是社会信任对家庭信贷可得的回归结果，系数依然在1%的统计水平上显著为正，表明社会信任对家庭获取信贷有明显的促进作用。移动支付作为数字普惠金融的重要组成部分，对于增进社会信任和加强社会互动起到了积极的促进作用（何婧和李庆海，2019），进一步促使家庭参与金融市场获取信贷资源（马光荣和杨恩艳，2011）。综合以上的结果发现，移动支付通过增强个体的社会互动和社会信任水平提高家庭信贷可得的概率，验证了研究假设H4。

第六节　稳健性检验

通过以上分析可知，移动支付显著提高家庭获得信贷的概率。为保证前文基准估计结果的可靠性，下面从工具变量、样本选择、估计方法和极端值的处理等方面进行稳健性分析。

一、工具变量检验

在主要回归结果分析中，尽管工具变量通过了外生性的检验，但在计量上，依然很难排除移动支付通过其他渠道来影响家庭的信贷可得。借鉴 Conley 等（2012）提出的置信区间集合法（UCI）和近似零方法（LTZ），该方法通过放松工具变量的排他性约束条件，假定工具变量近似外生，考察在不同程度下工具变量的估计结果。基于 UCI 方法估计，移动支付对家庭信贷的估计系数置信区间为（0.0566，0.1976）。由于 LTZ 方法适用于线性模型，表 7-9 的第（1）（2）列，报告了两阶段的估计结果作为参照。估计结果表明，在近似外生的情形下，移动支付能显著提升家庭信贷可得的概率。第（3）列是对工具变量进行替换，参照已有文献的做法（张勋等，2019；何宗樾等，2020），选取户主所在城市离杭州和省会城市的距离作为移动支付的 IV。一方面，家庭所在城市离杭州和省会城市越近，数字金融发展程度越高，移动支付普及程度也越高，满足 IV 的相关性条件；另一方面，户主所在城市与省会和杭州的距离对家庭参与信贷可得没有直接的相关性，外生性较强。IV 的估计结果表明，移动支付的系数依然在1%的统计水平上显著为正，说明本章的基准结果是稳健的。

表 7-9　稳健性检验（工具变量）

网络融资	IV：智能手机	IV：智能手机	IV：距省会和杭州球面距离
	2SLS （1）	LTZ （2）	IVprobit （3）
移动支付	0.1271*** （0.0365）	0.1271*** （0.0429）	0.5316*** （0.2052）
控制变量	是	是	是
N	39500	39500	33311
一阶段 T 值	32.43		-5.57
Wald 检验	0.6764 （0.4108）		4.08 （0.0435）

注：*、**、***分别表示在10%、5%、1%的水平上显著，括号里报告的是异方差稳健标准误。

二、克服样本选择：倾向得分匹配（PSM）

个体是否使用移动支付具有较强的自我选择的特征，这两类群体之间本身可能存在其他方面的差异。为避免可观测的变量对样本造成选择性偏差，利用倾向得分匹配的方法（PSM）对模型进行重新估计，分别使用 1：1、1：2 和 1：4 的近邻匹配方式进行检验，表 7-10 为以上三种方式的估计结果。在进行匹配估计结果之前，需要检验控制变量在匹配后是否变得平衡，以及在实验组和控制组是否仍然有显著性差异。三种匹配方式均能通过协变量的平衡性检验，说明本章的模型适合使用 PSM 的方法进行估计。近邻匹配的估计结果均显示，使用移动支付使得家庭信贷可得性的概率在 1% 的统计水平上显著提升10% 左右。进一步证实，基准结果是稳健的。

表 7-10　稳健性检验（PSM）

被解释变量	匹配方法	实验组	控制组	ATT	标准误	T 值
家庭信贷	近邻 1：1	0.4263	0.3271	0.0992***	0.0104	9.51
	近邻 1：2	0.4263	0.3286	0.0977***	0.0093	10.52
	近邻 1：4	0.4263	0.3258	0.1005***	0.0086	11.66

注：*、**、***分别表示在 10%、5%、1% 的水平上显著，括号里报告的是异方差稳健标准误。

三、考虑逆向因果的影响：联立方程组（3SLS）

为进一步保证因果关系的稳健性，特别是双向因果的干扰，即移动支付对家庭信贷可得的影响。本章利用联立方程的三阶段最小二乘法来进行估计。具体而言，联立方程模型同时考虑移动支付和家庭信贷可得决定因素，只进入家庭信贷的变量是移动支付、拥有住房、收入对数、社会信任、社会互动、省份人均 GDP 和城市房价；只进入家庭是否使用移动支付的变量是家庭信贷、受教育水平、金融知识、工商业经营、农村、户主年龄和年龄平方。

结果如表 7-11 所示，第（1）（2）列是不加其他控制变量的估计结果；第（3）（4）列是加其他控制变量的估计结果。第（2）（4）列的估计结果显示，移动支付对家庭信贷可得的影响依然在 1% 的统计水平上显著为正，再次说明本章的基准结果是稳健的。

表 7-11　移动支付对家庭信贷可得的影响（联立方程 3SLS）

因变量	回归设定 1		回归设定 2	
自变量	移动支付	家庭信贷	移动支付	家庭信贷
	（1）	（2）	（3）	（4）
移动支付		0.4710*** （0.0114）		0.4367*** （0.0127）
拥有住房		0.0813*** （0.0062）		0.0757*** （0.0067）
收入对数		0.0183*** （0.0018）		0.0042** （0.0019）
社会信任		0.0429*** （0.0036）		0.0442*** （0.0041）
社会互动		0.0045*** （0.0005）		0.0055*** （0.0006）
省人均 GDP		-0.0390** （0.0054）		-0.0339*** （0.0060）

	回归设定 1		回归设定 2	
城市房价		−0.0052 *** (0.0026)		−0.0038 (0.0029)
家庭信贷	0.4964 *** (0.0395)		0.3759 *** (0.0466)	
受教育水平	0.0128 *** (0.0004)		0.0165 *** (0.0005)	
金融知识	0.0005 *** (0.0000)		0.0006 *** (0.0001)	
工商业经营	0.1084 *** (0.0057)		0.1135 *** (0.0059)	
农村	−0.0760 *** (0.0045)		−0.0935 *** (0.0047)	
户主年龄	−0.0233 *** (0.0009)		−0.0234 *** (0.0011)	
年龄平方	0.0131 *** (0.0006)		0.0131 *** (0.0007)	
其他控制变量	否	否	是	是
N	39304	39304	39267	39267

注：*、**、***分别表示在10%、5%、1%的水平上显著，括号里报告的是异方差稳健标准误。

四、考虑极端值的影响：缩尾处理

为避免家庭收入、家庭规模、城市房价等连续变量极端值的干扰，从而对估计结果造成影响，进一步对模型的连续型变量进行缩尾处理。在表7-12中，分别对上述指标进行上下1%和5%的缩尾处理。估计结果发现，无论是 Probit 模型还是 IVprobit 模型，移动支付对家庭信贷可得估计系数均在1%的置信水平下显著为正，进一步说明，移动支付能显著提高家庭信贷可得的概率。

表7-12　稳健性检验（缩尾处理）

家庭信贷	上下 1%		上下 5%	
	Probit	IVprobit	Probit	IVprobit
移动支付	0.3234 *** (0.0185)	0.4718 *** (0.1352)	0.3258 *** (0.0186)	0.5087 *** (0.1363)
控制变量	是	是	是	是
N	39514	39500	39514	39500
一阶段 Z 值		32.33		31.94
DWH 值		1.21		1.81
Wald 检验		0.2704		0.1788

注：*、**、***分别表示在10%、5%、1%的水平上显著，括号里报告的是异方差稳健标准误。

综合以上的稳健性分析，说明本章的估计结果是稳健的，移动支付能显著提高家庭可得的概率水平。

本章小结

融资行为对家庭福利提升和经济增长具有重要的意义。运用 2017 年 CHFS 数据，从微观层面，实证分析了移动支付对家庭信贷可得的影响。为避免内生性问题，本章采用家庭拥有智能手机和户主所在地级市与省会城市及杭州的距离，作为移动支付的工具变量进行估计。在控制户主的特征、家庭特征以及地区特征之后，移动支付显著提高家庭获取信贷资源的概率，缓解了家庭的流动性约束。按照个体信贷可得的类型分析发现，移动支付能显著提高家庭的正规信贷可得和网络信贷可得的概率，抑制家庭参与民间信贷。并且家庭提高网络信贷可得主要是为满足消费性信贷需求，对经营性信贷需求无显著性影响。进一步分析发现，移动支付通过降低信息不对称、提高个体的风险偏好水平、提高社会信任和社会互动渠道，来促进家庭获取信贷资源。异质性结果表明，移动支付主要对金融知识水平较高、受到流动性约束群体、年轻群体、中西部地区及农村家庭的影响更为敏感。

2020 年，习近平总书记在召开的经济社会领域专家座谈会上强调"要推动形成以国内大循环为主体、国内国际双循环相互促进的新发展格局"。当前阶段，各部门高度重视依靠内循环带动内需，激发经济增长的活力。本章的研究结果表明，移动支付能显著提高家庭参与网络融资的概率，并且主要为满足居民的消费性信贷需求。因此，移动支付的推广和使用有助于拓宽居民的融资渠道，缓解家庭的流动性约束，刺激家庭消费，扩大内需。基于上述研究发现，本章提出以下三个政策建议：

（1）加强移动互联网金融的基础设施建设，提升和普及移动终端的覆盖群体。根据普惠永道会计事务所 2019 年《全球消费洞察力调查》，中国有 86% 的人口使用移动终端，普及率在全球范围内遥遥领先。但中国人口众多，仍然有许多老年人口、偏远地区的人群无法触及移动互联网，难以享受到数字经济所带来的福利。因此，一方面，针对互联网金融基础比较薄弱的地区，各级部门应积极加强移动互联网的基础设施建设，特别是提前布局以人工智能、5G 网络和区块链为代表的数字化基础设施服务，为移动终端的普及和发展提供保障。另一方面，针对老年群体和偏远地区的弱势群体，尽可能提供精细化的金融科技指导服务，特别是以智能手机为代表的移动终端的使用说明。相关部门和社区机构应针对该群体，定期开展智能手机等产品的普及性教育和宣讲活动，扩大移动支付使用的覆盖群体，消除数字鸿沟对弱势群体带来的负面冲击。

（2）提高居民的人力资本水平，引导家庭合理利用互联网融资平台。户主的文化水平和金融技能的提升能够有效提高家庭获得信贷的概率，从而缓解家庭的流动性约束。整体而言，与西方发达国家相比，我国居民的金融知识比较匮乏。一方面，相关部门应进一步普及金融知识，加强居民的金融知识教育，提升全民的金融技能。具体而言，政府机构人员可以根据各地居民的金融知识水平，定期指派相关的技术人员实施金融知识教育，对各地居民的金融技能进行针对性的培训。另一方面，相关部门对于金融知识也可以通过新闻媒介进行普及性宣传，扩展接触金融知识群体的覆盖广度，进而从需求侧推动移动支付的普及和发展。

（3）增强居民的风险防控意识，防范移动互联网所带来的支付风险。移动支付在给居民带来便捷的同时，也蕴含着巨大的网络风险问题。一方面，用户在使用移动支付平台进行交易时，应仔细甄别潜在的风险，保护好自己的个人隐私，防止信息泄露；另一方面，相关金融监管部门也应加强移动支付平台的风险管理，为金融机构和居民搭建一个安全有序、健康和谐的支付环境。

第八章　移动支付与家庭储蓄[①]

第一节　研究背景

近年来，在以习近平同志为核心的党中央的努力下，中国经济取得长足进步，居民收入及财富得到有效增长。然而，中国国内的消费率并未跻身世界前列，据世界银行数据[②]，发达国家美国、加拿大、澳大利亚、英国的国内总消费率分别为 81.73%、79.81%、73.80%、83.34%；发展中国家印度、巴西、马来西亚的国内总消费率分别为 71.08%、83.20%、73.80%。尽管中国国内总消费率从 2010 年最低点 48.91%上升到 2020 年的 54.82%，但仍远低于世界大部分国家，且中国居民储蓄率[③]依然呈上升趋势（见图 8-1）。2020 年新冠疫情的暴发更是进一步降低了居民消费率。解决好低消费、高储蓄问题有助于形成以国内大循环为主体、国内国际双循环相互促进的新发展格局，拉动经济增长，改善人民群众物质生活，更好满足其日益增长的美好生活需要，从而调解社会主要矛盾。在上述背景下，党的十九届五中全会提出："中国要形成强大国内市场，构建新发展格局，必须牢牢抓紧扩大内需这个战略基点。"2021 年《中华人民共和国国民经济和社会发展第十四个五年规划和二〇三五年远景目标纲要》指出，"中国需深入扩大内需战略，形成消费需求旺盛的国内市场，全面提升居民消费水平"。2022 年《关于进一步释放消费潜力促进消费持续恢复的意见》指出："要破除限制消费障碍壁垒，着力提升居民消费意愿和能力，释放消费潜力，促进消费有序恢复发展。"因此，研究储蓄率问题具有极强的现实意义。

党的十八大以来，党中央作出"将数字经济上升为国家重要发展战略"的抉择，并从国家部署层面推动数字经济发展，加快数字中国的建设。根据《第 49 次中国互联网络发展状况统计报告》[④]，截至 2021 年 12 月，中国网民规模达 10.32 亿，手机网民规模达 10.29 亿，网络购物用户规模达 8.42 亿，网络支付用户规模达 9.04 亿，互联网普及率为 73.0%，农村地区的互联网普及率达到 57.6%，这为发展数字经济打下坚实的用户和硬件基础。数字经济作为继农业经济、工业经济后的主要经济形态，对建设完整内需体系，畅

---

① 尹志超，吴子硕，蒋佳伶. 移动支付对中国家庭储蓄率的影响［J］. 金融研究，2022（9）：57-74.

② 国内总消费率为最终消费支出占 GDP 的百分比。世界银行网站：https：//data.worldbank.org.cn/。

③ 居民储蓄率等于住户部门总储蓄和住户部门可支配收入的比，其中住户部门总储蓄等于住户部门可支配收入减去住户部门最终消费。"引言"中的国民储蓄和居民储蓄使用宏观数据计算均值，本章定义的储蓄率是基于微观调查数据，计算出所有调查家庭储蓄的总和后求均值。国家统计局网站：http：//www.stats.gov.cn/tjsj/ndsj/。

④ 中共中央网络安全和信息化委员会办公室网站：http：//www.cac.gov.cn/2021-02/03/c_1613923423079314.htm。

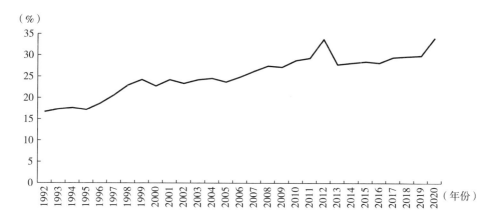

图 8-1　1992～2020 年中国居民储蓄率

资料来源：历年《中国统计年鉴》。

通国内大循环，保障及改善民生，推进新发展格局，促进经济高质量发展具有深远影响。作为数字经济主要表现形式的移动支付凭借便捷支付、交易成本低、提供金融服务等特点捕捉大量用户，同样推动了中国的经济。在疫情扩散的大背景下，移动支付用户及业务规模持续下沉，截至 2021 年 6 月用户规模已达到 8.72 亿。据中国人民银行发布的《2021 年支付体系运行总体状况》①，移动支付业务达到 1512.28 亿笔，交易金额达到 526.98 万亿元，同比分别增长 22.73% 和 21.94%。2021 年、2022 年我国政府制定的《"十四五"电子商务发展规划》《"十四五"数字经济发展规划》等政策更是为移动支付发展提供了进一步支持。移动支付与普惠金融深度融合，在一定程度上缓解了居民面临的金融排斥，这一点在西部、农村等经济相对落后的地区体现得尤其明显。一方面，以微信、支付宝等平台为载体的移动支付为居民提供借呗、花呗等小额信贷服务，且帮助金融机构采集用户征信信息，从而有效缓解家庭的流动性约束和信贷约束；另一方面，移动支付平台为家庭提供医疗健康服务，且扩大了家庭社会网络，拓宽了家庭获得信息的渠道，帮助家庭成员就业，提高了家庭应对不确定性的能力。在上述背景下，本章试图探讨移动支付对家庭储蓄率的影响，为充分发掘消费潜力、助力新发展格局的形成提供现实依据。

国内外文献尚未研究移动支付和家庭储蓄率之间的关系。在此背景下，本章以微观家庭为基础采用工具变量和固定效应模型估计移动支付对家庭储蓄率的影响，详细探讨移动支付对家庭储蓄率的作用机理。研究结果表明，移动支付可以降低家庭储蓄率。机制分析发现，移动支付主要通过缓解流动性约束、信贷约束和扩大社会网络降低家庭储蓄率。此外，移动支付可以缓解健康风险、医疗风险、失业风险、收入风险对预防性储蓄的影响。地区异质性分析表明，移动支付对农村地区、中西部地区、四五线城市家庭作用更明显，家庭特征异质性分析表明，移动支付对低收入、农业户籍、低受教育程度家庭效果更突出。相较于现有文献，本章的边际贡献包括以下三个方面：①虽然已有文献研究了数字普惠金融发展对家庭消费的影响，但以往文献使用的是代表省、市、县三个层级的数字普惠金融指数，仍然未能从微观家庭层面检验移动支付与家庭储蓄率之间的关系。本章立足于

---

①　中国人民银行网站：http://www.pbc.gov.cn/zhifujiesuansi/128525/index.html。

中国移动支付市场快速发展和高储蓄的事实，从微观家庭层面系统研究移动支付对中国家庭储蓄率的影响，得到的结果更为精确，扩展并丰富了"高储蓄之谜"领域的研究。②以往文献大多从支付便利性及广义流动性约束角度探讨数字普惠金融发展对家庭消费的影响。本章立足于流动性约束和预防性储蓄理论，不仅从广义流动性约束和狭义流动性约束角度探讨移动支付发挥作用的机制，而且通过引入多种不确定性代理变量从预防性储蓄角度检验了移动支付发挥作用的机制，丰富了相关领域的研究。③本章结合了移动支付的信息互动功能，从社会网络角度分析了移动支付发挥作用的渠道，通过异质性分析，进一步探讨了地区异质性和家庭特征异质性带来的影响。

第二节 文献综述与研究假设

一、文献综述

伴随着中国数字经济的蓬勃发展，数字金融迅速崛起，其弥合了传统金融的缺陷，已经渗透到生活的方方面面。近年来，借助互联网和智能手机的移动支付已成为时代潮流。移动支付通过便捷的支付系统、丰富的金融功能、多样的消费场景为中国经济的繁荣做出了巨大贡献。本章从两个方面梳理相关文献：一方面是与家庭储蓄率相关的文献；另一方面是数字金融对家庭储蓄率可能影响渠道的相关文献。

已有文献从以下三个视角探讨了影响储蓄率的因素：①关于流动性约束视角分析。金融市场的不发达、信息不对称、消费信贷供给不足等使消费者受到流动性约束（李江一，2017；齐天翔和李文华，2000），而流动性约束一直是导致家庭高储蓄的重要原因（甘犁等，2018）。汪红驹和张慧莲（2002）认为，由于信贷市场的不发达，流动性约束一直存在，受流动性约束的家庭只能通过增加现期储蓄平滑其一生消费。万广华等（2001）运用中国1961~1998年数据，结合罗伯特霍尔消费函数模型同样发现，流动性约束型消费者比重的上升是引起中国低消费、高储蓄的重要因素。②关于预防性储蓄视角分析。伴随流动性约束理论而生的预防性储蓄指家庭为应对未来不确定性进行的额外储蓄（Leland，1968）。根据生命周期-持久收入模型（LC/PIH），在确定性条件假设下，消费者为了使其效用最大化将会在整个生命周期中平滑其消费。但根据以往经验研究发现，教育、收入、失业、医疗等不确定性提高了家庭预防性储蓄动机，从而对家庭的储蓄行为产生显著正向影响（杨汝岱和陈斌开，2009；宋明月和臧旭恒，2016；罗楚亮，2004；沈坤荣和谢勇，2012；Meng，2003；Marcet et al.，2007）。③还有部分学者从保险、住房、消费习惯等方面研究储蓄率。Feldstein（1974）发现，养老保险可以替代家庭储蓄，由养老金发放所导致的"退休效应"使储蓄率提高。Venti 和 Wise（1990）却发现，社会保险对家庭储蓄率并无明确的影响。尹志超和严雨（2020）认为，商业保险作为社会保险的补充可以降低家庭因不确定性而进行的储蓄。陈彦斌和邱哲圣（2011）与陈斌开和杨汝岱（2013）认为，房价的增长，使居民因买房而进行储蓄。Seekin（1999）和 Carroll 等（1992）认为，受到消费习惯的影响，家庭收入波动时，当期消费不会发生明显变化，家庭储蓄率显著提高。以上文献从不同角度探讨了影响储蓄率的因素，但鲜有文献从移动支付角度研究此问题。

本章主要从流动性约束视角和预防性储蓄视角梳理数字金融对家庭储蓄率可能产生影响的相关文献。一方面，关于数字金融与流动性约束的相关文献。数字金融的产生使被金融排斥在外的居民得到金融服务，降低了流动性约束，从而提高其跨期消费的能力（Campbell and Mankiw，1991；王晓彦和胡德宝，2017；易行健和周利，2018）。杨波等（2020）研究发现，数字金融主要通过数字支付提高家庭获得正规信贷的可能性，而正规借贷的获得提高了家庭的消费水平（祝仲坤和冷晨昕，2017）。但张勋等（2020）却认为，移动支付主要通过节省时间成本提高消费，流动性约束的放松并不是移动支付影响消费的途径。另一方面，关于数字金融与预防性储蓄的相关文献。预防性储蓄是家庭储蓄的重要动机，家庭面临的不确定性是预防性储蓄的重要原因。数字金融作为一种新型金融模式，扩大了金融覆盖面，减少了家庭获得金融服务的交易成本（谢绚丽等，2018）。数字金融中的数字保险服务使得居民以低成本购买其需要的保险（李晓等，2021），而保险的获得能够有效降低不确定性（尹志超和严雨，2020；何宗樾和宋旭光，2020a）。也有研究发现数字金融能够有效提高家庭资产组合有效性，提升社会福利（吴雨等，2021），降低家庭失业率（尹志超等，2021c；何宗樾和宋旭光，2020b），且实现家庭收入的增长（张勋等，2019），有效降低了家庭面临的流动性约束，进而提高家庭应对各种不确定性的能力。此外，作为数字金融重要组成部分的移动支付提高了家庭分散风险的能力，提高了家庭消费水平（Jack and Suri，2014；Riley，2018）。Bachas等（2018）研究发现，移动支付发挥其金融功能的同时扩大了家庭社会网络，而社会网络作为非正式保险机制可以缓解不确定性对家庭储蓄率的影响（易行健等，2012）。

二、研究假设

基于上述文献，考虑到移动支付本身的优势，结合理论，提出研究假设，并使用计量方法验证假设，以解释移动支付对家庭储蓄率的影响。

Deaton（1991）提出流动性约束理论，他通过建立两期的跨期选择模型得出流动性约束会提高家庭当期储蓄率这一结论。具体地，当家庭受到流动性约束时消费者无法将资源进行有效配置，效用最大化目标无法实现，家庭当期的边际效用会大于未来的边际效用，从而导致家庭当期储蓄率较高。尹志超等（2021b）利用中国家庭追踪调查数据发现有将近46%的农村家庭受到流动性约束，而据最新中国家庭金融调查数据，流动性约束型家庭占比达到42%。这直接说明了中国家庭受到的流动性约束情况较为严重，也是中国家庭储蓄率较高的原因之一。金融作为帮助家庭有效分配资源的工具帮助消费者实现效用的最大化，但由于受到自身禀赋的限制，弱势家庭并不能完全得到自身所需的金融服务，而数字金融作为传统金融的有益补充扩大了金融的覆盖面，减少了金融服务的获得成本（谢绚丽等，2018），提高了金融可得性，有效缓解了家庭面临的流动性约束（易行健和周利，2018）。尤其是以支付宝、微信等为平台的移动支付不仅方便了家庭支付，其所提供的金融服务更是对家庭产生了不可小觑的影响。一方面，移动支付本身的小额借贷功能缓解了家庭所面临的流动性约束；另一方面，移动支付的使用促进了银行等金融机构采集家庭征信信息，这有助于家庭走出因信息不对称而导致其无法获得正规信贷的窘境，有效缓解了家庭面临的信贷约束（尹志超等，2019a），帮助家庭完成跨期资源配置，进而降低家庭储蓄率。此外，相比传统支付方式，移动支付的使用扩大了家庭社会网络。移动支付平台不仅为家庭提供了基本金融服务，而且通过支付宝、微信等软件拉近了人与人之间的距离。尤其在新冠疫情期间，居民居家隔离，社会网络被弱化。移动支付凭借其跨空间、无接触的优势，使家庭社会网络得到保障及扩大。易行健等（2012）的研究表明，社会网络能够有效降低家庭储蓄率。据以上分析，提出假设 H1 和假设 H2：

H1：移动支付通过缓解流动性约束、信贷约束降低家庭储蓄率。

H2：移动支付通过扩大家庭社会网络降低家庭储蓄率。

Leland（1968）基于理论模型阐述了家庭面临的不确定性是导致高储蓄的又一因素。具体地，他认为，不确定性会导致家庭未来的边际效用高于当期的边际效用，家庭只能通过增加当期储蓄使每期边际效用相等，从而使其整个生命周期的效用得到最大化。随后，Deaton（1991）和 Carroll（1992）提出并改进了缓冲存货模型，他们认为，一方面，流动性约束和预防性储蓄都会导致家庭高储蓄，两者存在替代效应；另一方面，流动性约束与预防性储蓄存在互补效应，即流动性约束会进一步强化不确定性对家庭储蓄率的影响。家庭面临的健康风险、医疗风险、失业风险及收入风险是不确定性的主要来源，而移动支付不仅为家庭提供信贷、保险、医疗健康等综合服务还推动了家庭自雇用就业并帮助其获得盈利（尹志超等，2019a）。信贷服务缓解了家庭的流动性约束，保险服务能够在家庭发生风险后得到理赔，医疗健康服务能够减小健康风险、医疗风险发生的概率，而就业能够让家庭获得更多保障。四者都在帮助家庭分散风险方面扮演重要角色，有效降低风险对家庭现金流的影响，进而降低家庭预防性储蓄。据此，提出假设 H3：

H3：移动支付有效缓解不确定性对家庭储蓄率的影响。

第三节 数据和变量

一、数据来源

本章使用西南财经大学于 2017 年和 2019 年开展的两轮中国家庭金融调查数据。中国家庭金融调查（China Household Finance Survey，CHFS）是中国家庭金融调查与研究中心在全国范围内开展的抽样调查项目，旨在收集有关家庭金融微观层次的相关信息。CHFS 在样本人口年龄结构、城乡人口结构、性别结构等多个方面与国家统计局相一致，数据具有代表性（甘犁等，2012）。2017 年第四轮中国家庭金融调查覆盖了全国 29 个省（区、市）、355 个县（区、市）、1428 个社区（村），共获得 40011 户家庭，2019 年第五轮中国家庭金融调查覆盖了全国 29 个省（区、市）、345 个县（区、市）、1359 个社区（村），共获得 34643 户家庭的人口统计学特征、资产与负债、保险与保障、支出与收入、金融知识、家庭教育等方面的详细情况。

二、变量说明

（1）被解释变量。本章研究移动支付对家庭储蓄率的影响，被解释变量为家庭储蓄率。为保证结果的稳健性，采用三种方式定义储蓄率：第一种定义储蓄率的方式为家庭总收入减去家庭消费性支出，再除以家庭总收入[①]。家庭消费性支出包括食品支出、衣着消费、居住消费、家庭设备服务消费、交通通信消费、教育文娱消费、医疗保健消费和其他消费。储蓄率1的表达式如下：

$$Saving_1 = (\text{总收入} - \text{消费支出}) / \text{总收入} \tag{8-1}$$

第二种定义储蓄率的方式：教育支出和医疗支出对于家庭的支出具有刚性（尹志超和张诚，2019）。为保持结果的稳健性，借鉴马光荣和周广肃（2014）的做法定义储蓄率2。储蓄率2的表达式如下：

$$Saving_2 = [\text{总收入} - (\text{消费支出} - (\text{医疗支出} + \text{教育支出}))] / \text{总收入} \tag{8-2}$$

第三种定义储蓄率的方式：借鉴 Deaton 和 Paxson（1994）的做法，将储蓄率3定义为家庭收入的自然对数减去家庭消费的自然对数，表达式如下：

$$Saving_3 = \ln \text{总收入} - \ln \text{消费支出} \tag{8-3}$$

（2）解释变量。本章的核心解释变量为移动支付。参考尹志超等（2019b）的做法，同时根据2017年中国家庭金融调查问卷，将使用手机、iPad 等移动终端支付（包括支付宝、微信、手机银行、Apple Pay 等）的家庭赋值为1，否则为0。2019年调查问卷中问题有变化，本章将家庭开通支付宝、微信支付、京东网银钱包、百度钱包等第三方支付账户的家庭赋值为1，否则为0。

（3）控制变量。参考已有研究储蓄率的文献，选取家庭特征变量、户主特征变量和社区特征变量。家庭特征变量包括家庭总收入、家庭资产负债比（总负债/净资产）、老人占比（60岁及以上老人占家庭总人数比）、孩子占比（16岁及以下孩子占家庭总人数比）、养老保险参与（家庭有人参与养老保险为1，否则为0）、医疗保险参与（家庭有人参与医疗保险为1，否则为0）。户主特征变量包括年龄、年龄的平方/100、已婚（已婚为1，否则为0）、受教育年限（没上过学为0；小学为6；初中为9；高中及中专为12；大专为15；大学本科为16；硕士学历为19；博士学历为22）、健康状况（非常健康，健康为1，否则为0）、农业户口（农业户口为1，否则为0）、工作状态（户主有工作为1，否则为0）、智能手机（受访者使用智能手机为1，否则为0）。社区特征变量包括经济状况（非常富为1；比较富为2；一般为3；比较穷为4；非常穷为5）。

在处理数据的过程中，为减小异常值对估计结果的影响。借鉴李雪松和黄彦彦（2011）的做法，将家庭总收入小于或等于0的样本剔除，进一步地，将家庭储蓄率1及储蓄率2小于-200%和大于100%的家庭剔除，最终得到24582个样本（见表8-1）。

表8-1　描述性统计

变量名称	观测值	均值	标准差	最小值	最大值
（1）被解释变量					
储蓄率1	24582	0.0942	0.6197	-2	0.9976
储蓄率2	24582	0.2781	0.5097	-2	0.9992
储蓄率3	24582	0.3346	0.7283	-1.0986	6.0492
（2）关注变量					
移动支付	24582	0.3857	0.4867	0	1
（3）家庭特征					

---

① 总收入包括工资性收入、农业收入、工商业收入、财产性收入和转移性收入。

变量名称	观测值	均值	标准差	最小值	最大值
家庭总收入（万元）	24582	10.2132	51.6044	0.0960	6428
家庭净资产（万元）	24582	115.4442	510.4720	0	73393
家庭负债（万元）	24582	4.9732	23.3134	0	1227
孩子占比	24582	0.1052	0.1586	0	0.8
老人占比	24582	0.3753	0.4109	0	1
养老保险参与	24582	0.9380	0.2410	0	1
医疗保险参与	24582	0.9641	0.1859	0	1
（4）户主特征					
年龄	24582	56.9437	13.2866	17	117
年龄的平方/100	24582	34.1912	15.2386	2.89	136.89
已婚	24582	0.8681	0.3383	0	1
受教育年限	24582	9.3408	3.9238	0	22
健康水平	24582	0.4414	0.4965	0	1
农村户口	24582	0.5123	0.4998	0	1
工作	24582	0.6346	0.4815	0	1
智能手机	24582	0.6760	0.4680	0	1
社区特征					
经济状况	24582	2.8450	0.7206	1	5

第四节 模型设定及内生性分析

一、模型设定

为考察移动支付对家庭储蓄率的影响，本章建立如下计量模型：

$$Saving_{it} = \beta_0 + \beta_1 Payment_{it} + \beta_2 x_{it} + \mu_i + \lambda_t + e_{it} \tag{8-4}$$

其中，i 表示家庭，t 表示时间。$Saving_{it}$ 表示第 i 个家庭在 t 时间内的储蓄率。$Payment_{it}$ 表示第 i 个家庭在 t 时间内的家庭的移动支付使用情况。$Payment_{it} = 1$ 表示第 i 个家庭在 t 时间内使用移动支付，$Payment_{it} = 0$ 表示第 i 个家庭在 t 时间内不使用移动支付。x_{it} 表示控制变量，包括户主特征变量、家庭特征变量和社区特征变量，μ_i 和 λ_t 分别代表家庭固定效应和年份固定效应，扰动项 $e_{it} \sim N(0, \sigma^2)$。

此外，为考察移动支付对家庭储蓄率发生作用的机制，建立如下计量模型：

$$Saving_{it} = \beta_0 + \beta_1 Payment_{it} + \beta_2 Payment_{it} Y_{it} + \beta_3 x_{it} + \beta_4 Y_{it} + \mu_i + \lambda_t + e_{it} \tag{8-5}$$

其中，Y_{it} 表示第 i 个家庭在 t 时间内的流动性约束的虚拟变量和社会网络。$Saving_{it}$ 表示第 i 个家庭在 t 时间内的储蓄率。x_{it} 表示控制变量。μ_i 和 λ_t 分别表示家庭固定效应和年份固定效应，扰动项 $e_{it} \sim N(0, \sigma^2)$。

进一步地，探究移动支付是否缓解风险对预防性储蓄的影响，重点关注移动支付和风险的交互项，建立如下计量模型：

$$Saving_{it} = \beta_0 + \beta_1 Payment_{it} + \beta_2 Risk_{it} + \beta_3 Payment_{it} Risk_{it} + \beta_4 x_{it} + \mu_i + \lambda_t + e_{it} \tag{8-6}$$

其中，系数 β_1 和 β_2 分别体现了移动支付与风险对家庭储蓄率的影响。β_3 衡量了两者交互项对家庭储蓄率的影响。本章预测风险会提高家庭储蓄率，移动支付可以缓解风险对储蓄率的影响。$Risk_{it}$ 表示家庭所面临的健康风险、医疗风险、失业风险、收入风险，x_{it} 表示影响家庭储蓄率的控制变量，与模型（8-4）中控制变量一致，不予赘述。

二、内生性分析

本章使用双向固定效应模型解决了不随时间变化的遗漏变量问题。但模型（8-4）中，移动支付仍可能存在内生性问题。一方面，存在遗漏变量问题。文化背景、风俗习惯、家庭自身的传统、偏好及地域等不可观测变量，可能既会影响家庭移动支付使用，也会影响家庭储蓄率，从而产生内生性。例如，家庭的支付习惯及接受新鲜事物能力。目前，"去现金化"成为时代的潮流，由于支付习惯和接受新鲜事物的能力影响，一部分消费者可能不习惯使用移动支付，一部分消费者受限于知识水平，掌握新技能的能力较弱。两者会对家庭储蓄率产生一定影响，故而产生内生性。另一方面，微观调查数据中存在一定测量误差，从而影响移动支付的度量，进而产生内生性。

为克服内生性，借鉴尹志超等（2019a）的做法，使用同一社区内除本家庭外其他使用移动支付家庭的比例作为工具变量，进行两阶段估计。使用此工具变量的理由有两个方面：一方面，已有研究发现"近邻效应"使个体易受到周围环境的影响（尹志超等，2019a）。在移动支付使用比例较高的社区，受邻居行为和观念的影响，为避免被边缘化的风险，家庭使用移动支付的概率会增大。因此，同一社区内除本家庭外其他使用移动支付家庭的比例与本家庭使用移动支付高度相关。另一方面，其他家庭使用移动支付并不会影响本家庭储蓄率，两者不存在相关关系。因此，使用此工具变量进行内生性处理是合适的。

第五节　实证结果

一、基本实证结果分析

首先，分析移动支付对家庭储蓄率的影响，表8-2是双向固定效应模型的回归结果。第（1）（2）列是储蓄率1和储蓄率2定义下的回归结果。回归结果显示，移动支付的边际效应显著为负，即移动支付可以降低家庭储蓄率。第（1）列移动支付的回归系数为0.0755，且在1%的水平上显著为负。第（2）列移动支付的回归系数为0.0786，且在1%的水平上显著为负。

表8-2　移动支付与家庭储蓄率：FE

被解释变量	（1） Saving1	（2） Saving2
（1）关注变量		
移动支付	-0.0755 *** （0.0113）	-0.0786 *** （0.0094）
（2）家庭特征		
家庭总收入	0.5664 *** （0.0084）	0.4805 *** （0.0073）

被解释变量	(1) Saving1	(2) Saving2
资产负债比	−0.0016 *** (0.0006)	−0.0008 ** (0.0003)
孩子占比	−0.3856 *** (0.0581)	−0.2321 *** (0.0493)
老人占比	0.1509 *** (0.0303)	0.1041 *** (0.0252)
养老保险参与	−0.0016 (0.0211)	−0.0030 (0.0179)
医疗保险参与	−0.0349 (0.0245)	−0.0365 * (0.0211)
（3）户主特征		
年龄	0.0087 ** (0.0036)	0.0054 * (0.0030)
年龄的平方/100	−0.0067 ** (0.0032)	−0.0042 (0.0027)
已婚	−0.0095 *** (0.0224)	−0.0036 ** (0.0186)
受教育年限	−0.0011 (0.0024)	−0.0046 ** (0.0020)
健康水平	0.0208 ** (0.0101)	0.0035 (0.0086)
户主工作	0.0370 *** (0.0141)	0.0022 * (0.0011)
农村户口	−0.0098 (0.0244)	−0.0055 (0.0202)
智能手机	−0.0436 *** (0.0148)	−0.0511 *** (0.0120)
（4）社区特征		
经济状况	0.0037 (0.0065)	0.0063 (0.0053)
家庭固定效应	YES	YES
时间固定效应	YES	YES
N	24582	24582
R²	0.3649	0.3708

注：＊＊＊、＊＊和＊分别表示在1%、5%、10%的水平上显著性，括号内是异方差稳健标准误。

其次，本章分析其他控制变量对家庭储蓄率的影响。生命周期理论（Modigliani and Brumberg，1954）和持久收入理论（Friedman，1957）认为，居民为使其整个生命阶段效用最大，需要将资源合理配置以平滑消费。当期收入大于永久收入时，居民会进行储蓄。本章发现，家庭总收入可以显著提高家庭储蓄率，这与甘犁等（2018）、李雪松和黄彦彦（2011）的发现一致。尹志超等（2020b）发现，负债高家庭，家庭收入除了保障家庭正常消费外，还需偿还家庭债务，家庭储蓄率因此降低，这一结论在本章得到验证。养老保险参与和医疗保险参与对储蓄率并无显著影响。可能的原因为，中国社会保障体系的不完善，居民并没有改变"有备无患"的储蓄意识。孩子占比降低了家庭储蓄率，可能的原因是，未成年子女数量越多的家庭面对的不确定性支出越多（尹志超和张诚，2019）。老人占比会显著提高家庭储蓄率（刘铠豪和刘渝琳，2015）。户主年龄与储蓄率呈倒"U"型关系，这与生命周期理论预测的结论一致。户主已婚家庭储蓄率更小，婚姻作为一种保险机制，提高了家庭的安全感，进而降低预防性储蓄。户主受教育水平越高，家庭收入来源越稳定，储蓄意愿较低（李蕾和吴斌珍，2014；尹志超等，2020b）。户主健康水平越高，家庭储蓄率越高。可能的原因是，家庭承担的医疗费用和保健费用较低，收入转化成为储蓄。户主有工作能显著提高家庭储蓄率。可能的原因为，户主工作的不稳定性是提高预防性储蓄的重要原因之一，其收入大部分转化为储蓄。智能手机也会降低家庭储蓄率。社区经济状况则对家庭储蓄率无显著影响，这与张勋等（2020）的研究结论一致。

二、工具变量法+双向固定效应

尽管在模型（8-4）中控制了影响储蓄率的变量和家庭的异质性特征，但模型仍然可能存在一些随着时间变化的不可观测因素，同时影响家庭储蓄率和移动支付的使用，从而带来估计偏误。为减小因随时间变化的遗漏变量及测量误差导致的内生性问题，使用同一社区除本家庭外其他使用移动支付家庭比例作为移动支付的工具变量进行 FE-IV 估计，在两阶段估计结果中，一阶段的 F 值为 230.96，工具变量 t 值为 11.85，F 值大于 10%偏误水平下的临界值 16.83（Stock and Yogo，2002），不存在弱工具变量问题。第（1）列移动支付的估计系数在 10%的显著性水平上显著为负。第（2）列移动支付的估计系数在 10%的显著性水平上显著为负。以上估计结果表明，家庭使用移动支付会降低储蓄率（见表 8-3）。

表 8-3　移动支付与家庭储蓄率：FE-IV

被解释变量	（1）Saving1	（2）Saving2
（1）关注变量		
移动支付	-0.1895* (0.1090)	-0.1586* (0.0890)
（2）家庭特征		
家庭总收入	0.5716*** (0.0097)	0.4841*** (0.0084)
资产负债比	-0.0015*** (0.0060)	-0.0008** (0.0003)
孩子占比	-0.3761*** (0.0586)	-0.2254*** (0.0496)
老人占比	0.1295*** (0.0363)	0.0891*** (0.0300)
养老保险参与	0.0003 (0.0212)	-0.0016 (0.0179)
医疗保险参与	-0.0331 (0.0246)	-0.0352* (0.0212)
（3）户主特征		
年龄	0.0091** (0.0036)	0.0057* (0.0031)
年龄的平方/100	-0.0074** (0.0033)	-0.0047* (0.0028)
已婚	-0.0948*** (0.0224)	-0.0363* (0.0186)
受教育年限	-0.0096 (0.0024)	-0.0045** (0.0020)

被解释变量	（1） Saving1	（2） Saving2
健康水平	0.0202 ** （0.0101）	0.0031 （0.0086）
户主工作	0.0377 ** （0.0141）	0.0226 * （0.0116）
农村户口	−0.0090 （0.0245）	−0.0049 （0.0202）
智能手机	−0.0311 （0.0190）	−0.0424 *** （0.0156）
（4）社区特征		
经济状况	0.0037 （0.0064）	0.0063 （0.0053）
家庭固定效应	YES	YES
时间固定效应	YES	YES
N	24582	24582
R²	0.3597	0.3672
一阶段 F 值	230.96	230.96
工具变量 t 值	11.85	11.85

注：＊＊＊、＊＊和＊分别表示在1%、5%、10%的水平上显著，括号内是异方差稳健标准误。

第六节 机制分析

本章将探讨移动支付影响家庭储蓄率的内在机制。移动支付的价值远超过支付本身，在互联网蓬勃发展的今天，一方面，移动支付能够帮助银行等正规金融机构掌握消费者特征、交易信息等，而信息的收集、整理、分析能够帮助金融机构全面了解消费者的行为、偏好等，有效帮助家庭获得正规信贷、互联网借贷等金融服务。另一方面，相较于传统支付方式，以智能手机为载体的移动支付不仅局限于支付功能，支付的同时还伴随着网络信息的频繁互动，从而保障及扩大了家庭社会网络。鉴于此，本章从流动性约束和社会网络角度探讨移动支付对储蓄率发挥作用的机制。

一、基于广义流动性约束的考察

流动性约束是中国高储蓄现象的重要原因（甘犁等，2018）。在完全信贷市场中，消费者将不会受到流动性约束，无论在生命周期的哪个阶段，消费者都不会为平滑消费和应对不确定事件而进行预防性储蓄。在不完全信贷市场中，消费者将会进行预防性储蓄以平滑未来消费。Deaton（1991）认为，受到流动性约束的个体预防性储蓄动机较强。移动支付推动了普惠金融的发展，提高了居民金融服务的可得性（焦瑾璞，2014）。Karlan 和 Zinman（2010）认为，金融服务可得性的提高有助于缓解家庭的流动性约束。此外，支付宝、微信的小额借贷功能可以帮助家庭缓解流动性约束，从而降低预防性储蓄动机。易行健和周利（2018）发现，数字金融通过缓解流动性约束提高家庭消费能力。

为验证广义流动性约束[①]机制，借鉴 Zeldes（1989）的定义方式，将金融资产价值低

———

① 广义流动性约束是指家庭在需要支付款项时没有资金，包括自身收入低和无法借贷足够的款项两种情况。

于两个月永久收入的家庭定义为受到广义流动性约束家庭，赋值为 1，否则为 0（尹志超等，2020b）。为验证移动支付可以通过缓解家庭流动性约束，进而减小家庭储蓄率机制，引入移动支付与流动性约束的交互项。表 8-4 第（1）列结果显示，移动支付与流动性约束的交互项系数在 5% 的水平上显著为负，表明移动支付可以缓解流动性约束，进而降低家庭储蓄率。表 8-4 第（2）列移动支付与流动性约束交互项系数虽然在统计水平上不显著，但经济意义仍然为负。近年来，中国信用卡市场发展迅猛，自 2006 年起中国人均持卡量稳步上升，到 2021 年信用卡和借贷合一卡用发卡数量共计 8.00 亿张，人均持有信用卡和借贷合一卡 0.57 张[①]。申请信用卡需要良好的征信记录及银行流水，而使用微信和支付宝进行支付往往需要绑定银行卡，在一定程度上减少了信息不对称所导致的逆向选择和道德风险问题，提高了家庭获得信用卡的概率。吴锟等（2020）认为，信用卡作为一种消费信贷的金融创新工具，可以缓解家庭的流动性约束。鉴于此，本章借鉴甘犁等（2018）的做法，以家庭是否使用信用卡定义流动性约束。表 8-4 第（3）列结果显示，移动支付显著降低无信用卡家庭的储蓄率，即移动支付通过缓解流动性约束降低储蓄率机制成立。

表 8-4　移动支付、广义流动性约束与家庭储蓄率

被解释变量	（1）Saving1	（2）Saving2	（3）Saving1	（4）Saving2
关注变量				
移动支付	−0.0505***（0.0136）	−0.0597***（0.0114）	−0.0357（0.0232）	−0.0575***（0.0194）
移动支付×流动性约束 1	−0.0369**（0.0188）	−0.0228（0.0155）		
流动性约束 1	0.0548***（0.0133）	0.0479***（0.0108）		
移动支付×流动性约束 2			−0.0448*（0.0247）	−0.0230（0.0206）
流动性约束 2			0.0800***（0.0227）	0.0547***（0.0185）
其他控制变量	YES	YES	YES	YES
家庭固定效应	YES	YES	YES	YES
时间固定效应	YES	YES	YES	YES
N	23342	23342	24582	24582
R²	0.3689	0.3762	0.3657	0.3715

注：***、**和*分别表示在 1%、5%、10% 的水平上显著，括号内是异方差稳健标准误。

二、基于信贷约束（狭义流动性约束）的考察

以上分析的流动性约束是广义流动性约束，而国际上将狭义信贷约束定义为因信贷需求主体受到信息不对称等种种原因限制，无法以低成本获得需要的信贷资金，自身信贷需求无法满足（Baydas et al.，1994）。移动支付在一定程度上缓解了信息不对称对信贷约束的抑制。本章借鉴 Jappelli 等（1998）的做法，将需要信贷但是没有申请或申请被拒绝定义为信贷约束家庭。根据 2017 年 CHFS 问卷的设计，如果家庭在农业生产经营、工商业生

---

① 中国人民银行网站：http：//www.pbc.gov.cn/zhifujiesuansi/128525/index.html。

·157·

产经营、购房、购车、教育、医疗等方面无银行贷款的原因为"需要没有申请、申请被拒绝"定义为信贷约束家庭,赋值为1,否则为0。因2019年CHFS问卷中只询问了生产性经营信贷需求,故本章只使用截面数据验证信贷约束机制。表8-5第(1)列为两阶段最小二乘估计结果,实证结果表明,信贷约束提高了家庭储蓄率,移动支付降低了信贷约束对家庭储蓄率的影响。

表8-5 移动支付、信贷约束(狭义流动性约束)与家庭储蓄率

被解释变量	(1) Saving1	(2) Saving2
关注变量		
移动支付	-0.8409*** (0.1021)	-0.7058*** (0.1049)
移动支付×信贷约束	-0.3222* (0.1858)	-0.3438** (0.1744)
信贷约束	0.0039 (0.0368)	0.0597 (0.0379)
其他控制变量	YES	YES
区县固定效应	YES	YES
N	33645	34002
R^2	0.2337	0.2133

注:***、**和*分别表示在1%、5%、10%的水平上显著,括号内是异方差稳健标准误。

三、基于社会网络的考察

中国是一个社会网络极度发达的国家。社会网络作为家庭重要禀赋之一,对家庭经济行为有重要影响。易行健等(2012)研究发现,社会网络作为一种非正式保险机制可以降低家庭储蓄率,且由于正式保险能力较弱,低收入群体更依赖于社会网络。相较于传统支付,移动支付在提高金融服务可得性,发挥其金融功能时也伴随着频繁的信息互动。例如,通过支付宝、微信等接收红包以及进行社会互动都可以扩大家庭的社会网络。Jack和Suri(2014)研究发现,移动支付提供了安全的储蓄模式,促进自我保险,但受到来自远方的资金是其发挥风险分担的主要机制。因此,移动支付的使用可能会通过扩大社会网络进而对储蓄率产生影响。鉴于此,借鉴胡金焱等(2014)的做法,以家庭节假日(春节、中秋节等)、红白喜事(做寿、庆生等)收支总和的自然对数作为社会网络的代理变量。表8-6第(1)列引入了移动支付和社会网络的交互项,回归结果显示,交互项系数在5%水平上显著为负,表明移动支付进一步提高社会网络对家庭储蓄率的负向影响。

表8-6 移动支付、社会网络与家庭储蓄率

被解释变量	(1) Saving1	(2) Saving2
关注变量		
移动支付	-0.0437** (0.0192)	-0.0438*** (0.0162)
移动支付×社会网络	-0.0048** (0.0024)	-0.0054*** (0.0020)
社会网络	-0.0016 (0.0016)	-0.0001 (0.0013)

续表

被解释变量	（1） Saving1	（2） Saving2
其他控制变量	YES	YES
家庭固定效应	YES	YES
时间固定效应	YES	YES
N	24582	24582
R²	0.3655	0.3714

注：＊＊＊、＊＊和＊分别表示在1%、5%、10%的水平上显著性，括号内是异方差稳健标准误。

四、移动支付缓解流动性约束的具体途径

由上文分析可知，移动支付缓解了流动性约束对储蓄率的影响。进一步地，分析移动支付缓解流动性约束的具体途径。数字金融，尤其是移动支付的发展拓展了居民借贷的渠道，且提高了金融服务的可得性。一方面，P2P、花呗、借呗及微粒贷等平台实现了资金需求端和供给端的有效对接，降低了居民获得贷款的时间成本；另一方面，移动支付带动银行卡的使用，为正规金融机构提供大量客户信息，有利于金融机构评估消费者信贷资质（杨波等，2020），有效降低因信息不对称对消费者获得信贷的影响。此外，通过掌握居民的信息，金融机构能精准识别消费者的金融需求，降低需求端信贷约束。表8-7第（1）列结果表明，移动支付的使用会提高家庭获得互联网借贷的概率。第（2）列结果表明，移动支付会显著提高家庭获得正规信贷的概率。互联网借贷和正规借贷帮助家庭获得短期资金支持，从而缓解家庭流动性约束。

表8-7　移动支付缓解流动性约束途径

被解释变量	（1） 互联网借贷	（2） 正规借贷
关注变量		
移动支付	0.0348＊＊＊ （0.0034）	0.0148＊＊ （0.0063）
其他控制变量①	YES	YES
家庭固定效应	YES	YES
时间固定效应	YES	YES
N	24582	24460
R²	0.0493	0.0159

注：＊＊＊、＊＊和＊分别表示在1%、5%、10%的水平上显著，括号内是异方差稳健标准误。

第七节　进一步分析

受新冠疫情影响，移动支付发挥的金融服务和社会互动作用对家庭显得尤为重要。预防性储蓄是指家庭为应付未来不确定性所形成的额外储蓄。刘兆博和马树才（2007）认

① 考虑到正规借贷与互联网借贷属于家庭负债的一部分，此外，家庭可能因还债而产生借贷行为，为减小逆向因果带来的内生性，在估计表8-7第（1）（2）列时将资产负债比变量去除，加入家庭净资产变量。

为，不确定性影响居民消费和储蓄的决策。身体健康状况、失业、医疗及收入的不确定性更是家庭产生预防性储蓄动机的重要原因。鉴于此，本章从健康风险、医疗风险、失业风险、收入风险等背景风险视角检验移动支付对家庭储蓄率的影响。

（1）健康风险。有健康风险家庭相对于无健康风险家庭更易进行储蓄，Atella 等（2012）认为健康状况蕴含大量健康信息。何兴强和史卫（2014）采取健康自评状况作为家庭成员健康状况的衡量标准，将含有不健康家庭成员的家庭定义为面临健康风险家庭。但自评健康状况存在一定测量误差。因此，本章寻找了更能代表健康风险的变量，通过查询中国家庭金融调查问卷，使用家庭中是否有残障/疾病的人作为健康风险的代理变量进行估计。相比自评健康状况，家中有残障/疾病的人是健康风险更为真实的体现。表 8-8 第（1）列引入移动支付和健康风险的交互项，结果表明，移动支付可以缓解健康风险对家庭储蓄率的影响。一方面，以支付宝、微信等平台为支撑的移动支付为家庭提供医疗健康服务，有效避免医疗排斥现象的发生，进而减小家庭所面临的健康风险。另一方面，移动支付金融服务门槛较低，这些残障/疾病家庭能够获得保险、信贷等服务，可以有效缓解健康风险对家庭储蓄率的影响。

（2）医疗风险。何兴强和史卫（2014）认为，老年人本身是家庭产生风险的重要原因，本章采取 60 岁以上老人占家庭总人数的比例作为家庭面临医疗风险的衡量方式。老人占比越高，家庭面临的医疗风险越大。第（2）列引入移动支付和医疗风险的交互项，结果表明，移动支付可以缓解医疗风险对家庭储蓄率的影响。可能的原因是，一方面，移动支付的使用降低了家庭购买商业保险的成本且提高了家庭金融知识水平，从而促进家庭购买商业保险（李晓，2021；秦芳等，2016）。而保险作为家庭的一种健康投资能够对冲医疗风险对家庭储蓄率的影响。另一方面，移动支付平台的在线医疗功能为老年群体慢性病管理提供了多种服务模式，加强了对其健康状况的监测，有效避免了医疗风险的发生，从而降低医疗风险对家庭预防性储蓄的影响。

（3）失业风险。借鉴 Meng（2003）的做法，以户主年龄、年龄的平方/100、性别、受教育水平、健康水平、工作类型和省份固定效应，通过线性概率模型预测户主未来失业的概率。第（3）列引入移动支付和失业风险的交互项，结果表明，移动支付可以缓解失业风险对家庭储蓄率的影响。可能的原因是，作为移动支付强大平台支撑的智能手机和技术支撑的互联网提高了家庭社会互动水平，且拓宽了信息渠道，进而提高家庭成员就业的概率，从而降低了失业风险。

（4）收入风险。以家庭人均收入作为因变量，使用家庭特征变量、户主特征变量和省级固定效应作为自变量进行 OLS 回归得到收入残差值，以收入残差值作为收入风险代理变量[①]（沈坤荣等，2012），收入残差值越大，家庭面临收入风险越大。为保证残差值的计量单位与其他回归变量大小接近，将残差值十等分，由小到大依次赋值为 1~10（尹志超等，2020b）。第（4）列引入移动支付和收入风险的交互项，结果表明，移动支付可以缓解收入风险对储蓄率的影响。

---

① 使用的控制变量为家庭特征变量、户主特征变量、省份虚拟变量。家庭特征变量为平均年龄、平均受教育年限、就业率。户主特征变量为性别、政治面貌。

表8-8 移动支付、不确定性与家庭储蓄率

被解释变量	Saving1			
	（1）	（2）	（3）	（4）
关注变量				
移动支付	−0.0681*** （0.0115）	−0.0624*** （0.0136）	−0.0531*** （0.0165）	0.0463* （0.0264）
健康风险	0.0187 （0.0161）			
移动支付×健康风险	−0.0705** （0.0287）			
医疗风险		0.1626*** （0.0313）		
移动支付×医疗风险		−0.0525* （0.0277）		
失业风险			0.0077 （0.0649）	
移动支付×失业风险			−0.0600* （0.0362）	
收入风险				0.1357*** （0.0031）
移动支付×收入风险				−0.0140*** （0.0036）
其他控制变量	YES	YES	YES	YES
时间固定效应	YES	YES	YES	YES
家庭固定效应	YES	YES	YES	YES
N	24582	24582	24582	24582
R^2	0.3651	0.3651	0.3662	0.1999

注：***、**和*分别表示在1%、5%、10%的水平上显著，括号内是异方差稳健标准误。

第八节 异质性分析

由于中国不同群体和不同地区之间储蓄率情况及移动支付使用状况存在差异，鉴于此，本章从地区异质性、家庭特征异质性角度分析了移动支付对家庭储蓄率的影响。

（1）地区异质性。表8-9A部分根据家庭所在区域进行划分，分析不同区域的家庭移动支付对储蓄率的影响。回归结果表明，移动支付对中西部家庭的影响较大。可能的原因是，中国中西部地区总体发展滞后，金融发展程度不均匀。移动支付的发展为中西部地区家庭提供金融服务，如信贷、商业保险等，从而对家庭的储蓄率产生更大影响。

（2）城乡异质性。表8-9B部分根据城乡位置进行分组，考察城镇和农村地区移动支付对家庭储蓄率的影响。实证结果表明，移动支付对农村家庭储蓄率的影响更大。一般而言，相较于城市家庭，农村家庭购物的时间成本和机会成本更高，移动支付作为一种新型"互联网+"的支付方式，为线上交易提供了条件，减小家庭购物的时间成本和空间约束（杨光等，2018），从而对农村家庭的储蓄率产生较大的影响。

（3）城市异质性。表8-9C部分根据城市类型进行分组，考察新一线、二三线和四五线城市移动支付对家庭储蓄率的影响。实证结果表明，移动支付对四五线城市家庭储蓄率的影响更大，且对新一线城市家庭的储蓄率影响较小。可能的原因是，四五线城市发展水

平较低，金融设施不完备，移动支付的出现不仅提供了基本的金融服务，更打破了消费的时间和空间限制，拉近其与一线、二三线城市的消费水平。受收入限制，四五线城市家庭储蓄率下降幅度更大。

（4）受教育水平异质性。表8-9D部分根据户主受教育水平进行分组，受教育水平高的家庭能合理配置其资源，同时这部分家庭的风险承担能力较强，移动支付对此部分家庭的储蓄率并无显著影响。可能的原因为，相对于高受教育水平家庭，低受教育水平家庭收入较低，获得金融服务能力较弱，受到流动性约束较强。移动支付并无禀赋歧视，能够为低受教育水平家庭提供其所需的金融服务。因此，移动支付对低受教育家庭的储蓄率影响更大。

（5）户口异质性。现阶段，农民外出务工成常态，仅考虑农村样本并不能将此类群体包含在内。表8-9E部分根据户主户口类型进行分组。尹志超等（2020b）运用中国家庭追踪调查数据研究发现，由于收入风险等背景风险，农村劳动力流动并未降低家庭储蓄水平。移动支付帮助家庭获得信贷、保险等金融服务，在一定程度上缓解了背景风险对储蓄率的影响。实证结果表明，相对于非农户口家庭，移动支付对农业户口家庭储蓄率的影响更大。

（6）收入异质性。移动支付对不同收入家庭储蓄率的影响存在一定差异。表8-9F部分估计结果显示，移动支付对中低等收入家庭有明显的负向影响，对高收入家庭无显著影响。可能的原因为，高收入家庭本身面临的流动性约束和不确定性的可能性小，往往使用移动支付的目的只是节省消费所花费时间，对家庭储蓄率并不会产生影响。

表8-9　异质性分析

回归样本	移动支付回归系数	标准差	观测值数	拟合优度
（1）按地区A				
东部	−0.0648***	0.0162	11182	0.3572
中部	−0.0795***	0.0232	6306	0.3572
西部	−0.0896***	0.0213	7094	0.3874
（2）按城乡B				
农村	−0.0996***	0.0215	8556	0.4022
城市	−0.0622***	0.0132	16026	0.3339
（3）按城市规模C				
一线	−0.0337*	0.0189	7512	0.3144
二、三线	−0.0715***	0.0184	9048	0.3855
四、五线	−0.1171***	0.0213	8022	0.3861
（4）按教育水平D				
专科以下	−0.0787***	0.0118	22912	0.3718
专科及以上	−0.0337	0.0469	1670	0.2775
（5）按户口类型E				
农业户口	−0.0959***	0.0172	12591	0.4071
非农户口	−0.0516***	0.0156	11991	0.2993
（6）按收入水平F				
低收入①	−0.3251**	0.1273	3172	0.3074
中等收入	−0.0889***	0.0175	14262	0.2610
高收入	−0.0170	0.0194	7148	0.1605

注：***、**和*分别表示在1%、5%、10%的水平上显著，括号内是异方差稳健标准误。

① 本章将年收入最低25%的家庭设定为低收入家庭；收入最高25%的家庭设定为高收入家庭；中间设定为中收入家庭。

第九节 稳健性检验

为检验上文估计结果的稳健性，下面从变量替换、模型替换等方面考虑。

一、储蓄率指标稳健性检验

使用储蓄率的第三种定义方式（家庭收入对数减去家庭消费对数）进行稳健性检验。第（1）（2）列分别汇报了双向固定效应和工具变量+双向固定效应的估计结果，实证结果（见表 8-10）表明，移动支付仍显著降低家庭储蓄率。

表 8-10　稳健性检验：替换被解释变量

被解释变量	（1） Saving3	（2） Saving3
关注变量		
移动支付	−0.0954*** （0.0119）	−0.3249*** （0.1152）
其他控制变量	YES	YES
时间固定效应	YES	YES
家庭固定效应	YES	YES
N	24582	24582
R^2	0.4744	0.4584

注：***、** 和 * 分别表示在 1%、5%、10%的水平上显著，括号内是异方差稳健标准误。

二、Tobit 模型稳健性检验

将储蓄率小于−2 以及大于 1 的样本剔除。为防止估计结果出现偏误，本章使用 Tobit 模型进行估计（尹志超和张诚，2019），结果（见表 8-11）显示，移动支付仍然显著降低家庭储蓄率。

表 8-11　稳健性检验：替换模型

被解释变量	（1） Saving1	（2） Saving2
关注变量		
移动支付	−0.0761*** （0.0054）	−0.0763*** （0.0047）
其他控制变量	YES	YES
时间固定效应	YES	YES
省份固定效应	YES	YES
N	24582	24582
R^2	0.3857	0.4553

注：***、** 和 * 分别表示在 1%、5%、10%的水平上显著，括号内是异方差稳健标准误。

三、处理效应模型

本章已使用双向固定效应模型和工具变量法解决遗漏变量和测量误差等内生性问题，

但模型可能存在一定的自我选择问题。借鉴尹志超等（2020b）的做法，使用处理效应模型解决自我选择问题。移动支付为二元变量，因此适用处理效应模型。第一阶段估计显示，工具变量与移动支付呈正相关关系。Wald 内生性检验在 1% 的显著性水平上拒绝模型不存在内生性的原假设，表明移动支付存在一定的内生性问题。表 8-12 第 （1）（2）列估计结果表明，移动支付降低家庭储蓄率的结论保持稳健。

表 8-12　稳健性检验：处理效应模型

被解释变量	（1） Saving1	（2） Saving2
关注变量		
移动支付	−0.2509*** （0.0239）	−0.2829*** （0.0200）
其他控制变量	YES	YES
N	24582	24582
Wald 检验 Chi2	45.41	322.25
P-value	0.0000	0.0000
两步法的一阶段结果		
工具变量	2.4406*** （0.0464）	2.5025*** （0.0394）
R^2	0.1339	0.1339

注：***、** 和 * 分别表示在 1%、5%、10% 的水平上显著，括号内是异方差稳健标准误。

本章小结

党的十九届五中全会指出："扩大内需是应对疫情冲击和保持中国经济长期健康发展的需要。"移动支付的出现满足了居民的消费需求，破除了消费者消费的时间和空间障碍，扩大了内需，推动了中国经济的增长。同时，移动支付为家庭带来金融服务、医疗健康服务，扩大家庭社会网络，强化家庭应对风险能力，对中国家庭经济行为有不可估量的影响。

本章以微观家庭为基础，使用工具变量和双向固定效应模型估计移动支付对中国家庭储蓄率的影响，详细探讨移动支付对家庭储蓄率的作用机理。研究结果表明，移动支付显著降低家庭储蓄率。机制分析显示，缓解流动性约束、信贷约束和扩大社会网络是移动支付降低家庭储蓄率的主要渠道。此外，移动支付可以缓解健康风险、医疗风险、失业风险、收入风险等背景风险对预防性储蓄的影响。地区异质性分析表明，移动支付对农村地区、中西部地区、四五线城市家庭作用更明显，家庭特征异质性分析表明，移动支付对农业户口家庭、中低收入家庭、低受教育水平家庭效果更突出。在国内国际双循环的大背景下，降低储蓄率、拉动消费已成为决策者和学界关注的焦点。移动支付改变了居民的消费习惯、节约了时间成本和交易成本，提供一系列基本的金融服务，对居民的消费和储蓄率有极大影响。结合本章研究结论，提出以下三个政策建议：

（1）从需求端扩大移动支付使用范围。在全面建设数字中国的背景下，政府应加强对弱势群体的政策支持力度，为低受教育程度、低收入等弱势群体进行一定技术指导，使其拥有数字意识及技能，进而为移动支付的使用做好铺垫。此外，政府应当完善市场准入机制，加强对移动支付平台的监管，防范相关应用索取非必要个人信息，从而为用户构建安全高效的移动支付体系，加强消费者对移动支付的信任。

（2）从供给端扩大移动支付普及范围。移动支付为推动我国经济高质量发展提供了强大动力。政府应进一步加大对西部、农村及四五线城市等落后地区科技领域基础设施的投资，稳步推进 5G 网络建设，完善宽带网络建设，提高智能手机使用率，从而加速数字新基建的建设，进而为经济不发达地区的居民使用移动支付提供硬件支撑。

（3）优化移动支付的综合服务功能。一方面，政府应鼓励移动支付平台进行金融产品和服务的创新，提高小额信贷额度，为广大消费者提供更多资金支持，进一步缓解家庭面临的流动性约束；充分发挥大数据优势，精准识别消费者需求，为其保险、借贷等多样化的金融需求提供支持。另一方面，政府应鼓励移动支付平台进一步完善医疗健康服务，并为在线医疗服务提供可持续的保障。在线医疗健康服务打破了时间、空间和地域的限制，居民使用移动支付平台就可以实现挂号、问诊、测评自身健康状况及了解健康知识等，有效避免了因小病导致大病情况的发生，最大限度地降低了健康风险和医疗风险，从而进一步降低家庭储蓄率。

第九章　移动支付与保险决策①

第一节　研究背景

2014 年国务院发布《关于加快发展现代保险服务业的若干意见》中明确指出，"构筑保险民生保障网，完善多层次社会保障体系，把商业保险建成社会保障体系的重要支柱"②，强调商业保险对社会安全的重要性。随后在 2017 年发布《关于加快发展商业养老保险的若干意见》，进而促进商业保险在养老服务业多层次多样化的发展。2020 年中国银行保险监督管理委员会（以下简称银保监会）《关于促进社会服务领域商业保险发展的意见》提出，促进社会领域商业保险发展的多项政策举措，如大力发展教育、育幼、家政、文化、旅游、体育等领域商业保险。因此，促进商业保险业的发展一直以来都是政府高度关注的问题。

一方面，20 世纪 80 年代中期以来，我国商业保险发展迅速，目前已经形成较为完善的商业保险市场体系。图 9-1 显示，我国保险密度和保险深度迅猛增加。1980~2019 年，我国保费收入从 4.49 万亿元提高到 4.60 万亿元，保险密度从 0.47 元/人提高到 3180 元/人，保险深度从 0.10% 提高到 3.90%，全球保费收入规模连续 5 年排名第二。2021 年我国保险密度为 520 美元/人，低于全球平均保险密度 661 美元/人；我国保险深度为 4.15%，低于全球平均保险深度 5.96%，远低于美国等发达国家的保险深度 10% 以上③。因此，从保险规模上来看，我国领先于世界平均水平，但从保险密度和保险深度上来看，我国则比较落后（陈秉正，2018）。

另一方面，与美国成熟的信用卡支付体系不同，中国支付体系正在朝着非现金结算的方向发展，支付方式正逐渐改变人们消费的模式（王晓彦和胡德宝，2017）。2019 年 6 月，我国手机网民规模达 8.47 亿，网民中使用手机上网的比例由 2018 年底的 98.6% 提升至 99.1%。我国移动支付业务 1014.31 亿笔，金额 347.11 万亿元，同比分别增长 67.57% 和 25.13%。同时，线下扫码支付的交易规模也高速增长，从 2017 年第一季度的 0.6 万亿元增至 2019 年第四季度的 9.6 万亿元，增速高达 150%。截至 2020 年 12 月，我国已成为全球移动支付第一大市场。

---

① 尹志超，田文涛，王晓全．移动支付对家庭商业保险参与的影响——基于中国家庭金融调查数据的实证分析[J]．财经问题研究，2022（11）：57-66.

② 其中还指出商业保险要逐步成为个人和家庭商业保障计划的主要承担者、企业发起的养老健康保障计划的重要提供者和社会保险市场化运作的积极参与者。

③ 资料来源：前瞻产业研究院《中国保险行业市场前瞻与投资规划分析报告》。

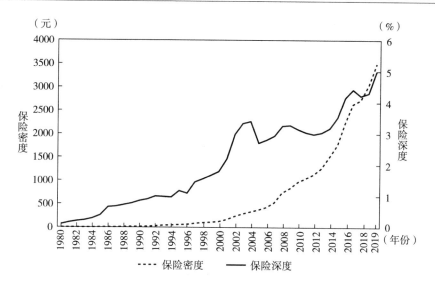

图9-1 1980~2019年我国保险密度和保险深度

资料来源：中国人民银行。

此外，随着我国移动支付的兴起、互联网技术的发展和通信技术的成熟，新技术日益与传统保险业结合，我国传统保险行业公司正在逐渐改变原有的运营模式，利用移动互联网技术扩宽保险销售渠道，发展了我国互联网保险市场。根据腾讯微宝发布的《2018年互联网保险年度报告》，选择在互联网上购买保险的居民当中，通过"支付工具"（微信钱包、支付宝）渠道购买的人数最多。图9-2的统计数据显示，2012~2019年我国互联网保险公司逐年增长，从2012年仅34家互联网保险公司增加到2019年的131家，互联网保费收入也从2012年的111亿元增长到2019年的2696亿元。因此，我国互联网保险的需求量和供给量都呈逐年增长的趋势。那么，在大数据和人工智能时代的背景下，新技术能否与传统保险业结合，并且进一步促进我国保险业的发展呢？在此背景下，本章研究移动支付对保险需求的影响。

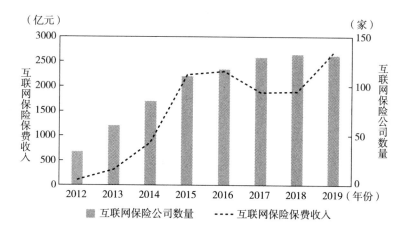

图9-2 2012~2019年互联网保险公司数量及保费收入

资料来源：中国银行和中关村互联网金融研究院。

本章主要有三方面的边际贡献：①使用 2017 年中国家庭金融调查数据，从微观层面实证探讨移动支付对我国家庭商业保险参与的影响，目前尚未有文献对此展开分析，本章是对现有文献的重要补充。②利用工具变量缓解内生性问题，提高估计结果的准确性，有助于丰富该领域相关研究成果的深度。③以金融知识、社会互动和保险可得性作为切入点，进一步分析移动支付对家庭参与商业保险的影响，以期为促进我国移动支付与商业保险的结合提供参考。

第二节　文献综述

目前国内外关于影响家庭商业保险参与的研究主要集中在三个方面：①家庭经济状况。江海洋和谷政（2018）研究表明，居民的家庭收入对居民购买商业保险有显著的正向作用。Hau（2000）认为，净资产的增加会促进商业保险的购买。②家庭人口特征。如性别、户籍、受教育程度、家庭人口结构等因素对家庭参与商业保险有显著的影响。伍再华和李伟男（2018）的研究结果表明，户籍是导致家庭商业保险市场参与行为异质性的重要因素，对于不同户口类型、不同区域、相同户籍的家庭而言，其商业保险市场参与行为均存在明显的差异。Li、Moshirian、Nguyen 和 Wee（2007）以及樊纲治和王宏扬（2018）发现，老年抚养比和少儿抚养比对人身保险市场份额和参与程度有显著影响。③家庭主观态度。如金融知识、风险态度、幸福感、社会互动等。吴雨、杨超和尹志超（2017）以及孙武军和高雅（2018）认为，金融知识将促进家庭购买商业保险，提高家庭对商业保险的信任度和增加家庭商业保险的参与程度。田瑶、段笑娜和刘思洋（2018）认为，风险态度正向影响商业保险的参与。即越是风险偏好的个体，越容易购买商业保险。桑林（2019）以及曹直、叶显和吴非（2020）的研究结果表明，家庭的主观幸福感越高，其购买商业保险的可能性越大。同时，居民幸福感会与主观态度形成交互作用，共同影响家庭商业保险的购买。此外，其他一些文献也从不同角度进行了研究。如互联网使用、遗赠动机、保险市场竞争程度、保险价格等因素对家庭保险需求的影响（魏金龙、郑苏沂和于寄语，2019；杨碧云，2019；T. Arun, Bendig and S. Arun, 2012；Beck and Webb, 2003；Browne and Kim, 1993）。

孙武军和高雅（2018）、何兴强和李涛（2009）等认为，金融知识的欠缺、保险意识的薄弱、保险本质认识的不足等因素导致购买商业保险的居民人数少，进而导致保险需求的不足。Kunreuther 和 Pauly（2006）发现，在保险购买者专业知识欠缺的情况下，他们需要花费大量时间收集相关保险信息，即存在信息搜寻成本，当此成本超过保险所带来的收益时，他们便会选择放弃参保。现有文献发现依靠互联网、大数据等技术的移动支付，能够显著降低金融交易的成本，拓宽金融服务的领域（谢平和刘海二，2013；尹志超等，2019a）。但是这类文献相对较少，目前关于移动支付的研究，主要集中在移动支付使用意愿影响因素、商业模式应用场景、风险评价等方面（刘百灵等，2017；Chin et al., 2020；Qiu, 2020），而基于微观层面的研究则较少，主要集中在消费支出、信贷约束、交易成本等方面。移动支付方式不仅可以促进消费（刘向东和张舒，2019），还能减少金融交易成本和增加金融服务的范围。Chatterjee 等（2011）研究发现，消费者对产品的感知会受到支付方式的影响，信用卡支付消费者更多地关注商品效用所带来的积极体验，而现金支付消费者更多地关注支付所带来的消极体验。Haseeb 和 Benjamin（2021）实证结果表明，移动支付可以帮助家庭获得更多的借款，减少家庭的信贷约束。柴时君（2020）研究发现，移动支付通过缓解家庭流动性约束放大家庭财务杠杆和债务风险的增加。尹志超等（2019a）探讨移动支付对家庭创业决策和经营绩效产生的影响。其机制检验结果表明，移动支付通过提高金融服务的可得性，降低交易成本，从而促进家庭的创业。

综上所述，大部分研究主要从宏观角度进行分析，鲜有利用具有代表性的家庭微观层面数据，探究移动支付对家庭商业保险参与的影响。本章运用 2017 年 CHFS 数据研究发现，移动支付显著提高家庭商业保险参与概率，主要通过金融知识、社会互动、保险可得性等途径加深家庭商业保险的参与。异质性分析结果表明，移动支付对家庭商业保险参与的影响在不同受教育水平、不同收入水平、城乡地区、东中西部地区存在显著的差异性。本章的研究是对现有文献的补充和完善。

第三节　理论模型

本节基于"状态偏好"保险需求模型，将家庭购买商业保险的交易成本加入到期望效用模型中，探讨移动支付如何通过减少家庭购买商业保险的交易成本来促进家庭商业保险参与。假设 w 表示家庭初始财富水平，L 表示面临损失大小、发生概率为 p 的风险。引入购买商业保险的交易成本函数 $k(m)$，它是关于移动支付 m 的函数，由于移动支付依托货币电子化技术能有效降低金融交易成本，可假设函数 $k(m)$ 满足 $k'(m)<0$，$k''(m)>0$，表示移动支付能降低购买保险的交易成本，但降低的速度随着支付水平 m 的增加而递减。假定 u 为 v-N-M 效用函数，满足 $u'>0$，$u''<0$。(π, c) 表示商业保险合同，其中 π 表示保费、c 表示事故发生后保险公司的赔付额，即家庭的保险参与水平，且满足 $0 \leqslant c \leqslant L$。保费附加因子记为 λ，则总保费 $\pi = (1+\lambda)pc$。家庭的决策为通过选择最优的保险参与 c 和移动支付 m、最大化其期望效用水平：

$$\max_{c,m} EU(c, m) = pu(L_0) + (1-p)u(L_1) \tag{9-1}$$

其中，L_0 表示损失发生时的财富水平，且 $L_0 = w-(1+\lambda)pc-L+c-k(m)-m$；$L_1$ 表示损失未发生时的财富水平，且 $L_1 = w-(1+\lambda)pc-k(m)-m$。

经证明可得，目标函数 $EU(c, m)$ 是 c 和 m 的严格凹函数，因此，一阶条件是最大化的充分必要条件。下面通过比较静态分析讨论移动支付 m 对保险参与 c 的影响。

在比较静态分析时只需考虑对 c 的最优一阶条件：

$$\frac{\partial EU(\cdot)}{\partial c} = -[(1+\lambda)p-1]pu'(L_0) - (1+\lambda)p(1-p)u'(L_1) = 0 \tag{9-2}$$

通过对式（9-2）求全微分，可得移动支付对家庭保险参与的影响为：

$$[(1+\lambda)p-1]pu''(L_0)[((1+\lambda)p-1)dc+(k'(m)+1)dm] +$$
$$(1+\lambda)p(1-p)u''(L_1)[(1+\lambda)pdc+(k'(m)+1)dm] = 0 \tag{9-3}$$

进一步整理、化简可得：

$$\frac{dc}{dm} = -\frac{[(1+\lambda)p-1]pu''(L_0)+(1+\lambda)p(1-p)u''(L_1)(k'(m)+1)}{[(1+\lambda)p-1]^2pu''(L_0)+[(1+\lambda)p]^2(1-p)u''(L_1)} \tag{9-4}$$

由于 $u''<0$，式（9-4）的分母小于 0。对于分子，因为总保费小于赔付额，即 $\pi=(1+\lambda)pc<c$，因此 $p(1+\lambda)<1$。当 $k'(m)+1<0$ 时，分子小于 0。因此，当 $k'(m)<-1$ 时，$\dfrac{dc}{dm}>0$。即当使用移动支付花费单位货币所减少的交易成本大于 1 单位时，式（9-4）为正，移动支付会增加保险购买。理论模型证明，在一定条件下移动支付的使用可以减少商业保险参与的交易成本，从而促进家庭商业保险的参与。

第四节　模型构建、数据来源与指标说明

一、模型设定

首先，采用 Probit 模型研究移动支付对家庭商业保险参与可能性的影响，模型如下：

$$\Pr(insurance=1\mid mobile,\ X)=\Phi(\beta_0+\beta_1 mobile+\beta_2 X+\varepsilon) \tag{9-5}$$

式（9-5）中，$insurance$ 是虚拟变量，等于 1 表示家庭购买商业保险，0 表示没有购买；$mobile$ 表示移动支付，如果家庭使用移动支付工具则为 1，否则为 0；X 表示控制变量；ε 表示误差项，服从正态分布 $\varepsilon\sim N(0,\ \sigma^2)$。

其次，由于家庭购买商业保险的费用只能观测到正向的数值，因此，采用 Tobit 模型估计移动支付对家庭商业保险参与程度的影响。设定的 Tobit 模型如下：

$$y^*=\beta_0+\beta_1 mobile+\beta_2 X+\varepsilon \tag{9-6}$$

$$Y=\max(0,\ y^*) \tag{9-7}$$

式（9-6）、式（9-7）是截断 Tobit 模型。为了对家庭商业保险参与程度进一步量化，选取参与广度、参与密度和参与深度三个指标进行衡量。其中，参与广度指家庭保费支出，参与密度指家庭人均保费支出，参与深度指家庭保费支出占家庭收入的比重。Y 表示家庭商业保险参与程度；y^* 表示家庭商业保险参与程度大于 0 的部分；$mobile$ 表示核心解释变量移动支付；其余符号与模型（9-5）含义相同。

二、数据来源

本章使用的数据源于西南财经大学 2017 年在全国范围内开展的中国家庭金融调查（China Household Finance Survey，CHFS）项目。该调查获得的样本量为 40011 个，样本的选取来自全国 29 个省（自治区、直辖市）、353 个县（区）、1417 个社区（村）。中国家庭金融调查采集了家庭人口统计特征、资产与负债、保险与保障、支出与收入、金融知识、主观态度等各方面的详细信息。在保险与保障部分，询问了家庭是否购买商业保险及相应的保险金额；在负债部分，询问了家庭购买时（包括网购）的支付方式；在支出与收入方面，询问了家庭目前使用的手机种类。这为本章研究移动支付对家庭商业保险参与的影响提供了有力的数据支持。

三、变量说明

（1）移动支付。Schierz、Schilke 和 Wirtz（2010）指出，移动支付是商品、服务和票

据（发票）的另一种付款方式，它使用移动设备（如移动电话、智能手机或个人数码助理）和无线通信技术（如移动电信网络）。中国家庭金融问卷中关于支付方式的问题为：您和您的家人在购物时（包括网购），一般会使用下列哪些支付方式？（可多选）：①现金；②刷卡（包括银行卡、信用卡等）；③通过电脑支付（包括网银、支付宝等）；④通过手机、iPad 等移动终端支付（包括支付宝 App、微信支付、手机银行、Apple Pay 等）；⑤其他。根据以往文献的定义，本章将答案中包含了选项④的定义为拥有移动支付工具，赋值为 1，不包含的赋值为 0。

（2）家庭参与商业保险。本章的被解释变量为家庭是否参与商业保险。如果家庭成员中至少有一人购买至少一项商业保险，则认为该家庭参与商业保险。家庭商业保险参与程度。我们选取参与广度、参与密度、参与深度三个指标对其进行测度。

（3）工具变量。模型（9-5）、模型（9-6）和模型（9-7）中的移动支付可能存在遗漏变量和逆向因果的内生性问题。一方面，家庭是否使用移动支付工具是一种主观选择的行为，可能会受到自身习惯、家庭文化、学习新事物能力等因素的影响。基于以上这些不可观测的偏好和习惯，移动支付对家庭参保会受到遗漏的影响。另一方面，有的家庭可能会为了让购买保险更加便捷而选择移动支付，进而使核心解释变量移动支付与家庭商业保险参与存在逆向因果问题。因此，模型估计的结果可能会由于遗漏变量与逆向因果而有偏。

使用工具变量法缓解内生性问题。借鉴相关文献（尹志超等，2019a），选取家庭是否有网络购物经历作为工具变量。家庭在如淘宝、京东等平台进行网络购物时往往需要使用移动支付工具，因而，家庭是否网购与使用移动支付工具是密切相关的。虽然家庭进行网络购物的同时，可能会参与运费险等保险，但这与本章定义的家庭商业健康险、商业人寿险等无直接联系。因此，家庭是否有网络购物经历不会对家庭购买此类商业保险产生直接的影响。这样，选择家庭是否拥有网络购物经历作为工具变量是可行的。

（4）控制变量。参考以往文献（尹志超等，2015a；秦芳等，2016），选取的控制变量包括家庭收入、净资产、家庭社会保障情况、户主年龄、受教育水平、性别、婚姻状况、户主健康状况、风险偏好、劳动力比例、家庭规模、户籍属性、人口密度等特征变量。为了控制地区的固定效应，引入省份的虚拟变量，为了控制地区的经济发展水平，引入户主所在省（市）的人均 GDP。

（5）变量描述性统计分析。在数据处理中，剔除家庭收入小于或等于 0 的异常样本。同时，为避免极端值产生的影响，对连续变量（保费支出、人均保费支出和保费支出占家庭收入的比重及家庭收入）进行上下 1% 的缩尾处理。此外，还剔除其余控制变量中存在缺失的样本，最终得到 38775 个有效样本。表 9-1 列出了变量的描述性统计。

表 9-1 变量描述性统计

变量名	观测值	平均值	标准差	变量名	观测值	平均值	标准差
商业保险	38775	0.166	0.372	家庭人口规模	38775	3.167	1.546
移动支付	38775	0.278	0.448	ln 家庭净资产	38775	12.582	1.990
年龄	38775	55.262	14.267	家庭总收入	38775	83732.970	104000
年龄的平方/100	38775	32.574	15.916	ln 家庭总收入	38775	10.623	1.514
户主女性	38775	0.206	0.405	老人比例	38775	0.244	0.370
户主受教育水平	38775	9.358	4.196	少儿比例	38775	0.097	0.154

续表

变量名	观测值	平均值	标准差	变量名	观测值	平均值	标准差
户主已婚	38775	0.851	0.356	劳动力比例	38775	0.478	0.341
户主健康状况	38775	0.477	0.499	家庭社会保障	38775	0.983	0.129
风险偏好	38775	0.246	0.431	户主城镇	38775	0.685	0.464
ln 人均 GDP	38775	11.036	0.392	ln 人口密度	38775	5.834	1.039

图 9-3 给出了有移动支付和无移动支付的家庭商业保险参与程度的对比情况。可以看出，拥有移动支付的家庭，家庭商业保险费用总额、家庭人均保险费用、家庭商业保险费用总额占家庭收入的比重都要远高于无移动支付的家庭。这说明移动支付很可能是影响家庭商业保险参与的一个重要因素。下面将从实证的角度进行细致的分析，探讨移动支付和家庭商业保险参与之间的因果关系。

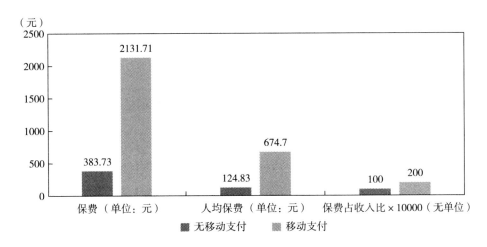

图 9-3 支付方式与家庭商业保险参与程度

第五节 实证结果及分析

一、移动支付与商业保险参与

表 9-2 第（1）（2）列分别报告了 Probit 模型和 IVprobit 模型估计的平均边际效应和稳健标准误。保持其他控制变量不变后，使用移动支付使家庭商业保险参与的概率增加 6.56%，在 1% 的显著性水平上显著。

从控制变量上来看，户主年龄的系数显著为正，户主年龄的平方的系数显著为负，这表明年龄与家庭商业保险参与之间存在倒 "U" 型关系。换言之，中年户主商业保险参与的可能性比少年和老年户主更高。户主女性、受教育水平、风险偏好对家庭商业保险的参与也都具有显著的正向影响。户主女性往往更重视家庭的安全性，因而会更重视家庭商业保险的参与。风险偏好者大多偏向于参与风险较高的投资项目，收益的不确定性因素多，因而对商业保险的需求更大。户主婚姻状况和健康状况对家庭商业保险参与的影响显著为负。此外,家庭总收入、家庭净资产、家庭人口规模都正向影响家庭商业保险的参与,老人比例对商业保险购买的影响是负向的,少儿比例和劳动力比例对商业保险参与的影响是正向的,而家庭社会保障对家庭商业保险的参与无显著影响。

表 9-2　移动支付对家庭商业保险参与可能性的影响

变量	Probit （1）	IVprobit （2）
移动支付	0.0656 *** (0.0045)	0.0440 *** (0.0110)
年龄	0.0064 *** (0.0010)	0.0070 *** (0.0010)
年龄的平方/100	−0.0065 *** (0.0010)	−0.0069 *** (0.0010)
户主女性	0.0109 ** (0.0047)	0.0096 ** (0.0047)
户主受教育水平	0.0023 *** (0.0006)	0.0018 *** (0.0006)
户主已婚	−0.0157 ** (0.0061)	−0.0132 ** (0.0061)
户主健康状况	−0.0089 ** (0.0038)	−0.0094 ** (0.0038)
风险偏好	0.0775 *** (0.0043)	0.0711 *** (0.0049)
家庭人口规模	0.0074 *** (0.0015)	0.0047 *** (0.0015)
ln 家庭净资产	0.0185 *** (0.0014)	0.0174 *** (0.0014)
ln 家庭总收入	0.0182 *** (0.0019)	0.0170 *** (0.0019)
老人比例	−0.0454 *** (0.0089)	−0.0385 *** (0.0089)
少儿比例	0.1113 *** (0.0142)	0.1153 *** (0.0142)
劳动力比例	0.0230 *** (0.0067)	0.0207 *** (0.0068)
家庭社会保障	−0.0094 (0.0150)	−0.0097 (0.0150)
户主城镇	−0.0058 (0.0048)	−0.0109 ** (0.0050)
人均 GDP	0.0000 ** (0.0000)	0.0000 ** (0.0000)
ln 人口密度	0.0426 *** (0.0074)	0.0425 *** (0.0074)
省份	控制	控制
观测值	38775	38775
一阶段 F 值		814.65
Wald 检验 （p-value）		116.98 (0.0000)

注:估计结果报告了平均边际效应。*、**、***分别表示在10%、5%、1%的水平上显著。括号内是估计系数的稳健标准差。下同。

然而,第（1）列的估计结果可能因为遗漏变量和逆向因果而存在内生性问题。为此,在第（2）列中以是否有网购经历作为工具变量，使用 IVprobit 模型进行估计。首先，需要关注工具变量的有效性，第（2）列报告了一阶段 F 值为 814.65，由于工具变量的一阶段 F 值大于 10%偏误水平下的临界值为 16.38（Stock and Yogo，2002），故拒绝了弱工具变量假设。其次，内生性检验方面，第（2）列报告了 Wald 检验移动支付内生性的结果，在 1%的水平上拒绝了不存在内生性的假设，因此，移动支付存在内生性问题。第（2）列的 IVprobit 模型估计结果中移动支付的平均边际影响为 0.0440，其含义是在控制其他变量不变时，使用移动支付的家庭，其参与商业保险的概率将会增加 4.40%。这进一步说明，移动支付是影响家庭参与商业保险的重要因素之一。

二、移动支付与商业保险参与程度

表 9-3 报告了移动支付对家庭商业保险参与程度的估计结果。第（1）（2）列被解释变量为参与广度，第（3）（4）列被解释变量为参与密度，第（5）（6）列被解释变量为参与深度。第（1）（3）（5）列的估计结果可能会因为移动支付的内生性问题而产生偏差。因此，本章在第（2）（4）（6）列中以家庭是否有网络购物经历作为工具变量，进行了 Ivtobit 模型估计。第（2）（4）（6）列一阶段 F 值均远大于 16.38 的临界值，故不存在弱工具变量问题。Wald 检验结果，均在 1%的水平上拒绝了移动支付不存在内生性的假设。

表 9-3　移动支付与商业保险参与程度

变量	参与广度		参与密度		参与深度	
	Tobit （1）	IVtobit （2）	Tobit （3）	IVtobit （4）	Tobit （5）	IVtobit （6）
移动支付	0.6855*** （0.0440）	0.4582*** （0.1162）	0.5851*** （0.0376）	0.3919*** （0.0994）	0.0092*** （0.0006）	0.0062*** （0.0016）
年龄	0.0840*** （0.0112）	0.0902*** （0.0114）	0.0717*** （0.0096）	0.0770*** （0.0097）	0.0011*** （0.0002）	0.0012*** （0.0002）
年龄的平方/100	0.0912*** （0.0113）	0.0949*** （0.0113）	0.0780*** （0.0097）	0.0812*** （0.0097）	0.0012*** （0.0002）	0.0013*** （0.0002）
户主女性	0.0555 （0.0462）	0.0418 （0.0460）	0.0493 （0.0396）	0.0376 （0.0395）	0.0009 （0.0006）	0.0007 （0.0006）
户主受教育水平	0.0161*** （0.0057）	0.0111* （0.0058）	0.0142*** （0.0049）	0.0099** （0.0049）	0.0002*** （0.0001）	0.0001* （0.0001）
户主已婚	−0.0986 （0.0611）	−0.0698 （0.0610）	−0.0898* （0.0526）	−0.0652 （0.0525）	−0.0011 （0.0008）	−0.0007 （0.0008）
户主健康状况	−0.0344 （0.0375）	−0.0400 （0.0375）	−0.0287 （0.0321）	−0.0335 （0.0321）	−0.0001 （0.0005）	−0.0002 （0.0005）
风险偏好	0.7151*** （0.0423）	0.6486*** （0.0485）	0.6160*** （0.0362）	0.5593*** （0.0415）	0.0094*** （0.0006）	0.0085*** （0.0007）
家庭人口规模	0.0237 （0.0150）	−0.0077 （0.0151）	0.0070 （0.0128）	−0.0198 （0.0129）	0.0004* （0.0002）	−0.0001 （0.0002）
ln 家庭净资产	0.2120*** （0.0144）	0.2011*** （0.0147）	0.1823*** （0.0124）	0.1731*** （0.0126）	0.0031*** （0.0002）	0.0030*** （0.0002）
ln 家庭总收入	0.1709*** （0.0185）	0.1577*** （0.0184）	0.1470*** （0.0159）	0.1358*** （0.0158）	−0.0002 （0.0003）	−0.0004 （0.0003）
老人比例	0.4081*** （0.0978）	0.3226*** （0.0976）	0.3578*** （0.0839）	0.2855*** （0.0837）	0.0059*** （0.0013）	0.0048*** （0.0013）
少儿比例	1.3732*** （0.1340）	1.4175*** （0.1344）	1.1709*** （0.1146）	1.2089*** （0.1150）	0.0182*** （0.0019）	0.0189*** （0.0018）

续表

变量	参与广度		参与密度		参与深度	
	Tobit (1)	IVtobit (2)	Tobit (3)	IVtobit (4)	Tobit (5)	IVtobit (6)
劳动力比例	0.2191*** (0.0688)	0.1944*** (0.0695)	0.1919*** (0.0591)	0.1708*** (0.0597)	0.0027*** (0.0009)	0.0024** (0.0010)
家庭社会保障	−0.0537 (0.1480)	−0.0589 (0.1473)	−0.0544 (0.1275)	−0.0584 (0.1270)	−0.0012 (0.0021)	−0.0012 (0.0021)
户主城镇	0.0333 (0.0493)	−0.0249 (0.0507)	0.0316 (0.0420)	−0.0179 (0.0433)	0.0013* (0.0007)	0.0005 (0.0007)
人均 GDP	0.0000*** (0.0000)	0.0000*** (0.0000)	0.0000*** (0.0000)	0.0000*** (0.0000)	0.0000*** (0.0000)	0.0000** (0.0000)
ln 人口密度	0.4311*** (0.0738)	0.4267*** (0.0738)	0.3650*** (0.0632)	0.3613*** (0.0632)	0.0058*** (0.0010)	0.0057*** (0.0010)
省份	控制	控制	控制	控制	控制	控制
观测值	38775	38775	38775	38775	38775	38775
一阶段 F 值		814.65		814.65		814.65
Wald 检验 (p-value)		137.22 (0.0000)		135.03 (0.0000)		130.75 (0.0000)

在控制户主特征变量、家庭特征变量和地区特征变量后，移动支付的估计系数分别为 0.6855、0.5851 和 0.0092，均在 1% 的水平上显著。结果表明，移动支付不仅可以促进家庭商业保险的参与，而且能加深家庭商业保险的参与程度。

从控制变量来看，控制变量的符号与 Probit 模型（或者 IVprobit 模型）的结果基本保持一致。户主年龄、户主受教育水平、风险偏好、少儿比例、老人比例、劳动力比例、家庭净资产对家庭参与商业保险的程度均有显著的正向影响。家庭总收入对家庭参与深度无显著影响。

三、移动支付与家庭商业保险参与：稳健性检验

为了检验结果的稳健性，下面从样本和估计方法两个方面进行稳健性检验。

（一）剔除 18 岁以下及 70 岁以上样本

在现实生活中，18 岁以下未成年人商业保险参与率普遍较低，70 岁以上老年人对新型移动支付方式的接受能力较低。因此，在剔除 18 岁以下未成年人及 70 岁以上老年人后，进行上述回归。表 9-4 是回归结果，可以看出，上述结果在剔除部分样本后依然稳健。

表 9-4　剔除 18 岁以下及 70 岁以上样本

变量	是否参与	参与广度	参与密度	参与深度
	IVprobit (1)	IVtobit (2)	IVtobit (3)	IVtobit (4)
移动支付	0.0475*** (0.0124)	0.4655*** (0.1258)	0.3984*** (0.1076)	0.0063*** (0.0018)
控制变量	控制	控制	控制	控制
观测值	33058	33058	33058	33058
Wald 检验 (p-value)	114.53*** (0.0000)	132.61*** (0.0000)	131.15*** (0.0000)	124.32*** (0.0000)

（二）倾向值得分匹配法

首先，为了进一步保证上述结果的可靠性，运用倾向值得分匹配法（PSM）解决样本的选择偏差问题。因此，将使用移动支付的家庭和不使用移动支付的家庭进行匹配。估计结果见表9-5，匹配后的平均处理效应（ATT）在1%的水平上显著为正，说明有移动支付的家庭参与商业保险的概率更大。因此，上述回归结果仍然是稳健的。

表9-5　倾向值得分匹配法

变量	是否参与	参与广度	参与密度	参与深度
ATT	0.0769***	0.6988***	0.6023***	0.0072***
	(0.0080)	(0.0602)	(0.0518)	(0.0009)
T值	9.63	11.61	11.63	7.71
观测值	37424	37424	37424	37424

注：采用1:3近邻匹配法对实验组和控制组样本进行倾向值得分匹配。

其次，使用家庭人寿商业保险购买、家庭人寿商业保险消费支出总额分别替换家庭商业保险参与和参与广度的指标，再次进行验证（见表9-6），验证结果依然稳健。

表9-6　家庭人寿商业保险参与

变量	是否参与	参与广度	参与密度	参与深度
	Probit	Tobit	Tobit	Tobit
移动支付	0.0128*	0.4232***	0.3627***	0.2008
	(0.0069)	(0.1376)	(0.1182)	(0.2701)
观测值	38775	38775	38775	38775

最后，一线城市及直辖市地区家庭商业保险参与及参与程度占整体样本比例相对较高，为验证结果稳健性，剔除经济发展程度高、保险机构密集的一线城市及直辖市地区样本（合计删除8479个样本），检验结果见表9-7，可以看到，前述回归结果仍然是稳健的。

表9-7　剔除经济发展程度高、保险机构密集的一线城市及直辖市地区样本

变量	是否参与	参与广度	参与密度	参与深度
	Probit	Tobit	Tobit	Tobit
移动支付	0.0452***	0.4776***	0.4069***	0.0068***
	(0.0121)	(0.1286)	(0.1095)	(0.0019)
观测值	30296	30296	30296	30296

第六节　机制检验与异质性分析

一、机制检验

前述验证了移动支付对家庭商业保险参与有显著的正向促进作用，为了更清楚地了解移动支付如何影响家庭行为进而促进家庭参保，本部分从金融知识、社会互动和保险可得性三个角度进行分析。

（一）增加金融知识

现有文献表明（秦芳等，2016；孙武军和高雅，2018），金融知识可以促进家庭商业保险的参与。一方面，商业保险具有特殊性。随着我国保险市场逐步完善，商业保险除了有最基本的保障功能，也逐渐出现分红险等投资型保险，使得商业保险具有投资的功能。这类保险条款专业性较强，需要消费者具备一定的金融知识。对于掌握更多金融知识的家庭，他们能够在沟通中促进金融知识的互补与完善，更多地了解保险，从而更愿意参与保险市场。另一方面，金融知识会促进家庭财富的积累。家庭经济实力增强，商业保险作为一种消费品也因此受到青睐。当今移动支付使用能够让人们接触更多的金融产品及相关的使用说明，如微信中零钱通和支付宝中余额宝的功能等都会促使人们了解相关产品，从而潜在地增加人们的金融知识。当家庭面临保险问题时能更好地理解保险合同，也进一步提升对商业保险的信任水平。

本章参考已有文献（尹志超等，2015a），对金融知识进行测度。2017年中国家庭金融调查问卷设置了关于利率计算、通货膨胀的理解、投资风险认知三个问题。根据受访者对此三个问题的回答，利用因子分析法构建金融知识指标[①]。当金融知识小于样本中位值时，虚拟变量"金融知识缺乏"取值为1，否则为0。

表9-8检验了移动支付是否对金融知识缺乏的家庭商业保险参与的促进作用更为显著。结果表明，金融知识缺乏显著的抑制家庭商业保险的参与。引入移动支付与金融知识缺乏的交互项后，可以发现，移动支付对金融知识缺乏的家庭商业保险的参与更为显著。这说明，移动支付提高了金融知识缺乏的家庭商业保险参与的概率。

表9-8　移动支付通过增加金融知识对家庭商业保险参与的影响

变量	是否参与	参与广度	参与密度	参与深度
	Probit（1）	Tobit（2）	Tobit（3）	Tobit（4）
移动支付	0.0429*** （0.0091）	0.4247*** （0.0881）	0.3655*** （0.0756）	0.0059*** （0.0012）
金融知识缺乏	-0.0170** （0.0072）	-0.1958*** （0.0735）	-0.1641*** （0.0630）	-0.0024** （0.0010）
移动支付×金融知识缺乏	0.0278*** （0.0096）	0.3202*** （0.0935）	0.2698*** （0.0802）	0.0041*** （0.0013）
观测值	38775	38775	38775	38775

（二）促进社会互动

社会互动可以分为内生互动和情景互动两种形式（Hong，2004）。其中，内生互动主要包括口头信息交流和交谈的愉悦感。一方面，社会互动具有知识传播效应，居民通过口头信息交流进行观察性学习，互相了解到相关的保险知识。如保险合同的条款、理赔过程等，这些都能降低家庭的信息检索成本。另一方面，居民共同话题的交流能够给决策者带来愉悦感（Becker，1991），这种交流可以提高主观效用（李涛，2006），进而促使家庭商业保险的购买。情景互动主要强调参保示范机制（魏金龙等，2019），即个人决策会受到

---

① 综合得到的金融知识得分，本章将其进行Min-max标准化处理，即新数据=（原数据-最小值）/（最大值-最小值），最终得分取值范围为0~100分。

社会其他群体的影响，参保示范机制可以有效促进家庭参保行为。

本章运用家庭礼金支出占家庭总收入的比值（郭士祺和梁平汉，2014）来衡量家庭社会互动水平。当家庭礼金支出占家庭总收入的比值小于样本中位值时，虚拟变量"礼金支出少"取值为1，否则为0。

表9-9是礼金支出对家庭商业保险参与的影响。可以看出，礼金支出少显著抑制家庭商业保险的参与。引入移动支付与礼金支出少的交互项后，发现当家庭每年礼金支出占收入比值小时，移动支付对家庭商业保险参与有更大的促进作用。从而说明，移动支付能够缓解家庭之间社会互动的不足，进而促进家庭商业保险的参与。

表9-9　移动支付通过促进社会互动对家庭商业保险参与的影响

变量	是否参与	参与广度	参与密度	参与深度
	Probit （1）	Tobit （2）	Tobit （3）	Tobit （4）
移动支付	0.0643 ***	0.5902 ***	0.5046 ***	0.0082 ***
	（0.0057）	（0.0547）	（0.0468）	（0.0008）
礼金支出少	−0.0237 ***	−0.3734 ***	−0.3195 ***	−0.0050 ***
	（0.0046）	（0.0486）	（0.0416）	（0.0007）
移动支付×礼金支出少	1.89e-5	0.1666 **	0.1402 **	0.0016 *
	（0.0073）	（0.0702）	（0.0601）	（0.0010）
观测值	38775	38775	38775	38775

（三）移动支付与保险可得性

由于移动支付的介入，我国传统实体金融机构和移动支付平台都将成为影响金融可得性的重要因素。尹志超等（2015b）发现，金融可得性对于家庭参与金融资产投资具有显著的促进作用。我国保险机构的分配在地域之间的分布差异较大，有限的保险机构数量使得家庭参与商业保险的机会有限。此外，保险产品的可及性也是影响家庭商业保险参与的重要因素。魏华林和杨霞（2007）指出，我国保险产品重复供给十分严重，中国家庭买不到想买的保险。这反映出我国传统保险行业缺乏创新力，很难满足消费者的需求。而移动支付方式的普及降低了家庭对传统实体金融机构的依赖程度，缓解了家庭有限参与途径的约束。同时，家庭能够通过使用移动支付，在保险平台上对各种保险产品进行比较和选择，从而极大地减少信息搜寻成本（Kunreuther and Pauly，2006）。本章借鉴 Mookerjee 和 Kalipioni（2010）的研究方法，通过2018年中国保险统计年鉴的数据，统计出样本家庭所在省市每万人拥有保险公司数量，并将其作为保险可得性的衡量。当各省市每万人拥有保险公司数量大于样本中位值时，将其归为保险可得性高的一组，否则归为保险可得性低的一组。

分组回归结果如表9-10所示。其中，第（1）（2）列的被解释变量为商业保险参与，第（1）列是保险可得性较高的家庭组，第（2）列是保险可得性较低的家庭组。回归结果表明，移动支付显著地提高了家庭参与商业保险的可能性。通过比较发现，移动支付对家庭商业保险的促进效果在保险可得性较低的家庭组中更大，说明保险可得性较低的家庭会更多地通过移动支付方式来满足自己的保险需求。进一步结果表明，移动支付缓解家庭所在省市有限的保险机构和保险产品的约束，使家庭有机会选择合适的保险产品，从而促进家庭商业保险的参与。表9-10中第（3）（4）列被解释变量为参与广度，第（5）（6）

列被解释变量为参与密度，第（7）（8）列被解释变量为参与深度。与第（1）（2）列分组方法相同，仍然得到了一致的结论。

表9-10　移动支付通过增加保险可得性对家庭商业保险参与的影响

变量	（1）	（2）	（3）	（4）	（5）	（6）	（7）	（8）
	是否参与		参与广度		参与密度		参与深度	
	Probit		Tobit		Tobit		Tobit	
	可得性高	可得性低	可得性高	可得性低	可得性高	可得性低	可得性高	可得性低
移动支付	0.0611***	0.0692***	0.6663***	0.6905***	0.5725***	0.5853***	0.0089***	0.0093***
	（0.0065）	（0.0063）	（0.0631）	（0.0614）	（0.0543）	（0.0522）	（0.0009）	（0.0009）
控制变量	控制	控制	控制	控制	控制	控制	控制	控制
观测值	18788	19987	18788	19987	18788	19987	18788	19987

二、异质性分析

表9-11分析了移动支付对城乡、不同收入和不同受教育水平的家庭商业保险参与的影响。

从户主受教育水平的角度分析，根据户主的文化程度是否为高中以上（含高中），将其划分为高学历和低学历。回归结果如表9-11所示，在高学历水平的家庭样本中，移动支付显著提高了家庭商业保险参与概率，平均边际影响为0.0678，高于低学历水平家庭样本的0.0635。然而，移动支付对低学历水平家庭商业保险的参与程度促进作用更大。基于似无相关模型的检验（SUEST）结果表明，两组系数之间的差异在5%的水平上显著。这可能是因为高学历水平家庭学习新事物的能力更强，更善于使用移动支付挖掘深层的信息，从而更多地了解保险市场，进而使移动支付的平均边际效应更大。而对于低学历水平的家庭而言，这种学习新事物能力、信息检索能力都受到较大限制，阻碍他们充分利用移动支付所带来的益处。

表9-11　移动支付对不同类型的家庭商业保险参与的异质性检验

变量	（1）	（2）	（3）	（4）	（5）	（6）
	Panel A：家庭商业保险参与					
	低学历	高学历	农村	城镇	低收入	高收入
移动支付	0.0635***	0.0678***	0.0476***	0.0696***	0.0554***	0.0735***
	（0.0053）	（0.0083）	（0.0083）	（0.0055）	（0.0060）	（0.0069）
SUEST	5.19**		0.32		3.00*	
控制变量	控制	控制	控制	控制	控制	控制
观测值	24928	13847	12195	26580	19538	19539
变量	Panel B：家庭商业保险参与广度					
	低学历	高学历	农村	城镇	低收入	高收入
移动支付	0.7430***	0.6341***	0.5622***	0.7026***	0.6778***	0.7272***
	（0.0568）	（0.0719）	（0.0871）	（0.0521）	（0.0720）	（0.0600）
SUEST	14.05***		0.01		4.65**	
控制变量	控制	控制	控制	控制	控制	控制
观测值	24928	13847	12195	26580	19388	19387
变量	Panel C：家庭商业保险参与密度					
	低学历	高学历	农村	城镇	低收入	高收入
移动支付	0.6238***	0.5506***	0.4598***	0.6059***	0.5771***	0.6214***
	（0.0479）	（0.0624）	（0.0716）	（0.0450）	（0.0615）	（0.0514）

续表

变量	(1)	(2)	(3)	(4)	(5)	(6)
	Panel C：家庭商业保险参与密度					
	低学历	高学历	农村	城镇	低收入	高收入
SUEST	12.17 ***		0.05		4.54 **	
控制变量	控制	控制	控制	控制	控制	控制
观测值	24928	13847	12195	26580	19388	19387
变量	Panel D：家庭商业保险参与深度					
	低学历	高学历	农村	城镇	低收入	高收入
移动支付	0.0102 *** (0.0008)	0.0085 *** (0.0010)	0.0076 *** (0.0012)	0.0095 *** (0.0007)	0.0141 *** (0.0015)	0.0073 *** (0.0006)
SUEST	12.77 ***		0.00		33.18 ***	
控制变量	控制	控制	控制	控制	控制	控制
观测值	24928	13847	12195	26580	19388	19387

从城乡家庭的角度分析，将样本划分为城市和农村。回归结果显示，移动支付对于城市家庭商业保险的参与促进作用更大。这主要是因为城市的经济发展水平较高，移动通信技术更加发达，人们对移动支付的认可程度更高。而农村地区经济发展水平较为落后，所处位置偏僻，网络通信建设还不完善，移动支付的渗透率低（魏金龙，2019）。这就使得农村家庭购买保险的交易成本较高，并且更容易受到保险机构和保险产品的约束。

从家庭收入的角度分析，按照家庭收入中位数将家庭分为两组。回归结果发现，移动支付使用对于商业保险参与及参与程度主要存在于高收入家庭。基于似无相关模型的检验（SUEST）结果表明，两组系数之间的差异在10%的水平上显著，进一步说明，移动支付对高收入家庭参与商业保险的促进作用更大。可能的原因是高收入家庭具有较强的经济保障，在保险产品购买方面能够获得更好的服务，并能充分利用移动支付所提供的信息。而低收入水平家庭往往会受到财务约束，获取保险产品信息及服务有限，进而限制家庭商业保险的参与。

表9-12分析了移动支付对东中西部家庭商业保险参与的影响。以东部地区为对照组，可以发现，移动支付与西部地区交互项系数不显著，而移动支付与中部地区交互项系数显著为正，且在5%的水平上显著。说明相较于较为发达的地区，移动支付对中部地区家庭商业保险参与的促进作用更大。可能的原因是欠发达地区缺乏区位优势，保险公司数量少，保险公司之间难以形成产业的集聚效应，导致家庭商业保险购买成本较高（尹志超等，2019a）。而移动支付通过降低购买商业保险的成本，为家庭提供更便捷的购买方式，进而使家庭商业保险的参与进一步增强。

表9-12　移动支付对东中西部家庭的异质性检验

变量	是否参与 Probit (1)	参与广度 Tobit (2)	参与密度 Tobit (3)	参与深度 Tobit (4)
移动支付	0.0590 *** (0.0057)	0.6160 *** (0.0557)	0.5274 *** (0.0477)	0.0081 *** (0.0008)
移动支付×中部地区	0.0225 ** (0.0090)	0.2260 *** (0.0862)	0.1915 *** (0.0738)	0.0032 *** (0.0012)
中部地区	0.0812 *** (0.0168)	0.7947 *** (0.1702)	0.6788 *** (0.1454)	0.0109 *** (0.0023)

续表

变量	是否参与 Probit （1）	参与广度 Tobit （2）	参与密度 Tobit （3）	参与深度 Tobit （4）
移动支付×西部地区	0.0049 （0.0094）	0.0596 （0.0907）	0.0453 （0.0776）	0.0012 （0.0012）
西部地区	0.1926*** （0.0236）	1.8760*** （0.2291）	1.5963*** （0.1960）	0.0252*** （0.0032）
控制变量	控制	控制	控制	控制
观测值	38775	38775	38775	38775

分样本的回归结果也得到了相同的结论。分样本回归结果如表9-13所示，在中西部地区中，移动支付显著提高了家庭商业保险的参与概率，平均边际影响为大于东部地区的0.0733，高于东部地区的0.0575。基于似无相关模型的检验（SUEST）结果表明，两组系数之间的差异在10%的水平上显著。进一步说明，移动支付对中西部地区家庭参与商业保险的促进作用更大。

表9-13 移动支付对东中西部家庭的异质性检验（分样本）

变量	是否参与 Probit		参与广度 Tobit		参与密度 Tobit		参与深度 Tobit	
	东部	中西部	东部	中西部	东部	中西部	东部	中西部
移动支付	0.0575*** （0.0064）	0.0733*** （0.0063）	0.6080*** （0.0626）	0.7537*** （0.0616）	0.5232*** （0.0539）	0.6375*** （0.0523）	0.0079*** （0.0009）	0.0104*** （0.0009）
SUEST	5.01**		4.98**		4.42**		6.77**	
控制变量	控制	控制	控制	控制	控制	控制	控制	控制
观测值	19504	19271	19504	19271	19504	19271	19504	19271

本章小结

本章使用2017年中国家庭金融调查数据，采用工具变量法估计，研究移动支付对家庭商业保险参与的影响。研究发现，移动支付能显著促进家庭商业保险参与。移动支付导致家庭参与商业保险的概率增加4.40%，在1%水平上显著。移动支付也显著增加家庭参与商业保险的规模及保费支出占收入的比重。同时，移动支付通过增加家庭金融知识、促进社会互动、增强保险可得性等途径，促进家庭商业保险的参与。其中，移动支付扩宽了人们了解金融知识的渠道，使得家庭的金融知识逐渐积累，进而促进家庭的参保。同时，移动支付会增强家庭之间的社会互动，提高家庭参与商业保险的概率。此外，移动支付缓解了"低保险可得性"地区家庭有限的保险机构和保险产品的约束，促使家庭参保。从区域来看，与东部地区相比，移动支付对中部地区家庭商业保险参与的促进更大。从户主受教育年限上来看，移动支付对高学历家庭商业保险的参与促进作用更大。从家庭收入上来看，移动支付对高收入家庭商业保险的参与促进作用更大。研究还发现，家庭财富的增加、风险偏好、少儿比例及劳动力比例增加等因素，均会促进家庭参与商业保险。家庭参与商业保险的概率随着年龄的增加先上升后降低。在剔除18岁以下及70岁以上样本、剔除一线城市及直辖市地区样本、更换被解释变量、运用倾向值得分匹配法处理样本选择偏差问题后，上述回归结果依然稳健。基于上述研究结论，本章提出以下三个政策建议：

（1）合理引导保险行业发展，进一步保障民生。移动支付显著促进了家庭商业保险的参与，说明家庭在购买商业保险时往往会借助移动支付工具来充分了解保险信息，即减少信息不对称，购买最合适的险种。就政府而言，可以通过合理引导保险行业发展，进一步保障民生，对保险市场而言，这意味着未来有更广阔的发展空间。

（2）抓住科技的迅速发展，引导商业保险与移动技术的结合。对保险市场而言，移动支付显著促进了家庭商业保险的参与，意味着未来有更广阔的发展空间。企业要引导商业保险与移动技术的结合，打造数字金融时代的商业保险，促进商业保险朝着信息化、智能化方向发展。

（3）服务消费者差异化需求，提供具有针对性的保险产品。保险公司可以充分利用移动支付、第三方支付的平台，为有不同需求的消费者提供针对性的保险产品。即通过保险连接用户需求，打造数字的保险生活圈，使保险具有普适的意义。

第十章　移动支付与股市参与①

第一节　引　言

改革开放以来，中国经济快速发展，资本市场不断完善，风险资产供给增加。与此同时，中国家庭收入也呈上升趋势。然而，中国家庭风险市场的参与程度并没有因收入增加而提升。据中国家庭金融调查数据，2011年、2013年、2015年、2017年、2019年中国家庭参与股市的比例分别为8%、8%、10%、8%、5.8%，与西方发达国家相比，股市参与程度整体仍然处于较低水平。中国家庭股票市场"有限参与"问题已经引起学界的广泛关注（李心丹等，2011）。党的十九届五中全会提出了"十四五"时期推动共同富裕的重点任务，资本市场作为提高居民财产性收入、分享经济增长成果的重要渠道之一，对促进共同富裕目标的实现发挥着重要的作用。家庭在面临不确定情况下，合理使用金融工具投资风险市场有助于提高财产性收入，实现资产的保值增值。鉴于此，探究中国家庭股票市场"有限参与"之谜，不仅有助于推动金融市场的发展，还有助于为中国家庭带来更多金融福利，对推动共同富裕迈出坚实步伐具有重要意义。

随着数字化时代的到来，移动支付已渗透到家庭生活的方方面面。作为世界最大的移动支付市场，2021年6月中国移动支付用户规模已达到8.72亿，新冠疫情期间移动支付更加显现出不可替代的作用，下沉市场也得到了进一步拓展。据中国人民银行2021年第三季度支付体系运行情况报告，移动支付业务量继续保持上升趋势，移动支付业务数量达到390.77亿笔，金额达到126.81万亿元，业务量和金额同比分别增长13.28%、8.62%。移动支付作为新型的"互联网+"的支付方式已逐渐取代传统的现金支付、刷卡支付，为居民的生活带来了极大的便利。与此同时，移动支付也拓展了交易的边界，推动了普惠金融发展、提升了金融服务可得性。例如，余额宝、零钱通的理财功能等可以使用户逐渐了解基金、股票等金融产品，移动支付不断丰富的金融功能、多样化的金融产品，拉近了居民与金融资产的距离，提升了家庭进入金融市场的可能性。

综上所述，移动支付对家庭的金融观念以及金融行为产生了不可小觑的影响，移动支付可能对家庭参与股票等高风险市场有正向促进作用。作为数字金融的重要一环，目前移动支付相关研究主要从创业、消费、货币需求等方面分析其对家庭金融行为的影响（尹志超等，2019a；张勋等，2020；李二亮等，2020；尹志超等，2019b），国内外尚缺乏将移动支付与家庭股票市场参与行为相结合的研究文献。在此背景下，本章利用中国家庭金融

---

① 杨阳，吴子硕，尹志超. 移动支付对家庭股市参与的影响［J］. 管理评论，2023，35（1）：52-65.

调查（CHFS）2017年、2019年数据，探究移动支付对中国家庭股市参与及回报的影响以及作用机理。本章有三个贡献：①立足于中国移动支付市场快速发展和家庭股票市场参与度低的事实，系统研究了移动支付对家庭股市参与及股市回报的影响，拓展并丰富了"股市有限参与"领域的研究；②发现并验证了移动支付对家庭股市参与的作用渠道；③通过异质性分析，进一步考察了地区异质性和家庭特征异质性带来的影响。上述研究对部分解释中国家庭股票市场"有限参与"之谜，完善资本市场建设以及实现共同富裕的目标等政策制定提供了有益的视角和经验依据。

第二节　文献综述与理论假设

一、文献综述

主要从以下视角梳理移动支付与股市参与及股市回报关系的相关文献。

首先，市场摩擦视角。已有研究结果表明，随着市场摩擦的增加，家庭将降低对股票资产的投资（李心丹等，2011）。市场摩擦又细分为金融发展水平限制、借贷约束及参与成本。Christelis等（2013）研究发现，金融市场发展使得家庭加大对股票市场的投资。尹志超等（2015b）认为，金融可得性可以促进家庭参与股票市场，且提高股票资产在金融资产中的占比。移动支付使被传统金融排斥在外的居民获得金融服务，提高了居民的金融可得性（尹志超等，2019a），推动了金融的发展（焦瑾璞，2014）。信贷约束一般出现在跨期选择模型中，受到信贷约束的家庭面临的不确定性较高，进而导致家庭进入股票市场的可能性较小（吕学梁和吴卫星，2017）。较高的信息成本、交易成本是阻碍家庭进入股票市场的重要因素（Allen and Douglas，1994；Peress，2005）。互联网使用不仅削弱了交易成本（周广肃和梁琪，2018），其作为一种信息渠道替代了传统社会互动，降低了信息成本（Liang and Guo，2015），进而促进家庭参与股票市场。而移动支付的使用不仅能够帮助家庭获得正规借贷，有效缓解借贷约束（杨波等，2020），同时丰富了家庭获取信息的渠道及降低了交易成本（吴雨等，2021；尹志超等，2019a）。

其次，行为因素视角。行为因素对家庭参与股市也有重要影响，具体包括社会互动、信任、风险偏好及投资者情绪等。社会互动作为社会资本的重要构成因素，通过社会乘数效应促进家庭参与股市（郭士祺和梁平汉，2014），社会互动通过信息获取的渠道促进家庭参与股市，但却无法帮助家庭从股市中获得回报（朱光伟等，2014）。同样作为社会资本的信任对家庭参与股市也有显著正向影响（Guiso et al.，2004；El-Attar and Poschke，2011）。股票资产作为高风险高回报金融产品需要家庭成员有一定的风险偏好。Gomes和Michaelides（2005）通过建立生命周期模型，探讨了不同风险态度的群体参与股市的程度存在差异，风险偏好高的人群更愿意参与股市，这与姜树广等（2021）得出的结论一致。移动支付通过网络信息互动功能使得家庭社会网络得到保障及扩张（Bachas et al.，2018）。同时，移动支付平台的理财功能推动了家庭参与对安全性要求极高的金融资产交易，有效提高了家庭信任感（何靖和李庆海，2019），并提高了家庭风险承担能力（吴雨等，2021；Hong et al.，2020）。情绪是行为中较为复杂的一面，同样会对股票市场产生影响（部慧等，2018）。裘江南和葛一迪（2021）发现，投资者的负面情绪会对股市产生不利影响。而且拥有乐观情绪的投资者的股票收益高于悲观情绪的投资者（池丽旭和庄新田，2011；刘斌等，2018）。

最后，背景风险视角。健康风险作为背景风险之一，影响家庭股票资产在总资产中的比重，且健康状况越好的家庭，其参与股市的可能性越大（吴卫星等，2020）。同样，收入风险作为众多背景风险的起源，对家庭经济行为有着不可忽视的影响。Pratt 和 Zeckhauser（1987）发现，收入风险使投资者拥有较低水平的风险资产。Jack 和 Suri（2014）研究发现，移动支付有助于家庭分散风险。此外，在家庭特征方面，受教育水平（Sreyoshi et al.，2020）、认知能力（Fair，1994）、年龄（魏先华等，2014）、家庭结构（蓝嘉俊等，2018）都对股市参与有显著的影响。

通过梳理上述文献发现，移动支付具有提高家庭金融可得性、缓解家庭信贷约束、降低家庭交易成本、提高家庭社会网络、分散家庭风险及转变风险态度等作用，为本章机制的探讨提供了有益借鉴。此外，目前鲜有文献从移动支付角度探讨家庭股市参与的问题，同时，在微观家庭层面探讨影响股市回报因素的文献也较为稀缺。虽然有数字金融与优化家庭资产配置方面的研究文献（吴雨等，2021），但由于该研究使用的是代表省、市、县三个层级的数字普惠金融指数，仍然未能从微观家庭层面检验数字金融与家庭股市参与及股市回报之间的关系。而本章从微观家庭层面系统研究了移动支付对家庭股市参与及回报的影响，得到了更为细致深入的分析结果，拓展并丰富了"股市有限参与"领域的研究，为进一步完善资本市场及推动共同富裕步伐提供有益视角。

二、理论假设

基于以上文献，本章利用 CHFS 数据，试图从更为微观的角度考察家庭使用移动支付对金融行为的影响，具体地，从信息获取成本、风险偏好理论、信息不对称理论及信贷可得性角度来探讨移动支付对中国家庭参与股市的促进机制，拓展并丰富家庭风险资产配置领域的实证研究。

首先，移动支付提高了家庭对金融信息的关注度，减小了其获取信息的成本。一方面，移动支付作为新型金融科技的重要组成部分，依托于互联网、云计算技术，以其便利性、安全性等为家庭提供了安全可信的金融信息获取渠道，降低了获取信息的成本。例如，支付宝、微信及手机银行对金融信息的推送在无形中可以提高使用者对其关注度，居民足不出户就可以获得金融信息。另一方面，已有研究发现社会网络有助于居民获得有效的信息（郭士祺和梁平汉，2014）。受新冠疫情影响，居民出行受到了一定的限制。移动支付打破了物理空间的限制，其在线交易以及信息互动功能保障了居民的社会网络，而社会网络是居民间接获取信息的重要渠道。基于上述理由，提出如下假设：

H1：移动支付通过提高居民金融信息关注度、降低信息获得成本从而促进家庭参与股市。

其次，股票是一种高收益、高风险的投资方式，需要投资者具有较高的风险偏好。中国居民投资观念相对保守、厌恶风险的人数较多，在一定程度上限制了股市的发展，也影响了家庭金融福利的获得。然而，互联网发展有效改变了居民的风险态度（张世虎和顾海英，2020），移动支付依托于互联网信息技术及云计算技术整合大量碎片化信息，进而有助于转变居民的风险偏好。鉴于此，提出以下假设：

H2：移动支付通过转变居民风险态度促进其参与股市。

再次，移动支付综合运用云计算、区块链、人工智能等技术，在支付安全、个人隐私保护等方面构建了透明、安全、高效的信任机制。移动支付能够有效缓解信息不对称的问题，以支付宝、微信为典型代表的第三方支付平台为商户与购买者搭建了中介平台，构建了信用的中转机制。Guiso 等（2008）研究发现，信任能够提高家庭参与股市等风险金融市场的概率，增加家庭对股票等风险金融资产的配置。鉴于此，提出如下假设：

H3：移动支付通过提高居民信任感促进其参与股市。

最后，数字金融，尤其是移动支付的普及拓展了居民借贷的渠道，提高了金融服务的可得性。一方面，移动支付平台实现了资金需求端与供给端的有效对接，降低了居民获得贷款的时间成本。2021 年蚂蚁花呗被正式纳入中国人民银行的征信系统，这一举措可以有效帮助金融机构采集家庭征信信息，提高家庭信用水平，进而提高家庭获得正规借贷的概率。另一方面，移动支付带动银行卡使用的同时，可以为正规金融机构提供大量客户信息，有利于金融机构评估消费者信贷资质（杨波等，2020），有效降低因信息不对称导致的逆向选择及道德风险对消费者获得信贷的影响。从生命周期理论来看，信贷的获得有利于促进家庭进入股市。鉴于此，提出以下假设：

H4：移动支付通过提高居民信贷可获得性促进其参与股市。

第三节　数据和变量

一、数据来源

本章使用西南财经大学于 2017 年和 2019 年开展的两轮中国家庭金融调查数据。中国家庭金融调查（China Household Finance Survey, CHFS）是中国家庭金融调查与研究中心在全国范围内开展的抽样调查项目，旨在收集有关家庭金融微观层次的相关信息。CHFS 在样本人口年龄结构、城乡人口结构、性别结构等多个方面与国家统计局相一致，数据具有代表性（甘犁等，2012）。2017 年第四轮中国家庭金融调查覆盖了全国 29 个省（区、市）、355 个县（区、市）、1428 个社区（村），共获得 40011 户家庭，2019 年第五轮中国家庭金融调查覆盖了全国 29 个省（区、市）、345 个县（区、市）、1359 个社区（村），共获得 34643 户家庭的人口统计学特征、资产与负债、保险与保障、支出与收入、金融知识、家庭教育等方面的详细情况。

二、变量说明

（1）被解释变量。研究移动支付对股市参与及股市回报的影响，被解释变量为股市参与及股市回报。借鉴朱光伟等（2014）的研究，依据中国家庭金融调查问卷以家庭是否参与股市作为被解释变量，以是否盈利度量股市回报，以股票资产占金融资产的比重衡量家庭参与股市的深度。

（2）解释变量。核心解释变量为移动支付。参考尹志超等（2019a）的做法，根据2017年中国家庭金融调查问卷内容，将使用手机、iPad 等移动终端支付（包括支付宝、微信、手机银行、Apple Pay 等）的家庭赋值为1，否则为0。由于2019年调查问卷中问题设计有变化，本章将家庭开通支付宝、微信支付、京东网银钱包、百度钱包等第三方支付账户的家庭赋值为1，否则为0。

（3）控制变量。本章控制了代表家庭特征和户主特征的变量，包括收入、净资产（总资产-总负债）、负债、孩子占比（16 岁及以下孩子占家庭总人数比重）、老人占比（60 岁及以上老人占家庭总人数比重）、养老保险参与（家庭有人参与养老保险为1，否则为0）、医疗保险参与（家庭有人参与养老保险为1，否则为0）、自有住房（有自有住房为1，否则为0）、年龄、年龄的平方、已婚（已婚为1，否则为0）、受教育年限（没上过学为0；小学为6；初中为9；高中及中专为12；大专为15；大学本科为16；硕士学历为19；博士学历为22）、健康水平（非常健康、健康为1，否则为0）、农村户口（农业户口为1，否则为0）、工作（户主有工作为1，否则为0）。

三、描述性统计

表10-1列示了各变量描述性统计结果。从表10-1可以看出，股市参与率仅为6.22%，而股票资产占金融资产的比值仅为0.77%，表明中国参与股市的家庭仍然较少。使用移动支付的家庭达到34.63%，说明移动支付已经得到一定程度的普及，但未来仍有较大的推广空间。在家庭特征和户主特征方面，拥有社会养老保险和社会医疗保险参与家庭占比分别达到91.12%、95.60%，而拥有住房家庭的比例达到90.48%。值得关注的是，家庭老人占比为38.26%，户主的平均年龄达到57岁，这表明中国老龄化社会正在到来。86%的户主处于已婚状态，63%的户主处于就业状态，58%的户主为农村户口。户主的平均受教育年限为8.76年，户主健康的比例为40.41%，这表明中国户主的受教育程度和健康程度仍处于较低水平。

表 10-1　描述性统计

变量名称		观测值	均值	标准差	最小值	最大值
（1）被解释变量	股市参与	34496	0.0622	0.2416	0	1
	股票资产占比	34378	0.0077	0.0636	0	1
（2）关注变量	移动支付	34496	0.3463	0.4758	0	1
（3）家庭特征	家庭总收入①	34496	10.0343	3.2920	-15.5197	17.9788
	家庭净资产②	34496	12.0695	3.7981	-15.2560	20.4139
	家庭负债	34496	3.3658	5.0519	0	16.8600
	孩子占比	34496	0.1095	0.1642	0	0.8
	老人占比	34496	0.3826	0.4135	0	1
	养老保险参与	34496	0.9112	0.2843	0	1
	医疗保险参与	34496	0.9560	0.2049	0	1
	自有住房	34496	0.9048	0.2934	0	1

① 因总收入中包含股票收入，为避免逆向因果对估计结果的影响，本章将股票收入从总收入中剔除。

② 因净资产中包含股票资产，为避免逆向因果对估计结果的影响，本章将股票资产从净资产中剔除。

变量名称		观测值	均值	标准差	最小值	最大值
（4）户主特征	年龄	34496	57.1007	13.1687	17	117
	年龄的平方/100	34496	34.3390	15.0948	2.89	136.89
	已婚	34496	0.8607	0.3461	0	1
	受教育年限	34496	8.7633	3.9894	0	22
	健康水平	34496	0.4041	0.4907	0	1
	农村户口	34496	0.5898	0.4918	0	1
	工作	34496	0.6370	0.4808	0	1

注：家庭总收入、家庭净资产及家庭负债已取自然对数。

第四节 模型设定及内生性分析

一、数据来源

为探究移动支付对股市参与的影响，采用以下回归模型：

$$Stock_{it} = \beta_0 + \beta_1 Payment_{it} + \beta_2 X_{it} + \mu_i + \lambda_t + e_{it} \tag{10-1}$$

其中，i 表示家庭，t 表示时间。$Stock_{it}$ 表示第 i 个家庭在 t 时间的股市参与。$Payment_{it}$ 表示第 i 个家庭在 t 时间的家庭的移动支付使用情况。$Payment_{it} = 1$ 表示第 i 个家庭在时间 t 内使用移动支付，$Payment_{it} = 0$ 表示第 i 个家庭在时间 t 内未使用移动支付。X_{it} 表示控制变量，包括户主特征变量及家庭特征变量，μ_i 和 λ_t 分别表示家庭固定效应和年份固定效应，扰动项 $e_{it} \sim N(0, \sigma^2)$。

为探讨移动支付对股市参与深度的影响，参照 Guiso 等（2008）的做法，以股票资产占金融资产的比重度量股市参与深度。因未参与股市的家庭股票比重为零，为解决数据截断和角点解问题，采用 Tobit 模型进行估计。

$$y_{it} = \max(0, \ y_{it}^*) \tag{10-2}$$

$$y_{it}^* = \beta_0 + \beta_1 Payment_{it} + \beta_2 X_{it} + e_{it} \tag{10-3}$$

其中，y_{it} 表示第 i 个家庭在 t 时间的家庭的股市参与深度，$Payment_{it}$ 以及 X_{it} 与上文一致，扰动项 $e_{it} \sim N(0, \sigma^2)$。

为进一步考察移动支付影响股市参与的机制，建立如下模型：

$$Stock_{it} = \beta_0 + \beta_1 Payment_{it} + \beta_2 Payment_{it} \times Y_{it} + \beta_3 Y_{it} + \beta_4 X_{it} + \mu_i + \lambda_t + e_{it} \tag{10-4}$$

其中，Y_{it} 表示第 i 个家庭在 t 时间的家庭的金融信息关注、社会网络、风险偏好、社会信任及信贷可得性。$Payment_{it} \times Y_{it}$ 表示是否使用移动支付（$Payment_{it}$）和 Y_{it} 的交互项，$Stock_{it}$ 表示第 i 个家庭在 t 时间的股市参与，X_{it} 为其他控制变量，μ_i 和 λ_t 分别表示家庭固定效应和年份固定效应，扰动项 $e_{it} \sim N(0, \sigma^2)$。

此外，使用股市盈利作为被解释变量，探讨移动支付是否可以帮助家庭从股市获得盈利，从而达到财产性收入增长的目的。当家庭进入股市时才能从股市中得到回报，因此选取如下 Heckman probit 模型：

$$P(Stock_{it} = 1 \mid payment_{it}, X_{1it}) = \Phi(\alpha_0 + \alpha_1 payment_{it} + \alpha_2 X_{1it}) \tag{10-5}$$

$$P(Profit_{it} = 1 \mid payment_{it},\ X_{2it}) = \Phi(\beta_0 + \beta_1 payment_{it} + \beta_2 X_{2it} + \lambda) \tag{10-6}$$

Heckman probit 模型分为两步：第一步为家庭是否参与股市的方程；第二步为家庭股市是否盈利的方程。其中，λ 表示逆米勒比率，X_{2it} 表示其他控制变量，包括家庭总收入、净资产、总负债、年龄、年龄的平方、已婚、受教育年限、户主工作、农村户口。相对于 X_{1it}，X_{2it} 去掉了孩子占比、老人占比、养老保险、医疗保险、健康水平等家庭的背景风险变量，最大限度降低了估计偏误。考虑到炒股年数越多的家庭积累的经验越多，从股市中盈利的可能性越大，在 X_{2it} 中还控制了炒股年数的影响。

二、内生性分析

本章使用双向固定效应解决了不随时间变化的遗漏变量问题。但模型（10-1）中，移动支付仍可能存在内生性问题。主要体现在以下两个方面：①本章存在遗漏变量问题。文化背景、风俗习惯、家庭自身的传统、偏好及地域等不可观测变量，可能既会影响家庭移动支付使用，同时影响家庭参与股市。例如，家庭的支付习惯及接受新鲜事物能力。受支付习惯和接受新鲜事物能力影响，一部分消费者可能不习惯使用移动支付，一部分消费者受限于知识水平，掌握新技能的能力较弱。两者会对家庭参与股市产生一定影响，故而产生内生性。②微观调查数据中移动支付使用可能存在一定测量误差，从而影响移动支付度量的准确度，进而产生内生性。最后，如果家庭正是出于参与股市的动机，对移动支付的使用需求有所提高，可能产生逆向因果问题。

为更好解决内生性问题，借鉴尹志超等（2019a）的做法，使用社区内除本家庭外使用移动支付家庭的比例作为本家庭使用移动支付的工具变量，进行两阶段估计。一方面，"近邻效应"使个体易受到周围环境的影响。在移动支付利用率比较高的社区，已具备了良好的移动支付环境，受邻居行为和观念的影响，为避免边缘化的风险本家庭使用移动支付的概率也会提高。因此，同社区其余家庭的平均使用移动支付水平与本家庭使用移动支付是高度相关的。另一方面，其他家庭使用移动支付的程度并不会影响本家庭参与股市，两者不存在相关关系。因此，社区内除本家庭外使用移动支付家庭的比例作为本家庭使用移动支付的工具变量同时满足相关性和外生性，适合作为工具变量。

第五节　实证研究

一、移动支付与家庭股市参与概率关系的分析

首先，分析移动支付对股市参与的影响见表 10-2。表 10-2 中第（1）列、第（2）列分别为双向固定效应模型和利用工具变量后的双向固定效应模型的估计结果。回归结果显示，移动支付的边际效应为正，即移动支付显著提高了家庭参与股市的概率。第（1）列的移动支付的回归系数为 1.89%，且在 1% 的水平上显著为正。第（2）列的移动支付的回归系数为 4.38%，且在 10% 的水平上显著为正。两阶段估计结果中，一阶段的 F 值为 310.49，工具变量 t 值为 15.93，F 值大于 10% 偏误水平下的临界值 16.83，不存在弱工具变量问题。实证结果表明移动支付显著提高了家庭参与股市的概率。

其次，本章分析其他控制变量对股市参与的影响。从表10-2第（1）列的结果我们可以发现，家庭净资产对提高股票市场参与具有促进作用。相比之下，家庭总收入并没有产生正向影响。相比总收入，家庭净资产更能体现财富累积的效果。净资产越多，防范和承受风险的能力也越强。股市本身作为一种高风险投资行为，家庭拥有较多净资产会促进其进入股票市场。老年人口占比大，家庭储蓄倾向更大，股市的参与意愿降低，这与蓝嘉俊等（2018）研究的结论保持一致。蓝嘉俊等（2018）认为，少儿占比与股市参与有负相关关系。本章发现，少儿占比降低了股市参与概率，但在统计意义上并不显著，这可能与本章使用的是面板数据中少儿占比变化较小有一定关系。社会保险作为对冲家庭风险的重要工具，在一定程度上降低了家庭面临大额支出的不确定性，进而对股市参与具有显著的正向影响，这与林靖等（2017）的结论一致。已有研究表明，房产可以降低家庭股市的参与程度，对股票投资具有显著的"挤出效应"（Pelizzon and Weber，2008）。本章同样发现，家庭自有住房抑制了参与股市的概率。Fagereng等（2017）认为，随着年龄的增长，家庭退出股市的概率增大。本章同样发现年龄对股市参与有负向影响，但在统计意义上不显著。户主健康状况并不会对家庭进入股市产生显著的影响，这与吴卫星等（2020）得出的结论不一致。可能的原因为，本章使用平衡面板数据，户主健康水平变化较小。户主拥有工作也会提高家庭参与股市的可能性，有关不同职业的异质性影响未来还需要进一步讨论。

表10-2　移动支付与股市参与

被解释变量		（1）股市参与（FE）	（2）股市参与（FE-IV）
（1）关注变量	移动支付	0.0189*** (0.0035)	0.0438* (0.0263)
（2）家庭特征	家庭总收入	-0.0007*** (0.0003)	-0.0007* (0.0037)
	家庭净资产	0.0010*** (0.0001)	0.0090** (0.0037)
	家庭负债	0.0003 (0.0003)	0.0003 (0.0003)
	孩子占比	-0.0127 (0.0143)	-0.0141 (0.0146)
	老人占比	-0.0039 (0.0077)	0.0015 (0.0098)
	养老保险参与	0.0009 (0.0031)	0.0001 (0.0044)
	医疗保险参与	0.0130*** (0.0045)	0.0123** (0.0058)
	自有住房	-0.0146*** (0.0056)	-0.0147*** (0.0051)
（3）户主特征	年龄	-0.0032 (0.0012)	-0.0004 (0.0011)
	年龄的平方/100	-0.0000 (0.0011)	0.0002 (0.0010)
	已婚	0.0046 (0.0057)	0.0040 (0.0057)

被解释变量		（1） 股市参与（FE）	（2） 股市参与（FE-IV）
（3）户主特征	受教育年限	-0.0009** （0.0005）	-0.0010 （0.0006）
	健康水平	-0.0030 （0.0028）	-0.0031 （0.0028）
	户主工作	0.0076** （0.0030）	0.0075** （0.0035）
	农村户口	0.0093 （0.0057）	0.0092 （0.0067）
家庭固定效应		YES	YES
时间固定效应		YES	YES
N		34496	34496
R²		0.0063	0.0027
一阶段 F 值			310.49
工具变量 t 值			15.93

注：*、**、***分别表示在 10%、5%、1%的水平上显著，括号内是异方差稳健标准误。

二、移动支付与家庭股市参与深度关系的分析

以上分析证实了移动支付对家庭参与股市概率的显著影响。下面采用 Tobit 模型分析移动支付对家庭股市参与深度的影响。表 10-3 报告了回归结果。表 10-3 中，第（1）列为使用 Tobit 模型进行估计的结果，第（2）列为考虑到内生性问题，使用同一社区内其他家庭使用移动支付的均值作为移动支付的工具变量进行估计的结果。从表 10-3 中我们可以发现，移动支付的估计系数分别为 0.2270、0.8859，在 1%显著性水平上都为正，说明移动支付在提高家庭参与股市概率的同时，对家庭加大股票资产配置也起到了促进作用。

表 10-3　移动支付与股票资产占比

被解释变量		（1） 股票资产占比（Tobit）	（2） 股票资产占比（IV-tobit）
（1）关注变量	移动支付	0.2270*** （0.0052）	0.8859*** （0.1909）
（2）家庭特征	家庭总收入	-0.0230*** （0.0027）	-0.0269*** （0.0029）
	家庭净资产	0.1814*** （0.0135）	0.1675*** （0.0139）
	家庭负债	-0.0033 （0.0022）	-0.0070 （0.0024）
	孩子占比	0.0773 （0.0816）	-0.1214*** （0.0833）
	老人占比	0.0448 （0.0441）	0.1943*** （0.0617）
	养老保险参与	0.0908 （0.0676）	0.0575 （0.0686）
	医疗保险参与	0.1455* （0.0765）	0.1219 （0.0771）

续表

被解释变量		（1） 股票资产占比（Tobit）	（2） 股票资产占比（IV-tobit）
（3）户主特征	年龄	0.0250 *** （0.0063）	0.0375 *** （0.0073）
	年龄的平方/100	-0.0229 *** （0.0057）	-0.0229 *** （0.0060）
	已婚	-0.0039 （0.0348）	-0.0028 （0.0351）
	受教育年限	0.0505 *** （0.0042）	0.0405 *** （0.0050）
	健康水平	-0.0031 （0.0028）	-0.0029 （0.0241）
	户主工作	0.0079 *** （0.0227）	-0.0611 *** （0.0319）
	农村户口	-0.3830 （0.0375）	-0.3151 *** （0.0416）
省份固定效应		YES	YES
时间固定效应		YES	YES
N		34378	34378
R^2		0.3434	

注：*、**、***分别表示在10%、5%、1%的水平上显著。

三、移动支付与家庭股市盈利关系的分析

借鉴朱光伟等（2014）的做法，采用 Heckman probit 模型探讨移动支付与股票盈利之间的关系，回归结果如表10-4所示。第一步是关于家庭是否参与股市的回归，重点关注表10-4中的第二步回归结果。表10-4第（2）列结果显示，移动支付对股市盈利并无显著影响，可能的原因是：一方面，股市盈利需要投资者时常关注国内外的货币政策、财政政策、产业政策等相关政策，并根据对政策的解读及趋势判断从而决定股市投资方向及规模，进而获得股市盈利，而移动支付的使用并不能帮助投资者提高对政策准确判断的能力。另一方面，股市盈利还需要投资者具备一定公司层面的基本面分析和技术面分析的能力。投资者通过对行业状况及公司财务状况做出准确判断，并结合以往统计数据来预估股票未来的行情，进而获得比较理想的回报。而基本面分析和技术面分析能力的提高需要其较长期经验及知识的积累，移动支付在短期内对投资者提升分析能力的助力作用十分有限。炒股年数对股市盈利有显著的正向影响，可能的原因是炒股时间越长，投资者积累的投资经验越多，无论对政策解读判断的准确度还是基本面以及技术面分析的能力都有所提升，进而从股市中获得盈利的概率越高，这与朱光伟等（2014）的结论一致。炒股年限每增加1个单位，从股市中盈利的概率就提高2.08%。

表 10-4　移动支付与股票盈利

被解释变量	（1） 股市参与 第一步回归	（2） 股市盈利 第二步回归
移动支付	1.1269 *** （0.0660）	0.4772 （0.3426）

续表

被解释变量	(1) 股市参与 第一步回归	(2) 股市盈利 第二步回归
炒股年数		0.0208*** (0.0060)
其他控制变量1	YES	
其他控制变量2		YES
随机固定效应	YES	YES
时间固定效应	YES	YES
N	34496	2122

注：*、**、***分别表示在1%、5%、10%的水平上显著。

第六节　机制分析

上述实证结果表明移动支付显著地促进了家庭股市参与，那么移动支付具体通过什么渠道促进家庭股市参与呢？本部分基于上文提出的信息成本理论、风险偏好、信息不对称理论、信贷可得性四个视角，考察移动支付促进股市参与的内在机制。

一、基于金融信息关注及获取视角的考察

Vissing-Jorgensen（2002）认为，股市参与需要一定成本，包括进入成本、交易成本及获取信息成本，受到成本的制约，家庭进入股市的可能性将会降低。此外，当投资者所获得的信息不完全时，家庭的投资决策会受到影响（Merton，1987）。相反，股市信息的有效获取可以促进家庭进入股市（郭士祺和梁平汉，2014）。互联网技术的发展扩展了居民获得信息的渠道、降低了获取信息的成本、提升了家庭获取信息的能力（张世虎和顾海英，2020）。

为了考察信息获取机制，基于中国家庭金融调查问卷设计，将对经济、金融信息关注度为非常关注、很关注、一般关注的家庭定义为直接获取金融信息的家庭。在此处引入移动支付与金融信息关注的交互项来验证信息获取机制的成立。表10-5中第（1）（2）列分别列示FE和FE-IV的估计结果。具体地，第（1）列移动支付与金融信息关注的交互项在1%的显著性水平上为正，即移动支付可以通过提高居民对金融信息的关注度提高股市参与的概率。第（2）列使用社区均值做工具变量解决内生性问题后估计结果依然稳健。

表10-5　移动支付、信息获取与股市参与

被解释变量	(1) 股市参与（FE）	(2) 股市参与（FE-IV）
移动支付	0.0136*** (0.0033)	0.0389 (0.0267)
移动支付×金融信息获取	0.0295*** (0.0089)	0.0348** (0.0151)
金融信息获取	0.0068* (0.0035)	0.0048 (0.0061)
其他控制变量	YES	YES
家庭固定效应	YES	YES

被解释变量	（1） 股市参与（FE）	（2） 股市参与（FE-IV）
时间固定效应	YES	YES
N	34496	34496
R^2	0.0092	0.0052

注：*、**、*分别表示在 10%、5%、1%的水平上显著，括号内是异方差稳健标准误。

中国是一个十分重视社会网络的国家，社会网络作为家庭内生禀赋，对家庭投资行为有不可忽视的影响。社会网络作为社会资本的重要一环，有着风险分担和传递信息的作用（Hong et al.，2004），可以分散家庭的投资风险，弱化家庭规避风险程度，从而促进家庭参与股市（Weber and Morris，2010）。同时，社会网络可以增强家庭获取信息的能力，且提高与他人交流互动的频率，进而影响自身的投资选择（郭士祺和梁平汉，2014）。移动支付技术突破了空间和时间的限制，通过收发红包、在线交流等途径巩固了家庭的社会网络水平。本章以社会网络作为间接获得信息的途径，参照胡金焱等（2014）的做法，以家庭节假日（春节、中秋节等）、红白喜事（做寿、庆生等）收支总和的自然对数作为社会网络的代理变量，通过引入移动支付和社会网络交互项的方式考察此渠道的有效性。表 10-6 中第（1）（2）列分别列出 FE 和 FE-IV 的估计结果，在处理内生性后结果仍然显著为正，表明移动支付通过加强社会网络进一步提高了对家庭股市参与的正向影响，即移动支付的间接获得信息机制成立，以上结果验证了 H1。

表 10-6　移动支付、社会网络与股市参与

被解释变量	（1） 股市参与（FE）	（2） 股市参与（FE-IV）
移动支付	0.0015 （0.0057）	0.0186 （0.0304）
移动支付×社会网络	0.0028*** （0.0008）	0.0040** （0.0017）
社会网络	0.0001 （0.0003）	−0.0004 （0.0006）
其他控制变量	YES	YES
家庭固定效应	YES	YES
时间固定效应	YES	YES
N	34496	34496
R^2	0.0078	0.0040

注：*、**、***分别表示在 10%、5%、1%的水平上显著，括号内是异方差稳健标准误。

二、基于风险偏好视角的考察

风险态度是影响家庭参与股票市场的关键因素，Tobin（1958）的两基金分离定理表明，居民的风险态度将会影响其对风险资产的持有量。CHFS 2017 年和 2019 年数据显示，中国风险偏好家庭仅占 6.38%，表明中国居民大多趋于保守，厌恶风险。虽然风险态度和主观感受与认知有关，但其也会随着时间的推移和外部环境的改变而发生变化。那么，在数字化时代的大背景下居民的风险态度是否会发生变化呢？张世虎和顾海英（2020）发现，互联网通过信息获取渠道改变了乡村居民的风险态度。虽然互联网上的诈骗案以及资

金被盗问题，恶化了居民的风险厌恶态度，但以手机银行等为代表的规范平台，以其巨大投资规模、便利支付、良好信誉取得了广大人民群众的信任，有效转变了居民的风险厌恶态度。参照吴雨等（2021）的做法，基于中国家庭金融调查问卷，本章将投资倾向为高风险、高回报项目及略高风险、略高回报项目的家庭定义为风险偏好家庭，通过引入移动支付和风险偏好交互项来考察此机制。表 10-7 中第（1）（2）列分别列出 FE 和 FE-IV 的估计结果，两个交互项的系数都显著为正，表明移动支付有助于提高家庭风险偏好从而促进家庭参与股市，验证了 H2。

表 10-7　移动支付、风险偏好与股市参与

被解释变量	（1） 股市参与（FE）	（2） 股市参与（FE-IV）
移动支付	0.0170*** （0.0035）	0.0399 （0.0265）
移动支付×风险偏好	0.0252* （0.0136）	0.0433** （0.0180）
风险偏好	0.0112 （0.0070）	0.0019 （0.0101）
其他控制变量	YES	YES
家庭固定效应	YES	YES
时间固定效应	YES	YES
N	34496	34496
R^2	0.0080	0.0045

注：*、**、***分别表示 10%、5%、1%的水平上显著，括号内是异方差稳健标准误。

三、基于社会信任视角的考察

诚信是为人之本，是为人处世的一种美德。中华文化崇尚诚信，诚信也是社会主义核心价值观。信任同样作为社会资本的一个方面，能够提高家庭股市等风险金融市场的参与概率，增加家庭股票等风险金融资产的配置（Guiso et al.，2004）。信任也属于个人属性的一种，随着环境的变化、时间的推移信任感在发生变化。已有研究发现互联网使用对居民的信任感既有正向影响又有负向影响。王伟同和周佳音（2019）发现，互联网不同的使用渠道会对信任产生不同的影响，通过促进社交、改善人际关系提升社会信任水平，通过影响社会公平认知降低了社会信任水平。虽然移动支付依托于互联网技术，但其可以整合大量用户信息，从而有效建设社会信任体系。而初始信任能够持续稳定地影响互联网理财使用意愿（孙赫等，2020）。由于 2019 年 CHFS 问卷中没有与信任有关的问题设计，此处采用 2017 年 CHFS 问卷中"您对陌生人的信任程度"度量社会信任，通过 OLS 和 2SLS 回归分析来考察移动支付通过提升社会信任进而促进家庭参与股市机制的成立。表 10-8 第（1）（2）列分别为 OLS、2SLS 的估计结果，两列交互项系数都显著为正，这也证实了此机制的存在性，验证了 H3。

表 10-8　移动支付、社会信任与股市参与

被解释变量	（1） 股市参与（OLS）	（2） 股市参与（2SLS）
移动支付	0.0449*** （0.0099）	0.1661*** （0.0316）

续表

被解释变量	（1） 股市参与（OLS）	（2） 股市参与（2SLS）
移动支付×社会信任	0.0277*** （0.0043）	0.0755*** （0.0103）
社会信任	0.0064*** （0.0012）	−0.0144*** （0.0022）
其他控制变量	YES	YES
省份固定效应	YES	YES
N	39546	39546
R^2	0.1626	0.0664

注：*、**、***分别表示在10%、5%、1%的水平上显著，括号内是异方差稳健标准误。

四、基于信贷可得视角的考察

信贷具有平滑生命周期中因收入而降低股票投资的作用。受到流动性约束和信贷约束的家庭参与股市的可能性较小，流动性约束会制约家庭进入风险资产市场（吕学梁和吴卫星，2017）。移动支付平台为居民提供小额信贷服务，同时，移动支付使用产生的信用积分有助于家庭提高其信用水平，从而帮助家庭获得正规信贷或互联网信贷。杨波等（2020）研究发现，数字金融，尤其是移动支付能有效帮助家庭获得正规信贷，且对"长尾"家庭的作用更为显著。基于以上分析，本章将获得正规信贷或互联网信贷的家庭定义为信贷可得家庭，通过引入移动支付与信贷可得的交互项以考察移动支付的信贷可得效应。表10-9第（1）（2）列为FE和FE-IV的估计结果，其中，第（1）列交互项系数显著为正，表明移动支付通过提高信贷可得，缓解了家庭的流动性约束，进而促进了家庭参与股市。第（2）列结果虽不显著，但交互项系数仍然为正，验证了H4。

表10-9　移动支付、信贷可得与股市参与

被解释变量	（1） 股市参与（FE）	（2） 股市参与（FE-IV）
移动支付	0.0152*** （0.0037）	0.0418 （0.0256）
移动支付×信贷可得	0.0242*** （0.0080）	0.0019 （0.0156）
信贷可得	0.0041 （0.0052）	0.0149 （0.0097）
其他控制变量	YES	YES
家庭固定效应	YES	YES
时间固定效应	YES	YES
N	34320	34320
R^2	0.0078	0.0041

注：*、**、***分别表示在10%、5%、1%的水平上显著，括号内是异方差稳健标准误。

第七节　异质性分析

中国不同群体及不同地区之间股市参与情况及移动支付使用存在差异，鉴于此，本章

从地区异质性和家庭特征异质性视角分析移动支付对家庭股市参与的影响。

（1）城乡异质性。表10-10 B部分根据家庭所在城乡位置进行划分，汇报了城市和乡村家庭移动支付对股市参与的差异性影响。回归结果表明，移动支付对城市家庭影响显著，对农村家庭并无显著影响。可能的原因是农村地区家庭面临较大的数字鸿沟，根据《第48次中国互联网络发展状况统计报告》[1]，截至2021年6月城乡的互联网普及率相差19.1%，仍有较大的差距，而两地区之间的数字不平等可能是导致差异的主要原因。此外，农村家庭较低的金融素养水平也可能是导致移动支付没有产生促进作用的原因之一。

表 10-10　异质性分析

回归样本		移动支付回归系数	标准差	观测值数	拟合优度
（1）城乡 A	农村	0.0035	(0.0024)	14268	0.0022
	城市	0.0289***	(0.0054)	20228	0.0110
（2）城市 B	一、二、三线	0.0285***	(0.0052)	21604	0.0088
	四、五线	0.0034	(0.0032)	12892	0.0031
（3）金融可得性 C	金融可得性强	0.0279***	(0.0066)	17501	0.0106
	金融可得性弱	0.0083*	(0.0050)	16995	0.0036
（4）年龄 D	40岁以下	0.0228	(0.0149)	3782	0.0271
	40~60岁	0.0195***	(0.0044)	15424	0.0072
	60岁以上	0.0071	(0.0085)	15290	0.0036
（5）收入水平 E	低收入[2]	−0.0001	(0.0057)	9633	0.0220
	中等收入	0.0203***	(0.0050)	17180	0.0092
	高收入	0.0394***	(0.0145)	7683	0.0271
（6）资产水平 F	低资产	−0.0058	(0.0047)	9399	0.0052
	中等资产	0.0113***	(0.0041)	19425	0.0098
	高资产	0.0914***	(0.0231)	5672	0.0549

注：*、**、***分别表示在10%、5%、1%的水平上显著，括号内是异方差稳健标准误。

（2）城市规模异质性。根据城市类型进行分组，考察一、二、三线和四、五线城市移动支付对股市参与的差异性影响。结果如表10-10 B部分所示，相比四、五线城市家庭，移动支付对一、二、三线城市家庭参与股市的影响更显著。可能的原因是，虽然移动支付能提供基本的金融服务，但四、五线城市发展水平较低，金融设施不完备，金融机构数量少，居民投资股市意识较弱，移动支付对参与股市的便利性并不能充分发挥。此外，相对于一、二、三线城市，四、五线城市存在的数字鸿沟也是一个需要关注的方面。

（3）金融可得性异质性。已有研究发现金融可得性的提高会促进家庭参与股市，加大其在股票资产上的比重（尹志超等，2015b）。本章使用中国家庭金融调查数据中社区数据中的"社区内金融机构数量"定义金融可得性。如表10-10 C部分所示，实证结果表明移动支付对于金融可得性强的家庭影响更大。可能的原因是金融可得性强的家庭本身参与股市的可能性就较大，移动支付对此部分家庭起到了锦上添花的作用。

（4）生命周期异质性。根据户主的年龄进行划分，考察移动支付对青年家庭、中年家

---

①　中共中央网络安全和信息化委员会办公室网站：http://www.cac.gov.cn/2021-02/03/c_1613923423079314.htm。

②　本章将年收入最低25%的家庭设定为低收入家庭；年收入最高25%的家庭设定为高收入家庭；中间设定为中等收入家庭。同样，将资产最低25%的家庭设定为低资产家庭；资产最高25%的家庭设定为高资产家庭；中间设定为中等资产家庭。

庭、老年家庭参与股市的差异性影响。结果如表 10-10 D 部分所示，相比青年家庭和老年
家庭，移动支付对中年家庭参与股市的影响较显著。可能的原因为青年家庭中"上有老，
下有小"情况居多，移动支付对其风险态度的缓解力并没有超过其承担家庭重任的压力，
表现为风险承受能力下降，因此移动支付对此部分家庭并没有产生明显的影响。由于老年
人掌握的金融知识较为薄弱，数字鸿沟影响其使用移动支付的可能性也远小于其他年龄人
群，因此移动支付对老年家庭参与股市无显著的影响。

（5）收入和资产异质性。表 10-10 E、F 部分列示了根据家庭收入和家庭资产进行分
组，移动支付对不同组别家庭参与股市的异质性影响分析结果。可以看出，移动支付对中
高收入、中高资产家庭参与股市的影响比较大，对低收入、低资产家庭参与股市无显著的
影响，一方面，低收入、低资产家庭面临的数字鸿沟问题；另一方面，低收入、低资产家
庭面临的不确定性和流动性约束较强，虽然移动支付可以部分缓解家庭流动性约束和减小
不确定性对家庭的影响，但由于从移动支付平台借入的资金金额有限，主要用于满足日常
消费，并不能带来多余资金进行股票投资。

第八节　稳健性检验

为了保证上述结果的可靠性，从以下三个方面进行稳健性检验：①工具变量的近似零
方法（LTZ）估计；②替换工具变量；③进行模型替换。

一、工具变量的近似零方法（LTZ）估计

为了保证工具变量的可靠性，借鉴 Conley 等（2012）提出的近似零方法，在假设工
具变量近似外生的条件下，通过放松工具变量的排他性约束，以检验工具变量估计结果的
准确性。估计结果（见表 10-11）显示，移动支付对股市参与仍有显著正向影响，证明了
本章估计结果的稳健性。

表 10-11　稳健性检验 1：放松工具变量排他性约束

被解释变量	股市参与（LTZ）
移动支付	0.0757*** (0.0178)
其他控制变量	YES
时间固定效应	YES
省份固定效应	YES
N	34496

注：*、**、***分别表示在 10%、5%、1% 的水平上显著，括号内是异方差稳健标准误。

二、替换工具变量稳健性检验

参考张勋等（2019）和尹志超等（2021a）的做法，本章分别使用家庭所在地级市到
杭州的距离与社区内除本家庭外使用移动支付家庭比例的交互项，以及社区内除本家庭外
进行网络购物家庭的比例作为家庭使用移动支付的工具变量进行稳健性检验。表 10-12 的
结果显示，移动支付的系数在 5% 的显著性水平上为正，证实了结果的稳健性。

表 10-12 稳健性检验 2：替换工具变量

被解释变量	股市参与 （FE-IV）	
移动支付	0.0659** （0.0277）	0.1310** （0.0543）
其他控制变量	YES	YES
时间固定效应	YES	YES
家庭固定效应	YES	YES
一阶段 F 值	294.20	289.75
工具变量 t 值	12.89	7.28
N	34496	34496

注：*、**、***分别表示在 10%、5%、1%的水平上显著，括号内是异方差稳健标准误。

三、替换模型稳健性检验

本章使用面板 Probit 随机效应模型替代进行稳健性检验。表 10-13 结果表明，移动支付的边际效应为 4.85%，且在 1%的显著性水平上为正，进一步证实了前文实证结果的稳健性。

表 10-13 稳健性检验 3：面板 Probit 随机效应模型

被解释变量	股市参与
移动支付	0.0485*** （0.0028）
其他控制变量	YES
时间固定效应	YES
随机固定效应	YES
N	34496

注：*、**、***分别表示在 10%、5%、1%的水平上显著，括号内是异方差稳健标准误。

本章小结

本章基于 2017 年、2019 年 CHFS 数据，通过使用工具变量和固定效应模型考察了移动支付对家庭股市参与及回报的影响以及作用机理，并通过放松工具变量排他性约束，替换工具变量及替换模型等方法验证了结果的稳健性。实证检验得到三个主要结论：①移动支付对家庭提高股票市场参与概率和深度、进行分散化投资有正向影响，但是移动支付对股票盈利没有产生明显促进作用。②移动支付可通过金融信息获取、风险态度转变、提高信任感及信贷可得这四个渠道促进家庭参与股票市场进行分散化投资。③通过分组分析发现，移动支付对不同类型家庭股市参与度的影响存在较大异质性。相比农村地区、四五线城市、金融可得性较弱的地区，移动支付对城镇地区、一二三线城市及金融可得性强地区的家庭作用更突出；中年家庭、中高收入家庭、中高资产家庭相较于青年及老年家庭、低收入家庭、低资产家庭效果更显著。上述研究发现对探究如何提升中国家庭股票市场参与度提供了有益的视角。基于上述研究，提出以下三个政策建议：

（1）进一步打造创新、规范、安全的移动支付生态体系，提高其金融服务的质量和效率，促进其健康发展。

（2）积极破除"数字鸿沟"，提升农村地区家庭、老年人家庭等群体的可得性和获得感。

（3）加强对居民金融教育的普及，使更多的家庭能够获得数字金融带来的福利，通过合理参与风险市场进行分散化投资积累家庭财富，分享经济增长的成果，从而为实现共同富裕的目标奠定坚实的基础。

第三篇

移动支付与生产

第十一章　移动支付与家庭创业[①]

第一节　研究背景

2015 年时任总理李克强在两会政府工作报告中指出，要把"大众创业、万众创新"打造成实现中国经济提质增效升级的"双引擎"之一[②]。2018 年 9 月 18 日，国务院印发《关于推动创新创业高质量发展打造"双创"升级版的意见》，其中提到"大众创业、万众创新"对推动新旧动能转换和经济结构升级、扩大就业和改善民生、实现机会公平和社会纵向流动发挥了重要作用，为促进经济增长提供了有力支撑[③]。

《全球创业观察报告》（2016/2017）指出，就业岗位的创造，不仅依赖于政府和大型企业，创业活动也提供了可观的就业岗位，创业逐渐被视为实现经济持续增长的主要动力。根据国家市场监督管理总局数据，截至 2017 年 9 月，中国实有私营企业 2607.29 万户，注册资本 165.38 万亿元，分别占企业总量的 89.7% 和 60.3%，私营企业数量和注册资本（金）占比分别较 2012 年 9 月底提高 10.8 个和 23.1 个百分点。党的十八大以来，私营企业数量和注册资本对企业总量增长的贡献率分别达 98.9% 和 69.8%，是企业发展的主要推动力。数据说明，创业活动的确为处于经济转型升级时期的中国做出了突出贡献。《全球创业观察中国报告》（2016/2017）显示，在中国，认为创业是一个好的职业选择的受访者有 70.29%。根据 2017 年中国家庭金融调查（CHFS）数据，选择主动创业[④]的家庭占创业家庭的 68.68%。可见，不论是政策制定者还是人民群众，都已经意识到创业在一国经济、社会发展中的重要地位。

但创业并非无条件的，创业通常存在一个最低的资本门槛，家庭是否选择创业取决于其预期的创业绩效，如营业收入、盈利水平等（张龙耀和张海宁，2013）。只有能够持续经营的创业活动才可以带来经济和社会效益，支撑创业者持续经营的一个重要动力就是该创业活动的收益水平，在中国，企业不盈利是创业者终止创业的主要原因，比例为 38.91%[⑤]。降低门槛、提高收益的一个重要途径是降低成本。逐步完善的市场环境和持续

---

① 尹志超，公雪，郭沛瑶. 移动支付对创业的影响——来自中国家庭金融调查的微观证据［J］. 中国工业经济，2019（3）：119-137.

② 资料来源：http：//www. xinhuanet. com/fortune/2015-12/28/c_ 128572592. htm。

③ 资料来源：http：//www. gov. cn/xinwen/2018-09/26/content_ 5325522. htm。

④ 如果家庭从事自营工商业的原因是"从事工商业挣得更多""理想爱好/想自己当老板""更灵活，自由自在"，则定义为主动创业，如果家庭从事自营工商业的原因是"找不到其他工作机会""继承家业""社会责任、解决就业问题"，那么定义为被动创业。

⑤ 资料来源：清华大学二十国集团创业研究中心 2018 年发布的《全球创业观察中国报告》（2016/2017）。

进步的科技水平为降低成本提供了很多有效途径。

移动支付与高铁、共享单车、网购并称为新时代四大发明①，这四项技术为我们的生活带来了极大的便利。如今，在大部分的交易场景，都可以看到移动支付的身影，可以说，移动支付与工商业经营活动存在着密不可分的关系。依托于互联网、大数据等技术的移动支付，有效地降低了金融交易的成本，拓展了金融服务的范围（谢平等，2014）。例如，支付宝提供的蚂蚁借呗、微信提供的微粒贷等工具提供了门槛较低的借贷服务，这节省了创业者为获取小额银行贷款而付出的成本，可能会减轻家庭受到的金融约束，从而对创业产生激励作用。互联网作为信息交流沟通的有效媒介，也提供了信息沟通的有效渠道，有助于发掘和把握更多的商机，也加强了创业成功的示范效应，从而鼓励创业（周广肃和樊纲，2018）。

本章使用2017年中国家庭金融调查（CHFS）数据，研究了移动支付对家庭创业决策和经营绩效的影响。实证结果表明，移动支付的金融普惠特性提高了金融服务的可得性，降低了创业者为获取资金支持而付出的成本；缓解了信贷约束对创业的抑制作用，并提高了企业创新的概率，显著提高了家庭创业的概率，同时可以提高创业家庭的经营绩效。异质性分析表明，因为移动支付降低了创业成本和难度，因此它对创业成本较高地区（农村地区、西部地区、四五线城市）家庭创业的促进作用更显著，并且显著提高了这些地区创业家庭的经营绩效。此外，移动支付对微型企业和日常消费行业的企业经营绩效影响更为显著。

第二节　文献综述

关于新型支付方式的研究较常见于国外文献。尚未有文献直接给出新型支付方式可以降低创业成本的证据，但国外学者已经论证了ATM、银行卡等支付工具的出现对持有现金成本和居民持币行为的影响。Humphrey等（2001）认为，电子货币的成本仅为纸币支付的1/2~1/3，因此，推广电子支付的使用可在一定程度上提高社会福利，同时，使用者对支付方式的定价十分敏感，因此纸质货币和电子货币不同的成本会对使用者的支付工具选择行为产生影响。Boeschoten（1998）使用荷兰1990~1994年"支付行为与电子货币调查"的数据，研究发现ATM的出现提供了可以节约取现时间的新技术，使得持有现金的成本相对提高，人们会选择提高取现频率而减少货币库存。在澳大利亚，ATM居民的货币持有水平显著降低了24%（Stix，2004）。Lippi和Secchi（2009）以意大利城市拥有的金融机构数量作为取现技术变革的代理变量，发现金融机构越多，居民的货币需求越低。Kalckreuth等（2014）的研究证明现金和银行卡的使用成本对现金的使用有重要影响。谢平和刘海二（2013）指出，随着移动支付和电子货币网络规模效应的凸显，移动支付的低交易成本优势得到充分发挥，从而减少了人们对现金货币的需求。

新型支付方式还会在一定程度上促进消费。如果前一期的消费使消费者的财富立即减少，那么会降低消费者下一期的消费意愿，而银行卡等新型支付工具降低了支付的透明

---

① 资料来源：https://www.sohu.com/a/199251575_99949244。

度，从而降低花钱的痛感，促进了消费（Soman，2001；Soman，2003）。王晓彦和胡德宝（2017）认为，移动支付相比现金支付而言其支付疼痛感更小，这可能导致更多的非计划购买和负债。

国内外学者就影响创业的因素进行了多方面的研究。有些研究证明，企业家能力对创业决策有显著影响。Say（1971）认为，只有具备一定企业家能力的创业者才能够借到创业资金。Evans和Jocanovic（1989）发现，企业家能力对创业的初始财富有一定的替代作用，聪明的创业者所需的初始创业资本更少。Colombo等（2004）通过实证分析发现，创业者专业知识、管理才能和创业经历等人力资本与企业规模存在正相关关系。Buera（2009）通过理论模型的构建发现企业家能力较高的个人更倾向于成为自我雇佣劳动者。徐建华（2010）通过实证分析，发现创业者的实践性知识（包括个体在实践活动中获得的经验、知识、技巧、能力、谋略等）对创业活动有促进作用。尹志超等（2015a）基于中国家庭金融调查数据，研究发现金融知识水平的提高对家庭参与创业活动有显著的正向影响，并且会促进家庭的主动创业。马双和赵朋飞（2015）也认为金融知识可以增加家庭与个人参与创业活动的概率。

社会资本也会对家庭的创业决策产生影响。Davidsson（2003）通过实证分析发现社会资本与创业决策显著相关，并会影响企业经营结果。张玉利等（2008）发现，创业者社会交往面广、交往对象多样化、与高社会地位个体之间的关系密切的创业者更容易发现创新性更强的机会。社会网络是社会资本的重要组成部分，中国是一个典型的关系型社会（Bian，1997），很多研究者认为社会网络对创业有着不可忽视的影响。刘兴国等（2009）认为，社会关系网络广泛的创业者拥有更多的创业资源，而且在行业和战略选择上也更有优势。社会网络可以传递信息，缓解信息不对称问题，是进行创业学习的重要平台，并且社会网络丰富的人会有更多的民间借贷渠道，为因受到金融约束而抑制创业的家庭提供资金支持（Zhang and Li，2003；马光荣和杨恩艳，2011；胡金焱和张博，2014；谢雅萍和黄美娇，2014）。杨震宁（2013）则指出，虽然社会资本使创业者更容易获得创业资源和知识，但是社会网络的过度嵌入则会导致创业认知偏差，会对创业资源获取产生中介抑制作用。

此外，个人特征、环境、政策等因素也会对创业产生影响。Raijman（2001）研究发现，男性比女性更容易成为企业家。张艳红（2001）认为，创新与实干精神、社会责任、风险精神等价值观会影响创业动机。常建坤和李时椿（2004）发现，创造性思维、经济与管理知识、法律意识和素质、修养与心理素质不仅对是否创业产生影响，对创业是否成功也有不可忽视的作用。一个国家或地区的环境以及政策对当地家庭的创业情况有着十分重要的影响。创业氛围对创业意愿和创业成功率均有正向影响（崔萌，2010；蒋剑勇和郭红东，2012）。政策支持可以弥补环境带来的劣势。尤其在农村地区，政策支持可以减少农民的创业成本，有效地弱化金融排斥现象，从而提高农民的创业意愿（朱红根和康兰媛，2013；刘宇娜和张秀娥，2013）。数字金融的发展通过降低成本，促进创新而鼓励了创业（谢绚丽等，2018）。

从以上文献综述可以看出，目前国内外对于支付方式如何影响家庭创业的研究十分不足。本章将利用具有全国代表性的中国家庭数据，探究移动支付对家庭创业决策和经营绩效的影响。本章的创新之处主要体现在以下三个方面：①使用2017年中国家庭金融调查的最新数据，从微观层面探讨了移动支付对创业的影响；②在讨论移动支付对家庭创业决策影响的基础上，进一步探讨了移动支付对创业家庭经营绩效的影响；③以创业成本、信贷约束为切入点，深入探讨了移动支付影响创业的机制。

第三节　理论模型

创业不仅可以为经济增长提供动力，还可以为发展中国家解决就业问题提供出路（Mel，2007）。当今中国面临着大学生就业难、劳动密集型行业亟待转型升级等问题，创业对经济增长显得尤为重要（吴晓瑜等，2014）。在这种背景下，时任总理李克强发出"大众创业、万众创新"的号召。各地政府为响应号召，纷纷制定政策来改善创业环境，在创业环境所涵盖的众多因素中，创业成本是最为关键的因素之一（陈勇等，2017）。

Timmons 创业模型指出，创业过程是商业机会、创业者和资源三个要素共同作用的结果（Timmons，1999），Wickham 创业模型在此基础上又加入组织这一要素（Wickham，1998）。刘常勇（2002）所创建的创业模型则从创业者的角度出发，指出当创业者具有创业倾向和企业家能力时，就能够发现和把握机会，进而整合团队和资源，在创业网络这一小环境和社会大环境共同影响下，进行创业行为。"大众创业、万众创新"给创业者提供了良好的外部环境和创业机会，此时，资源的作用显得尤为重要。

本章从创业资本的角度出发，考察资源对于创业的重要性。从个体的角度来看，创业是一个职业选择问题。相较于接受雇佣，选择创业意味着需要投入更多的成本。开始创业时需要初始成本，创业项目持续时，需要经营管理成本、融资成本等，只有当创业项目的预计收入大于其投入成本时，创业才是一个理性选择。成本使创业存在资本要求，这无疑为创业设置了一个准入门槛，当家庭自身财富有限并受到信贷约束而无法获得外部融资、满足不了创业资本需求时，家庭只能空有创业动机，无法有效将其转化为创业决策。由此可以看出，信贷约束和成本是影响家庭创业决策的两个重要因素。

为了更清楚地看出信贷约束和成本对创业的作用，根据 Evans 和 Jovanovic（1989）的研究，本章构建一个静态模型，考虑个体在期初有两种职业选择，创业或者是被雇用。如果选择被雇用，那么得到的收入为 w，而在选择创业的情况下，可以得到营业收入 y：

$$y = \pi\,\theta k^{\alpha}\varepsilon \tag{11-1}$$

其中，θ 表示企业家才能，k 表示创业初期需要投入的资本，α 表示资本产出的弹性系数（$0<\alpha<1$），π 表示创业成功的概率，个体会根据当前的宏观环境等，自主判断创业成功的概率，在这里我们假设当企业失败时，期初的资本投入无法收回，即企业投资失败时，收入为 0。ε[①] 表示随机扰动项。所以在期末，选择创业的个体可以得到的净收入为：

$$Y^{e} = y + (1+r)\,[\,z-c(z,\ m)-k\,] \tag{11-2}$$

其中，r 表示利率，z 表示创业者的初始禀赋，$c(z,\ m)$ 表示 k 以外的其他成本，包括企业融资成本、经营管理成本等。假设此类成本 c 是关于个体初始禀赋 z 和移动支付 m 的

---

① 根据 Evans 和 Jovanovic（1989）的研究，这里的随机扰动项满足对数正态分布，反映了独立同分布的生产率冲击。

函数，且满足 $\dfrac{dc(z,\,m)}{dz}>0$ 且 $\dfrac{d^2c(z,\,m)}{dz^2}<0$，即成本对初始禀赋满足边际递减规律。当个体的初始禀赋很小时，其获取外部融资的难度较大，通常这类个体为获取融资付出的成本占其禀赋相当大的比例。但当个体拥有足够多的财富时，成本基本保持不变。同时，c 是 m 的减函数，这是因为移动支付依托货币电子化技术，有效降低了金融交易成本，也使金融服务更加普及（谢平和刘海二，2013；谢绚丽等，2018）。如果 $z-c(z,\,m)<k$，那么创业者需要借入资金来进行资本的投入。$(1+r)(z-c(z,\,m)-k)$ 是创业者在期末需要偿还的金额，假定个体可获得的外部融资是初始禀赋的函数，即 $f(z)$。所以，个体可以投入的资本量 k 需要满足：

$$0\leqslant k\leqslant z-c(z,\,m)+f(z) \tag{11-3}$$

所以，当个体在选择创业时，面临的最大化问题是：

$$\max_{k\in[0,z-c(z,m)+f(z)]} \pi\,\theta k^{\alpha}+(1+r)\big[z-c(z,\,m)-k\big] \tag{11-4}$$

可求出 k 的最优解为：

$$k^{*}=\left(\frac{\pi\theta\alpha}{1+r}\right)^{1/(1-\alpha)} \tag{11-5}$$

当 k 满足条件（11-3）时，企业家才能满足的条件是：

$$\theta\leqslant\frac{1+r}{\pi\,\alpha}\big[z-c(z,\,m)+f(z)\big]^{1-\alpha} \tag{11-6}$$

如果不满足上述式（11-6）的条件，那么表示最优投资的资本量 $k^{*}>z-c(z,\,m)+f(z)$，因此企业在这种条件下会面临信贷约束，在这种情况下，企业可投入的最大资本量为 $z-c(z,\,m)+f(z)$。

因此，个体选择创业时得到的营业收入为：

$$y=\begin{cases}(\pi\,\theta)^{\frac{1}{1-\alpha}}\left(\dfrac{\alpha}{1+r}\right)^{\alpha/(1-\alpha)}\varepsilon & \text{如果 }\theta\text{ 满足}(11\text{-}6)\\[2mm]\pi\,\theta(z-c(z,\,m)+f(z))^{\alpha}\varepsilon & \text{否则}\end{cases} \tag{11-7}$$

只有创业的收入大于被雇用的收入时，即：

$$\max\big[\pi\,\theta k^{\alpha}+(1+r)(z-c(z,\,m)-k)\big]\geqslant w+(1+r)z \tag{11-8}$$

个体才会选择创业。结合式（11-7）、式（11-8）可以得到关于 θ 应当满足以下条件：

$$\frac{1}{\pi}w^{1-\alpha}\left(\frac{1+r}{\alpha}\right)^{\alpha}(1-\alpha)^{\alpha-1}\leqslant\theta\leqslant\frac{1+r}{\pi\,\alpha}(z-c(z,\,m)+f(z))^{1-\alpha} \tag{11-9}$$

或：

$$\theta>\max\left\{\frac{1+r}{\pi\,\alpha}\big[z-c(z,\,m)+f(z)\big]^{1-\alpha},\ \frac{1}{\pi}\big[w(z-c(z,\,m)+f(z))^{-\alpha}+(1+r)(z-c(z,\,m)+f(z))^{1-\alpha}\big]\right\} \tag{11-10}$$

在没有受到信贷约束时，θ 满足式（11-9）；当受到信贷约束时，θ 满足式（11-10）。在此，我们考虑一种极端情况，当 $z-c(z,\,m)+f(z)$ 趋于 ∞ 时，则 θ 只需满足：

$$\theta\geqslant\frac{1}{\pi}w^{1-\alpha}\left(\frac{1+r}{\alpha}\right)^{\alpha}(1-\alpha)^{\alpha-1} \tag{11-11}$$

根据以上模型推导，可以得出以下三个推论：

（1）推论一：移动支付缓解了信贷约束对创业的抑制作用。$f(z)$为获得的外部融资，是影响个体创业决策的重要因素，获得贷款越多的个体所受到的融资约束越小，更容易选择创业。以移动支付用户信用为基础，移动支付服务商又推出了小额借贷功能。这种小额借贷的发放依托于贷款人在移动支付使用过程中产生的大量行为数据，使得风险评估的成本降低，也弥补了小微企业经营记录缺乏的不足，从而缓解信贷约束，促进创业（谢绚丽等，2018）。作为移动支付工具的载体，微信具有社交媒介职能，可以为个体创造更丰富的社会资源，丰富个体的融资渠道。因此，移动支付可以通过缓解信贷约束来起到促进创业的作用。

（2）推论二：移动支付通过降低成本放宽了创业市场的准入限制。在没有移动支付时，成本$c(\cdot)$仅仅是关于初始禀赋z的函数，当禀赋已知时，成本所占比例为$\dfrac{c(z)}{z}$。z很小的个体为获取创业所需的外部融资需付出更多成本，因此成本占初始禀赋比例很大。而拥有较多禀赋的个体所面临的资本约束较小，根据前文分析，成本满足边际递减规律，当$z \to \infty$时，$c(\cdot)$对z的变化不再敏感，成本已不再是创业的限制条件。在引入移动支付后，由于$c(\cdot)$是关于m的减函数，所以当$m>0$时，$c(z,m)<c(z,0)$，即移动支付降低了企业所需要承担的成本，使成本所占的比例减小，这种作用在禀赋z较小时更加明显，即移动支付对创业的激励作用对禀赋较小的个体更显著。因此，移动支付通过降低成本的方式，放宽了创业市场的准入限制，鼓励了创业，这一效果对本身受到资本约束较为严重的个体而言更为明显。

（3）推论三：移动支付可以提高创业项目经营绩效。如前所述，移动支付的使用降低了创业的成本，为更多创业者提供了机会，根据式（11-2），成本的降低意味着经营绩效的提高，即Y^e增加。移动支付为电子商务、线上交易提供了可能，而线上交易的发展，更是打破了地域的限制，创业者可以通过互联网，将其商品或服务销往世界各地，拥有更为广泛的客户资源。创业者之间可以通过网络形成集群效应，互通有无，实现资源的优化配置。此外，移动支付提高了交易双方的支付效率，提高了消费者支付和经营者收款的便利程度，节约了双方交易成本（包括银行柜台等待时间、往返银行时间及费用、跨行取款手续费、收取假币、现金被抢劫偷盗的风险以及为防范这些风险而付出的成本等）。成本的降低，支付效率的提高，促进了交易的便捷性，提高了产品的销量，并且降低了成本。从厂商理论的角度出发，在原有交易规模上，成本的降低，使利润提高、经营绩效提高。因此，本章认为，移动支付可以提高创业项目经营绩效。

第四节　模型与变量

一、模型

本章使用 Probit 模型分析移动支付对家庭创业决策的影响，模型设定如下：

$$Entrepre^* = \alpha Payment + \beta X + \varepsilon$$
$$Entrepre = 1(Entrepre^* > 0) \tag{11-12}$$

其中，$\varepsilon \sim N\,(0,\,\sigma^2)$；$Entrepre^*$ 表示潜变量；$Entrepre$ 表示家庭是否经营工商业项目，等于 1 表示家庭有工商业经营项目，否则为 0。$Payment$ 表示移动支付，如果家庭拥有移动支付工具则为 1，没有则为 0。X 表示控制变量。

进一步地，为了估计移动支付对工商业经营绩效的影响，构建模型如下：

$$Performance = \alpha Payment + \beta Z + \mu \tag{11-13}$$

其中，$Performance$ 表示工商业经营绩效，分别用营业收入和盈利水平来衡量。Z 是控制变量，μ 是误差项，$Payment$ 同前。

二、内生性分析

在模型（11-12）中的移动支付可能因为遗漏变量和逆向因果而存在内生性问题。当家庭经营工商业项目时，为了提高收款的便利性，该创业家庭有可能开始使用移动支付，因此不能忽视创业与移动支付之间的逆向因果关系。此外，是否使用移动支付工具可能会受到个人习惯、接受新鲜事物的能力、当地民风等因素的影响，而这些因素不可观测。

在模型（11-13）中，一方面，商家为了降低经营成本，提高经营绩效，可能会选择使用移动支付方式作为收款工具，因此移动支付和经营绩效之间可能存在逆向因果关系；另一方面，如前所述，是否使用移动支付受不可观测因素的影响。因此，估计结果可能会受逆向因果和遗漏变量的影响而存在偏误。

因此，本章使用工具变量法来解决内生性问题，同时使用是否拥有智能手机作为工具变量。只有拥有智能手机才有可能使用移动支付工具，因而一个家庭是否使用移动支付工具与是否拥有智能手机是相关的，但智能手机却不会对家庭的创业决策和创业者的经营绩效产生直接影响。因此该工具变量是可行的。图 11-1 展示了不同创业资产规模家庭拥有移动支付和智能手机的平均水平。下文中将给出工具变量的详细检验结果。

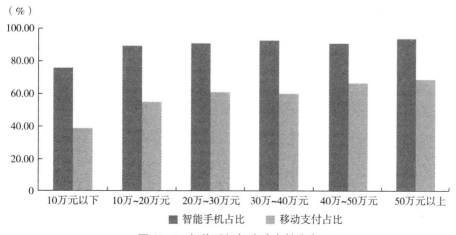

图 11-1　智能手机与移动支付分布

资料来源：笔者根据 2017 年中国家庭金融调查数据绘制。

三、数据

本章使用的数据来自西南财经大学 2017 年在全国范围内开展的第四轮中国家庭金融

调查（CHFS）。CHFS 样本覆盖了除西藏、新疆、港澳台地区以外的 29 个省（市、自治区）、353 个县（区）、1417 个社区（村），共获得了 40000 多户家庭的微观数据。中国家庭金融调查收集了家庭人口统计特征、资产与负债、保险与保障、收入与支出等各方面的信息。在资产部分，详细询问了家庭是否有工商业经营项目，并进一步询问了工商业项目经营情况；在负债部分，询问了家庭购物时的一般支付方式，这为本章研究移动支付和货币需求提供了非常好的数据支持。

四、变量

（1）移动支付。帅青红（2015）指出，移动支付是指通过移动通信设备、利用无线通信技术来转移货币价值以清偿债权债务关系。移动支付的特点包括以移动通信设备为载体，主要表现为手机；运用无线通信技术；以电子货币为基础等（谢平和刘海二，2013）。中国家庭金融调查问卷询问了家庭在购物时通常所使用的支付方式，包括：①现金；②刷卡（包括银行卡、信用卡等）；③通过电脑支付（包括网银、支付宝等）；④通过手机、iPad 等移动终端支付（包括支付宝 App、微信支付、手机银行、Apple Pay 等）；⑤其他[①]。根据以往文献的定义，将答案中包含选项④的定义为拥有移动支付工具。使用家庭是否拥有移动支付作为工商业经营项目中是否使用移动支付的替代变量。如果家庭经营工商业项目，尤其是当项目为小微企业时，可以认为其所拥有的移动支付工具也会被用作经营中的收款工具。

（2）被解释变量。参照以往文献（尹志超等，2015a），如果家庭从事工商业生产经营项目，包括个体户、租赁、运输、网店、经营企业等，那么令家庭创业等于 1，否则为 0。并且根据创业动机，将家庭创业区分为主动创业和被动创业。本章所研究的创业不包括农户的农业生产经营活动。经营绩效，主要使用了创业的营业收入和盈利水平。

（3）其他变量。参照以往文献（张龙耀和张海宁，2013；尹志超等，2015a），本章选择的控制变量包括户主特征变量（年龄、性别、受教育年限、婚姻状况、风险态度[②]）、家庭特征变量（家庭规模、家庭小孩数量、家庭劳动力数量、家庭不健康人数、家庭自有住房、家庭工商业外资产）、家庭社会网络变量（家庭转移性支出）、地区商业氛围（县区个体工商户、私营企业就业人数占该县区总就业人数的比重）、工商业经营项目特征（参与项目时投资）。在处理数据时，剔除了存在缺失值的样本，并删除了受访者及其家庭成员没有积极参与创业项目日常管理的样本，最后剩余有效样本 39730 户。在创业样本中，估计移动支付的使用对营业收入的影响时，有效样本为 5324 户；估计对盈利水平的影响时，有效样本为 3886 户。表 11-1 给出了变量的描述性统计。

表 11-1　描述性统计

变量名	观测值	均值	标准差	最小值	最大值
家庭创业	39730	0.1390	0.3456	0	1

---

① 该题目为多选题。

② 问卷中衡量风险态度的问题为：如果你有一笔资产，将选择哪种投资项目？a. 高风险、高回报项目；b. 略高风险、略高回报项目；c. 平均风险、平均回报项目；d. 略低风险、略低回报项目；e. 不愿意承担任何风险。本章中将选项 a 和 b 定义为风险偏好，选项 c 定义为风险中性，选项 d 和 e 定义为风险厌恶。

续表

变量名	观测值	均值	标准差	最小值	最大值
移动支付	39730	0.2747	0.4464	0	1
年龄	39730	55.2532	14.1947	18	102
男性	39730	0.7931	0.4051	0	1
受教育年限	39730	9.2658	4.1623	0	22
已婚	39730	0.8509	0.3561	0	1
风险偏好	39730	0.0899	0.2860	0	1
风险厌恶	39730	0.6057	0.4887	0	1
家庭规模	39730	3.1729	1.5510	1	15
家庭小孩数量	39730	0.4670	0.7554	0	7
家庭劳动力数量	39730	2.1345	1.3542	0	12
家庭不健康人数	39730	0.4810	0.7893	0	7
有房	39730	0.9050	0.2933	0	1
家庭除工商业外资产（万元）	39730	102.0034	179.5972	0	1200
家庭转移性支出（万元）	39730	0.8221	3.0483	0	300
地区商业氛围	39730	0.4662	0.1369	0.0849	0.8305
农村地区	39730	0.3191	0.4661	0	1

资料来源：笔者根据2017年中国家庭金融调查数据计算。

表11-2给出了分组描述性统计结果。从数据可知，49.09%的创业家庭拥有移动支付，而只有23.98%的非创业家庭拥有移动支付，创业家庭拥有移动支付的比重远高于非创业家庭。在创业家庭中，拥有和没有移动支付的家庭在营业收入、盈利、是否从事创新活动、是否为主动创业方面也存在差异。总体而言，拥有移动支付的家庭的经营绩效要优于没有移动支付的家庭。

表11-2 分组描述性统计

	创业家庭	非创业家庭
移动支付	0.4909	0.2398
	有移动支付创业家庭	无移动支付创业家庭
营业收入（万元）	46.7544	21.8922
盈利（万元）	17.4560	7.0070
创新活动	0.2462	0.0996
主动创业	0.7530	0.6174

资料来源：笔者根据2017年中国家庭金融调查数据计算。

第五节 实证结果及分析

本部分是主要的实证结果，其中表11-3给出了移动支付对家庭创业选择的影响，表11-4给出了移动支付对工商业项目经营绩效的影响。

表11-3 移动支付与家庭创业

创业	Probit（1）	IVprobit（2）
移动支付	0.0439 *** (0.0040)	0.2821 *** (0.0378)

续表

创业	Probit （1）	IVprobit （2）
年龄	0.0026 *** （0.0010）	0.0097 *** （0.0014）
年龄的平方/100	−0.0056 *** （0.0010）	−0.0100 *** （0.0012）
男性	0.0207 *** （0.0045）	0.0263 *** （0.0046）
受教育年限	−0.0079 *** （0.0005）	−0.0108 *** （0.0007）
已婚	0.0131 ** （0.0060）	0.0207 *** （0.0070）
风险偏好	0.0111 ** （0.0060）	−0.0027 （0.0062）
风险厌恶	−0.0044 （0.0037）	0.0095 ** （0.0042）
家庭规模	0.0099 *** （0.0037）	0.0074 ** （0.0031）
家庭小孩数量	0.0098 ** （0.0039）	0.0103 *** （0.0039）
家庭劳动力数量	0.0216 *** （0.0031）	0.0160 *** （0.0032）
家庭不健康人数	−0.0260 *** （0.0025）	−0.0189 *** （0.0028）
有房	−0.0645 *** （0.0070）	−0.0468 *** （0.0076）
ln 工商业外资产	0.0267 *** （0.0015）	0.0197 *** （0.0020）
ln 家庭转移性支出	0.0013 *** （0.0005）	−0.0002 （0.0005）
地区商业氛围	0.1294 *** （0.0151）	0.0973 *** （0.0161）
农村地区	−0.0461 *** （0.0046）	−0.0261 *** （0.0056）
省份变量	已控制	已控制
N	39730	39716
一阶段 F 值		578.95
一阶段工具变量 T 值		28.09
Wald 检验		38.40 （0.0000）

注：*、**、***分别表示在10%、5%、1%的水平上显著，括号内为异方差稳健标准差，表中报告的是边际效应（下同）。两阶段估计结果样本量的降低是因为工具变量存在缺失值。

表11-4　移动支付与经营绩效

	营业收入		盈利	
	OLS （1）	2SLS （2）	OLS （3）	2SLS （4）
移动支付	0.0958 （0.0852）	0.8727 * （0.4644）	0.1426 *** （0.0388）	1.0480 *** （0.2571）
年龄	−0.0051 （0.0235）	0.0071 （0.0250）	−0.0279 ** （0.0114）	−0.0138 （0.0128）

续表

	营业收入		盈利	
	OLS （1）	2SLS （2）	OLS （3）	2SLS （4）
年龄的平方/100	-0.0094 （0.0225）	-0.0134 （0.0227）	0.0160 （0.0111）	0.0118 （0.0119）
男性	0.2160* （0.1121）	0.2187* （0.1119）	0.1072** （0.0516）	0.1329** （0.0544）
受教育年限	-0.0121 （0.0132）	-0.0214 （0.0143）	0.0051 （0.0063）	-0.0051 （0.0072）
已婚	0.3618** （0.1682）	0.3803** （0.1684）	0.0998 （0.0737）	0.1236 （0.0769）
风险偏好	-0.0115 （0.1268）	-0.0428 （0.1276）	0.0062 （0.0560）	-0.0185 （0.0590）
风险厌恶	-0.1439* （0.0841）	-0.0963 （0.0892）	-0.0866** （0.0386）	-0.0325 （0.0430）
家庭规模	0.1075*** （0.0363）	0.0938*** （0.0364）	-0.0095 （0.0188）	-0.0347 （0.0213）
家庭劳动力数量	-0.1037** （0.0512）	-0.1141** （0.0529）	0.0539** （0.0260）	0.0528* （0.0280）
家庭不健康人数	-0.2764*** （0.0618）	-0.2447*** （0.0642）	-0.1553*** （0.0299）	-0.1178*** （0.0334）
有房	-0.3799** （0.1631）	-0.2989* （0.1721）	-0.6166*** （0.0750）	-0.5182*** （0.0810）
ln 家庭转移性支出	0.0052 （0.0102）	-0.0053 （0.0120）	0.0067 （0.0048）	-0.0059 （0.0061）
ln 家庭工商业外资产	0.3941*** （0.0366）	0.3539*** （0.0450）	0.3540*** （0.0169）	0.3000*** （0.0225）
地区商业氛围	0.6805* （0.3500）	0.5184 （0.3620）	0.7270*** （0.1639）	0.5779*** （0.1786）
参与项目时投资	0.1342*** （0.0180）	0.1281*** （0.0183）	0.1277*** （0.0095）	0.1208*** （0.0102）
农村地区	-0.1245 （0.0918）	-0.0407 （0.1003）	-0.1483*** （0.0445）	-0.0518 （0.0546）
行业哑变量	已控制	已控制	已控制	已控制
省份哑变量	已控制	已控制	已控制	已控制
N	5324	5322	3886	3885
一阶段 F 值		62.46		49.72
一阶段工具变量 T 值		12.86		10.61
DWH 检验		2.8370 （0.0922）		13.7014 （0.0002）

注：*、**、***分别表示在10%、5%、1%的水平上显著，括号内为异方差稳健标准差，两阶段估计结果样本量的降低是因为工具变量存在缺失值。

一、移动支付与创业决策

表11-3第（1）列报告了移动支付对家庭创业选择影响的基本结果。移动支付的边际影响为0.04，且在1%的水平上显著，表明拥有移动支付的家庭创业的可能性更高。

除此之外，与尹志超等（2015a）研究结果一致：户主年龄系数为正，户主年龄平方的系数为负，两者都在1%的水平上显著，说明随着年龄的增长，家庭创业的概率先上升后下降；户主为男性的家庭更有可能选择创业；户主受教育年限越高，家庭选择创业的概率越低；婚姻可能为家庭带来更丰富的资源，因而户主已婚的创业概率更高。户主偏好风险的更愿意承担创业的风险，因而选择创业的可能性更大。家庭规模、家庭小孩数量、家庭劳动力数量对家庭创业选择的影响均显著为正，而家庭不健康人数则会对家庭创业选择造成显著的负向影响。这是因为家庭人口规模大，家庭所拥有的资源也会较多，而劳动力数量多使家庭的生活负担较轻，这都为创业提供了有利条件（张龙耀和张海宁，2013）。家庭小孩数量多，为了给孩子提供良好的教育、医疗等环境，家庭可能需要通过创业来获取更多的收入。而家庭不健康人数越多，则该家庭的负担越重，更为脆弱，不能承担创业所带来的风险，因而选择创业的可能性会降低。有房会降低家庭创业的概率，这可能是因为高房价使得房产投资的吸引力大于创业，从而对创业产生了替代作用（吴晓瑜等，2014）。张龙耀和张海宁（2013）研究了家庭财富与创业选择概率之间的线性关系回归结果，发现财富水平越高的家庭选择创业的概率越高，为了避免内生性问题，本章使用了家庭工商业外资产，发现资产水平对家庭创业也会有促进作用。家庭的社会网络对家庭创业会产生促进作用（马光荣和杨恩艳，2011），本章以家庭转移性支出作为社会网络的替代变量证实了这一观点。丰富的资源和有利的创业扶持政策会使一个地区商业氛围更为浓厚，也为创业提供有利条件，促进该地区的创业活动。而农村地区由于资金短缺、个人能力受限、社会保障制度不健全导致的风险承受能力差等原因，创业的可能性更低（尹志超等，2015a）。

然而，第（1）列的估计结果可能因为遗漏变量和逆向因果而存在内生性问题。为此，本章在第（2）列中以是否拥有智能手机作为工具变量进行了两阶段估计。第（2）列底部报告了 Wald 检验结果，在 1% 的水平上拒绝了移动支付不存在内生性的假设。在两阶段工具变量估计结果中，一阶段估计的 F 值为 578.95，工具变量的 T 值为 28.09。根据 Stock 和 Yogo（2005），F 值大于 10% 偏误水平下的临界值为 16.38，拒绝了弱工具变量假设。第（2）列两阶段工具变量估计结果中移动支付的边际影响为 0.28，在 1% 的水平上显著。这进一步表明，移动支付是家庭创业决策的重要影响因素。

二、移动支付与经营绩效

移动支付的出现，给人们的支付行为带来了极大的改变，电子货币在很大程度上代替了纸质货币的流通手段职能。移动支付为消费者提供了支付的便利，在未随身携带现金的情况下，消费者更有可能选择提供移动支付付款方式的商家进行消费。此外，移动支付也节约了商家的交易成本，使商家不再需要承担银行柜台等待时间、往返银行时间及费用、跨行取款手续费、现金被抢劫偷盗的风险以及为防范这些风险而付出的成本等。从迎合消费者支付习惯和节约商家成本这两个角度来看，我们有理由认为，移动支付的使用可以提高工商业项目的经营绩效。

表 11-4 报告了移动支付对创业家庭经营绩效影响的估计结果。第（1）（2）列因变量为营业收入，第（3）（4）列因变量为盈利。第（1）（3）列的估计中移动支付可能存在内生性问题。因此本章在第（2）（4）列中以是否拥有智能手机作为工具变量进行了两阶段估计。第（2）（4）列 DWH 检验结果分别在 10% 和 1% 的水平上拒绝了移动支付不存在内生性的假设，说明其具有内生性。在两阶段工具变量估计中，一阶段估计 F 值分别为 62.46、49.72，大于经验值 16.38，因而拒绝了弱工具变量假设。

在控制户主特征变量、家庭特征变量、家庭社会网络变量、地区商业氛围、工商业经营项目特征后，移动支付的估计系数分别为 0.87 和 1.05，各在 10% 和 1% 的水平上显著，说明移动支付提高了创业者的营业收入和盈利水平，对提高经营绩效具有促进作用。

从控制变量来看，户主为男性对营业收入和盈利水平均有正向影响。户主已婚和家庭规模与营业收入存在显著正相关关系。家庭不健康人数和有房则均会产生显著负向影响。家庭工商业外资产、参与项目时投资、与政府合作与营业收入和盈利水平都存在显著正相关关系。

三、移动支付影响创业的机制检验

根据理论模型，移动支付影响创业的主要机制有两个：一是提高了金融服务的可得性，降低了成本；二是减轻了资本约束对创业的抑制作用。这两者一方面降低了创业门槛，为更多拥有创业意愿的家庭提供机会；另一方面，成本的降低也意味着经营绩效的提高，有利可图使得更多家庭愿意参与创业。

一直以来，我国金融机构发展的城乡二元结构问题严重，欠发达地区的金融配套服务相对落后。此外，融资难问题也一直是制约小微企业发展的重要因素。传统金融机构所提供的金融服务在城乡之间和不同规模企业之间是分配不均的，使得这些地区为获取银行贷款这一重要的创业资源所需付出的成本更高。这制约了欠发达地区创业活动的开展，也使小微企业在市场竞争中处于不利地位，不利于其经营绩效的提高。相较于传统金融机构，移动支付借助互联网技术，通过电子货币实现了支付、转账等功能，货币电子化降低了金融交易成本，使得金融服务更加普及（谢平和刘海二，2013）。移动支付工具可同时绑定多张银行卡，提高了支付清算的效率，降低了交易成本（刘海二，2014）。商家也无须向银行申领 POS 机等刷卡设备，减少了因此产生的成本费用。由此可见，移动支付工具通过提高金融服务的可得性和支付效率，在很大程度上打破了成本对创业者的约束，给拥有创业动机却缺乏资金的家庭提供了机会和资源。

表 11-5 第（1）~（4）列检验了移动支付是否对成本较高地区的创业活动促进作用更为显著。第（1）（2）列以与银行网点和金融服务网点①距离作为成本的替代变量，社区距离最近的银行营业点和金融服务网点的公里数大于均值的定义为距网点远，赋值为 1，否则为 0。第（3）（4）列以社区银行网点和金融服务网点覆盖作为成本的替代变量，社区银行网点和金融服务网点数量小于均值的定义为覆盖率低，赋值为 1，否则为 0。距离银行网点和金融服务网点远或者这两类网点的覆盖率低，意味着创业者所在地区金融资源相对稀缺，其为获取贷款而付出的成本将更高。在表 11-5 第（1）列中，引入移动支付和距银行网点远的交互项，可以发现，当家庭距银行网点远时，移动支付对创业的促进作用更为显著。第（2）列中，引入移动支付与距金融服务网点远的交互项，可以发现，移动支付对距金融服务网点远的家庭创业促进作用更为显著。第（3）（4）列中，分别引入移动支付和银行网点覆盖率低、金融服务网点覆盖率低的交互项，发现当家庭所在社区银行网

---

① 银行网点指必须有银行工作人员办理业务的营业网点，包括农村信用社、邮政储蓄等。金融服务网点包括自助银行、ATM 机等自助服务点，以及惠农金融服务点等。不包括有银行工作人员办理业务的营业网点。该处数据来源为 2015 年中国家庭金融调查（CHFS），因社区/村行政区划内金融服务网点数量短期内不会发生巨大变化，故该数据的使用有其合理性。

点或金融服务网点覆盖率低时，移动支付对创业有更显著的促进作用。这说明，移动支付有效提高了成本较高的家庭的创业概率。

表 11-5　移动支付影响创业的机制

创业	Probit (1)	Probit (2)	Probit (3)	Probit (4)	Probit (5)
移动支付	0.0375*** (0.0053)	0.0407*** (0.0051)	0.0319*** (0.0071)	0.0327*** (0.0072)	0.0417*** (0.0041)
移动支付×距银行网点远	0.0302*** (0.0116)				
距银行网点远	−0.0368*** (0.0065)				
移动支付×距金融服务网点远		0.0255* (0.0149)			
距金融服务网点远		−0.0299*** (0.0074)			
移动支付×银行网点覆盖率低			0.0168* (0.0086)		
银行网点覆盖率低			−0.0362*** (0.0059)		
移动支付×金融服务网点覆盖率低				0.0160* (0.0086)	
金融服务网点覆盖率低				−0.0290*** (0.0059)	
移动支付×信贷约束					0.0800*** (0.0198)
信贷约束					0.0146 (0.0104)
控制变量	控制	控制	控制	控制	控制
N	25971	25968	26018	26010	39730

注：回归结果中所有控制变量均与表 11-3 相同，限于篇幅，其余控制变量的回归结果未予展示。

已有文献发现当家庭自有财富水平有限，或外部金融市场不能为创业行为提供金融支持时，家庭可能会因为资金受限而无法创业（张龙耀和张海宁，2013；胡金炎和张博，2014；马光荣和杨恩艳，2011）。微信支付、支付宝服务商在支付服务的基础上推出了小额借贷功能。如前所述，这种小额借贷在很大程度上缓解了创业者的信贷约束，尤其对小微企业而言。同时，作为移动支付强大技术支撑的互联网，又是一种高效的信息传播媒介，并具有较强的社会互动性（周广肃和樊纲，2018）。在众多创业模型中，都提到了商业机会这一要素的重要性，互联网技术提高了信息传播的速度和深度，缓解了信息不对称带来的商机贻误。社会互动的加强也可能给家庭提供更丰富的借贷渠道。同时，创业的优惠政策和创业成功经验的广泛分享，也可以激励更多家庭的创业活动。

表 11-5 第（5）列通过引入移动支付与信贷约束[1]的交互项，检验了移动支付是否可以缓解正规信贷约束对于创业的抑制作用。结果表明，移动支付对受到信贷约束的家庭创

---

① 问卷中的问题为：您家为什么没有尝试从银行/信用社申请贷款获得所需资金？ a. 申请过被拒；b. 不知道如何申请贷款；c. 估计贷款申请不会被批准；d. 申请过程麻烦；e. 贷款利息太高；f. 还款期限或方式不符合需求；g. 不认识银行/信用社工作人员；h. 没有抵押或担保人。本章将选项 b 和选项 c 定义为受到正规信贷约束。

业的促进作用更为显著。如上所述，这可能是因为移动支付减少了创业所需成本，提供了一定额度的信贷支持，缓解了正规信贷约束对这些家庭创业所产生的抑制作用。

创业与创新总是同时被提及，由此可见创新对于创业活动的重要性。谢绚丽等（2018）认为数字金融作为金融基础设施，给创新提供了基础。技术层面的有益创新有助于企业降低生产成本，提高生产效率；体制层面的适当创新有助于提高企业的管理效率，使企业健康正常的运转，从而提高企业的经营绩效。移动支付的使用是否会对企业的创新行为产生影响，从而可能对企业的经营绩效造成影响？表 11-6 给出了检验结果。问卷中关于工商业经营项目创新的问题为：与去年相比/今年上半年，该项目在产品、技术、组织、文化、营销、服务等方面是否有创新活动？如研发、新点子、新做法等。将选择是的定义为 1，选择否的定义为 0。根据表 11-6 的回归结果，移动支付促进了企业的创新活动，边际影响为 0.26，在 1% 的水平上显著。

表 11-6　移动支付对创新活动的影响

创业	Probit	IVprobit
	创新活动	
	（1）	（2）
移动支付	0.0861*** （0.0113）	0.2601*** （0.0824）
控制变量	控制	控制
N	5324	5244

注：回归结果中所有控制变量均与表 11-4 相同，限于篇幅，其余控制变量的回归结果未予展示。

进一步地，如果移动支付能够降低创业成本，并创造更好的经营绩效，那么可能会给更多家庭提供创业的激励，使更多家庭响应"大众创业、万众创新"的号召，进行主动创业。如前所述，本章将创业按照创业动机区分为主动创业和被动创业。表 11-7 报告了移动支付对家庭创业动机影响的估计结果。第（2）列为两阶段估计结果，移动支付的边际影响为 0.2167，在 5% 的水平上显著，表明移动支付可以为家庭创造更有利的创业条件，从而更有可能主动创业。

表 11-7　移动支付对创业动机的影响

创业	Probit	IVprobit
	主动创业	
	（1）	（2）
移动支付	0.0496*** （0.0140）	0.2167** （0.0856）
控制变量	控制	控制
N	5302	5301

注：回归结果中所有控制变量均与表 11-3 相同，限于篇幅，其余控制变量的回归结果未予展示。

第六节　移动支付对创业影响的异质性

接下来按城乡、中东西部、家庭所在城市等级进行分组，进一步分析移动支付对不同类型家庭创业的影响。

一、移动支付对创业决策影响的异质性

表 11-8 分析了移动支付对城乡、不同地区、不同城市等级家庭创业决策的影响。在第（1）（2）列分别考察了移动支付对农村样本和城市样本家庭创业决策的影响，可以发现移动支付对农村和城市家庭的创业概率都有显著促进作用。在农村样本中，移动支付显著提高了家庭创业的概率，边际影响为 0.28，大于城市样本的 0.25，基于似无相关模型SUR 的检验（suest）结果表明，两组系数之间的差异在 1% 的水平上显著。

表 11-8　移动支付对创业决策影响的异质性（分样本）

创业	IVprobit 农村样本 （1）	IVprobit 城市样本 （2）	IVprobit 一线、新一线城市 （3）	IVprobit 二、三线城市 （4）	IVprobit 四、五线城市 （5）
移动支付	0.2835*** (0.0516)	0.2506*** (0.0470)	0.3332*** (0.0746)	0.1975*** (0.0621)	0.3569*** (0.0606)
控制变量	控制	控制	控制	控制	控制
suest	3.34*		3.95**		4.34**
N	12668	27048	10737	14260	14719

注：回归结果中所有控制变量均与表 11-3 相同，限于篇幅，其余控制变量的回归结果未予展示。

按照新一线城市研究所公布的城市排行榜，将城市划分为一线、新一线城市，二、三线城市和四、五线城市三组，根据第（3）~（5）列的结果可以发现，移动支付对三组城市家庭创业决策都有显著正向影响，其中对四、五线城市家庭创业概率的影响最大，边际影响为 0.36，且在 1% 的水平上显著。suest 结果表明，三组系数两两之间存在显著差异，因为篇幅关系，一线、新一线城市和四、五线城市之间的对比结果未在表中列示。

在表 11-9 第（1）列中，加入了移动支付和农村地区的交互项，结果进一步证明了移动支付对农村地区家庭创业活动的促进作用大于城市地区。在第（2）列中，以东部地区为参照组，回归结果表明，与中东部地区相比，移动支付对西部地区家庭创业活动促进作用更大。在第（3）列中，以一线、新一线城市为对照组，移动支付与二、三线城市交互项系数并不显著，而移动支付与四、五线城市交互项显著为正，且在 5% 的水平上显著，说明相较于其他更为发达的城市，移动支付对四、五线城市家庭的创业活动促进作用更为明显。

表 11-9　移动支付对创业决策影响的异质性（全样本）

创业	Probit （1）	Probit （2）	Probit （3）	Probit 日常用品行业 （4）	Probit 非日常用品行业 （5）
移动支付	0.0352*** (0.0044)	0.0331*** (0.0052)	0.0343*** (0.0071)	0.0319*** (0.0036)	0.0110*** (0.0024)
移动支付×农村	0.0454*** (0.0091)				
农村	-0.0567*** (0.0051)				
移动支付×西部地区		0.0252*** (0.0085)			

续表

创业	Probit （1）	Probit （2）	Probit （3）	Probit 日常用品行业 （4）	Probit 非日常用品行业 （5）
移动支付×中部地区		0.0203** （0.0085）			
西部地区		-0.0064 （0.0119）			
中部地区		-0.0237* （0.0121）			
移动支付×二、三线城市			0.0067 （0.0087）		
移动支付×四、五线城市			0.0204** （0.0089）		
二、三线城市			0.0220*** （0.0071）		
四、五线城市			0.0241*** （0.0078）		
控制变量	控制	控制	控制	控制	控制
N	39730	39730	39730	39730	39730

注：回归结果中所有控制变量均与表11-3相同，限于篇幅，其余控制变量的回归结果未予展示。

　　此外，移动支付在不同行业中发挥的作用也会有所不同，例如，在日常消费场景中移动支付使用较为频繁，而在制造业、建筑业等行业中移动支付发挥的作用则十分有限。本章按照行业属性，将工商业项目分为了日常消费和非日常消费两类。其中日常消费场景包括批发和零售业、住宿和餐饮业、居民服务和其他服务业以及文化、体育和娱乐业。回归结果显示，移动支付对涉及日常消费行业的创业影响大于非日常消费行业。

　　综上所述，移动支付对农村家庭、西部地区家庭以及四、五线城市家庭创业活动的促进作用更大，谢绚丽等（2018）的研究也发现城市化程度低的地区，数字金融的作用更大。这可能是因为这些地区经济发展水平较为落后，交通、金融网点等配套设施尚未完备，致使其创业成本较高，并且信贷约束更为严重。而如前所述，移动支付具有金融普惠特性，能够有效降低成本，对受到资本约束家庭的创业活动促进作用更为显著，移动支付在不同行业间发挥的作用也有所不同。

二、移动支付对经营绩效影响的异质性

　　表11-10展示了移动支付对经营绩效影响的异质性分析。回归结果显示，移动支付对农村地区创业家庭营业收入有显著促进作用，系数为2.8461，且在1%的水平上显著，对城市创业家庭营业收入则没有显著影响。根据城市等级分组的OLS结果中，移动支付对一线、新一线以及二、三线城市创业家庭营业收入没有显著影响，对四、五线城市有显著的促进作用，且在1%的水平上显著，两阶段结果与此基本一致。从地区来看，对中西部地区创业家庭营业收入有正向影响，对东部地区则无显著影响，两阶段结果中，中西部地区移动支付系数大于东部地区。这可能是因为欠发达地区缺乏交通优势和区位优势，银行和金融服务网点较少，创业规模相对较小，难以形成集聚效应，因此创业成本较高。而移动支付通过降低创业成本，为创业者提供更有利的经营条件，从而提高其经营绩效。因此，移动支付对创业成本较高、便利程度较差的地区工商业经营项目的营业收入促进作用更明显。

表 11-10　移动支付对经营绩效影响的异质性

（1）城乡

营业收入	农村		城市	
	OLS （1）	2SLS （2）	OLS （3）	2SLS （4）
移动支付	0.3296** （0.1642）	2.8461*** （0.9431）	0.0228 （0.0983）	0.0494 （0.5222）
控制变量	控制	控制	控制	控制
N	1147	1146	4177	4176

（2）城市发展水平

营业收入	一线、新一线城市		二、三线城市		四、五线城市	
	OLS （1）	2SLS （2）	OLS （3）	2SLS （4）	OLS （5）	2SLS （6）
移动支付	0.1695 （0.2207）	0.3522 （1.0811）	0.0736 （0.1257）	1.7848*** （0.6074）	0.4628*** （0.1369）	1.8824*** （0.6759）
控制变量	控制	控制	控制	控制	控制	控制
N	1203	1203	2144	2144	1977	1975

（3）地区

营业收入	东部		中西部	
	OLS （1）	2SLS （2）	OLS （3）	2SLS （4）
移动支付	0.1845 （0.1200）	1.6998*** （0.5412）	0.3915*** （0.1240）	1.8279*** （0.6770）
控制变量	控制	控制	控制	控制
N	2684	2684	2640	2638

（4）企业规模

营业收入	微型企业		非微型企业	
	OLS （1）	2SLS （2）	OLS （3）	2SLS （4）
移动支付	0.0584 （0.0871）	0.0812* （0.4917）	0.2290 （0.2959）	2.8596 （1.8654）
控制变量	控制	控制	控制	控制
N	4540	4538	784	784

（5）行业属性

营业收入	日常消费		非日常消费	
	OLS （1）	2SLS （2）	OLS （3）	2SLS （4）
移动支付	0.1976** （0.973）	1.2100** （0.5057）	−0.1543 （0.1731）	−0.4323 （1.1400）
控制变量	控制	控制	控制	控制
N	3686	3685	1638	1637

注：回归结果中所有控制变量均与表 11-4 相同，限于篇幅，其余控制变量的回归结果未予展示。

　　微型企业规模较小，抗风险能力较弱，对成本的变动会更为敏感，其面临的投资约束问题也更为严重。因而移动支付可能对其影响更大。根据国家统计局印发的《统计上大中小微型企业划分办法（2017）》，本章将微型企业定义为从业人员在 10 人以下的企业。回归结果显示，移动支付提高了微型企业营业收入，且在 10% 的水平上显著，而对非微型企业则无显著影响。行业属性分组的回归结果显示，移动支付对涉及日常消费的创业项目经营绩效有显著的正向影响，而对非日常消费行业的创业项目经营绩效则没有显著影响。

第七节 稳健性检验

为了验证上文结果的稳健性，接下来对上文估计结果进行稳健性检验。

本章使用是否拥有智能手机作为工具变量来解决估计中存在的内生性问题。表11-11报告了不同工具变量的两阶段估计结果。在第（1）列中工具变量为是否网购。随着现代通信技术的发展，移动支付已经取代互联网支付成为最为主要的第三方支付方式[①]，目前大部分网购行为都是通过移动支付实现的，因而是否网购与是否拥有移动支付是相关的，但是否网购不会对家庭的创业决策产生直接影响。在第（2）列中的工具变量为网购支出占家庭总消费支出的比重，一方面网购较多的人可能更需要移动支付，另一方面消费习惯并不会对家庭创业行为产生直接影响。两列的 Wald 检验结果，均拒绝了移动支付不存在内生性的假设。在两阶段工具变量估计结果中，一阶段估计的 F 值分别为 820.71 和 479.28，工具变量的 T 值分别为 81.40 和 5.23，因而拒绝了弱工具变量假设。更换工具变量后，移动支付依然对家庭创业决策有显著的促进作用，说明本章的结果是稳健的。

表 11-11　移动支付对创业的影响

	IVprobit IV：是否网购 （1）	IVprobit IV：网购支出占比 （2）	2SLS （3）	LTZ （4）
移动支付	0.0880 *** （0.0094）	0.1017 *** （0.0273）	0.2377 *** （0.0333）	0.2377 * （0.1235）
控制变量	控制	控制	控制	控制
N	39610	39193	39716	39716
一阶段 F 值	820.71	479.28	1474.96	
一阶段工具变量 T 值	81.40	5.23	28.13	
Wald 检验/ DWH 检验	25.91 （0.0000）	4.40 （0.0358）	26.5237 （0.000）	

注：回归结果中所有控制变量均与表11-3相同，限于篇幅，其余控制变量的回归结果未予展示。第（3）（4）列为控制地区固定效应。

尽管本章的工具变量通过了工具变量检验，也不能确保其完全可靠。Conley 等（2012）提出的置信区间集合方法（UCI）和近似零方法（LTZ）[②] 提供了解决办法，这两种方法通过放松工具变量的排他性约束，假定工具变量是近似外生的，来考察不同程度下的工具变量估计结果的变化。基于 UCI 方法得出的移动支付系数的置信区间为（0.0375，0.4851），基于 LTZ 方法得出的结果如表 11-11 第（4）列所示。这两种方法的结果表明，在近似外生的情形下，移动支付依然对创业有显著的促进作用，本章的结果是稳健的。

为了最大限度地克服逆向因果的问题，表 11-12 中对创业进行了重新定义，此处的创业仅包含了创业年限晚于拥有智能手机年限的。使用是否网购作为工具变量进行估计，移

[①]　资料来源：艾瑞咨询《2017 年中国第三方移动支付行业研究报告》。

[②]　这两种方法适用于线性模型，为了表明结果的稳健性，在表 11-11 的第（3）中增加了 2SLS 的结果进行辅助说明。

动支付对创业决策和经营绩效的影响结果依然稳健。

表 11-12　移动支付对创业决策和经营绩效的影响

	创业		营业收入		盈利	
	Probit （1）	IVprobit （2）	OLS （3）	2SLS （4）	OLS （5）	2SLS （6）
移动支付	0.0259 *** （0.0023）	0.0719 ** （0.0080）	0.2104 （0.2212）	1.0931 * （0.6488）	0.1575 * （0.0928）	0.6644 ** （0.3110）
控制变量	控制	控制	控制	控制	控制	控制
N	39730	39610	1475	1475	965	965

注：第（1）（2）列回归结果中所有控制变量均与表 11-3 相同，第（3）~（6）列回归结果中所有控制变量均与表 11-4 相同，限于篇幅，其余控制变量的回归结果未予展示。

表 11-13 给出了移动支付对实体店经营绩效的影响。如前所述，移动支付扩大了消费者基础，打破了创业的地域、空间等限制，减少了店铺租赁购买的成本，因此可能会降低创业者的成本，提高其经营绩效。这可能对网络店铺经营者更有利，而在实体店经营中，移动支付可能仅作为收款工具发挥作用，那它是否依然可以对创业家庭经营绩效有促进作用？表 11-13 给出了估计结果，如第（2）（4）列所示，移动支付对实体店营业收入和盈利均有显著正向影响，且分别在 5% 和 1% 的水平上显著。仅考虑移动支付对实体店经营绩效的影响，结果依然是稳健的。

表 11-13　移动支付对实体店经营绩效的影响

	营业收入		盈利	
	OLS （1）	2SLS （2）	OLS （3）	2SLS （4）
移动支付	0.1556 ** （0.0849）	1.0596 ** （0.5033）	0.1626 *** （0.0413）	1.1598 *** （0.3005）
控制变量	控制	控制	控制	控制
N	4521	4520	3318	3318

注：回归结果中所有控制变量均与表 11-4 相同，限于篇幅，其余控制变量的回归结果未予展示。

表 11-14 中，分别剔除了营业收入上下 1% 和 5% 的样本，移动支付依然对营业收入和盈利水平有显著促进作用，且在 1% 的水平上显著，说明上文的结果是可靠的，不受极端值的影响。

表 11-14　剔除营业收入上下 1%、5% 样本

	营业收入		盈利	
	OLS （1）	2SLS （2）	OLS （3）	2SLS （4）
移动支付	0.1031 （0.0848）	0.9423 ** （0.4646）	0.1534 *** （0.0382）	1.1032 *** （0.2549）
控制变量	控制	控制	控制	控制
N	5274	5272	3846	3845
移动支付	0.1482 *** （0.0362）	0.9488 *** （0.2304）	0.1663 *** （0.0369）	1.0950 *** （0.2462）
控制变量	控制	控制	控制	控制
N	4809	4807	3677	3676

注：回归结果中所有控制变量均与表 11-4 相同，限于篇幅，其余控制变量的回归结果未予展示。

表 11-15 报告了不同控制变量对回归结果的影响。因为家庭创业以小微企业为主，所以区县级特征可能对其影响更大，在第（1）列中，使用区县级地区固定效应，结果表明移动支付依然对创业有显著促进作用。在第（2）列中，在原控制变量的基础上，进一步控制了户主父亲和母亲工作单位性质，将父亲和母亲工作单位分为事业单位、国企、其他企业①和务农四组，分别以父亲务农和母亲务农作为控制组。结果表明，上文的结果依然稳健。第（3）~（7）列进一步控制了父母的社会网络，探究父母社会网络是否会对家庭的创业及经营绩效产生影响。参照以往文献（尹志超等，2015a），本章以父母是党员和父母是单位部门负责人及以上来衡量父母的社会网络，发现父母社会网络对企业经营绩效并无显著影响，在对其进行控制后，移动支付依然对创业和经营绩效有显著促进作用，上文结果是稳健的。

表 11-15 移动支付对创业及经营绩效的影响

	创业		营业收入		盈利		
	Probit (1)	Probit (2)	Probit (3)	OLS (4)	2SLS (5)	OLS (6)	2SLS (7)
移动支付	0.0464*** (0.0040)	0.0655** (0.0269)	0.0441*** (0.0040)	0.0957 (0.0853)	0.8750* (0.4667)	0.1417*** (0.0389)	1.0440*** (0.2588)
父亲事业单位		-0.1637** (0.0709)					
父亲国企		-0.3481*** (0.1069)					
父亲其他企业		-0.0179 (0.0341)					
母亲事业单位		-0.0667 (0.0762)					
母亲国企		-0.0111 (0.0758)					
母亲其他企业		0.0720** (0.0314)					
父母是党员			-0.0095* (0.0052)	0.0551 (0.1271)	0.0423 (0.1280)	0.0124 (0.0538)	-0.0102 (0.0580)
父母是单位负责人及以上			-0.0025 (0.0066)	-0.0945 (0.1725)	-0.0985 (0.1723)	0.0770 (0.0742)	0.0696 (0.0775)
控制变量	控制	控制	控制	控制	控制	控制	控制
地区固定效应	县级	省级	省级	省级	省级	省级	省级
N	39688	942	39730	5324	5322	3886	3885

注：第（1）~（3）列控制变量与表 11-3 相同，第（4）~（7）列控制变量与表 11-4 相同，限于篇幅，其余控制变量的回归结果未予展示。关于户主父母工作单位类型的问题只询问了父母是家庭成员的，即一起居住 6 个月以上的，所以样本量较小。

本章小结

《关于推动创新创业高质量发展打造"双创"升级版的意见》指出，要通过打造"双

---

① 其他企业包括集体企业、个体工商户、私营企业、外资、港澳台投资企业和其他类型企业。

创"升级版，进一步优化创新创业环境，大幅降低创新创业成本，提升创业带动就业能力，增强科技创新引领作用。移动支付的出现是科技创新的产物，它在很大程度上改变了人们的消费习惯，更重要的是通过降低创业成本推动了家庭创业决策，并有助于提高经营绩效。

基于2017年中国家庭金融调查数据，本章研究了移动支付对家庭创业决策和经营绩效的影响。实证结果表明，移动支付通过降低成本，缓解信贷约束，显著提高了家庭创业的概率，同时也提高了工商业项目的经营绩效。进一步地分析发现，移动支付的使用提高了企业进行创新活动的概率，从而带动企业经营绩效的提升。并且因为移动支付可以为家庭创造更有利的创业条件，从而使其更有可能进行主动创业活动。为了避免内生性的影响，本章以是否拥有智能手机作为工具变量进行了两阶段估计，估计结果进一步证实了这一结论。

异质性分析表明，因为移动支付的金融普惠特性，大大提高了金融服务的可得性，降低了融资成本，缓解了信贷约束对创业的抑制作用。因而它对经济发展水平较为滞后，交通、金融网点等配套设施建设较为落后的农村家庭、西部地区家庭、城市化程度较低地区家庭创业活动的促进作用更大。此外，移动支付对缺乏交通优势和区位优势，金融服务网点较少，创业规模相对较小，因而创业成本较高的农村地区、中西部地区以及四、五线城市工商业项目和微型企业经营绩效的正向影响也更大。从行业属性的角度来看，移动支付主要对日常消费行业的经营绩效产生影响。根据本章的实证结果，提出以下四个政策建议：

（1）鼓励科技创新。"科学技术是第一生产力"，要鼓励科技创新，实现创新支持创业、创业带动就业。积极打造和发展创新创业技术平台，实现信息资源整合，保证创新创业信息的透明度；加强对科技创新产品的鼓励、扶持力度，举办各类创新创业大赛，为科技创新产品和产业提供展示的平台；鼓励行业领军企业加大科技投资，带动该行业的升级转换；将创新创业知识纳入国民教育体系，加强相关课程体系建设和师资力量培训，鼓励成功的创业者深入课堂与学生分享经验，使大众创业、万众创新的观念深入人心；完善知识产权保护政策，保护创新创业积极性。

（2）降低创业门槛，拓宽融资渠道，鼓励主动创业。营造公平有序竞争的市场环境，进一步转变政府职能，清理、规范收费项目，增加公共产品和服务供给，给创业者提供更多机会；鼓励银行进行金融产品和服务创新，为创业企业提供更好的金融支持，同时，丰富融资渠道，支持互联网金融的发展，加强对网络借贷平台的监管，为创业者提供更好的资金支持；简化创业市场准入程序，提高办事效率，提高创业企业信息透明度；给有创业意向的家庭或个人提供技术、政策等指导，帮助其完成高质量创业，通过创业解决就业问题。

（3）加强基础设施建设，加强对农村地区、西部地区、城市化程度较低地区的政策倾斜力度。目前，中国城乡、中东西部经济发展水平较不均衡，落后地区发展经济和解决就业问题的需求更为迫切，而工商业的发展离不开发达便利的基础设施建设，发达的交通网络是实现商品互通的必需品，因此，应加强落后地区的基础设施建设；因地制宜，在落后地区扶持发展可开发利用当地资源的创业园区，政府应做好前期规划，给予入驻创业企业一定的政策优惠，吸引有实力、有前景的企业入驻，以此带动整个园区的发展，创业园区的发展同时可以提供一定的就业岗位；提供技术支持和引导，鼓励当地家庭结合地方特点实现电子商务交易，依托互联网创业。

（4）加大对小微企业的扶持力度。在"2017 中国中小企业发展大会暨第十一届中国中小企业节"上，国家发展改革委秘书长李朴民指出：当前中小微企业占我国企业数量的 99%，完成了 70% 以上的发明专利，提供了 80% 以上的新增就业岗位[①]。然而小微企业在创设之初因资本薄弱、规模有限，往往较为脆弱，需要政府予以扶持。各级政府应积极为小微企业的发展营造公平有序的环境，在条件允许的情况下，可在水、电、办公用房等方面给予一定的优惠，减轻小微企业负担；落实税收政策优惠，对于符合创新创业政策的企业，适当减轻其税务负担；与金融机构进行沟通，鼓励金融机构向有发展前景的小微企业发放贷款，在合规范畴内，鼓励双方建立长期合作关系，避免因信贷约束限制小微企业发展；积极"招才引智"，鼓励技术型人才和管理型人才走进小微企业，为其提供先进的技术支持和管理经验；完善小微企业行业监管，建立行业自律机制，保证小微企业的健康、长远发展。

---

① 资料来源：http://www.sohu.com/a/208682323_100015436。

第十二章 移动支付与家庭就业

第一节 研究背景

就业是民生之本、财富之源，也是社会稳定和经济持续健康发展的重要保障。2020年5月召开的中共十三届全国人大三次会议明确提出了"优先稳就业保民生""就业优先政策要全面强化""千方百计稳定和扩大就业"等就业指导方针。此外，党的十九大报告以及国务院印发的《关于进一步做好稳就业工作的意见》中也均明确指出，"坚持就业优先战略和积极就业政策，坚持把稳就业摆在更加突出位置，强化底线思维，做实就业优先政策，健全有利于更充分更高质量就业的促进机制"[①]。当前，中国正处于经济转型升级的重要时期，同时面临人口老龄化问题的严峻挑战，积极有序地促进居民就业，对社会稳定和经济的高质量增长意义重大。

根据中国家庭金融调查（CHFS）数据测算，从总体上来看，2011年中国家庭部门就业率为83.61%，2017年下降至79.96%[②]。进一步地，按照家庭人均收入的30分位数和60分位数，将样本划分为低收入家庭、中等收入家庭和高收入家庭，分别计算其就业率后发现，低收入家庭的就业率从2011年的78.09%下降至2017年的74.38%，中等收入家庭的就业率从2011年的82.76%下降至2017年的78.51%，高收入家庭的就业率从2011年的88.12%下降至2017年的85.38%，降幅分别为3.71%、4.25%和2.74%[③]。总的来看，中国居民就业率呈现下降态势，且中低收入家庭的降幅更加明显，这就要求在积极落实稳就业、促就业的就业政策过程中，加大对中低收入家庭等相对弱势群体的关注力度。

与此同时，中国的普惠金融事业进入快速发展时期。2015年底国务院印发《推进普惠金融发展规划（2016-2020年)》的通知，定义了中国背景下的普惠金融，即立足机会平等要求和商业可持续原则，以可负担的成本为有金融服务需求的社会各阶层和群体提供适当、有效的金融服务[④]。近年来，受益于计算机技术和金融科技的推广与应用，数字化的普惠金融得到了迅速发展。世界银行扶贫协商小组（CGAP）将数字普惠金融定义为"被金融服务排斥的人群对于正规金融服务的数字化接触和使用"。根据北京大学数字金融研究中心发布的中国数字普惠金融指数计算，省级层面的数字普惠金融指数均值从2011年的40.00增长至2018年的300.21，市级层面的指数均值从2011年的49.40增长至2018

---

① 资料来源：http://www.gov.cn/zhengce/content/2019-12/24/content_5463595.htm?trs=1。
② 根据家庭权数对家庭部门的就业率进行了调整。
③ 就业人口的定义方式与《中国人口和就业统计年鉴》一致。此外，仅统计年龄为16~60岁人口。
④ 资料来源：http://www.gov.cn/zhengce/content/2016-01/15/content_10602.htm。

年的 232.87，区县层面的指数均值从 2014 年的 47.15 增长至 2018 年的 99.99①。

从移动支付的角度来看（见图 12-1），依据世界银行发布的《2017 年全球普惠金融指数数据库》中附加的 2014 年和 2017 年 153 个国家和地区的居民使用手机支付水电费等相关费用的调查数据统计发现，使用手机支付水电费用的中国居民占总人口的比重由 2014 年的 1% 增长至 2017 年的 17%，净增长 16%②，远远超过越南、墨西哥、泰国以及其他金砖国家的增长水平。进一步地，与美国、英国、法国、德国、日本、韩国和 OECD 国家等相对发达的国家和地区相比，中国的净增长也处于领先地位。此外，图 12-2 还统计了使用互联网支付和互联网购物的人口比例增长情况，发现中国的这一比例由 2014 年的 20% 增长至 2017 年的 49%，净增长 29%，与其他国家和地区相比仍然位于高速增长队列。这些数据均表明，在过去的几年间，以移动支付作为重要代表的数字普惠金融经历了快速发展。

一些研究评估了移动支付的经济影响后发现，移动支付有利于实现风险分担，缓解意外冲击对消费的负面影响，降低了交易成本，并提高了收入水平。William 和 Suri（2014）、Riley（2018）等研究发现，移动货币能降低不确定性事件对于收入的负向冲击，实现风险分担，避免家庭消费的下降。Munyegera 和 Matsumoto（2016）的研究则发现，使用移动货币收到的汇款总额比非移动货币用户的家庭高出 33%，即移动货币的使用使流动资金增多，提高了家庭的人均消费水平。Danquah 和 Iddrisu（2018）发现，移动货币提高了家庭的销售收入。然而，也有部分学者和金融组织对移动支付带来的积极影响表示怀疑，他们认为移动支付仍面临一定风险。Raphael（2016）利用调查数据研究发现，移动支付可能会对部分金融能力弱的家庭产生不利影响。此外，从数字普惠金融发展的经济效应来看，数字普惠金融在缩小收入差距（宋晓玲，2017）、降低交易成本（Aker et al.,

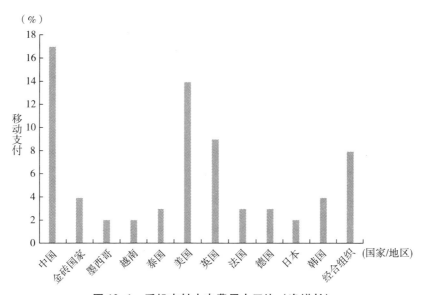

图 12-1 手机支付水电费用人口比（净增长）

注：金砖国家的统计中仅包括俄罗斯、巴西、南非和印度；由于样本缺失，OECD 国家未包含冰岛。

① 中国数字普惠金融指数的时间跨度：省级和城市级为 2011~2018 年，县级为 2014~2018 年。
② 统计范围为年龄在 15 岁及以上的人口。

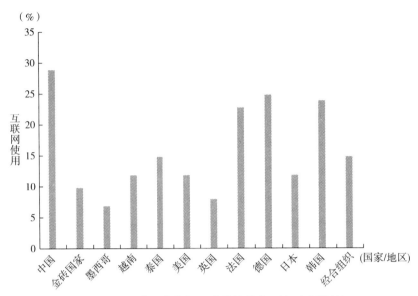

图 12-2   互联网购物与互联网付款人口比（净增长）

注：金砖国家的统计中仅包括俄罗斯、巴西、南非和印度；由于样本缺失，OECD 国家未包含冰岛。

2016；尹志超等，2019c）、扩大农户融资渠道（Grossman and Tarazi，2014）、刺激金融需求（傅秋子和黄益平，2018）、扩大居民消费能力（易行健和周利，2018）、促进创业活动开展（谢绚丽等，2018）、提升金融包容性（Ozili，2018）与经济的包容性增长（Kapoor，2013；Demirgüç-Kunt et al.，2017；张勋等，2019）等方面发挥了重要作用。

移动支付与居民就业息息相关。新型支付工具的出现，便利了消费和生产活动，降低了支付摩擦，减少了支付痛感，从而可能对促进居民消费、引导创业活动的开展、提供就业岗位等产生积极影响。在此背景下，本章使用区县层面的支付指数以及中国家庭金融调查（CHFS）2015 年和 2017 年面板数据，考察了移动支付对居民就业的影响。基于双向固定效应模型的实证结果发现，移动支付的发展显著提升了家庭就业率，增加了家庭的就业人数。平均而言，移动支付指数每提高 1 单位，将导致家庭就业率上升 0.10%，其中，自雇佣就业率显著上升 0.08%，非自雇佣就业率未受显著影响。通过构建个人面板数据进行进一步检验，本章的结论非常稳健。机制探究发现，创业型自雇佣就业活动的开展是移动支付显著影响家庭就业的重要原因。异质性分析发现，移动支付的发展对城镇家庭和金融素养较低的家庭产生了更为显著的就业促进效应。

第二节   文献综述

在金融发展的过程中，金融资源呈现出明显的分配不均和集中化趋势，以"弱势群体"金融可得性为核心内涵的普惠金融逐渐受到各国政府的重视。普惠金融关注的是所有经济体成员，特别是"弱势群体"（Beck et al.，2007；Bruhn and Love，2014）能够有效地获得并使用正规金融服务的能力（Sarma，2008；Sarma，2016）。金融普惠理念的引入，增强了金融体系和宏观经济的稳定性（Prasad，2010），为金融发展赋予了更多包容性的色彩。下面将分别从普惠金融的就业效应与移动支付的经济影响等方面梳理既有研究的观点。

关于普惠金融发展的就业效应，学术界的基本共识是普惠金融发展能够促进就业增长。相关研究表明，普惠金融的发展不仅可以直接增强就业群体的就业稳定性和收入增长能力（Karlan and Zinman，2010），还能够带来金融业从业人数的增长（林春等，2019），降低居民失业率（张号栋等，2017），增加家庭部门的非农就业人数（尹志超等，2019c）和正规部门就业人数的比重（Sarma and Paris，2011），最终导致社会总就业人数的显著增长（Bruhn and Love，2009）。从平均意义上来看，金融普惠城镇居民比非金融普惠城镇居民的失业概率低 1.7 个百分点（张号栋等，2017）。就影响机制而言，一方面，普惠金融的发展提升了金融服务的可得性和覆盖范围，降低了金融资源供求之间的错配程度，从而促进了居民的就业和创业（Bruhn and Love，2009）；另一方面，普惠金融的发展为以劳动密集型产业为主的中小企业拓宽了融资渠道，缓解了中小企业面临的融资约束困境，提振了中小企业的运作活力，进而带动了整体就业增长（Prasad，2010；林春等，2019）。

关于移动支付的经济影响主要集中在消费、收入等方面。在消费方面，William 和 Suri（2014）、Riley（2018）研究发现，移动货币能降低不确定性事件对收入的负向冲击，实现风险分担，从而避免家庭消费的下降。Munyegera 和 Matsumoto（2016）研究发现，使用移动货币收到的汇款总额比未使用移动货币的家庭高出 33%，移动货币的使用使流动资金增多，提高了家庭人均消费水平。此外，移动支付也能够显著缓解流动性约束（王晓彦和胡德宝，2017），促进居民创业（尹志超等，2019a），降低家庭的货币需求和交易成本以及居民的预防性货币需求（尹志超等，2019b）。柴时军（2020）研究发现，使用移动支付会提升家庭的资产负债率和债务收入比，促进家庭消费增长的同时也使家庭的财务杠杆进一步放大。然而也有学者认为移动支付面临一定的风险。Raphael（2016）利用坦桑尼亚的一项调查数据，分析认为移动支付可能会对一部分金融能力弱的家庭产生不利影响。与此同时，学术界评估了数字普惠金融发展的经济效应后发现，数字普惠金融在缩小城乡居民的收入差距（宋晓玲，2017）、扩大农户融资渠道（Grossman and Tarazi，2014）、降低农村居民对生产性正规信贷的需求、增加农村居民对消费性正规信贷的需求（傅秋子和黄益平，2018）等方面发挥了积极作用，还可以通过缓解流动性约束、提高支付的便利性，助推家庭消费水平的提升，且消费的提振效应在农村家庭、中西部地区家庭和中低收入家庭中更为明显（易行健和周利，2018）。

综上所述，近年来，学术界对于普惠金融的就业效应以及移动支付的经济影响研究广度和深度均出现了相当积极的进展，但仍存在较大的研究空间，且目前没有文献系统研究移动支付对居民就业行为的影响。正是在这一背景下，本章将北京大学数字金融研究中心和蚂蚁金服共同编制的数字支付指数与中国家庭金融调查（CHFS）数据相结合，系统研究移动支付发展对居民就业的影响及其作用机制。可能的贡献主要体现在以下三个方面：①在研究视角方面，基于区县、家庭和个人层面数据，不仅系统地研究了移动支付对居民就业行为的影响，还进一步考察了移动支付对居民就业类型的影响。②在机制检验方面，本章分析论证了移动支付影响居民就业的作用机制。③在研究异质性方面，本章对移动支付的就业效应进行了异质性分析，发现移动支付对城镇家庭和金融素养较低的家庭就业产生了更为显著的影响。

第三节 模型构建、数据来源与指标说明

一、模型设定

研究移动支付对居民就业的影响，模型设定如下：

$$Employ_{ijt} = \alpha + \beta MP_{j,t-1} + \gamma X_{ijt} + \mu_i + \lambda_t + \varepsilon_{ijt} \tag{12-1}$$

其中，$Employ_{ijt}$ 表示第 t 期区县 j 家庭 i 的就业情况，分别用家庭层面的就业率和就业人数来度量。$MP_{j,t-1}$ 是核心解释变量，表示 $t-1$ 期区县 j 的支付指数，X_{ijt} 是一系列控制变量，包括户主和家庭特征变量以及地区层面的经济特征变量，μ_i 表示家庭层面的固定效应，λ_t 是时间固定效应，ε_{ijt} 是残差项。

为避免逆向因果问题，借鉴张勋等（2019）的做法，选取滞后一期的支付指数作为核心解释变量。此外，还控制了家庭层面的固定效应，以避免不随时间变化的异质性因素对估计结果构成的影响，同时控制时间固定效应，构成双向固定效应模型。

二、数据来源

本章使用的数据来源于两部分：第一部分数据来源于北京大学数字金融研究中心发布的中国数字支付指数，第二部分数据来自西南财经大学 2015 年和 2017 年在全国范围内开展的中国家庭金融调查（CHFS）数据。2015 年 CHFS 调查样本覆盖了全国 29 个省（区、市）、351 个县、1396 个村（居）委会，共获得 37000 余户家庭层面的样本。2017 年 CHFS 样本覆盖了全国 29 个省（区、市）、355 个县、1428 个村（居）委会，共获得 40000 余户家庭层面的样本。问卷涉及家庭人口统计特征、资产与负债、保险与保障、收入与支出等方面的详细信息。其中，在工作及收入部分详细询问了家庭成员的就业信息，在资产与负债部分详细询问了家庭从事工商业经营等方面的信息，这为本章考察移动支付对居民就业的影响及其作用机制提供了重要的数据支持。

三、变量说明

（1）移动支付。本章使用区县层面的移动支付指数来衡量家庭所在区县的移动支付发展状况。在介绍移动支付指数前，首先对数字普惠金融指数的构建进行简要介绍。数字普惠金融指数主要从覆盖广度、使用深度和数字化程度三个维度，选取具体指标进行度量。在覆盖广度上，主要使用账户覆盖率来度量；在使用深度上，分别从支付业务、货币基金业务、信贷业务、保险业务、投资业务和信用业务等角度进行度量；在数字化程度上，分别从移动化、实惠化、信用化和便利化等维度进行度量。此外，在指数计算上，分别采用功效函数法和基于层次分析的变异系数赋权法进行无量纲化处理与权重确定，最后使用算术平均合成模型合成数字普惠金融指数（郭峰等，2019）。移动支付指数可被理解为数字普惠金融指数的一个子指标，通过第三方支付账户的覆盖广度、移动支付账户的使用深度（使用人数、人均交易笔数、人均交易金额等）、数字化程度（移动支付笔数占总支付笔数的比例等）来衡量，构建形成移动支付指数。

（2）居民就业。本章的被解释变量为家庭层面的就业率和就业人数。为进一步考察移动支付发展对居民就业类型的影响，还使用自雇佣就业率、自雇佣就业人数、非自雇佣就业率和非自雇佣就业人数作为被解释变量进行分析。

首先，需要构造家庭层面就业率，与《中国人口和就业统计年鉴》定义就业人口的方法一致，我们使用经济活动人口作为家庭就业人数的代理变量。具体而言，16 周岁及以上除在校学生、丧失劳动能力者、离休或退休以外的家庭成员在最近一周为取得收入而工作过 1 小时以上，包括务农或无报酬的家庭帮工，则将该家庭成员视为经济活动人口。其次，如果家庭成员由于病假、事假、产假、休假或在职学习等原因没有工作过 1 个小时以上的，同样视为经济活动人口。对于没有任何工作的家庭成员，如果在 3 个月以内寻找过工作，也视为经济活动人口[①]。最后，将家庭层面的经济活动人口数量加总作为家庭就业人数，以就业人数除以 16 周岁及以上除在校学生、丧失劳动能力者、离休或退休以外的家庭成员数量作为家庭层面的就业率[②]。

进一步地，CHFS 问卷还询问了家庭成员的就业身份，如果家庭成员为自营劳动者、雇主、家庭帮工或从事农业劳动，那么将该家庭成员视为自雇佣劳动者，并将其他就业性质的家庭成员视为非自雇佣劳动者。此外，自雇佣就业率与非自雇佣就业率的定义同就业率类似，对此不再赘述。

（3）创业型自雇佣就业。在机制分析部分，以创业型自雇佣就业作为切入点，讨论移动支付影响居民就业行为的作用渠道。借鉴张勋等（2019）的做法，以创业型自雇佣就业状态的变化来识别家庭是否从事创业型自雇佣就业活动。具体而言，如果家庭在第一个调查年份没有从事包括个体户、租赁、运输、网店、经营企业等在内的工商业生产经营项目，但第二个调查年份从事了这些项目，那么将创业型自雇佣就业变量赋值为 1，否则为 0。

（4）控制变量。参照张号栋等（2017）、尹志超等（2019a）的做法，选取的控制变量包括户主特征变量（年龄、性别、婚姻状况、健康水平、受教育程度）、家庭特征变量（16 岁以下少儿人口数量、劳动力人口数量、老年人口数量、家庭净资产的对数）和所在地人均 GDP 的对数。在剔除了存在缺失值的观测值后，最终保留 19507 户家庭在 2015 年和 2017 年的平衡面板数据。表 12-1 是变量描述性统计。

表 12-1 变量描述性统计

变量	观测值	均值	标准差	最小值	最大值
移动支付指数	39014	73.6185	17.83	251.1	28.1779
就业率（%）	39014	81.4055	28.8212	0	100
就业人数	39014	2.0359	1.0961	0	12
自雇佣就业率（%）	39014	35.7609	39.7411	0	100
自雇佣就业人数	39014	0.9011	1.0430	0	8
非自雇佣就业率（%）	39014	45.9231	38.8615	0	100
非自雇佣就业人数	39014	1.1421	1.0131	0	7

[①] 2015 年 CHFS 问卷中，如果家庭成员目前未从事任何工作，仅询问该成员 1 个月以内是否寻找过工作，该部分的样本也将 1 个月以内寻找过工作的家庭成员视为经济活动人口。

[②] 在样本的处理上，剔除 16 周岁及以上除在校学生、丧失劳动能力者、离休或退休以外的家庭成员数量为 0 的家庭。

变量	观测值	均值	标准差	最小值	最大值
创业型自雇佣就业率	39014	0.0275	0.1635	0	1
创业型自雇佣就业人数	39014	2.0359	1.0961	0	12
女性	39014	0.1831	0.3868	0	1
年龄	39014	52.2917	12.3165	18	96
已婚=1	39014	0.8904	0.3124	0	1
健康状况	39014	3.3679	0.9777	1	5
小学以上学历	39014	0.9284	0.2578	0	1
初中以上学历	39014	0.6652	0.4719	0	1
高中以上学历	39014	0.3137	0.4640	0	1
本科以上学历	39014	0.0651	0.2466	0	1
0~15 岁人数	39014	0.5972	0.8181	0	10
16~64 岁人数	39014	2.5121	1.1057	1	12
老年人人数	39014	0.4340	0.7077	0	5
净资产	39014	78.3369	136.9001	0	830.8068
人均 GDP	39014	6.1601	1.0976	17.1304	3.5080

第四节 实证结果及分析

一、移动支付与居民就业

表 12-2 汇报了移动支付对居民就业影响的估计结果。第（1）~（3）列被解释变量为家庭层面就业率，第（4）~（6）列被解释变量为家庭层面就业人数。第（1）列仅考察移动支付与家庭就业率的单变量关系，第（2）（3）列逐步加入户主特征变量、家庭特征变量和地区经济特征变量。估计结果显示，移动支付发展显著提升了家庭就业率，以第（3）列为例，移动支付指数每上升 1 单位，将导致家庭部门就业率上升 0.10%，具有显著的经济意义。第（4）~（6）列以家庭层面的就业人数作为被解释变量，估计结论依然稳健。这表明，移动支付的发展能够显著促进居民就业。

表 12-2　移动支付与居民就业

	就业率			就业人数		
	（1）	（2）	（3）	（4）	（5）	（6）
移动支付指数	0.1087*** （0.0226）	0.1080*** （0.0230）	0.0956*** （0.0279）	0.0022*** （0.0006）	0.0024*** （0.0006）	0.0024*** （0.0006）
户主特征变量	NO	YES	YES	NO	YES	YES
家庭和地区特征变量	NO	NO	YES	NO	NO	YES
家庭固定效应	YES	YES	YES	YES	YES	YES
时间固定效应	YES	YES	YES	YES	YES	YES
N	39014	39014	39014	39014	39014	39014
R^2	0.0022	0.0040	0.0136	0.0009	0.0089	0.3175

注：*、**、***分别表示在 10%、5%、1%的水平上显著，括号内为群聚到市级层面的稳健标准误。下同。

二、移动支付与居民就业类型

然而，表 12-2 所估计的移动支付发展带来的就业增长效应并不一定适用于所有形式的就业活动。Tervo（2008）依据就业性质，将劳动者划分为受雇佣者（工资雇佣者）和自我雇佣者两类。相较于受雇佣就业，自雇佣就业对外部环境具有更强的依赖性，宏观环境变量影响着自雇佣就业机会的识别、发现和创造（石丹淅和赖德胜，2013）。因此，移动支付的发展可能会对自雇佣就业行为产生更大的影响。

为考察这一差异，我们进一步按照就业类型将就业划分为自雇佣就业和非自雇佣就业，研究移动支付发展对两种不同形式就业活动的影响。表12-3汇报了估计结果。其中，Panel A 汇报的是移动支付发展对自雇佣就业率和自雇佣就业人数的影响。第（1）列是移动支付发展对自雇佣就业率的单变量回归，第（2）（3）列逐步加入户主特征变量、家庭特征变量和地区经济特征变量。可以看出，移动支付发展对自雇佣就业率的估计系数均在1%水平上显著，表明移动支付发展能够显著提升家庭的自雇佣就业率。在第（4）~（6）列中，将被解释变量替换为自雇佣就业人数，估计结果显示，移动支付的发展显著提升了家庭层面的自雇佣就业人数。Panel B 汇报了移动支付发展对非自雇佣就业率和非自雇佣就业人数的影响。从估计结果可以看出，无论是非自雇佣就业率还是非自雇佣就业人数，移动支付指数的估计系数均不显著。以上结果说明，移动支付的发展未对非自雇佣就业活动产生显著影响，但却显著促进了居民的自雇佣就业，进而表现为家庭就业率和就业人数的增长。

表12-3　移动支付与自雇佣、非自雇佣就业

Panel A	自雇佣就业率			自雇佣就业人数		
	（1）	（2）	（3）	（4）	（5）	（6）
移动支付指数	0.1003***	0.1005***	0.0778***	0.0030***	0.0031***	0.0022***
	（0.0279）	（0.0279）	（0.0280）	（0.0011）	（0.0011）	（0.0009）
户主特征变量	NO	YES	YES	NO	YES	YES
家庭和地区特征变量	NO	NO	YES	NO	NO	YES
家庭固定效应	YES	YES	YES	YES	YES	YES
时间固定效应	YES	YES	YES	YES	YES	YES
N	39014	39014	39014	39014	39014	39014
R^2	0.0006	0.0019	0.0310	0.0005	0.0021	0.0397
Panel B	非自雇佣就业率			非自雇佣就业人数		
	（1）	（2）	（3）	（4）	（5）	（6）
移动支付指数	0.0266	0.0261	−0.0137	0.0003	0.0004	0.0008
	（0.0342）	（0.0343）	（0.0163）	（0.0007）	（0.0007）	（0.0009）
户主特征变量	NO	YES	YES	NO	YES	YES
家庭和地区特征变量	NO	NO	YES	NO	NO	YES
家庭固定效应	YES	YES	YES	YES	YES	YES
时间固定效应	YES	YES	YES	YES	YES	YES
N	39014	39014	39014	39014	39014	39014
R^2	0.0003	0.0032	0.0513	0.0001	0.0053	0.2274

以上分析发现，移动支付的发展提升了家庭从事以雇佣、自营劳动、家庭帮工或农业劳动等自雇佣活动的就业率和就业人数，印证了 Pietrobelli 等（2004）、石丹淅和赖德胜（2013）等文献所认为的宏观环境变化对居民自雇佣就业具有重要影响的观点，同时也为下文进一步分析移动支付影响居民就业活动的传导机制提供了支撑。

三、移动支付与居民就业：稳健性检验

为检验上文研究结论的稳健性，本章使用个人层面的数据进行稳健性检验。

首先，使用个人层面的数据检验了移动支付发展对居民就业的影响。表 12-4 第（1）列仅考察移动支付指数与居民就业的单变量关系，第（2）（3）列逐步加入个体特征变量、家庭特征变量和地区经济特征变量。结果显示，移动支付发展水平的提高会显著提高个人就业的概率，表明移动支付发展显著促进了居民就业，证实了表 12-2 的估计结果是稳健的。

表 12-4　移动支付与居民就业：个人层面

	就业率		
	（1）	（2）	（3）
移动支付指数	0.0005 **	0.0005 **	0.0005 **
	(0.0002)	(0.0002)	(0.0002)
户主特征变量	NO	YES	YES
家庭和地区特征变量	NO	NO	YES
家庭固定效应	YES	YES	YES
时间固定效应	YES	YES	YES
N	74504	74504	74504
R^2	0.0004	0.0012	0.0020

注：*、**、***分别表示在10%、5%、1%的水平上显著，括号内为群聚到市级层面的稳健标准误。

其次，本章使用个人层面的数据考察了移动支付发展对居民自雇佣就业和非自雇佣就业产生的影响。表 12-5 第（1）~（3）列被解释变量为自雇佣就业，第（4）~（6）列被解释变量为非自雇佣就业。估计结果显示，移动支付能够显著促进居民的自雇佣就业，但对非自雇佣就业没有显著影响，这说明表 12-3 的估计结果也是稳健的。

表 12-5　移动支付与自雇佣、非自雇佣就业：个人层面

	自雇佣就业			非自雇佣就业		
	（1）	（2）	（3）	（4）	（5）	（6）
移动支付指数	0.0005 **	0.0005 **	0.0004 ***	0.0000	0.0000	0.0001
	(0.0002)	(0.0002)	(0.0002)	(0.0001)	(0.0001)	(0.0001)
户主特征变量	NO	YES	YES	NO	YES	YES
家庭和地区特征变量	NO	NO	YES	NO	NO	YES
家庭固定效应	YES	YES	YES	YES	YES	YES
时间固定效应	YES	YES	YES	YES	YES	YES
N	74504	74504	74504	74504	74504	74504
R^2	0.0003	0.0016	0.0054	0.0000	0.0031	0.0064

注：*、**、***分别表示在10%、5%、1%的水平上显著，括号内为群聚到市级层面的稳健标准误。

第五节　机制检验与异质性分析

一、机制检验

上文的研究发现，移动支付的发展显著促进了居民的自雇佣就业。而创业型自雇佣就业作为自雇佣就业的重要形式之一，既可以通过自我雇佣又能够通过雇佣他人的形式来降低失业率。然而，在中国，开展创业型自雇佣就业活动普遍面临严重的融资难、融资贵问

题，创办企业的金融需求往往难以从传统的正规金融体系中得到满足（谢绚丽等，2018）。但也正是由于传统金融服务的供给与社会投融资需求之间存在的空当，才为互联网金融的发展提供了有利的成长空间（李继尊，2015b）。

互联网革命带来的移动支付和数字金融，扩展了普惠金融的服务范围和触达能力，惠及了那些原来被传统金融排斥在外的群体，有效地缓解了这部分群体面临的借贷约束（郭峰等，2016；张勋等，2019），降低了信息不对称程度和交易成本，优化了资源配置效率（谢平和邹传伟，2012），从而可能会对创业型自雇佣就业活动的开展产生促进作用。

此外，从现有的实证研究成果来看，有关数字金融、移动支付对创业型自雇佣就业的影响呈现两种观点。张勋等（2019）基于微观数据的实证研究发现，数字普惠金融发展对创业型自雇佣就业的影响系数基本不显著，并认为从整体上来看，中国数字普惠金融发展对家庭创业型自雇佣就业活动的促进作用有限。然而，谢绚丽等（2018）基于宏观数据的研究却发现，数字普惠金融发展对地区新增企业数量与新增企业增速均产生了显著的促进作用，尹志超等（2019a）认为，移动支付的发展显著促进了家庭创业。下面将进一步分析移动支付发展对家庭创业型自雇佣就业的影响，以检验移动支付发展能否通过推动家庭开展创业型自雇佣就业活动从而显著促进居民就业，并对已有研究中存在的争论进一步提供微观层面的证据。

表12-6考察了移动支付发展对家庭创业型自雇佣就业行为的影响。第（1）~（3）列被解释变量为家庭是否从事创业型自雇佣就业活动。第（1）列仅使用移动支付指数进行单变量回归，第（2）（3）列逐步引入户主特征变量、家庭特征变量和地区经济特征变量。第（3）列估计结果显示，移动支付的发展显著促进了家庭的创业型自雇佣就业。将被解释变量更换为参与创业型自雇佣就业活动的家庭成员人数后，估计结果保持稳健。本章的研究结果证实，移动支付的发展会通过推动创业型自雇佣就业活动的开展从而促进居民就业，并为谢绚丽等（2018）基于宏观数据的研究提供了微观层面的证据。

表12-6　移动支付与创业型自雇佣就业

	创业型自雇佣就业率			创业型自雇佣就业人数		
	（1）	（2）	（3）	（4）	（5）	（6）
移动支付指数	0.0003	0.0003	0.0002 *	0.0007 ***	0.0007 ***	0.0008 ***
	（0.0002）	（0.0002）	（0.0001）	（0.0003）	（0.0002）	（0.0002）
户主特征变量	NO	YES	YES	NO	YES	YES
家庭和地区特征变量	NO	NO	YES	NO	NO	YES
家庭固定效应	YES	YES	YES	YES	YES	YES
时间固定效应	YES	YES	YES	YES	YES	YES
N	39014	39014	39014	39014	39014	39014
R^2	0.0004	0.0048	0.0608	0.0002	0.0008	0.0091

注：*、**、***分别表示在10%、5%、1%的水平上显著，括号内为群聚到市级层面的稳健标准误。

二、异质性分析

上述分析表明，移动支付发展水平的提高，通过推动家庭创业型自雇佣就业活动的开展，提升了家庭就业率和就业人数。然而，城乡之间存在明显的资源禀赋差异，这可能导致移动支付发展的就业效应在城乡之间存在异质性。同时，不同金融素养水平的家庭之间也存在金融认知能力的显著差异，这也可能导致移动支付发展的就业效应在不同金融素养的家庭中存在异质性。下面将对移动支付发展的就业效应在城乡间、金融素养间的异质性展开分析。

（一）移动支付对居民就业影响的城乡差异

根据谢绚丽等（2018）的研究，对于传统金融发展水平较低的地区，如果数字金融的发展扩大了金融覆盖面，那么可能会改善这些地区的创业氛围；对于传统金融发展水平较高的地区，数字金融的发展则更可能会丰富创业者的选择。中国是典型的城乡二元经济体，相较于城市，农村地区的金融资源相对匮乏，传统金融发展水平较低，并与城镇地区存在较大差距。移动支付的发展可能会极大地改善农村地区的金融覆盖面和金融服务可得性，从而对农村地区就业状况的改善起到更大的促进作用，但也可能通过增加创业机会、丰富创业选择而对基础设施完善、经济条件优越的城镇地区产生更大的就业促进作用。为了考察移动支付发展的就业效应在不同金融发展程度地区的影响差异，我们将样本划分为城镇样本和农村样本进行分样本估计，表12-7汇报了估计结果。表12-7第（1）列是城镇样本的估计结果，第（2）列是农村样本的估计结果。估计结果显示，移动支付发展对城镇家庭的就业起到了更大的促进作用，从估计系数来看，城镇样本就业率显著提高11.25%，而农村样本就业率提高9.79%。以上研究结果表明，移动支付对城镇居民就业产生了相对更大的影响，也说明移动支付的普惠效应还有待进一步增强。

表12-7 移动支付对居民就业的影响：城乡差异

就业率	（1）城镇样本	（2）农村样本
移动支付指数	0.1125**	0.0979**
	(0.0443)	(0.0402)
控制变量	YES	YES
家庭固定效应	YES	YES
时间固定效应	YES	YES
N	22494	15990
R²	0.0389	0.3507

注：*、**、***分别表示在10%、5%、1%的水平上显著，括号内为群聚到市级层面的稳健标准误。

（二）移动支付对居民就业影响的金融素养差异

金融素养水平的提升能够显著促进家庭开展创业型自雇佣就业活动，影响渠道之一是提高了家庭正规信贷的可得性（尹志超等，2015a）。而移动支付和数字金融的发展能够改善那些原来被传统金融体系排斥在外的群体的信贷约束和金融服务可得性（何婧和李庆海，2019）。因此，移动支付的发展可能会削弱较低的金融素养对居民就业的抑制作用，从而可能会对金融素养相对较低群体的就业行为产生更大的促进作用。而且，移动支付的门槛较低，只要具备一定的设备，就可能在移动支付的使用中受益。如果移动支付的发展对低金融素养的居民就业产生了更显著的促进作用，那么说明移动支付发展的包容性目标已经得到一定的实现；而如果移动支付发展对居民就业的影响随着居民金融素养的提高而增大，说明数字普惠金融的包容性还远远不够。

表12-8考察了移动支付就业效应的金融素养异质性，本章对金融素养指标的构建借鉴尹志超等（2015a）的方法。在金融素养指标的基础上，分别按照金融素养的25分位

数、50 分位数和 75 分位数，将样本划分为低、中低、中高和高金融素养子样本进行分组回归。发现，移动支付的发展对低金融素养和中低金融素养家庭的就业行为产生了更为显著的促进作用，对中高金融素养和高金融素养样本家庭的影响作用有限。综上可得，移动支付的发展显著改善了金融素养较低家庭的就业状况，这说明移动支付的发展在一定程度上促进了弱势群体就业状况的改善，体现了一定的包容性。

表 12-8　移动支付对居民就业的影响：金融素养差异

就业率	（1）低金融素养	（2）中低金融素养	（3）中高金融素养	（4）高金融素养
移动支付指数	0.1060** (0.0517)	0.1421*** (0.0219)	0.0667 (0.0407)	0.0530 (0.0466)
控制变量	YES	YES	YES	YES
家庭固定效应	YES	YES	YES	YES
时间固定效应	YES	YES	YES	YES
N	11072	10548	11398	5996
R^2	0.0177	0.0154	0.0191	0.0117

注：*、**、*** 分别表示在 10%、5%、1% 的水平上显著，括号内为群聚到市级层面的稳健标准误。

本章小结

基于移动支付指数和中国家庭金融调查（CHFS）面板数据，本章研究了移动支付发展对居民就业的影响。研究发现，移动支付指数每上升 1 单位，将导致家庭部门的就业率提高 0.10%，其中，自雇佣就业率显著提高 0.08%，非自雇佣就业率未受显著影响。通过构建个人面板数据进行进一步检验，结论保持稳健。进一步分析发现，创业型自雇佣就业活动的开展是移动支付发展提升家庭就业率的重要原因。异质性分析发现，移动支付的发展对城镇家庭和金融素养较低家庭产生了更为显著的就业促进作用。基于上述研究结论，本章提出以下三个政策建议：

（1）加大移动支付建设力度，引导依托于移动支付的新业态发展。本章结论充分肯定了以移动支付为代表的数字普惠金融发展对居民就业尤其是创业型自雇佣就业活动的推动作用。因此，政府应持续推进移动支付体系建设，制定合理有效的移动支付发展规划，为促进居民高质量就业、降低失业率营造良好的环境。

（2）缓解融资约束，降低创业成本，营造良好的创业氛围。就业政策的制定应充分借助移动支付等数字金融体系的优势，形成"移动支付+就业政策导向"的良好局面。建立更加开放、包容的金融服务体系，针对潜在的创业群体提供更多的正规信贷支持，拓宽融资渠道，降低融资成本，充分体现金融发展的普惠性，为居民就业和创业提供良好的金融条件。

（3）增强移动支付的包容性，重点关注"弱势群体"的就业增长。本章发现，移动支付的发展对农村家庭就业状况的改善作用有限，这说明移动支付的包容性目标并未得到明显体现。因此，在推进移动支付覆盖面的过程中应更加注重对经济体中"弱势群体"的关注，重点拓宽移动支付服务的普惠性，培育相对弱势群体的就业能力，挖掘创业意愿，推动中国就业市场的健康稳定发展。

第十三章　智能手机与灵活就业

第一节　研究背景

　　就业是民生之本，是"六稳""六保"之首，对于拥有 14 亿人口的中国而言，就业问题至关重要。中共中央在"十四五"规划中指出，应强化就业优先政策，千方百计稳定和扩大就业，实现更充分更高质量就业。[①] 2018 年以来，中国城镇失业率维持在 5% 左右，就业市场较为稳定（见图 13-1）。[②] 但受新冠疫情影响，人口流动受到一定程度限制，就业压力加大。2020～2022 年，失业率呈上升趋势，2022 年 4 月城镇职业率达到 6.1%。2023 年以来，虽然城镇调查失业率略有下降，但仍持续高于 5.5%，就业形势较为严峻。如何稳定就业市场、完成就业预期目标成为各界关注的重要问题，个体经营、非全日制以及新就业形态等灵活多样的就业方式受到越来越多重视。

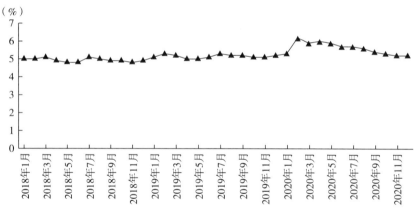

图 13-1　2018～2020 年中国城镇调查失业率

　　在中国加大推动 5G 基建、大数据中心、云计算、人工智能等科技领域基础设施的建设和完善的背景下，中国数字经济发展深化，数字技术深入至各行各业，成为经济增长的重要推动力，促进了经济的包容性增长（张勋等，2019）。数字技术和数字经济的发展催生了新业态、新模式、新机会和新就业形式（王永钦和董雯，2020）。2018 年数字经济就

[①] 《中共中央关于制定国民经济和社会发展第十四个五年规划和二〇三五年远景目标的建议》。

[②] 中国国家统计局。

业人数达到 1.91 亿人，占总就业人数的 24.60%。[①] 作为数字技术的重要接入工具，众多劳动者通过智能手机和网络获取就业信息，从事快递员、外卖员、滴滴司机、电商直播主播等职业，有效缓解了疫情冲击下严峻的就业形势和失业问题。数据显示，2020 年新增专职快递员 3 万人，快递从业人员已突破 1000 万人，外卖送餐员超过 700 万人，直播电商规模达到 10500 亿元。[②] 智能手机和数字技术帮助劳动者突破时空限制，获得远距离工作机会，有效降低了就业和创业的门槛，为灵活就业提供了技术支持。

在后疫情时代，灵活就业不仅是缓解就业压力的重要方式，也是工作形式转变的重要趋势。国务院结合国内国际形势，指出应着力支持多渠道灵活就业，切实做好保障居民就业的任务。促进数字经济，支持发展线上就业等新就业形态。[③] 在移动互联网时代，如何实现人尽其用、物尽其才影响着数字经济的发展效率和红利实现。与移动支付等单一因素相比，智能手机是众多数字技术的媒介，个体可以借助智能手机进行社交、信息搜寻等众多活动，为就业提供便利。因此，根据中国国情，分析数字技术的就业红利，探究智能手机对劳动者就业影响的作用渠道，对于拓宽就业市场，稳定就业形势具有重要意义。

本章利用具有全国代表性的中国家庭金融调查数据，分析智能手机对劳动者就业的影响，重点探究智能手机对个体经营、非正规就业为代表的灵活就业的作用，实证检验智能手机作为数字技术主要接入工具对劳动者就业收入的作用，并探究可能的渠道。相较于以往文献，本章可能的贡献有两点：一是为数字技术的就业红利提供了微观证据。使用具有全国代表性的微观家庭金融调查数据，构建 2015～2019 年的平衡面板，从微观家庭出发，探究中国居民智能手机使用和灵活就业发展，为研究中国数字技术就业红利提供了微观证据。二是重点关注居民灵活就业，探究智能手机影响灵活就业的内在机制。从信息获取和社交网络拓展两方面出发，分析了智能手机的使用是否拓宽了个体的信息渠道和社交网络，从而提高了灵活就业的概率和收入，总结数字技术产生就业福利的渠道。

第二节　文献综述与研究假设

灵活就业多指在劳动时间、工资收入、工作场所、社会保障等方面不同于传统就业的就业形式的统称。灵活就业的范围较广，不仅包括非正规就业，还包括自营劳动、非营利机构就业、家庭帮工等就业形式，是对传统就业形式的有效补充。在很多发达国家，灵活就业已经成为重要的就业形式（胡鞍钢等，2001）。随着中国市场经济的发展和深化，就业市场的市场化和灵活性提升，多种灵活就业已经成为社会新增就业的重要形式。2020 年，中国城镇私营单位与个体就业人员合计约为 2.92 亿人，占城镇社会从业人员的 63.18%[④]。建立具有适度灵活性的劳动力市场对促进中国经济高质量发展有重要意义。灵活就业为就业市场上处于弱势地位的劳动者提供了就业机会，能够调节劳动供求关系，增强了就业市场的活力。

[①]　中国信通院。
[②]　阿里巴巴菜鸟网络、中研产业研究院、阿里研究院。
[③]　《国务院办公厅关于支持多渠道灵活就业的意见》（国办发〔2020〕27 号）。
[④]　《中国劳动统计年鉴 2021》。

在全球范围内数字革命的推动下，数字经济和数字技术已经成为中低收入国家经济增长的重要引擎。互联网信息技术、人工智能等数字技术不断发展深入，为人类的劳动和就业带来了巨大改变和挑战（王永钦和董雯，2020）。人工智能等数字技术的应用减少了传统就业岗位，对传统就业起到了替代作用，造成了一部分群体的失业和就业困难（Frey et al.，2017；Acemoglu et al.，2020）。但与此同时，数字红利也进一步显现。数字技术对就业具有创造作用，为劳动力市场提供了新的就业岗位和就业机会，促进了就业（Hoedemakers，2017）。对于在就业市场中长期处于不利地位的弱势群体而言，数字技术降低了就业的门槛和障碍，推动了残疾人就业（Li et al.，2020）。

从总体上来看，数字技术的就业创造效应显著存在，成为促进就业的重要推动力（Acemoglu et al.，2018；何宗樾等，2020）。智能手机的发展为他们提供了就业机会，数字技术能推动就业市场从正规化向非正规化转变（胡鞍钢等，2001）。因此，提出假设 H1：

H1：个体使用智能手机能促进灵活就业。

长期以来，中国就业市场以正规就业为主，非正规就业等灵活就业形式发展较为缓慢。灵活就业群体的收入也较低。随着数字技术的发展，就业市场的灵活性提高，就业形式逐渐多样化。智能手机不仅提高了劳动者获得就业机会的可能，也影响着就业的成本和收入。从宏观上来看，技术的应用有利于提高生产效率，为新兴经济体和发展中国家的劳动生产率的增长提供了动力（Manyika et al.，2016）。对于灵活就业者而言，数字技术的运用能够有效缓解融资困难，降低融资成本。依托智能手机，劳动者能够便利地使用数字技术，申请数字金融服务。这提高了金融可得性，为劳动者的就业创业提供了资金支持，能够显著促进创业（谢平等，2014；谢绚丽等，2018）。张永丽和李青原（2021）研究表明，互联网使用能够提高贫困农户收入。因此，提出假设 H2：

H2：使用智能手机能提高灵活就业收入。

从微观上来看，数字技术能够高效率处理大量信息和数据，实现供需双方的快速精确匹配，降低交易成本（Borenstein et al.，2001）。此外，智能手机和互联网的使用也能减少沟通成本、信息获取成本等就业中的成本，从而增加了灵活就业者的净收入。研究表明，智能手机是个人在社会活动中的重要资源，使用智能手机有利于增加个人的经济活动，提高非正规收入（Ilahiane et al.，2009）。由于数字技术的广泛渗透，远距离社交更加便利。智能手机改变了人们的社交行为，有利于拓展社交网络（Hamermesh，2020）。社交网络的拓展和信息获取便利性的增强均提高了灵活就业的可能性，有利于灵活就业者收入提高。因此，提出假设 H3：

H3：智能手机影响灵活就业的主要机制是拓宽社交网络和便利信息获取。

第三节 数据、变量与模型设定

一、数据

本章采用的数据为中国家庭金融调查与研究中心 2015~2019 年在全国范围内开展的抽

样调查。中国家庭金融调查（CHFS）样本覆盖了除西藏、新疆、港澳台地区以外的 29 个省（自治区、直辖市），具有全国代表性，详尽反映了中国家庭的状况和金融行为（甘犁等，2013）。2015 年 CHFS 数据样本分布在全国 363 个县、1439 个村（居）委会，共采集有效样本 37289 户。2017 年 CHFS 数据样本分布在全国 363 个县、1439 个村（居）委会，有效样本共计 40011 户。2019 年 CHFS 数据样本分布在全国 345 个县区市、1359 个村（居）委会，有效样本共 34691 户。中国家庭金融调查详细收集了中国家庭金融微观层面的信息，主要包括人口统计学特征、资产与负债、保险与保障、支出与收入、金融知识与基层治理评价、家庭成员教育等。2015～2019 年追踪家庭样本为每年 12638 户。CHFS 数据代表性好、质量高，为本章研究智能手机使用对就业机会和工资性收入的影响提供了数据支持。

二、变量

（1）解释变量。解释变量为智能手机使用。智能手机作为移动互联网的重要媒介，是居民利用数字技术的重要工具与途径，也是居民数字技能的重要表现形式（Roessler，2018），因此使用智能手机作为个体利用数字技术的代表。本章构建了个体是否使用智能手机的虚拟变量，以此衡量个体使用智能手机的情况。[①] 为深入探究个体智能手机使用方式和程度对就业的影响，构建智能手机获取信息变量、智能手机社交变量和智能手机使用广度变量。[②]

（2）被解释变量。被解释变量为个体的就业状况。为重点反映个体灵活就业的情况，本章构建了个体非正规就业和个体经营两个虚拟变量。参考以往文献，非正规就业主要有两个特征：非正式雇佣关系、未纳入政府监管体系（万向东，2008）。根据中国家庭金融调查问卷，将就业身份属于自营劳动者或家庭帮工，或无就业合同的定义为非正规就业。个体经营者主要指私营企业主、小商贩等劳动者（叶静怡等，2013）。根据 CHFS 问卷，将就业身份为自营劳动者、雇主和家庭帮工的个体定义为个体经营。[③] 在中国家庭金融调查中，户主是家庭收入的主要来源，也是家庭决策的主要制定者，其就业情况在一定程度上反映了家庭的就业情况。在基准回归中，使用户主灵活就业情况进行分析。考虑以户主代表家庭会高估智能手机对灵活就业的影响，为更全面反映家庭的就业水平，本章构建家

---

① 在家庭金融调查问卷中，对应的问题为：请问您目前使用的手机是哪一种？该问题设置三个选项：a. 智能手机（可以网购、社交聊天等）；b. 非智能手机；c. 没有手机。本章将选择 a 选项的个体定义为使用智能手机，变量赋值为 1；选择 b 或 c 选项的个体定义为未使用智能手机，变量赋值为 0。

② 在家庭金融调查问卷中，对应的问题为（以 2017 年 CHFS 问卷为例）：您目前主要利用网络进行以下哪些活动？（可多选）该问题设置六个选项：a. 社交（微信/QQ 等聊天，逛贴吧等）；b. 了解资讯；c. 购买产品；d. 销售产品和服务（除包含卖农产品和服务外，也包含应聘找工作、发布出租房屋广告、发布民间贷款广告、网上拍卖等）；e. 娱乐（玩游戏、听歌、看电影/电视剧等）；f. 其他（请注明）。本章将选择 b 和 d 选项定义为使用智能手机获取信息，变量赋值为 1，否则为 0；将选择 a 选项定义为使用智能手机进行社交，该变量赋值为 1，否则为 0。本章统计个体使用网络进行的活动数量，除以问卷设置的选项数 f，以此衡量智能手机使用广度。

③ 在家庭金融调查问卷中，对应的问题有两个（以 2017 年 CHFS 问卷为例）：问题一：您的就业身份属于以下哪一类？问题设置四个选项：a. 雇员；b. 雇主；c. 自营劳动者；d. 家庭帮工。问题二：这份工作的合同性质？问题设置四个选项：a. 无固定期限合同（固定职工）；b. 长期合同（1 年以上）；c. 短期或临时合同（1 年及以下）；d. 没有合同。本章将问题一选择 c 和 d 选项、问题二选择 d 选项的定义为非正规就业，变量赋值为 1，否则为 0。将问题一选择 b、c 和 d 选项的定义为个体经营，变量赋值为 1，否则为 0。

庭就业率、非正规就业率和个体经营率，检验智能手机对家庭灵活就业水平的影响。为更加深入分析智能手机使用对个体就业的影响，构建了非正规就业收入和个体经营收入。

（3）控制变量。就业是个体重要的决策，与个体特征、家庭特征和地区的发展状况息息相关。因此，参考以往研究，结合本章研究问题，剔除部分不随时间变化的变量，控制变量选取了家庭特征变量、个体特征变量和地区特征变量。本章的地区人均 GDP、城镇失业率、城镇就业平均工资来自国家统计局数据，其余变量均来自中国家庭金融数据库。全部变量的名称及定义方式如表 13-1 所示。

表 13-1　变量定义

变量类型	变量名	定义方式
被解释变量	非正规就业	虚拟变量，若个体从事非正规就业，变量赋值为 1，个体未从事非正规就业，变量赋值为 0
	个体经营	虚拟变量，若个体从事个体经营，变量赋值为 1，个体未从事个体经营，变量赋值为 0
	非正规就业收入	个体通过从事非正规就业获得的工资性收入
	个体经营收入	个体通过从事个体经营获得的工资性收入
解释变量	智能手机	虚拟变量，个体使用智能手机，变量赋值为 1，个体未使用智能手机，变量赋值为 0
	智能手机获取信息	虚拟变量，个体使用智能手机获取信息，赋值为 1，个体未使用智能手机获取信息，赋值为 0
	智能手机社交	虚拟变量，个体使用智能手机进行社交，赋值为 1，个体未使用智能手机进行社交，赋值为 0
	智能手机使用广度	个体使用智能手机进行活动种类的比例
控制变量	个体婚姻状况	虚拟变量，个体已婚、再婚时，变量赋值为 1；个体未婚、同居、分居、离婚和丧偶时，变量赋值为 0
	个体风险偏好	虚拟变量，当个体有一笔资金，愿意投资"高风险、高回报项目"和"略高风险、略高回报项目"时，定义为个体偏好风险，赋值为 1
	个体风险厌恶	虚拟变量，当个体有一笔资金，愿意投资"低风险、低回报项目"和"略低风险、略低回报项目"时，定义为个体厌恶风险，赋值为 1
	个体年龄平方/100	个体年龄的平方/100
	个体受教育时间	个体的文化程度为"没上过学"，变量赋值为 0，文化程度为"小学"，赋值为 6，文化程度为"初中"，赋值为 9，文化程度为"高中"或"中专/职高"，赋值为 12，文化程度为"大学本科"或"大专/高职"，赋值为 16，文化程度为"硕士研究生"，赋值为 19，文化程度为"博士研究生"，赋值为 22
	家庭规模	家庭人口数量
	未成年人数量	家庭 0~18 岁（不包括 18 岁）人口数量
	老人数量	家庭 65 岁以上（包括 65 岁）人口数量
	不健康人数比例	个体认为与同龄人相比，自己的身体状况不好或非常不好时，为自评不健康。该变量为家庭中自评不健康人数比例
	家庭总收入（元）	包括家庭工资薪金类收入、财产性收入、经营性收入、转移性收入和其他收入
	家庭总资产（元）	包括家庭的非金融资产和金融资产
	家庭负债	虚拟变量，家庭有负债时，变量赋值为 1，家庭没有任何负债时，变量赋值为 0
	地区人均 GDP（元）	各省地区人均 GDP
	城镇失业率（省级）	各省的城镇失业率
	城镇就业平均工资（省级）	各省的就业平均工资

使用 2015 年、2017 年和 2019 年中国家庭金融调查数据，构建平衡面板，控制个体、

时间固定效应，进行实证分析。在回归分析中，为缩小数据绝对值，使样本均值的分布呈渐进正态分布，减弱异方差性，将家庭总收入、家庭总资产、地区人均 GDP、城镇就业平均工资（省级）进行取对数处理。删除存在缺失值样本，最终平衡面板的有效样本为23658 户。表 13-2 为变量描述性统计。

表 13-2　变量描述性统计

变量名	观测值	均值	标准差	最小值	最大值
智能手机	23658	0.6592	0.4740	0	1
社交	23658	0.4707	0.4992	0	1
获取信息	23658	0.2620	0.4397	0	1
智能手机使用广度	23658	0.2052	0.2192	0	1
非正规就业	23658	0.1115	0.3148	0	1
个体经营	23658	0.1993	0.3995	0	1
户主已婚	23658	0.8927	0.3095	0	1
户主风险偏好	23658	0.0478	0.2135	0	1
户主风险厌恶	23658	0.4231	0.4941	0	1
户主年龄平方/100	23658	28.0976	12.1994	16	92.16
户主受教育时间	23658	9.0349	3.7956	0	22
家庭规模	23658	3.8155	1.5812	1	19
未成年人数量	23658	0.7085	0.8751	0	9
老人数量	23658	0.4991	0.7395	0	4
不健康人数比例	23658	0.1468	0.2437	0	1
家庭总收入（元）	23658	83068.71	167901.5	0.1750	9959299
家庭总资产（元）	23658	933846.4	5086690	1	7.34e+08
家庭负债	23658	0.3837	4863008	0	1
地区人均 GDP（元）	23658	57663.55	26228.02	19001	140211
城镇失业率（省级）	23658	3.2639	0.6391	1.3	4.5
城镇就业平均工资（省级）	23658	66252.58	18655.63	42179	145766

如图 13-2 所示，根据中国家庭金融调查数据，2015 年，中国个体使用智能手机的比例50.75%，2019 年，智能手机的普及率达到78.44%，智能手机使用率逐年上升。2015～2019 年，中国非正规就业的比例大幅度提升，2019 年提高至25.10%。个体经营的比例也不断提高，2019 年提高至37.78%。灵活就业逐渐成为重要的就业方式。

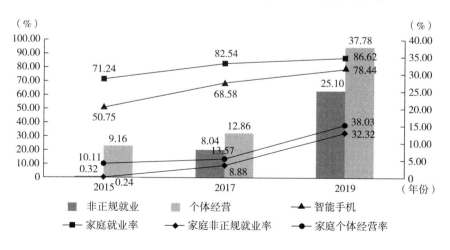

图 13-2　中国居民智能手机使用及就业情况

三、实证模型

为研究智能手机对个人就业的影响，本章构建平衡面板数据，使用固定效应模型进行分析，回归模型如式（13-1）所示：

$$Employment_{it} = \beta_0 + \beta_i Phone_{it} + \beta_x X_{it} + c_i + \lambda_t + \varepsilon_{it} \qquad (13-1)$$

其中，$Employment_{it}$ 表示个体 i 在 t 年的就业情况，本章分别研究非正规就业和个体经营，$Phone_{it}$ 表示个体 i 在 t 年是否使用智能手机，X_{it} 表示控制变量，ε_{it} 表示误差项，c_i 表示个体固定效应，λ_t 表示时间固定效应。

进一步地，本章分析了智能手机使用对个体工资性收入的影响，构建了如式（13-2）所示的回归模型：

$$Income_{it} = \beta_0 + \beta_i Phone_{it} + \beta_x X_{it} + c_i + \lambda_t + \varepsilon_{it} \qquad (13-2)$$

其中，$Income_{it}$ 表示个体 i 在 t 年通过非正规就业或个体经营获得的工资性收入，$Phone_{it}$ 表示个体 i 在 t 年是否使用智能手机，X_{it} 表示控制变量，ε_{it} 表示误差项，c_i 表示个体固定效应，λ_t 表示时间固定效应。

在进一步分析中，文章检验了智能手机影响灵活就业和灵活就业收入的机制，构建如式（13-3）和式（13-4）所示的回归模型：

$$EI_{it} = \beta_0 + \beta_i Phone\_social_{it} + \beta_x X_{it} + c_i + \lambda_t + \varepsilon_{it} \qquad (13-3)$$
$$EI_{it} = \beta_0 + \beta_i Phone\_infor_{it} + \beta_x X_{it} + c_i + \lambda_t + \varepsilon_{it} \qquad (13-4)$$

其中，EI_{it} 表示个体 i 在 t 年灵活就业的概率或收入，$Phone\_social_{it}$ 表示个体 i 在 t 年是否使用智能手机进行社交活动，$Phone\_infor_{it}$ 表示个体 i 在 t 年是否使用智能手机获取信息，X_{it} 表示控制变量，ε_{it} 表示误差项，c_i 表示个体固定效应，λ_t 表示时间固定效应。

四、内生性讨论

本章在探究智能手机使用对个体就业的影响时，可能会因为遗漏变量和逆向因果而导致内生性问题。个人就业决策受到很多因素的影响，除本章控制的个体特征变量、家庭特征变量和地区特征变量外，还存在一些不可观测的变量会影响个人就业状况。个人的心理因素、性格、对职业的了解程度等都会影响个人的职业选择。长期以来，社会对于非正规职业的认可度较低，较少人群将灵活就业方式作为职业首选，灵活就业的参与度较低。但这类心理因素和职业认可度等变量尚无法观测。这些不随时间变化的不可观测变量在截面数据估计中无法识别，使用工具变量也难以很好解决。因此基于 2015 年、2017 年和 2019 年中国家庭金融调查，构建三期平衡面板数据，使用固定效应模型进行估计，有效缓解了这类不随时间变化的不可观测变量带来的内生性问题，减少了估计偏误。

此外，就业状况可能会影响个人是否使用智能手机。对于外卖送餐员、网约车司机和直播主播等职业而言，智能手机是必不可少的工具，个人可能会由于职业原因选择使用智能手机。因此，逆向因果带来的内生新问题，可能会导致估计结果的偏误。为缓解逆向因果问题，在固定效应分析的基础上，选取社区内除本人外智能手机使用比例作为工具变量，进行 FE-IV 估计，估计结果在稳健性检验中报告。

第四节　实证结果

一、实证模型

（一）智能手机使用对就业的影响

首先探究智能手机使用对个人非正规就业和个体经营的影响。表13-3报告了主要的估计结果。由表13-3第（1）列估计结果可知，智能手机的使用对非正规就业有积极作用，智能手机的使用使非正规就业的可能性提高了1.77%。由表13-3第（2）列估计结果可知，智能手机的使用显著促进了个体从事个体经营，使用智能手机的个体从事个体经营的可能性增加了5.58%。H1得到验证。智能手机作为移动互联网的主要工具，是个体利用数字技术，分享数字经济红利的重要途径，通过使用智能手机，个体可以通过招聘网站或社交平台，便捷快速地获取就业信息，获得就业机会。对于快递员、外卖送餐员、电商直播等灵活就业而言，智能手机更是必不可少的工具，没有智能手机的群体往往无法参与到此类就业之中。智能手机的利用降低了就业信息获取成本，拓展了信息来源，缓解了信息不对称，拓宽了个体的社交网络，因此，使用智能手机的个体更容易参与非正规就业和个体经营。此外，表中的估计结果也表明，个体的就业决策是由各种因素综合决定的。户主的婚姻状态等个体特征，收入、规模等家庭特征，地区人均GDP、城镇就业平均工资等地区特征均会影响个体参与非正规就业和进行个体经营。

表13-3　智能手机使用对就业可能性的影响：FE

	（1） 非正规就业	（2） 个体经营
智能手机	0.0177*** （0.0067）	0.0558*** （0.0077）
户主已婚	0.0320*** （0.0113）	0.0527*** （0.0132）
户主风险偏好	-0.0178 （0.0119）	-0.0174 （0.0138）
户主风险厌恶	-0.0147** （0.0063）	-0.0210*** （0.0074）
户主年龄平方/100	-0.0024*** （0.0003）	-0.0020*** （0.0004）
户主受教育时间	-0.0003 （0.0013）	-0.0045*** （0.0015）
家庭规模	-0.0026 （0.0032）	-0.0228*** （0.0037）
未成年人数量	-0.0001 （0.0066）	0.0254*** （0.0077）
老人数量	-0.0268*** （0.0053）	0.0337*** （0.0061）
不健康人数比例	-0.0160 （0.0125）	-0.0067 （0.0146）

续表

	（1） 非正规就业	（2） 个体经营
家庭总收入	0.0123*** （0.0021）	−0.0102*** （0.0025）
家庭总资产	−0.0018 （0.0024）	0.0052* （0.0028）
家庭负债	0.0076 （0.0058）	−0.0051 （0.0067）
地区人均GDP	−0.0243 （0.0207）	−0.1546*** （0.0240）
城镇失业率	−0.0112 （0.0116）	−0.0194 （0.0134）
城镇就业平均工资	0.2503** （0.0969）	1.0653*** （0.1125）
常数项 个体固定效应 时间固定效应	YES	
N	23658	23658

注：*、**、***分别表示在10%、5%、1%的水平上显著，括号内为异方差稳健标准差，表中报告为边际效应。下同。

（二）智能手机使用对工资性收入的影响

进一步地，深入分析智能手机使用对非正规就业收入和个体经营收入的影响，表13-4报告了主要的估计结果。通过表13-4第（1）（2）列估计结果可知，智能手机的使用显著提高了非正规就业个体和个体经营个体的收入。使用智能手机使非正规就业者收入增加15.76%，个体经营者收入提高了3.08%。H2得到验证。

表13-4　智能手机使用对工资性收入的影响：FE

	（1） 非正规就业收入	（2） 个体经营收入
智能手机	0.1576*** （0.0552）	0.0308*** （0.0252）
控制变量 常数项	YES	
N	23658	23658

使用智能手机除帮助个体获得更多的就业机会外，还显著增加了就业者的工资性收入，提高了就业福利。研究表明，根据CHFS数据，未使用智能手机的群体比使用智能手机的群体收入降低的可能性高6.9%。[①] 智能手机的使用，缓解了信息不对称，有利于就业者获取相关信息，获得增收机会。此外，使用智能手机有利于拓展社交网络，丰富人脉资源，为非正规就业者和个体经营者扩大经营范围，积累客户资源提供了途径。因此，使用智能手机有利于非正规就业者和个体经营者提高收入，分享数字技术的福利。

---

① 甘犁. 预防新贫困需缩小数字鸿沟［EB/OL］. 网易研究局，2020-05-18.

二、工具变量估计

经过上文的分析，智能手机对个体就业和工资性收入有显著的促进作用，有利于提高个体从事非正规就业和个体经营的可能性，显著增加了非正规就业者和个体经营者的收入。模型（1）（2）的分析可能会由于逆向因果问题存在估计偏误，本节使用社区内除本人外智能手机使用比例作为工具变量，进行 FE+IV 估计，解决逆向因果带来的内生性问题。表 13-5 报告了主要的估计结果。弱工具变量检验的第一阶段 F 值为 201.85，说明该工具变量不是弱工具变量，满足相关性要求。在引入工具变量后，使用智能手机仍显著促进了个体从事非正规就业和个体经营，显著增加了非正规就业者的收入，智能手机对就业的影响在总体上是稳健的。

表 13-5 使用工具变量分析：FE+IV

	（1）非正规就业	（2）个体经营	（3）非正规就业收入	（4）个体经营收入
智能手机	0.0248 ** （0.0112）	0.0549 *** （0.0130）	0.2522 *** （0.0928）	−0.0192 （0.0424）
控制变量	YES			
常数项	YES			
个体固定效应	YES			
时间固定效应	YES			
一阶段 F 值	201.85			
N	23658	23658	23658	23658

三、智能手机使用对家庭就业的影响

就业决策是个人和家庭的重要决策，往往受到家庭特征的影响，在本章的样本中，个体多为家庭的户主，是家庭经济的主要来源，也是家庭决策的主要制定者。户主的信息获取能力和社会网络状况不仅影响着本人的就业决策，也可能对家庭就业状况产生影响。智能手机的使用在影响个体就业的同时，也可能为家庭成员带来新的就业机会，影响家庭成员的就业。因此，为验证本章结论的稳健性，本节实证检验了户主智能手机使用对家庭就业的影响，表 13-6 报告了主要的估计结果。估计结果表明，户主智能手机使用显著提高了家庭就业率，增加了家庭成员中就业人数，改善了家庭的就业情况。此外，第（2）（3）列的估计结果表明，户主智能手机使用显著增加了家庭非正规就业率和个体经营率，为家庭成员灵活就业提供了机会。本章的结论在家庭层面仍显著成立，智能手机使用能显著改善家庭就业。

表 13-6 智能手机对家庭就业的影响：FE

	（1）就业率	（2）非正规就业率	（3）个体经营率
智能手机	0.0143 * （0.0077）	0.0147 ** （0.0061）	0.0603 *** （0.0067）
控制变量	YES		
常数项	YES		
N	23658	23658	23658

第五节　异质性分析

就业是个体重要的行为决策，受到多种因素的影响，在不同群体和不同地区之间，人们的就业行为存在较大异质性。因此，本节从工作性质异质性、劳动者特征异质性和地区异质性三个角度探究了智能手机对就业的异质性影响，表13-7~表13-11报告了主要的回归结果。

一、工作性质异质性

工作性质是指就业者从事工作的性质，主要有受雇于他人或单位、临时性工作、雇主等性质。根据本章的研究问题，我们主要关注智能手机对灵活就业的影响。基于中国家庭金融调查，本章重点关注受雇于他人或单位、临时性工作、自营劳动者和自由职业四种工作性质。[①] 表13-7报告了智能手机对不同工作性质就业者的影响。对比第（1）~（4）列估计结果，可以看出，智能手机显著促进了就业者从事受雇于他人或单位、自营性质的工作。对临时性工作和自由职业没有显著影响。以往文献研究表明，数字经济显著促进了受雇型非正规就业（何宗樾和宋旭光，2020b）。智能手机的发展和普及不仅催生了新的工作方式，也显著改善了就业环境，为劳动者提供了签订正规劳动合同的工作机会，有利于劳动者获得更有保障的工作。自营劳动者在一定程度上与个体经营相似，异质性分析的发现也印证了前文的结论。

表13-7　工作性质异质性：FE

	（1） 受雇于他人或单位	（2） 临时性工作	（3） 自营劳动者	（4） 自由职业
智能手机	0.0149** （0.0061）	−0.0069 （0.0075）	0.0107** （0.0046）	0.0118 （0.0096）
控制变量 常数项	YES			
N	23658	23658	23658	23658

二、劳动者特征异质性

劳动者特征是影响就业的重要因素，劳动者的禀赋和人力资本的差异将导致就业的不同，也在一定程度上影响智能手机使用对就业的作用。本节从人力资本、年龄和性别分析智能手机对就业的异质性影响。

（一）人力资本异质性

义务教育是国家统一运用公共资源保障适龄群体必须接受的教育，具有强制性。随着中国经济不断发展，教育有了长足的进步，公民的受教育程度普遍提高。在此背景下，未

[①] 在家庭金融调查问卷中，对应的问题为（以2017年CHFS为例）：您的工作性质属于以下哪一类？问题设置的选项有：a. 受雇于他人或单位（签订正规劳动合同）；b. 临时性工作（有工作单位但没有签订正规劳动合同，如打零工）；c. 雇主；d. 自营劳动者；e. 家庭帮工；f. 自由职业者；g. 务农。

接受义务教育的群体在就业市场中处于相对劣势的位置，获得就业机会的可能性较低，就业难度较大。因此，本章以是否接受过义务教育为标准，对样本进行分组，探究智能手机对就业的异质性影响（见表13-8）。相较于接受过义务教育的群体，未接收义务教育的群体在使用智能手机后，更有可能获得非正规就业机会，从事灵活就业。可能的原因是，非正规就业是社会中弱势群体或就业市场上处于劣势地位的群体的重要就业领域，无法从事正规就业活动的群体在使用智能手机后，能够更加便捷地获得就业信息和就业机会。

表 13-8　人力资本异质性：FE

	接受义务教育		未接受义务教育	
	（1）非正规就业	（2）个体经营	（3）非正规就业	（4）个体经营
智能手机	0.0164 * (0.0090)	0.0763 *** (0.0100)	0.0313 *** (0.0119)	0.0024 (0.0144)
控制变量 常数项	YES			
N	16246	16246	7412	7412

（二）劳动者年龄异质性

表13-9按照个体年龄分组，检验了智能手机对就业影响的年龄异质性。对比表中第（1）（3）（5）列数据可知，相较于青年和老年人，中年人在使用智能手机后更容易获得非正规就业机会，从事非正规就业。同样地，对比表中第（2）（4）（6）列数据可知，对于中年人群体而言，智能手机对个体经营的积极作用更大。可能的原因是，相较于青年人，中年人在就业市场中处于劣势地位，在失业后往往无法重新获得正规就业机会。在使用智能手机后，中年人的数字技术能力提升，更有可能获得非正规就业机会，或者进行工商业经营等个体经营。而老年人多已退出就业市场，因此是否使用智能手机对其就业影响不大。

表 13-9　年龄异质性：FE

	青年（18~44岁）		中年（45~65岁）		老年（65岁以上）	
	（1）非正规就业	（2）个体经营	（3）非正规就业	（4）个体经营	（5）非正规就业	（6）个体经营
智能手机	0.0150 (0.0216)	0.0533 ** (0.0219)	0.0245 *** (0.0085)	0.0517 *** (0.0101)	0.0099 (0.0114)	−0.0354 (0.0234)
控制变量 常数项	YES					
N	5867	5867	15135	15135	2653	2653

（三）劳动者性别异质性

长期以来，就业市场中的性别差异一直是人们关注的重要问题。相较于男性，女性在就业市场中处于劣势地位，就业机会较少。数字技术发展普及后，智能手机的运用在一定程度上缓解了女性劳动者的就业劣势。表13-10的估计结果表明，对于女性群体而言，智能手机使其从事非正规就业的可能性提高了3.24%，其从事个体经营的可能性提高了6.53%。相较于男性，女性劳动者获得了更高的灵活就业可能性。

表 13-10　性别异质性：FE

	男性		女性	
	（1） 非正规就业	（2） 个体经营	（3） 非正规就业	（4） 个体经营
智能手机	0.0144* (0.0074)	0.0511*** (0.0087)	0.0324** (0.0153)	0.0653*** (0.0159)
控制变量	YES			
常数项				
N	19017	19017	4614	4614

三、城乡异质性

现阶段，中国城市和农村之间仍存在较大差距，城乡发展不平衡问题越来越成为影响经济均衡发展的重要因素。表 13-11 报告了智能手机影响灵活就业的城乡异质性。对比表中第（1）~（4）列估计结果，可以发现，相较于农村就业市场，智能手机对于城市就业市场中的劳动者影响更大。智能手机的使用显著提高了城市劳动者从事非正规就业和个体经营的可能性。智能手机的使用使得劳动者从事非正规就业的可能性提高了 3.17%，进行个体经营的可能性提高了 3.73%。农村的就业市场较不完善，大部分劳动者仍以务农为主，参与市场化就业的可能性较低，因此，智能手机对劳动者就业没有显著影响。

表 13-11　城乡异质性：FE

	城市		农村	
	（1） 非正规就业	（2） 个体经营	（3） 非正规就业	（4） 个体经营
智能手机	0.0317*** (0.00977)	0.0373*** (0.0097)	0.0080 (0.0092)	0.0168 (0.0112)
控制变量	YES			
常数项				
N	13647	13647	10011	10011

第六节　进一步分析

经过前文的分析与实证检验，智能手机对个人从事非正规就业和个体经营具有积极作用，显著提高了个人进行非正规就业和个体经营的可能性。与此同时，智能手机使用显著提高了非正规就业者和个体经营者的工资性收入。本节将进一步分析智能手机影响就业的可能机制，验证理论模型中关于信息和社交对灵活就业的作用。表 13-12 和表 13-13 检验了使用智能手机获取信息对就业的影响，表 13-14 和表 13-15 检验了使用智能手机拓展社交网络对就业的影响。表 13-16 分析了智能手机利用程度对就业的作用。

一、使用智能手机获取信息对就业的影响

（一）信息获取对就业可能性的影响

表 13-12 的实证结果表明，使用智能手机获取信息显著提高了个体从事个体经营的可

能性，智能手机的边际影响6.97%。移动互联网等数字技术改变了人们获取信息的方式和成本（江嘉骏等，2020）。使用智能手机获取信息的个体，更可能掌握经济、金融和就业等方面的信息，为进行工商业经营等个体经营提供条件。一方面，与从事个体经营不同，个体参与非正规就业仍需要经过雇主筛选，需要满足一定标准和要求才能进入非正规就业市场。使用智能手机虽然能够帮助个体更加便捷获取各类就业信息，但劳动者仍需要面临就业市场的部分门槛，因而在短期内，信息获取的便利性可能仍无法帮助劳动者从事非正规就业。另一方面，从事个体经营不受雇主筛选，人们在使用智能手机获取相关信息后，可自主选择从事个体经营。相较于非正规就业，智能手机的信息获取红利在提高劳动者从事个体经营概率上更为突出。

表13-12　信息获取对就业可能性的影响：FE

	（1） 非正规就业	（2） 个体经营
智能手机获取信息	0.0035 （0.0058）	0.0697*** （0.0067）
控制变量	YES	
常数项		
N	23658	23658

（二）信息获取对工资性收入的影响

表13-13检验了智能手机对非正规就业者和个体经营者的工资性收入的影响。从第（1）列的估计结果可知，通过智能手机获取信息显著增加了非正规就业者的收入，边际影响为12.79%。非正规就业者在使用智能手机获取信息后，信息不对称性缓解，工资性收入提高。已有研究表明，移动支付能有效缓解金融约束，提高非正规就业者收入（邓辛和彭嘉欣，2023）。使用互联网能拓宽劳动者信息获取渠道，具有工资溢价效应（罗楚亮和梁晓慧，2021）。智能手机是移动支付、数字金融、互联网等数字服务的载体，逐渐成为重要的信息获取设备和劳动工具。劳动者借助智能手机，能显著提高非正规就业收入。但也必须指出，使用手机获取的信息呈现碎片化特征，其能带来的信息红利仍然有限。个体经营自负盈亏，受资源禀赋、市场环境等因素影响，收入波动较大。智能手机未能显著提高个体经营收入。

表13-13　信息获取对工资性收入的影响：FE

	（1） 非正规就业收入	（2） 个体经营收入
智能手机获取信息	0.1279*** （0.0480）	0.0284 （0.0219）
控制变量	YES	
常数项		
N	23658	23658

二、使用智能手机社交对就业的影响

（一）社交对就业可能性的影响

研究表明，智能手机的重要功能便是社交媒介（Roessler，2018）。除了获取信息之外，智能手机影响就业的可能机制之一还是拓宽了社交网络。表13-14验证了这一机制。第（1）（2）列的估计结果表明，通过智能手机进行社交活动显著增加了劳动者进行非正规就业和个体经营的可能性，边际影响分别为1.74%和4.29%，均在1%的水平上显著。在竞争性较高的劳动力市场，社交网络起到了配合工作的作用，为人们获得就业机会提供了帮助（章元等，2009）。社会网络在一定程度上能发挥"穷人资本"的功能，帮助物质资本和人力资本较为匮乏的群体就业。

表13-14　社交对就业可能性的影响：FE

	（1） 非正规就业	（2） 个体经营
智能手机社交	0.0174*** (0.0056)	0.0429*** (0.0065)
控制变量 常数项	YES	
N	23658	23658

（二）社交对工资性收入的影响

社交网络的拓展在影响个体就业决策的同时，也影响着工资性收入。表13-15第（1）列估计结果表明，个体通过智能手机的微信、QQ等社交平台进行社交，拓展社交网络，有利于提高非正规就业者的工资性收入，边际影响分别为12.93%和3.04%。以往研究表明，社会网络能够帮助劳动者获取就业机会，提高收入（Campbell et al.，1986；Flap et al.，2017）。可能的原因是，社交网络可以拓宽非正规就业者的收入来源，社交活动较为频繁的人往往拥有更多的人脉资源，为增收提供了可能。

表13-15　社交对工资性收入的影响：FE

	（1） 非正规就业收入	（2） 个体经营收入
智能手机社交	0.1293*** (0.0464)	0.0304 (0.0212)
控制变量 常数项	YES	
N	23658	23658

三、智能手机使用广度对就业的影响

（一）智能手机使用广度对就业可能性的影响

智能手机的使用广度也是反映智能手机使用程度的变量之一，智能手机使用广度较高的人对智能手机的利用程度更高，更有可能通过智能手机获取信息、拓展社交网络、获得就业机会。因此本章在本节探究智能手机使用广度对就业的影响。表13-16报告了主要的估计结果。第（1）（2）列的估计结果表明，智能手机使用程度越高，个体参与非正规就业和个体经营的可能性越大。智能手机使用广度对非正规就业和个体经营的边际影响为6.97%和16.22%。

（二）智能手机使用广度对工资性收入的影响

表13-17的估计结果表明，智能手机使用广度显著提高了非正规就业者和个体经营

者的工资性收入。第（1）（2）列的估计结果表明，边际影响分别为 42.44% 和 11.98%。对于非正规就业者和个体经营者而言，智能手机的利用程度越高，越有可能利用智能手机得到就业信息、发现就业机会、积累人脉资源，非正规就业的收入便越有可能增加。

表 13-16　智能手机使用广度对就业的影响：FE

	(1) 非正规就业	(2) 个体经营
智能手机使用广度	0.0697*** （0.0143）	0.1622*** （0.0166）
控制变量	YES	
常数项		
N	23658	23658

表 13-17　智能手机使用广度对工资性收入的影响：FE

	(1) 非正规就业收入	(2) 个体经营收入
智能手机使用广度	0.4244*** （0.1184）	0.1198** （0.0541）
控制变量	YES	
常数项		
N	23658	23658

四、智能手机使用对"码商"的影响

"码商"是指以移动支付平台为依托，凭借"二维码"进行日常经营活动的小微商户。作为新出现的职业和经营方式，"码商"的发展是数字经济发展、数字技术普及的表现与产物。下面针对"码商"进行进一步分析和探索。限于数据，本章使用 2019 年中国家庭金融调查数据进行分析。表 13-18 报告了主要的估计结果。表 13-18 的 Panel A 第（1）列估计结果表明，边际影响分别为 3.39% 和 42.52%。智能手机的使用显著提高了商户成为"码商"的概率。我们进一步考察了智能手机对工商业经营绩效的影响。考虑到家庭的生产经营行为是家庭决策的结果，是否进行工商业经营并非随机，样本中会有大量非随机产生的"码商"变量为 0 的样本，因此本章使用 Tobit 模型进行分析，缓解样本选择问题，Panel B 第（1）列报告了估计结果。结果表明，智能手机显著提高了工商业经营收入。

表 13-18　智能手机使用对"码商"的影响

Panel A	码商	
	(1) OLS	(2) 2SLS
智能手机	0.0339** （0.0152）	0.4252*** （0.1591）
控制变量	YES	
常数项		
N	3687	3687

Panel B	经营业绩	
	Tobit	IVTobit
智能手机	0.0729 ***	0.4921 ***
	(0.0171)	(0.1310)
控制变量	YES	
常数项		
N	31880	31880

此外，表 13-18 第（1）列估计结果可能由于遗漏变量和逆向因果的影响存在偏误，为缓解内生性问题，本章用家庭是否网购作为工具变量。工具变量估计结果在表 13-18 第（2）列报告，结果表明，边际影响分别为 3.39% 和 42.52%。智能手机仍显著影响着家庭或商户是否成为"码商"，使用智能手机促进了商户成为"码商"，并显著提高了工商业经营收入，智能手机等数字技术接入工具对于"码商"的发展至关重要。

本章小结

面对复杂严峻的国际形势，如何促进经济复苏、社会稳定和就业稳定，是中国面对的重要挑战。在此背景下，党中央基于国内国际局势，提出应加大科技领域基础设施的投资与建设，促进数字经济发展和数字技术普及。数字技术不仅促进了经济增长，更影响着就业市场。从微观角度探究数字技术的就业红利，分析智能手机这一数字技术接入工具对灵活就业的影响，为"稳就业"提供了可能的思路和借鉴。

本章运用 2015~2019 年中国家庭金融调查数据，深入探究了数字技术的就业红利，重点探究了智能手机对个体非正规就业和个体经营的影响，分析了智能手机对非正规就业者和个体经营者收入的作用。在此基础上，分析了智能手机影响就业的工作性质异质性、劳动者特质异质性和城乡异质性，并通过稳健性检验验证了结论的稳健性。进一步地，分析了智能手机影响就业的可能机制，检验了通过智能手机获取信息、拓宽社会网络、智能手机使用广度对劳动者就业和工资性收入的影响。最后针对智能手机使用对"码商"的影响进行了初步探索。

实证分析表明，智能手机的使用使个体参与非正规就业的可能性提高了 1.77%，参与个体经营的可能性增加了 5.58%。此外，智能手机的使用显著提高了非正规就业者和个体经营者的工资性收入。在引入工具变量，基于家庭层面数据检验后，本章的结论依然显著成立。异质性分析表明，智能手机对灵活就业的影响具有工作性质异质性、劳动者特征异质性和地区异质性。智能手机显著促进了就业者从事受雇于他人或单位、自营性质的工作。对临时性工作和自由职业没有显著影响。从劳动者特质来看，智能手机对中年人、女性和未接受义务教育的群体就业具有明显的促进作用。相较于农村就业市场，智能手机对于城市就业市场中的劳动者影响更大，显著提高了城市劳动者从事非正规就业和个体经营的可能性。进一步分析表明，信息获取、社交活动和智能手机使用广度，是智能手机影响灵活就业的可能渠道。使用智能手机获取信息对个体从事个体经营的边际影响为 6.97%，并使非正规就业者收入提高了 12.79%。使用智能手机进行社交增加了劳动者进行非正规就业和个体经营的可能性，也有利于提高非正规就业者的工资性收入。此外，智能手机利用程度越高，个体参与非正规就业和个体经营的概率越高，且这两类就业群体的收入也显著增加。基于2019年CHFS数据的分析表明，使用智能手机促进了商户成为"码商"，显著提高了工商业经营绩效，这表明，"码商"的发展离不开智能手机的普及和数字技术的发展。因此，本章认为，应该发挥数字技术的就业红利，进一步推动智能手机等移动网络工具普及，促进灵活就业发展，缓解就业压力，为就业市场注入活力。基于上述研究结论，提出以下三个政策建议：

（1）提高低收入人群智能手机普及率。研究表明，智能手机等数字技术工具的使用对于个体的就业和收入增长具有重要意义。尤其对于就业市场中处于弱势的群体，智能手机的作用更为明显。2019年中国家庭金融调查数据表明，中国8.7%的20~55周岁劳动年龄人口没有智能手机。学者推测，中国智能手机需求量约为6960万部。[①] 中国应将"新基建"深入至微观主体，在有条件、有需要的地区，免费或低价发放智能手机，为部分群体提供智能手机使用技能培训。

（2）进一步提升互联网普及率。现阶段，虽然中国数字经济迅速发展，但是不同群体的数字技术获取和利用仍存在较大差异。2020年中国互联网普及率为70.4%，但农村地区互联网普及率为55.9%，与城市差距仍较大。[②] 互联网、宽带、智能手机等基础设施仍有提高的空间。中国应进一步完善数字基础设施建设，加大对农村、偏远地区等地的网络基础设施投入，实现网络"户户通""人人通"。

（3）完善数字就业信息平台。研究表明，智能手机对于个体获得灵活就业机会，提高就业收入具有积极作用。因此，中国各级政府应推动并完善数字就业信息平台，将就业信息与数字技术相结合，帮助更多劳动者高效、低门槛地获得就业信息和就业机会。

---

① 甘犁. 预防新贫困需缩小数字鸿沟 [EB/OL]. 网易研究局，2020-05-18.
② 国家统计局. 2020年国民经济和社会发展统计公报 [Z]. 2020-09-28.

第四篇

移动支付与消费

第十四章　移动支付与消费升级

第一节　研究背景

消费在一国经济发展中具有十分重要的地位，它与投资、出口被并称为拉动经济增长的"三驾马车"。消费需求的扩张和消费结构的升级是企业从事研发活动的动力，有助于推动产业技术进步（Acemoglu and Linn，2004；孙早和许薛璐，2018），从而引领产业结构优化，实现经济高质量增长。根据国家统计局数据，尽管受到新冠疫情的冲击，2020 年最终消费支出占 GDP 的比重仍然达到 54.3%，消费仍然是经济稳定运行的中坚力量。2018 年下半年以来，中国经济增速明显放缓，市场信心不足，关于我国消费降级的议论甚嚣尘上。对此，国家统计局局长宁吉喆指出："随着人民收入水平提升，消费结构总体是升级的。按国际通行指标恩格尔系数衡量，这几年都是下降的。"[①] 消费是最终需求，能够满足人们对美好生活的需求。消费结构升级则是经济增长和转型、产业结构升级的强大动力（向玉冰，2018）。为充分发挥消费的基础作用，优化升级消费结构，推动经济平稳增长，国家出台了多项举措，例如，优化消费市场环境、加快国际消费中心城市培育、挖掘农村地区网购和旅游消费潜力等。2021 年上半年，我国居民人均消费支出比上年同期实际增长 17.4%，交通通信、教育文化娱乐、医疗保险人均消费支出分别增长 17.5%、68.5% 和 19.7%。[②] 数据显示，随着一系列刺激居民消费政策的实施，我国消费规模有所扩大、消费水平有所提高、消费结构有所改善。

然而相较于发达国家，我国的最终消费率依然处于较低水平（见图 14-1）。2000~2018 年，美国与英国的最终消费率一直维持在 80% 左右，加拿大和澳大利亚的消费率也一直在 70% 以上，而我国消费率自 2000~2010 年逐年下降，2011 年开始有所回升，2018 年我国最终消费率为 53.35%，与发达国家仍然存在较大差距。可见，促进消费、拉动内需依然是我国经济工作的重中之重。

中共中央、国务院印发《关于完善促进消费体制机制，进一步激发居民消费潜力的若干意见》（以下简称《意见》），提出了稳步提升居民消费率，持续优化升级居民消费结构，稳步提高服务消费占比，逐步降低全国居民恩格尔系数的总体目标。2019 年《政府工作报告》也进一步强调了消费的基础性作用。关于如何实现消费的增长与升级，《意见》指出，要"推动技术创新、产品创新、模式创新""推动互联网与更多传统消费相互

---

① 资料来源：https://baijiahao.baidu.com/s? id=1623248560959080457&wfr=spider&for=pc。

② 数据来自国家统计局。

渗透融合""积极培育网络消费、智能消费等消费新热点",频繁提到了互联网与创新。近年来,依托于互联网技术的进步,金融科技飞速发展,金融创新产品层出不穷,移动支付等数字金融模式蓬勃兴起。

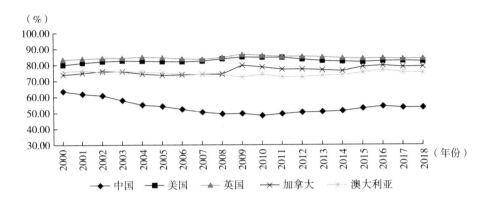

图 14-1 各国最终消费率

资料来源:世界银行《世界发展指标》(2020)。

根据艾瑞咨询《中国第三方支付行业研究报告(2020 年)》,2019 年中国第三方移动支付交易规模达到 226.1 万亿元,同比增长 18.7%。截至 2020 年 12 月,中国手机网络支付用户规模达到 8.53 亿,在手机网民中的渗透率达到了 86.5%。[①] 移动支付的快速发展,带动了互联网经济效益的提升,改变了人们的消费理念和习惯,催生了新的消费产品。利用大数据、互联网和云计算等技术,数字金融充分扩大了金融覆盖程度,有效降低了交易成本(谢绚丽等,2018)。移动支付作为一种新型"互联网+"支付方式,为线上交易等新型商业模式创造了条件,打破了传统线下交易时间、空间的约束,带来了极大的消费便利(杨光等,2018),消费者不仅不再受到线下消费营业时间的限制,也可以突破地域的限制,享受更丰富的消费种类。因此,移动支付不仅可能带来消费总量的变化,也有可能改变家庭消费结构。

由图 14-2 可以看出,随着移动支付市场规模的增加,我国居民家庭恩格尔系数在逐年下降,与此同时,居民最终消费支出在逐年增长。我国经济已经从高速发展阶段转向高质量发展阶段,如何释放内需,发挥消费的基础性作用是关系国计民生的重大问题,移动支付的发展,也许能为我国消费增长与升级带来新的契机。因此,移动支付对中国家庭消费的影响,是一个值得进行深入研究的问题。

现有文献以中国数字普惠金融发展指数作为解释变量,分析了数字金融对家庭消费的影响,发现数字金融的发展促进了家庭消费支出的增加(易行健和周利,2018;张勋等,2020)。本章使用 2017 年和 2019 年中国家庭金融调查(CHFS)数据,研究了移动支付对家庭消费的影响。与已有文献相比,本章的主要贡献体现在以下三个方面:①数字金融包括支付、借贷、征信等多方面,而本章专注于支付方式,研究了金融科技产品——移动支付对家庭消费的影响。②与现有研究相比,在分析移动支付对家庭消费支出影响的基础

---

① 数据来自中国互联网络信息中心第 47 次《中国互联网络发展状况统计报告》。

上，进一步探讨了其对家庭消费结构的影响，从恩格尔系数与消费多样性两个角度出发，提供了移动支付使用有助于推动消费升级的微观证据。③进一步分析了移动支付影响家庭消费升级的机制。

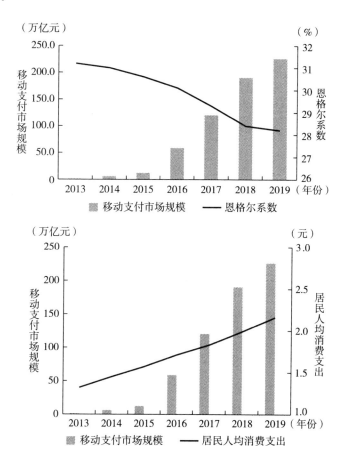

图 14-2　我国移动支付市场规模、恩格尔系数与居民最终消费支出

资料来源：移动支付市场规模数据来自艾瑞咨询《2018 中国第三方支付数据发布》，恩格尔系数与居民最终消费支出来自中国统计局官方网站。

第二节　文献综述与研究假设

发达国家的银行卡体系起步较早，发展成熟。尤其是信用卡这种新型支付手段，为其使用者提供了便利的支付渠道和一定的信贷支持，得以迅速普及，在支付市场上占据了重要的地位。相对而言，中国银行卡系统起步较晚，信用体系建设尚不健全，信用卡普及率远落后于发达国家。正是得益于这种后发优势，中国的金融科技得以迅猛发展，在支付、融资等领域的覆盖范围远超美国（Chen，2016），这其中，移动支付的表现尤为突出。也是因为这种发展趋势，西方学者在研究支付方式变革对消费行为的影响时，关注点一般为信用卡。国内学者已经开始关注数字金融发展对家庭行为带来的影响，但涉及消费行为的还较少。

近年来，数字金融的飞速发展给中国家庭带来了多方面红利，一个重要的体现就是家庭消费水平的提升。移动支付是数字金融的重要组成部分，它允许使用者同时绑定储蓄卡与信用卡，通过扫描二维码即可实现支付，极大地提高了支付便捷度。便捷性高的支付方式不仅可以促进消费支出的增加，还可以提高消费者购买意愿（Boden et al.，2020）。提高支付便捷性、便利居民支付是数字金融促进家庭消费水平提升的一个重要渠道（易行健和周利，2018；何宗越和宋旭光，2020；黄凯南和郝祥如，2021）。移动支付的出现降低了创业门槛，提供了创业机会（尹志超等，2019a）；数字金融通过数字技术有效提高了金融服务的覆盖范围（谢绚丽等，2018），促进了经济增长。通过促进创业和经济增长，数字金融显著提高了家庭收入水平（张勋等，2019；杨伟明等，2020），而提高家庭收入、缓解家庭贫困也是数字金融显著提高家庭消费水平的重要机制（黄倩等，2019；黄凯南和郝祥如，2021）。

另有一些学者从心理学角度给出了支付方式影响消费行为的原因。Soman（2003）提出支付透明度（transparency level）的概念，首先是在用现金进行支付时，其物理形态和金额的减少是非常直观的，因此，现金的透明度最高；其次是储蓄卡和信用卡，移动支付的透明度最低，支付的透明度越低，消费者感知到的痛苦程度就越低，发生消费的可能性就越大。Falk 等（2016）的研究也发现，信用卡和移动支付的使用降低了消费者对商品的价格印象，提高了其消费意愿。Prelec 和 Loewenstrin（1998）的双通道心理账户理论也为移动支付影响消费行为提供了解释，人们在进行消费决策时有两个心理通道：一是从消费中获得的效用；二是支付的痛苦（pain of pay），如果效用大于痛苦，那么这次消费是值得的。使用移动支付进行消费时，不需要提供实体的现金或者银行卡，支付透明度低，支付痛感低，从而可能会提高消费意愿。

综上所述，移动支付作为一种新型支付工具，不仅具有方便、快捷的优势，也能够促进经济增长以及家庭收入的增加。从心理学角度来讲，其支付透明度低于现金与银行卡，通过移动支付进行消费的心理账户损失感要小于现金支付，从而促进了消费。由此，提出假设 H1：

H1：移动支付促进家庭消费支出的增加。

消费升级的一个重要体现是消费内容的升级，即消费结构由生存型向发展型、享受型转变，消费种类改变过去的单一构成，恩格尔系数下降（向玉冰，2018）。不同的支付方式会对消费者产品偏好产生影响，在电子支付场景下，消费者更加偏好促进型产品，而在现金支付场景下，消费者更偏好预防型产品（杨晨和王海忠，2014）。移动支付的出现，带来了诸多方面的便利，降低了交易成本，它不仅对家庭的消费支出产生重要影响，还可能会丰富家庭的消费种类，改变家庭消费结构。

依托于数字技术，移动支付提供了极大的消费便利，有效连接了供需两端，为家庭消费提供了更多选择。首先，移动支付促进了线上交易的发展（李继尊，2015a），它打破了传统支付方式对于支付时间和地点的限制，消费者可以凭借移动设备随时随地完成支付行为，无须与商户进行面对面交易。它改变了传统的商业服务模式和商业格局，使消费者可以接触到更高层次的消费品，如线上教育培训、旅游产品和服务等（江红莉和蒋鹏程，2020）。通过为家庭提供更多的消费选择，为其消费多样性的实现提供基础，移动支付促进了消费结构的优化升级。其次，移动支付可以绑定多张银行卡，使用者通过移动终端对自己的账户进行查询、转账、缴费、充值等操作，极大地便利了居民生活，也降低了现金交易中道德风险案件发生的可能性。过去由小时计的缴费、购物等消费行为，变成了由分钟计甚至以秒计，改善了消费体验，创造了新的消费热点，从而推动消费升级（何宗樾和宋旭光，2020a）。

在大部分消费场景，移动支付可以代替现金执行流通手段职能，消费者不仅节省了往返实体店的交通成本和时间成本，也无须花费往返银行的交通成本、柜台等待时间、跨行取款手续费等。相较于食品消费这种刚性需求，教育、旅游等发展型和享受型消费单价较高，在进行消费时交易成本（包括信息搜寻成本、交通成本等）的作用可能更为重要。移动支付将数字技术和金融服务有机结合（江红莉和蒋鹏程，2020），既具备前文所述的电子支付的特点，又能充分利用互联网技术的优势。在大数据和信息技术的支撑下，移动支付的使用可以有效缓解市场信息不对称，提升用户体验，降低消费者交易成本（张李义和涂奔，2017）。根据用户使用记录，移动支付可以记录消费者消费偏好与习惯，进行精准营销。例如，消费者在购物 App 搜索或购买某类商品后，该 App 会进行同类产品推送。而消费者获得的信息越丰富，其认知风险就会越低，购物意愿也会因此提高（Kim and Lennon，2000），尤其是对于价格较高的非生活必需品。因此，移动支付可能通过降低成本来促进居民消费升级。

综上所述，移动支付具有提高支付便捷性、降低成本的功能，从而丰富了家庭消费选择，给家庭提供了实现消费升级的有效渠道。由此，提出假设 H2：

H2：移动支付推动了家庭消费升级。

第三节　模型与变量

一、模型设定

首先估计移动支付对家庭消费支出的影响，模型设定如下：

$$Consumption_{it} = \alpha Payment_{it} + \beta X_{it} + c_i + \varphi_t + \varepsilon_{it} \qquad (14-1)$$

其中，$Consumption_{it}$ 表示第 t 年 i 家庭消费支出，在实证分析中进行对数处理。$Payment_{it}$ 是关注变量，表示第 t 年 i 家庭移动支付使用情况，如果家庭使用移动支付工具，那么赋值为 1，否则为 0。X_{it} 表示控制变量，c_i 表示家庭固定效应，φ_t 表示年份固定效应，ε_{it} 表示随机扰动项。

进一步地，为了估计移动支付对家庭消费结构的影响，构建模型如下：

$$Consumption\_upgrade_{it} = \alpha Payment_{it} + \beta X_{it} + c_i + \varphi_t + \varepsilon_{it} \qquad (14-2)$$

其中，$Consumption\_upgrade_{it}$ 表示第 t 年 i 家庭消费升级情况，分别用家庭恩格尔系数（食品与烟酒消费支出占家庭总消费支出的比重）和家庭消费多样性（家庭消费类型数量）来度量。与式（14-1）相同，X_{it} 表示控制变量，c_i 表示家庭固定效应，φ_t 表示年份固定效应，ε_{it} 表示随机扰动项。

二、内生性分析

模型（14-1）和模型（14-2）中的移动支付可能存在内生性问题。首先，个人消费偏好、接受新鲜事物的能力等不可观测因素可能会对移动支付的使用和家庭消费以及消费结构造成影响。其次，家庭可能为了提高支付便捷度、更好地满足自己的消费需求而安装并使用移动支付工具，Dutta 和 Weale（2012）认为，在购买价值较高的商品和服务时，消费者会倾向于使用银行卡而非现金，即家庭消费支出和消费结构与移动支付之间存在逆向因果关系。遗漏变量和逆向因果的存在都会导致内生性问题，致使估计结果有偏。

为了解决可能存在的内生性问题，利用数据的面板特征，构建固定效应模型，控制那些不随时间变化的家庭层面的遗漏变量，减少对估计结果造成的影响。此外，使用工具变量法进行两阶段估计，解决逆向因果带来的内生性问题。参照张勋等（2020）的做法，选取家庭所在城市与杭州的球面距离作为工具变量。首先，杭州是支付宝发源地，距离杭州越近，受其影响越早，移动支付使用率应更高，该工具变量满足相关性要求。其次，所在城市与杭州的距离并不会对家庭的消费支出或消费结构造成直接影响，满足外生性条件。因为该工具变量并不会随时间发生变化，会使第二阶段估计失效，因此，在实证分析中，将工具变量与城市移动支付使用率进行交互，生成了随时间变化的工具变量。具体的检验结果将在下文给出。

三、数据

本章数据来源于西南财经大学 2017 年和 2019 年在全国范围内开展的第四轮、第五轮中国家庭金融调查（CHFS）。CHFS 数据涵盖了除新疆、西藏、港澳台地区以外的 29 个省（自治区、直辖市），获取了家庭人口统计特征、资产与负债、保险与保障、收入与支出等方面的微观数据，详细询问了家庭各类消费支出情况与家庭常用支付方式。CHFS 数据采用科学、随机的抽样方法，调查数据具有良好的代表性，全面客观地反映了当前我国家庭金融的基本情况，具有较高的数据质量（甘犁等，2012），为研究移动支付和家庭消费问题提供了良好的数据基础。

四、变量

（1）解释变量。移动支付是解释变量。支付是金融的基础功能（谢平等，2014），移动支付作为互联网金融的核心组成部分，打破了传统金融对于支付条件的诸多限制（如POS 机安装），给居民生活带来了极大便利。与刷卡支付相比，移动支付在进行支付时无须携带卡片，无须刷卡签字，只需扫描二维码并验证指纹或人脸，无须输入密码，节省了支付时间。移动支付还打破了传统支付方式对于交易时间和地点的限制，供需双方无须面对面交易，消费者可充分利用碎片化时间实现线上消费。相较于手机银行，移动支付更具有综合性，它扮演了电子钱包的角色，包含现金、借记卡、贷记卡等内容，并且可以轻松切换不同银行的账户，用户可以凭借其轻松地完成支付、缴费、充值等功能，而手机银行背后仅有银行账户。尤其在线下消费中，使用移动支付无须执行手机银行烦琐的登录程序，也甚少见到商家提供可供手机银行消费的渠道。因此，移动支付迅速吸引了大批使用者，成为众多家庭重要的支付方式。

CHFS问卷询问了家庭日常生活中使用的支付方式，2017年问卷选项包括：①现金；②刷卡（包括信用卡、银行卡等）；③通过电脑支付（包括网银、支付宝等）；④通过手机、iPad等移动终端支付（包括支付宝App、微信支付、手机银行、Apple Pay等）；⑤其他。沿用以往文献的做法（尹志超等，2019b），如果答案中包含选项④，那么定义为使用移动支付，将其赋值为1，否则为0。2019年问卷选项包括：①现金；②刷信用卡；③刷借记卡；④微信支付；⑤支付宝支付；⑥手机银行、网银；⑦其他；⑧以上都没用过，如果答案中包含选项④、⑤，那么定义为使用移动支付，将其赋值为1，否则为0。

（2）被解释变量。主要的被解释变量包括家庭的消费支出、恩格尔系数以及消费多样性。CHFS问卷详细询问了家庭消费支出情况，具体包括食品消费，衣着类消费，居住类消费，生活用品及服务消费，交通和通信消费，教育、文化和娱乐消费，医疗保健消费，其他用品和服务消费八类，在文中对消费支出进行了对数处理。恩格尔系数是评价家庭消费结构优化升级的重要指标，恩格尔系数的下降意味着食品消费支出在家庭总消费支出当中的比重下降，服务类消费比重上升，代表了家庭消费升级的实现。定义的恩格尔系数为家庭食品消费支出（包括烟酒）占家庭总消费支出的比重。消费升级的另外一个重要体现是家庭消费多样性，当家庭基本生活需求得以满足时，家庭可能会产生更高层次的消费追求，其消费种类将不再局限于食品、衣着等生存型消费，而是向更高层次的发展型和享受型消费拓展，消费种类更加丰富。本章中的消费多样性是指家庭的消费类型数量，取值为1~8。

（3）控制变量。参照以往文献（易行健和周利，2018；杨光等，2018），选取的控制变量包括户主特征变量（受教育年限、婚姻状况、身体健康状况）、家庭特征变量（家庭规模、家庭老人数量、家庭儿童数量、是否经营个体工商业、是否网购、是否拥有自有住房、家庭收入）、地区特征变量（所在城市人均GDP、农村地区）。在数据处理过程中，在剔除家庭收入小于0元、户主年龄小于18周岁以及存在缺失值的样本后，将数据整合为平衡面板数据。在回归分析中，对消费支出与家庭收入进行了对数处理，所在城市人均GDP单位为万元。变量的描述性统计结果见表14-1。

表14-1　变量的描述统计

变量名称	2017年			2019年		
	观测值	均值	标准差	观测值	均值	标准差
消费支出（万元）	16671	5.1196	5.5264	16671	8.0600	10.6746
恩格尔系数	16671	0.4396	0.1966	16671	0.3759	0.2134
消费多样性	16671	6.2094	0.8857	16671	6.6166	1.0865
移动支付	16671	0.2208	0.4148	16671	0.3903	0.4878
受教育年限	16671	8.6996	3.9947	16671	8.7818	3.9660
已婚	16671	0.8646	0.3421	16671	0.8523	0.3548
身体状况好	16671	0.4336	0.4956	16671	0.3754	0.4842
身体状况差	16671	0.2179	0.4128	16671	0.2089	0.4065
家庭规模	16671	3.2489	1.5824	16671	3.1401	1.5599
老人数量	16671	0.6217	0.8062	16671	0.7093	0.8347
儿童数量	16671	0.4852	0.7850	16671	0.4510	0.7725
个体工商业	16671	0.1234	0.3290	16671	0.1055	0.3071
网购	16671	0.3474	0.4762	16671	0.3851	0.4866
自有住房	16671	0.9246	0.2640	16671	0.9215	0.2690
家庭收入（万元）	16671	7.4740	15.1521	16671	11.6789	20.4526
农村	16671	0.4145	0.4926	16671	0.4093	0.4917

表 14-2 展示了分组描述性统计结果。数据表明，2017 年，使用移动支付工具的家庭消费支出为 8.3987 万元，没有移动支付家庭的消费支出为 4.1904 万元，存在明显差异。使用移动支付家庭的恩格尔系数低于没有移动支付的家庭，消费种类多于没有移动支付的家庭。2019 年，使用移动支付的家庭消费支出为 12.2691 万元，恩格尔系数为 0.3277，消费种类均值为 7.0277 类；没有移动支付的家庭消费支出为 5.3659 万元，恩格尔系数为 0.4067，消费种类均值为 6.3535 类。从横向来看，拥有移动支付的家庭消费支出大于没有移动支付的家庭，恩格尔系数低于没有移动支付的家庭，消费种类多于没有移动支付家庭。纵向来看，拥有移动支付的家庭消费支出和消费种类增长幅度大于没有移动支付的家庭，恩格尔系数下降幅度小于没有移动支付的家庭。

表 14-2　分组描述性统计

	2017 年	
	无移动支付	有移动支付
消费支出（万元）	4.1904	8.3987
恩格尔系数	0.4536	0.3900
消费多样性（类）	6.0748	6.6843
	2019 年	
	无移动支付	有移动支付
消费支出（万元）	5.3659	12.2691
恩格尔系数	0.4067	0.3277
消费多样性（类）	6.3535	7.0277

第四节　实证结果及分析

一、移动支付与家庭消费支出

表 14-3 报告了固定效应模型估计结果。在控制户主特征、家庭特征、地区特征以及家庭和时间固定效应后，移动支付的回归系数为 0.1265，在 1% 的水平上显著为正，说明移动支付促进了家庭消费支出的增加，证实了 H1 的推论。

表 14-3　移动支付与消费支出

消费支出	FE	2SLS
移动支付	0.1265 *** (0.0134)	0.3188 * (0.1831)
受教育年限	0.0120 *** (0.0028)	0.0299 *** (0.0027)
已婚	0.1187 *** (0.0255)	0.1681 *** (0.0128)
身体状况好	−0.0120 (0.0116)	−0.0083 (0.0105)
身体状况差	0.0177 (0.0154)	0.0158 (0.0129)
家庭规模	0.1553 *** (0.0089)	0.1182 *** (0.0046)

续表

消费支出	FE	2SLS
老人数量	−0. 0292** （0. 0144）	−0. 0169 （0. 0124）
儿童数量	0. 0094 （0. 0172）	−0. 0190** （0. 0082）
个体工商业	0. 1188*** （0. 0227）	0. 1652*** （0. 0247）
网购	0. 1379*** （0. 0140）	0. 2141*** （0. 0788）
自有住房	0. 0827*** （0. 0250）	0. 0520*** （0. 0159）
ln 家庭收入	0. 0429*** （0. 0049）	0. 1505*** （0. 0059）
所在城市人均 GDP	0. 0005 （0. 0049）	0. 0290*** （0. 0011）
农村	−0. 0650 （0. 0635）	−0. 2340*** （0. 0144）
家庭固定效应	控制	
年份固定效应	控制	控制
一阶段 F 值		113. 24
一阶段工具变量 T 值		10. 64
R^2	0. 2012	0. 4512
N	33342	33244

注：*、**、***分别表示在 10%、5%、1%的水平上显著，括号内为聚类稳健标准误。下同。

观察其他控制变量的系数，受教育年限对家庭消费支出有显著的正向影响。教育水平是家庭重要的人力资本，教育水平的提高有利于劳动收入的增加，从而促进家庭消费支出的增加（李军等，2015）。户主已婚、家庭规模大以及家庭有网购习惯，可能会增加家庭的消费种类，也会增加消费支出。老年人一般收入较低，消费观念也更为保守，因而家庭的老年人数量越多，消费支出越少。家庭经营个体工商业、拥有自有住房以及收入，均对消费支出有显著正向影响，这可能是因为经营工商业和自有住房都有可能带来财富效应。所在城市 GDP 水平高，意味着城市经济发展水平好，家庭消费能力较高。

二、移动支付与恩格尔系数

随着人们生活水平的提高，人们的需求层次开始从最基本的生理需求往更高级别转移，消费结构也随之优化升级，一个典型表现就是恩格尔系数的下降。消费升级是助推中国经济高质量发展的重要动力，移动支付在其中发挥了怎样的作用？

表 14-4 给出了估计结果。移动支付估计系数为−0. 0130，在 1%的水平上显著，移动支付对家庭恩格尔系数有显著的负向影响。说明移动支付显著降低了家庭的恩格尔系数，促进了家庭消费结构优化升级。

表 14-4 移动支付与恩格尔系数

恩格尔系数	FE	2SLS
移动支付	−0. 0130*** （0. 0039）	−0. 2868*** （0. 0550）
受教育年限	−0. 0015** （0. 0008）	−0. 0005 （0. 0008）

续表

恩格尔系数	FE	2SLS
已婚	0.0013 (0.0072)	−0.0033 (0.0038)
身体状况好	0.0093*** (0.0035)	0.0109*** (0.0032)
身体状况差	−0.0126*** (0.0044)	−0.0541*** (0.0038)
家庭规模	−0.0192*** (0.0024)	−0.0158*** (0.0013)
老人数量	0.0051 (0.0042)	−0.0070* (0.0037)
儿童数量	0.0075 (0.0047)	0.0089*** (0.0024)
个体工商业	−0.0097 (0.0061)	0.0059 (0.0074)
网购	−0.0138*** (0.0041)	0.0675*** (0.0237)
自有住房	−0.0038 (0.0069)	−0.0124*** (0.0046)
ln 家庭收入	−0.0030** (0.0014)	0.0010 (0.0014)
所在城市人均GDP	−0.0029** (0.0014)	0.0037*** (0.0085)
农村	0.0203 (0.0185)	−0.0616*** (0.0042)
家庭固定效应	控制	
年份固定效应	控制	控制
一阶段F值		113.24
一阶段工具变量T值		10.64
R^2	0.0777	0.0561
N	33342	33324

三、移动支付与消费多样性

当家庭基本生活需求得以满足后，家庭可能会追求更高层次的消费，其消费种类不再局限于最基本的食品、衣着类消费，文化娱乐、交通通信等支出可能出现在家庭的消费列表中。因此，消费升级的另外一个重要表现是家庭消费种类的丰富，消费选择的多样性。

表14-5表明，移动支付丰富了家庭的消费种类，促进了家庭消费多样性的实现，估计系数为0.1311，在1%的水平上显著。

表14-5 移动支付与消费多样性

消费多样性	FE	2SLS
移动支付	0.1311*** (0.0181)	0.8268*** (0.2413)
受教育年限	0.0121*** (0.0036)	0.0162*** (0.0035)
已婚	0.1089*** (0.0347)	0.1429*** (0.0168)

消费多样性	FE	2SLS
身体状况好	−0. 0478 *** （0. 0163）	−0. 1127 *** （0. 0136）
身体状况差	0. 0141 （0. 0208）	−0. 0188 （0. 0165）
家庭规模	0. 1067 *** （0. 0114）	0. 0928 *** （0. 0054）
老人数量	−0. 0178 （0. 0195）	0. 0006 （0. 0161）
儿童数量	0. 1496 *** （0. 0219）	0. 1005 *** （0. 0101）
个体工商业	0. 0699 ** （0. 0288）	−0. 0819 *** （0. 0315）
网购	0. 1626 *** （0. 0189）	−0. 0121 （0. 1039）
自有住房	0. 1004 *** （0. 0353）	0. 1484 *** （0. 0216）
ln 家庭收入	0. 0218 *** （0. 0068）	0. 0734 *** （0. 0063）
所在城市人均 GDP	0. 0103 （0. 0069）	−0. 0013 （0. 0014）
农村	−0. 0674 （0. 0914）	−0. 0386 ** （0. 0183）
家庭固定效应	控制	
年份固定效应	控制	控制
一阶段 F 值		113. 24
一阶段工具变量 T 值		10. 64
R^2	0. 1545	0. 2036
N	33342	33244

四、移动支付与消费结构

除恩格尔系数下降之外，家庭生存型消费减少，包括享受型和发展型消费在内的非生存型消费增加也是家庭消费结构优化升级的重要体现。参照向玉冰（2018）的做法，将家庭食品消费、衣着类消费，居住类消费和生活用品消费定义为生存型消费，其他类型消费为非生存型消费。表14-6 的估计结果表明，移动支付对家庭非生存型消费支出的估计系数为0. 1189，大于生存型消费的0. 0880。从另外一个角度说明了移动支付促进了家庭消费升级的实现。

表 14-6　移动支付与消费升级

	FE	
	生存型消费	非生存型消费
移动支付	0. 0880 *** （0. 0137）	0. 1189 *** （0. 0204）
控制变量	控制	控制
家庭固定效应	控制	控制
时间固定效应	控制	控制
R^2	0. 0820	0. 2533
N	31446	33340

五、移动支付对消费增量的影响

由于固定效应模型需要进行差分处理，以上结果仅展示新增移动支付对家庭消费行为的影响。一直使用移动支付是否会对家庭消费存在影响？为了探究这一结果，通过差分的方式进行进一步的估计。模型设定如下：

$$\Delta Consumption = \alpha_0 Payment_{11} + \alpha_1 Payment_{01} + \beta_0 \Delta X + \beta_1 countydummy + \mu \quad (14-3)$$

$$\Delta Consumption\_ upgrade = \alpha_0 Payment_{11} + \alpha_1 Payment_{01} + \beta_0 \Delta X + \beta_1 countydummy + \mu \quad (14-4)$$

其中，$\Delta Consumption$ 为两年消费支出的差分，因为存在负数，未对其进行对数处理，表 14-7 中的消费支出单位为万元。$\Delta Consumption\_ upgrade$ 分别为两年恩格尔系数与消费种类的差分。对控制变量也进行差分处理，以 ΔX 表示，并进一步控制区县哑变量。将移动支付分为三类，分别为一直使用移动支付（$Payment_{11}$）、新增移动支付（$Payment_{01}$）和一直未使用移动支付（$Payment_{00}$），其中，一直未使用移动支付作为参照组。μ 表示随机扰动项。

实证结果表明，一直使用移动支付和新增移动支付均对消费支出和消费种类有显著的正向影响，对恩格尔系数有显著负向影响。其中，一直使用移动支付对消费支出和恩格尔系数的作用更大，而新增移动支付对消费种类正向影响更为显著。这可能是因为移动支付这种方式的出现，为新增移动支付家庭提供了更丰富的消费选择。

表 14-7 移动支付对消费增量的影响

	Δ 消费支出（万元）	Δ 恩格尔系数	Δ 消费多样性
一直使用移动支付	4.3613*** (0.2787)	−0.0268*** (0.0049)	0.0452* (0.0233)
新增移动支付	2.3817*** (0.1985)	−0.0249*** (0.0049)	0.1631*** (0.0223)
Δ 控制变量	控制	控制	控制
区县哑变量	控制	控制	控制
R^2	0.1172	0.0429	0.0863
N	15802	15802	15802

第五节 异质性分析

一、城乡异质性分析

表 14-8 用固定效应模型实证分析了移动支付对城乡地区家庭消费支出与消费升级的影响。首先，实证结果表明，移动支付对农村家庭消费支出的促进作用更大，系数差异检验结果表明，城乡分组系数之间的差异在 1% 的水平上显著。这可能是因为，农村地区的金融可得性较差，金融抑制现象更为严重，移动支付对农村家庭金融约束的缓解作用要大于城市家庭（易行健和周利，2018）。其次，移动支付对城乡家庭恩格尔系数均存在负向影响，但对城市家庭恩格尔系数的影响并不显著；对农村地区家庭消费多样性的正向影响也大于城市地区。农村地区基础设施建设较为落后，移动支付的出现打破了传统交易对于

时间、空间的限制，为农村家庭提供了更多的消费选择。因此，移动支付对农村家庭消费升级的促进作用更为显著。

表 14-8　移动支付与消费：城乡异质性

	消费支出		恩格尔系数		消费多样性	
	农村	城市	农村	城市	农村	城市
移动支付	0.1888*** (0.0240)	0.0926*** (0.0162)	-0.0222*** (0.0069)	-0.0064 (0.0048)	0.1490*** (0.0300)	0.1181*** (0.0231)
控制变量	控制	控制	控制	控制	控制	控制
家庭固定效应	控制	控制	控制	控制	控制	控制
时间固定效应	控制	控制	控制	控制	控制	控制
R^2	0.1884	0.2138	0.0483	0.1033	0.1445	0.1615
N	13552	19428	13552	19428	13552	19428

二、收入阶层异质性分析

中国宏观经济论坛课题组编制的《中国宏观经济报告（2018-2019）》强调，中等及中下收入阶层是消费的核心支撑力。我国中等收入群体庞大，其消费能力极具成长性。中等收入阶层会更关注教育、旅游等附加值更高的享受型和发展型消费。充分释放中等收入阶层消费潜力，将是中国经济高质量发展的重要推动力。

表 14-9 是固定效应模型估计结果，从结果可知，将收入最低的 25% 家庭定义为低收入家庭，收入最高的 25% 家庭定义为高收入家庭，收入在 25%~75% 分位数之间的定义为中等收入家庭。估计结果表明，移动支付对中低收入家庭消费的增加影响更大，对高收入家庭消费支出无显著影响。对于低、中、高收入组家庭，移动支付分别促进消费增长为26.77%、12.67% 和 4.40%，系数差异检验结果表明，分组系数两两之间在 1% 的水平上存在显著差异。此外，移动支付对中等收入家庭恩格尔系数影响最为显著。移动支付对低、中、高收入家庭消费多样性均存在正向影响，系数分别为 0.1025、0.1228 和 0.1427，其中，对低收入家庭消费多样性影响不显著。[①]

表 14-9　移动支付与消费：收入的异质性

	消费支出			恩格尔系数		
	低收入	中等收入	高收入	低收入	中等收入	高收入
移动支付	0.2677*** (0.0972)	0.1267*** (0.0226)	0.0440 (0.0331)	-0.0115 (0.0224)	-0.0135* (0.0071)	-0.0016 (0.0094)
控制变量	控制	控制	控制	控制	控制	控制
家庭固定效应	控制	控制	控制	控制	控制	控制
时间固定效应	控制	控制	控制	控制	控制	控制
R^2	0.1064	0.1351	0.2945	0.0419	0.0567	0.1970
N	4386	9766	3956	4386	9766	3956

随着生活水平的提高，人们的需求层次开始从最基本的生存需求往更高级别转移，消费结构也随之优化升级。对于低收入家庭而言，移动支付给他们带来的更多的是消费总量的增加。而中、高等收入家庭在生存型消费得到满足的情况下，开始追求更高层次的发展

---

① 由于篇幅原因，移动支付对家庭消费种类影响的异质性分析未在表中列示，读者可向笔者索要。

型与享受型消费，移动支付为这些家庭提供了更多的消费选择，助推消费升级的实现。可见，移动支付有助于释放中低收入家庭消费潜力，促进中高收入家庭消费结构优化升级。

三、人力资本异质性分析

表14-10中，将样本按户主受教育水平分为两组，分别用固定效应模型进行估计。移动支付对户主受教育水平较低（高中以下）及较高（高中及以上）家庭均有显著影响，使其消费支出分别增加13.75%和8.49%，其中，对户主受教育水平较低家庭影响更大，两者之间的差异在5%的水平上显著。受教育水平较低的群体大部分是社会中的弱势群体，往往收入较低，作为数字普惠金融的重要组成部分，移动支付促进了这些群体的消费增长。

表14-10　移动支付与消费：人力资本的异质性

	消费支出		恩格尔系数		消费多样性	
	高中以下	高中及以上	高中以下	高中及以上	高中以下	高中及以上
移动支付	0.1375*** (0.0180)	0.0849*** (0.0232)	-0.0151*** (0.0052)	-0.0045 (0.0068)	0.1175*** (0.0239)	0.1412*** (0.0323)
控制变量	控制	控制	控制	控制	控制	控制
家庭固定效应	控制	控制	控制	控制	控制	控制
时间固定效应	控制	控制	控制	控制	控制	控制
R^2	0.1760	0.2644	0.0617	0.1286	0.1445	0.1773
N	21830	8342	21830	8342	21830	8342

移动支付对户主受教育水平较低的家庭恩格尔系数的影响也更为显著。户主受教育水平高，往往具备更丰富的金融知识，能够更理性地对其收入进行分配，消费理念也更为先进，移动支付带来的消费红利对其消费行为的影响要小于受教育水平相对较低的家庭。移动支付对两组家庭消费多样性的影响均显著为正，但通过检验，两者之间的差异并不显著。

四、消费类型异质性分析

按照国家统计局制定的《居民消费支出分类（2013）》标准，将消费进一步细分为如表14-11所示的八种类型，并用固定效应模型进行估计。移动支付对八类消费都有显著的正向影响。除了其他用品和服务消费以外，在其他各类消费中，移动支付对交通和通信消费，教育、文化和娱乐以及医疗保健消费的影响最大，对居住类消费影响最小，这进一步证实了前文关于移动支付推动家庭消费升级的讨论。

表14-11　移动支付与消费：不同消费类型

	食品类	衣着类	居住类	生活用品及服务	交通和通信	教育、文化和娱乐	医疗保健	其他用品和服务
移动支付	0.1790*** (0.0237)	0.1725*** (0.0474)	0.1169*** (0.0321)	0.1830*** (0.0321)	0.2347*** (0.0267)	0.1401** (0.0719)	0.2544*** (0.0653)	0.4256*** (0.0666)
控制变量	控制	控制	控制	控制	控制	控制	控制	控制
家庭固定效应	控制	控制	控制	控制	控制	控制	控制	控制
时间固定效应	控制	控制	控制	控制	控制	控制	控制	控制
N	33342	32580	33342	33342	33342	33342	33342	33342

第六节　稳健性检验

为了验证上文结果的稳健性，下面对上文结果进行稳健性检验。

教育培训支出是典型的发展型消费支出，对家庭成员教育培训支出的增加是家庭消费升级的一个重要体现。这一方面意味着家庭的生存型消费已经得到基本满足，家庭有能力来支持家庭成员获得更好的发展；另一方面，在中国，教育不平等是造成收入不平等的重要原因（白雪梅，2004），已有研究表明，农村劳动力受教育程度与家庭收入存在正相关关系，并且劳动力素质的提高，有助于提升就业水平，提高家庭生活水平（周逸先和崔玉平，2001）。因此，如果移动支付能够提高家庭的教育培训支出，既是家庭消费升级的体现，也有可能提高家庭，尤其是农村家庭生活水平。表 14-12 的固定效应模型估计结果表明，移动支付显著增加了家庭的教育培训支出。

表 14-12　移动支付与教育培训支出：FE

移动支付	0. 1342 ** (0. 0658)
控制变量	控制
家庭固定效应	控制
时间固定效应	控制
R^2	0. 1320
N	32973

移动支付的出现为线上交易的发展提供了条件，推动了网商、微商群体的诞生，原因在于它打破了传统商业模式对于交易时间、地点的限制（谢绚丽等，2018）。而在传统的线下消费中，移动支付对消费的促进作用是否依然有效？表 14-13 给出了估计结果，移动支付对家庭线下消费支出有显著的正向影响。

表 14-13　移动支付与线下消费：FE

移动支付	0. 1213 *** (0. 0141)
控制变量	控制
家庭固定效应	控制
时间固定效应	控制
R^2	0. 1955
N	32492

表 14-14 中，通过对移动支付重新进行定义，拓宽前文所定义的移动支付的范围，进一步用固定效应模型检验移动支付对家庭消费支出、恩格尔系数和消费种类的影响。该表中将 2017 年问卷中的选项③通过电脑支付（包括网银、支付宝等）；2019 年问卷中的选项⑥手机银行、网银也定义为移动支付。[①] 结果表明，移动支付依然显著提高了家庭的消费支出，丰富了家庭的消费种类，并降低了家庭恩格尔系数，结果是稳健的。

---

① 参考本章第三节"四、变量"部分，指 2017 年 CHFS 调查中家庭日常支付方式。

因为移动支付和家庭消费行为（包括消费支出、恩格尔系数和消费多样性）之间可能存在逆向因果关系。为了克服这种潜在的内生性问题导致的估计偏误，保证因果关系的稳健性，除了在前文中使用工具变量进行两阶段最小二乘估计外，进一步使用联立方程的三阶段最小二乘法来进行估计。联立方程模型同时考虑移动支付和消费行为的决定因素，只进入移动支付方程的变量是消费行为、是否经营个体工商业、中国数字普惠金融发展指数和是否使用智能手机，只进入消费行为的变量是移动支付、身体健康状况、家庭规模、家庭老人数量、家庭儿童数量。结果如表14-15所示，移动支付显著提高了家庭消费支出、降低了家庭恩格尔系数、促进了家庭消费多样性，结果是稳健的。

表14-14　移动支付与家庭消费：重新定义

	消费支出	恩格尔系数	消费多样性
移动支付	0.1231 *** （0.0135）	−0.0130 *** （0.0040）	0.1370 *** （0.0182）
控制变量	控制	控制	控制
家庭固定效应	控制	控制	控制
时间固定效应	控制	控制	控制
R^2	0.2009	0.0777	0.1546
N	33342	33342	33342

表14-15　移动支付与家庭消费：联立方程模型

	移动支付	消费支出	移动支付	恩格尔系数	移动支付	消费多样性
移动支付		1.8166 *** （0.0510）		−0.3961 *** （0.0134）		2.2871 *** （0.0677）
消费支出	0.0217 （0.0146）					
恩格尔系数			0.0530 （0.1282）			
消费多样性					0.0197 （0.0141）	
控制变量	控制	控制	控制	控制	控制	控制
N	32986	32986	32986	32986	32986	32986

第七节　机制分析[①]

易行健和周利（2018）认为，网购频率越高，说明数字金融越能便利支付。表14-16中，以网购依赖度来衡量家庭对支付便利性的要求，按网购占比均值进行分组，如果家庭网购占比大于均值，那么定义为网购依赖度高，赋值为1，否则为0。家庭网购依赖度越高，可能对支付便利性需求更高。在第（1）列中，引入移动支付和网购依赖度高的交互项，发现当家庭对支付便利性需求更高时，移动支付对恩格尔系数的负向影响更为显著。移动支付可能通过便利支付这一机制促进了家庭的消费升级。

[①]　由于数据可得性问题，机制分析部分仅使用了2017年截面数据，使用社区内除自身外使用移动支付的家庭比例作为工具变量进行两阶段回归。由于该表使用的为截面数据，控制变量中增加了户主年龄、年龄的平方、性别和省份固定效应。

参照（Chari et al.，2015）的做法，以小时工资（时薪）作为机会成本的替代变量，按时薪均值进行分组，如果户主时薪高于均值，那么定义为1，否则为0。考虑到务农的收入与其他工作收入的差异，此处仅保留了城市样本。第（2）列结果显示，移动支付对户主机会成本高的家庭恩格尔负向影响更显著。这可能是因为移动支付背后有强大的数据背景和信息技术做支撑，可以根据用户消费习惯进行精准营销和定制服务，节省了做出消费决策的时间，也节省了往返实体店和银行的时间。降低成本可能是移动支付促进家庭消费升级的重要机制。

　　城市中心往往是一个城市金融服务网点、商场等服务设施最密集的地区，与城市中心距离越远，意味着家庭为获取这些服务所花费的交通以及时间成本更大。满足基本生活需求的消费品，如食品，一般在所居住社区即可获得，而满足更高层次需求的消费品，如奢侈品、培训机构等，可能只在城市中心才有。因此，交通和时间成本可能对更高层次的消费需求影响更大。在第（3）列中，按照家庭所在社区与城市中心距离①的均值进行分组，如果家庭距离城市中心的距离大于均值，那么赋值为1，否则为0。结果表明，移动支付对距离城市中心远的家庭的恩格尔系数影响更为显著。移动支付提供了丰富的消费形式，使得居民足不出户即可完成消费，大大降低了消费的成本，可能会增加家庭非生活必需品消费。这说明，移动支付可以通过降低成本来促进家庭消费升级。

　　综上所述，移动支付通过提高支付便捷度、降低成本促进了家庭消费结构优化升级。

表 14-16　机制分析

恩格尔系数	2SLS		
	（1）	（2）	（3）
移动支付	−0.0706 ** （0.0286）	−0.1521 *** （0.0338）	−0.1208 *** （0.0286）
移动支付×网购依赖度高	−0.2322 *** （0.0168）		
网购依赖度高	0.1353 *** （0.0108）		
移动支付×时薪高		−0.0424 ** （0.0174）	
时薪高		−0.0295 ** （0.0121）	
移动支付×距城市中心远			−0.0317 *** （0.0115）
距城市中心远			0.0054 （0.0054）
控制变量	YES	YES	YES
N	38505	21819	29935

---

　　① 中国家庭金融调查问卷中问题为："用日常交通方式，从您社区到该城市中心要花多少时间？"和"采用的交通方式是？"根据一般经验，本章对不同交通方式的时速进行赋值。其中，步行为5千米/小时；自行车为15千米/小时；公共交通汽车为20千米/小时；电动车为25千米/小时；自驾车为60千米/小时；地铁或轻轨为80千米/小时；考虑到火车时速差别较大，予以剔除。

本章小结

本章使用 2017 年与 2019 年中国家庭金融调查数据，研究了移动支付对家庭消费支出与家庭消费结构优化升级的影响。为避免内生性问题引起估计偏误，本章构建固定效应模型，并进一步引入工具变量进行了回归分析。

实证结果表明，移动支付显著增加了家庭消费支出，降低了家庭恩格尔系数，丰富了家庭消费种类，推动了非生存型消费支出的增加，是家庭消费结构优化升级的重要推动力。在改变消费结构衡量方式、使用工具变量进行两阶段估计后，估计结果依然稳健。进一步地分析发现，便捷支付、降低成本是移动支付影响家庭消费升级的重要机制。

在对城乡、收入阶层、人力资本、消费类型进行分组的基础上，进行了异质性分析。结果表明，移动支付对相对落后地区家庭消费行为的影响更大；移动支付对释放中等收入群体消费潜力并推动他们消费升级有着重要的作用；相较于人力资本高的家庭，移动支付更多地增加了人力资本较低家庭的消费支出，对其消费结构的影响也更显著。基于上述研究结论，提出以下两个政策建议：

（1）充分发挥移动支付优势，提供优质商品。消费是经济增长的基础，消费升级是实现高质量发展的引擎。依托于大数据、互联网技术，移动支付利用其交易过程中沉淀的大量行为数据，为交易双方提供了更丰富的信息，缓解了信息不对称问题，促进了新的消费热点和消费形式的诞生，节省了传统面对面交易中的诸多成本，从而提高了支付的便捷性、降低了成本，进而影响家庭的消费行为，促进家庭消费支出的增加，推动恩格尔系数的下降，实现家庭消费多样性。因此，应充分发挥移动支付优势，推动经济转型，提供更多满足居民消费需求的优质商品。

（2）充分发挥移动支付普惠特性，助力欠发达地区实现消费结构化升级。移动支付在消费领域发挥的作用充分体现了其金融普惠的特性，对于传统金融和商业覆盖力较弱的偏远地区消费做出了重要贡献，但同时不应忽略的是城乡地区目前消费结构依然存在较大差异。如何充分发挥移动支付工具的普惠特性，利用其打破欠发达地区消费结构优化升级的瓶颈是一个亟待解决的问题。支持移动支付在农村地区的发展，包括在政策上简化支付账户开立与限额要求，在税费上加大农村支付减税降费政策力度，在场景上支持通过支付账户向农户发放助农补贴和政策款项等。

第十五章　移动支付与低碳消费①

第一节　研究背景

一、中国的低碳发展战略

低碳消费是实现经济社会协调可持续发展的必由之路，是实现高质量发展的内在要求，也是推进国家治理体系和治理能力现代化的重要战略方向。中国步入高质量发展的新阶段，生态文明建设步伐亟须加快。根据《2020 年全球环境绩效指数（EPI）报告》，中国在参评的 180 个国家和地区中，仅仅位列第 120 位。可见，过去以牺牲生态环境为代价的粗放式发展已经无法满足人们对美好生活的向往与追求。能源结构的不合理是重要原因之一。与发达国家相比，中国的能源结构仍旧以煤炭为主。《全球碳排放报告 2019》显示，中国的碳排放总量处于全球首位。其中，个人消费领域的碳排放增速逐渐超过工业生产领域，家庭能耗支出占比逐年增加，家庭碳排放占比已经达到碳排放总量的二分之一以上（赵昕等，2021）。可见，家庭活动已经逐渐成为中国经济转型过程中碳排放的重要驱动因素。

习近平总书记在第七十五届联合国大会一般性辩论上强调："中国将提高国家自主贡献力度，采取更加有力的政策和措施，二氧化碳排放力争于 2030 年前达到峰值，努力争取 2060 年前实现碳中和。"此后，在第七十六届联合国大会一般性辩论上和气候雄心峰会上均重申"双碳"目标。在新形势下加强我国生态文明建设第二十九次集体学习中总书记也强调，坚持绿色低碳发展，促进人与自然和谐共生。表 15-1 梳理了从"十一五"时期开始，到"十四五"时期在不同的经济发展阶段，关于低碳消费的主要内容及发布的政策和文件。由表 15-1 可知，坚定不移走生态优先、绿色低碳的高质量发展道路，既是以习近平同志为核心的党中央统筹国内国际两个大局作出的重大战略决策，也是实现中华民族永续发展的必然选择。

表 15-1　低碳消费政策梳理

时期	主要内容	发布政策和文件
"十一五"时期	开启节能减排推动下的低碳消费	《国务院关于落实科学发展观加强环境保护的决定》 《关于开展低碳省区和低碳城市试点工作的通知》

① 尹志超，王天娇，蒋佳伶. 移动支付对中国家庭碳消费的影响——来自家庭碳足迹的证据［J］. 会计与经济研究，2023，37（1）：99-116.

时期	主要内容	发布政策和文件
"十二五"时期	建立绿色生活方式和消费模式	《关于加快推动生活方式绿色化的实施意见》 《关于促进绿色消费的指导意见》 《绿色生活创建行动总体方案》
"十三五"时期	将低碳消费纳入现代化经济体系	《公民生态环境行为规范（试行）》 《关于加快建立绿色生产和消费法规政策体系的意见》 《关于促进绿色消费的指导意见》
"十四五"时期	"双碳"目标导向下加快低碳消费部署	习近平在第七十五届联合国大会宣布："中国将提高国家自主贡献度，采取更加有力的政策和措施，二氧化碳排放力争于2030年前达到峰值，努力争取2060年前实现碳中和" 《关于加快建立健全绿色低碳循环发展经济体系的指导意见》 《中共中央 国务院关于完整准确全面贯彻新发展理念做好碳达峰碳中和工作的意见》

二、家庭低碳消费的重要性

落实碳达峰、碳中和目标既是一项涉及生产方式的系统工程，也是和生活方式变革息息相关的复杂工程。家庭的衣、食、住、行、用等生活领域以及取暖、照明、交通等活动都会产生能源消耗。生产端的节能减排固然重要，消费端的节能减排也不容忽视。2020年《大型城市居民消费低碳潜力分析》核算了居民衣、食、住、行、用等各方面减排量后发现，在超过1000万人口的一、二线城市里选择使用低碳产品或服务，到2030年，人均消费减排潜力将超过1.13吨。随着"低碳建筑、低碳交通、节能家电设备、低碳社区"等的推广，改善生态环境，提高老百姓的居住环境质量迫在眉睫。因此，从家庭和个人微观层面降低碳排放水平成为亟待解决的问题。鼓励家庭践行低碳消费行动对于实现碳达峰、碳中和目标具有飞跃性的意义。

在此背景下，如何从消费端推动低碳消费，实现绿色经济发展成为中国当前社会各界的重要议题。家庭作为消费端的主体，从生活消费端减少碳排放，不仅是当前中国实现"双碳"目标的主要依托，还是创新消费模式、激发内需潜力、助推消费升级、提高家庭生活品质的重要途径，有助于"建立健全绿色低碳循环发展的经济体系"这一目标的落地。

三、主要研究内容

随着"线上线下"消费新业态、新模式的不断发展，为低碳消费提供了更多的可能性。移动支付作为数字时代重要发明之一，具有便捷支付、交易成本低、提供金融服务等特点，作为一种数字化、便捷化的支付工具，移动支付能够使得消费者以更低的能耗和排放获得更优质的消费体验。例如，外出购物不仅耗费时间、精力，不同的出行方式也会产生碳排放。利用移动支付则在节省人力、物力的同时也能实现良好的购物体验。现有研究发现，移动支付能够促进家庭创业（尹志超等，2019a），降低家庭货币需求（尹志超等，2019b），提高家庭风险资产的配置意愿和持有规模（饶育蕾等，2021），提高家庭消费水平（冒金凤和孙英隽，2021），还能显著降低家庭在其所在群体受到的消费相对剥夺（陈铭聪和程振源，2021），但使用移动支付会加剧家庭债务风险（柴时军，2020）。那么，移动支付对家庭碳足迹是否有影响？会产生怎样的影响？本章尝试对上述问题进行回答。

本章的边际贡献主要体现在以下四个方面：①在研究视角上，首次研究以移动支付为代表的新型支付方式对家庭碳排放的影响，可为"双碳"目标的实现提供新的研究视角，有助于推动中国低碳发展战略的落地。②在研究数据上，将企业碳足迹拓展到微观家庭层面，丰富了关于碳足迹的相关研究。碳足迹（Carbon Footprint，CF）是指个人、家庭、机构或企业的碳耗用量。本章借鉴 Wei 等（2007）和 Li 等（2019）的做法，估算了家庭碳足迹，为研究微观家庭的碳足迹提供了新的证据。③在研究方法上，采用差分模型，识别出一直使用移动支付、新增使用移动支付和一直未使用移动支付的家庭，全面、精确考察了移动支付对家庭碳排放的影响。④在研究内容上，不仅考察了移动支付对家庭碳消费的平均效应，也考察了移动支付对家庭碳消费在不同分位点的影响；既研究了移动支付对家庭总的碳消费及人均碳消费的影响，又分类别研究了移动支付对不同类型碳排放的影响。

第二节　移动支付与低碳消费的相关文献综述

碳足迹已被广泛用于测度人类在消费活动中直接或间接产生的碳排放。付伟等（2021）从碳足迹的概念、碳足迹的研究尺度、碳足迹核算方法及应用范围三个层面梳理了碳足迹的研究进展，从经济发展、人口、技术和政策四个维度归纳总结了影响碳足迹的因素，并且详细介绍了碳足迹影响因素分解模型。Wang 和 Chen（2020）运用 2010 年、2012 年和 2014 年 CFPS 数据，结合投入—产出模型，分析了食品、衣着、交通、邮电通信、居住和水电费共六类家庭消费的城乡碳足迹差异。石敏俊等（2012）应用 2002 年中国省区间投入产出模型和 2007 年各省区投入产出模型，定量测算了各省区的碳足迹和省区间的碳排放转移。Tian 等（2016）则以辽宁省为例，分析了中国家庭碳足迹的城乡差异。

关于碳足迹的相关研究可以归纳为以下三个分支：

（1）一些文献研究了碳足迹的影响因素。王会娟和夏炎（2017）利用非竞争型投入产出分析法（NCIOA）测算了中国 1995~2009 年居民消费碳排放量，并采用结构分解分析模型对中国居民消费碳排放量变动的影响因素进行分析，发现人均消费规模是居民消费引致的碳排放增长的关键性因素。赵昕等（2021）运用 2016 年和 2018 年中国家庭追踪调查数据（CFPS），采用 STIRPAT 模型和 Bootstrap 链式中介模型，实证研究了互联网依赖对家庭消费碳排放的影响。研究发现，互联网依赖显著正向影响家庭碳排放。谢锐等（2017）采用结构分解分析和结构路径分解方法考察了 1995~2014 年影响中国碳排放变动的主要因素和关键路径。研究发现，经济规模的扩张是中国碳排放增长的最大驱动因素，而抑制国内碳排放增长的最主要因素则是各部门碳排放强度的下降，中间投入产品结构的变动则进一步导致碳排放增长。Salo 等（2021）运用 2016 年家庭预算调查数据（HBS），结合拓展的投入—产出模型，研究了芬兰家庭碳足迹的主要驱动因素。Weber 和 Matthews（2008）则运用消费者支出调查（CEX）数据，采用 LCA 方法，研究了国际贸易对家庭碳足迹的影响。

（2）还有一些文献则考察了家庭低碳消费行为。Yin 和 Shi（2021）研究了社会互动与家庭低碳行为之间的关系。他们以家庭是否购买无氟冰箱，是否购买节能型卫浴和厨房设备，是否使用太阳能等定义家庭低碳消费行为。研究发现，社会关系可以促进家庭低碳消费行为。Persaud 和 Schillo（2017）采用社会认同和社会影响两个变量来刻画社会情境因素对消费者有机环保产品购买意愿的影响，研究发现，当环保被视为公认的社会规范时，个体与社会网络的互动关系会影响低碳消费态度和意愿。黄淑敏（2021）研究了 ICT 使用对农户低碳消费行为的影响，如果农村家庭做饭燃料选择罐装煤气/液化气、天然气/管道煤气、太阳能/沼气、电，那么农户低碳消费行为取值为1；如果做饭燃料为柴草或煤炭，那么取值为0。研究发现，ICT 使用有助于农户进行低碳消费。

（3）另一些文献则关注低碳试点政策。低碳城市试点政策作为实现"碳达峰"与"碳中和"的重要环境改革制度，作为实现碳减排与经济发展双赢的国家层面战略举措（赵振智等，2021），已被学者们深入研究。一些文献研究了低碳城市试点政策对绿色经济增长（韦东明和顾乃华，2021）和绿色发展的影响（臧传琴和孙鹏，2021），发现低碳城市建设能够有效促进绿色经济增长和地方绿色发展。董梅（2021）评估了低碳城市试点政策的工业污染物净减排效应。宋弘等（2019）以低碳城市建设试点政策为切入点，探究了政府环境治理的空气污染防治效应。研究发现，低碳城市建设显著降低了城市空气污染，主要传导机制来自企业排污的减少与工业产业结构的升级与创新。其他学者还研究了低碳城市试点政策与 FDI 区位选择（景国文，2021）、全要素能源效率之间的关系（张兵兵等，2021）。Sun 和 Wang（2021）研究发现，低碳试点政策能促进家庭减排，但存在滞后效应。

综合上述文献可以看出，目前尚未有文献研究移动支付对家庭碳消费的影响。现有文献发现四个：①移动支付能够降低交易成本（时间、支付、机会成本）；②提高支付效率，发挥借贷功能，缓解流动性约束；③发挥心理账户效应，降低支付疼痛感；④拓宽居民支付方式，打破空间和时间的约束。因此，移动支付能够促进家庭创业（尹志超等，2019a），降低家庭货币需求（尹志超等，2019b），提高家庭风险资产的配置意愿和持有规模（饶育蕾等，2021），提高家庭消费水平（冒金凤和孙英隽，2021），还能显著降低家庭在其所在群体受到的消费相对剥夺（陈铭聪和程振源，2021），但使用移动支付会加剧家庭债务风险（柴时军，2020）。通过梳理已有文献，结合当前我国居民生活及消费现状，本章总结了移动支付对家庭碳足迹的四种可能的影响渠道。在现有文献的基础上，运用差分模型，识别出一直使用移动支付、新增使用移动支付和一直未使用移动支付的家庭，全面、精确考察了移动支付对家庭碳足迹的影响，是对现有文献的有益补充。

第三节　移动支付影响家庭低碳消费的理论分析

通过梳理已有文献，结合当前我国居民生活及消费现状，本节总结了移动支付对家庭碳足迹的四种可能的影响渠道。

（1）移动支付通过促进家庭社会资本的积累影响家庭碳消费。在过去，由于受到时空等因素的制约，家庭在重大节日或重要事件上的礼金支出难免会受到一定程度上的限制。移动支付的存在，使线上形式的"礼尚往来"成为可能。移动支付在作为支付工具的同时能够扮演"社交媒体"的角色，促进家庭的社会资本积累，从而进一步影响家庭消费决策

（陈铭聪和程振源，2021）。韩永和李成明（2019）的研究也表明移动支付具有社会资本效应，通过影响家庭的社会交往来扩大和加强其社会网络，促进社会资本的积累。Yin 和 Shi（2021）从社会网络规模和关系强度两个维度，证实了社会互动有助于家庭的低碳消费行为。Persaud 和 Schillo（2017）基于环境意识和有机环保产品消费提出了社会认同和社会影响两个变量，用于刻画个人所拥有的社会网络关系总和即社会情境因素对消费者有机环保产品购买意愿的影响。研究发现，当环保被视作公认的社会规范时，个体与社会网络的互动关系对低碳消费态度和意愿的影响会非常大。杨传贤和张磊（2018）也发现，社会认同对低碳消费态度具有显著的正向影响。

（2）移动支付通过改变人们的习惯、观念和支付体验影响家庭碳消费。心理账户理论指出，人们会把在现实中客观等价的支出或收益在心理上划分到不同的账户中，从而影响其消费决策。在此基础上，Prelec 和 Loewenstein（1998）进一步提出"双通道心理账户"，用于解释消费者的"预付偏好"。Hirschman（1979）通过对某连锁超市调查问卷的研究发现支付领域的变革会改变人们的消费习惯，不同支付方式对消费者购买意愿的影响存在明显差异。刘向东和张舒（2019）结合双通道心理账户理论，指出移动支付方式具备借贷功能和心理账户属性，能够降低消费者支付疼痛感，提升消费愉悦感，从而有利于刺激消费，显著提升消费者线下消费金额、消费频率。Falk 等（2016）通过实验研究指出，相较于现金支付，使用移动支付方式的消费者感知零售商整体价格水平较低，具有更高的支付意愿。Li 等（2019）研究发现，人们的社会意识、观念和生活方式对家庭碳排放有显著的影响。

（3）移动支付通过丰富绿色消费应用场景，减少非必要碳排放影响家庭碳消费。居民消费产生的碳排放主要包括两个方面：一是生活中的能源消费造成的直接碳排放，如驾驶燃油汽车等；二是生活中消费产品和服务造成的间接碳排放，如饮用瓶装饮料等。移动支付将互联网、终端设备、金融机构有效地联合起来，打破了传统支付方式对于时空的限制，使消费者能够随时随地进行支付活动，从而可以有效减少因外出购物等不必要出行导致的直接碳排放。与此同时，移动支付有利于丰富绿色消费应用场景，降低了消费者进行低碳消费的门槛，足不出户便可参与到低碳消费中，例如，缴纳话费、燃气、水电等生活费用，从而推动消费者将低碳消费意愿转化为实际行动。此外，扫码乘车、共享单车等移动支付推动的绿色低碳出行方式，给消费者带来方便快捷的同时，有效引导用户践行绿色低碳生活，大大降低了社会碳排放强度和人均碳排放量。

（4）移动支付通过提高低碳产品的可获得性及低碳产品消费的可持续性影响家庭碳消费。电商平台一端连接消费者，一端连接商家，具备推动绿色消费的天然优势，能有效推动产品全生命周期绿色供应链。在"双碳"目标的推动下，大量服务主体基于支付场景连接小微商户和消费者，构建低碳供应链，有助于增加低碳产品的可获得性，促使生活方式和消费模式从高碳密集型产品与服务向低碳密集型产品与服务转变。除此之外，移动支付方式使政府和企业能够利用技术和平台优势，激励消费者做出更加可持续的低碳消费决策。例如，某些地区推行的碳积分行动，消费者可以通过购买低碳产品或其他节能减碳行为获得相应积分，凭借积分可兑换奖励。在此过程中，移动支付的存在使得消费者的低碳行为得以留存足迹并被量化，不仅拓宽了低碳消费的形式和渠道，也激励了消费者进行持续的低碳消费。

<h1 style="text-align:center">第四节　研究数据与变量说明</h1>

一、数据来源

本章所用数据来自 2017 年和 2019 年中国家庭普惠金融调查（China Household Financial Inclusion Survey，CHFIS）项目。中国家庭普惠金融调查是全国范围开展的入户抽样调查，是由首都经济贸易大学和西南财经大学中国家庭金融调查与研究中心联合开展的调查项目。中国家庭普惠金融调查采取高校联盟联合调查的合作形式，由西南财经大学、北京大学、浙江大学、北京师范大学、南京审计大学、暨南大学、内蒙古大学和首都经济贸易大学等高校共同合作完成。CHFIS 采用三阶段分层、与人口规模成比例（PPS）的抽样方法，通过科学抽样、现代调查技术和调查管理手段，收集中国家庭金融微观信息，以便为国内外研究者研究中国家庭金融问题提供高质量的微观数据。CHFIS 在样本人口年龄结构、城乡人口结构、性别结构等多个方面与人口普查数据相一致，数据具有良好的代表性。该项目采用了多项措施控制抽样误差和非抽样误差，数据质量高。2017 年 CHFIS 最终得到覆盖了全国 29 省（区、市）、353 个县（区、市）、1404 个社区（村）的 40011 户家庭的详细信息。2019 年 CHFIS 最终得到覆盖了全国 29 个省（区、市）、345 个县（区、市）、1360 个社区（村）的 34643 户家庭的详细信息。其中，与移动支付相关的信息，家庭的资产与负债、收入与支出、家庭人口特征及就业等方面的详细信息在调查中都有收集。我们运用 2017 年和 2019 年的平衡面板数据，经过数据清理后，共获得 17905 户家庭的有效样本。

二、变量介绍

（1）家庭碳消费。综合借鉴 Wei 等（2007）和 Li 等（2019）的做法，表 15-2 展示了每类消费对应的碳系数，由此能够计算每类消费支出对应的碳消费。将家庭每类消费支出乘以相应的碳系数再加总，得到家庭总的碳消费，还计算了人均总的碳消费和各类人均碳消费。

表 15-2　碳消费系数转化

消费类别	对应的转换系数
Panel A 间接消费	
食品	0.218
衣着	0.261
日用品	0.484
交通通信	0.327
教育娱乐	0.427
医疗保健	0.256
其他	0.190
Panel B 直接消费	
生活居住	1.298

资料来源：Wei 等（2007）和 Li 等（2019）。

根据国家统计局的标准，按种类划分，总消费包括食品消费、衣着消费、日常用品消费、生活居住消费、交通通信消费、医疗保健消费、教育娱乐消费以及其他消费。相应地，家庭碳消费包括食品碳消费、衣着碳消费、日常用品碳消费、生活居住碳消费、交通通信碳消费、医疗保健碳消费、教育娱乐碳消费以及其他碳消费。

（2）移动支付。CHFIS 中关于支付方式的问题是：您和您家人在购物时（包括网购），一般会使用下列哪些支付方式？借鉴尹志超等（2019a，2019b）的做法，选择通过手机、iPad 等移动终端支付（包括支付宝 App、微信支付、手机银行、Apple Pay 等）定义为使用移动支付，取值为 1，否则为 0。

（3）控制变量。参照以往文献①，本章的控制变量主要有两个：一是家庭特征变量，包括农村家庭、家庭规模、家庭收入、家庭负债、家庭净财富、家庭参与股票市场、家庭拥有自有车辆；二是户主特征变量，包括户主身体健康、户主受教育年限、户主已婚、户主风险偏好。此外，还控制了县固定效应。本章在处理数据过程中，将受教育年限变为连续变量②。在实证部分，将家庭收入、家庭负债、家庭净财富采用加 1 再取自然对数的方法。

第五节　移动支付与低碳消费的实证研究

一、实证策略

为了精确考察移动支付对家庭碳消费和人均碳消费的影响，选取差分模型进行研究：

$$\Delta Total\_carbon = \alpha_1 Mobile\_payment_{11} + \alpha_2 Mobile\_payment_{01} + \Delta X\beta_1 + \mu \qquad (15-1)$$

$$\Delta Per\_carbon = \gamma_1 Mobile\_payment_{11} + \gamma_2 Mobile\_payment_{01} + \Delta X\beta_1 + \mu \qquad (15-2)$$

式（15-1）、式（15-2）均为差分模型，即用 2019 年的数据减去 2017 年的数据，研究解释变量的变化量对家庭碳消费的变化量的影响。$Mobile\_payment_{11}$ 表示一直使用移动支付的家庭，$Mobile\_payment_{01}$ 表示新增使用移动支付的家庭。ΔX 是控制变量的变化量，主要包括家庭特征变量、户主特征变量和县固定效应。$\mu \sim N(0, \sigma^2)$。式（15-1）和式（15-2）的区别在于被解释变量的不同。$\Delta Total\_carbon$ 表示家庭总的碳足迹变化量，ΔPer_carbon 表示家庭人均碳足迹的变化量，我们又根据国家统计局的分类标准，细分为人均食品碳足迹、人均衣着碳足迹、人均日常用品碳足迹、人均生活居住碳足迹、人均交通通信碳足迹、人均医疗保健碳足迹、人均教育娱乐碳足迹以及人均其他碳足迹。

二、内生性讨论

本章的关注变量移动支付可能是内生的，首先是逆向因果。家庭可能为了更好地使用低碳产品、提高支付便捷度而安装并使用移动支付工具。其次是遗漏变量，家庭碳消费和

---

① 借鉴尹志超等（2019a，2019b）、赵昕等（2021）的做法，结合研究问题，选取控制变量。
② 没上过学=0，小学=6，初中=9，高中=12，中专=13，大专=15，大学本科=16，硕士研究生=19，博士研究生=22。

移动支付可能会受到其他因素的影响，例如，个人性格特征，家庭接受新鲜事物的能力，家庭对环境保护、绿色生态等的态度，等等，而这些变量又是不可观测的。最后是测量误差，囿于数据，移动支付是一个取值为 0 或者 1 的虚拟变量，无法衡量家庭使用移动支付的程度或者频率，依然可能存在偏差。因此，要处理的一个关键问题是移动支付的内生性。

现有文献解决移动支付的内生性问题，采取的主要方法可以归纳为以下三类：①工具变量法。尹志超等（2019a）、柴时军（2020）、陈铭聪和程振源（2021）选取家庭是否拥有智能手机作为工具变量。尹志超等（2019b）、冒金凤和孙英隽（2021）使用社区内除自身外使用移动支付的家庭比例作为工具变量。饶育蕾等（2021）使用快递网点的数量作为工具变量。截面数据只能看到当期的影响，识别有移动支付和无移动支付的组间差异，无法看到有无移动支付两种状态变化的效果，无法捕捉更长时期的动态影响。工具变量法最大的问题在于，同时满足相关性和外生性这两个研究条件的工具变量难以找到，而不合乎条件的工具变量只能带来更严重的估计问题。②倾向得分匹配法（PSM）。陈铭聪和程振源（2021）采用倾向得分匹配法以解决选择性偏误问题。但这一方法并未从根本上解决由选择偏差或遗漏变量导致的内生性问题。在"共同支持假设"（Common Support）无法满足的情况下，PSM 会排除缺乏对照组的样本，进而使样本代表性变差，影响结果的外部有效性。③其他方法。饶育蕾等（2021）将滞后一期的被解释变量及其与移动支付的交互项引入模型中，这种做法能够将任何影响被解释变量的遗漏变量考虑到，从而缓解遗漏变量带来的内生性问题。

在现有文献的基础上，结合研究问题的特殊性，运用差分模型来解决移动支付的内生性问题。一些不随时间变化的因素例如个人性格特征，家庭接受新鲜事物的能力，家庭对环境保护、绿色生态等的态度等会同时影响家庭是否使用移动支付和家庭碳足迹的多少，差分模型能够将这些不随时间变化的因素剔除，分析解释变量的变化量对被解释变量的变化量的影响。虽然一般的面板固定效应模型可以解决不可观测的不随时间或个体变化的变量所导致的内生性问题，却无法识别出一直使用移动支付和一直未使用移动支付两个组别的差异。根据计量经济学的一阶差分模型，我们识别出一直未使用移动支付的家庭、一直使用移动支付的家庭和新增使用移动支付的家庭，以一直未使用移动支付的家庭为基准组，考察一直使用移动支付和新增使用移动支付对家庭总的碳足迹、人均碳足迹以及不同类型人均碳足迹的影响。

三、中国家庭碳消费现状和移动支付使用情况

表 15-3 根据家庭是否使用移动支付进行划分，分别描述了使用移动支付组和未使用移动支付组在 2017 年和 2019 年的家庭碳消费总量、人均碳消费和不同类型碳消费的时间趋势。由 Panel A 第（1）~（3）列可知，在使用移动支付组中，总的碳消费在减少，分类别来看，衣着碳消费、生活居住碳消费和其他碳消费在减少。日用品碳消费、交通通信碳消费、医疗保健碳消费在增加。食品碳消费和教育娱乐碳消费则没有显著变化。由 Panel A 第（4）~（6）列可知，在未使用移动支付组中，衣着碳消费和其他碳消费在减少。日用品碳消费、生活居住碳消费、交通通信碳消费、医疗保健碳消费均在增加。总的碳消费、食品碳消费和教育娱乐碳消费则没有显著变化。

表 15-3 基本事实

单位：吨

	使用移动支付			未使用移动支付		
	2017 年	2019 年	均值差异检验	2017 年	2019 年	均值差异检验
	（1）	（2）	（3）	（4）	（5）	（6）
Panel A						
食品碳消费	0.6486	0.6492	-0.0006	0.4035	0.4056	-0.0020
衣着碳消费	0.1162	0.0921	0.0241***	0.0377	0.0323	0.0054***
日用品碳消费	0.3246	0.4696	-0.1450***	0.1082	0.2086	-0.1004***
生活居住碳消费	1.4300	1.2501	0.1799**	0.6459	0.7196	-0.0736**
交通通信碳消费	0.3643	1.1404	-0.7760***	0.1311	0.2557	-0.1246***
医疗保健碳消费	0.2147	0.3257	-0.1110***	0.2668	0.3699	-0.1031***
教育娱乐碳消费	0.5590	0.5318	0.0272	0.1537	0.8543	-0.7006
其他碳消费	0.1408	0.0956	0.0452***	0.0141	0.0074	0.0067***
总碳消费	3.7983	3.6145	0.1838*	1.7611	2.6927	-0.9316
Panel B						
人均食品碳消费	0.2018	0.1995	0.0023	0.1513	0.1493	0.0020
人均衣着碳消费	0.0378	0.0277	0.0101***	0.0124	0.0103	0.0021***
人均日用品碳消费	0.1054	0.1448	-0.0394***	0.0428	0.0761	-0.0333***
人均生活居住碳消费	0.4487	0.3785	0.0702***	0.2454	0.2685	-0.0232*
人均交通通信碳消费	0.1119	0.3293	-0.2175***	0.0424	0.0744	-0.0320***
人均医疗保健碳消费	0.0661	0.1000	-0.0339***	0.1106	0.1395	-0.0289***
人均教育娱乐碳消费	0.1774	0.1568	0.0207**	0.0472	0.1194	-0.0722
人均其他碳消费	0.0502	0.0303	0.0199***	0.0049	0.0022	0.0027***
人均碳消费	1.1993	1.0972	0.1021***	0.6571	0.7960	-0.1389**

注：*、**、***分别表示在 10%、5%、1%的水平上显著。

由 Panel B 第（1）~（3）列可知，在使用移动支付组中，人均碳消费在减少，分类别来看，人均衣着碳消费、人均生活居住碳消费、人均教育娱乐碳消费和人均其他碳消费在减少。人均日用品碳消费、人均交通通信碳消费和人均医疗保健碳消费在增加。人均食品碳消费没有显著变化。由 Panel B 第（4）~（6）列可知，在未使用移动支付组中，人均衣着碳消费和人均其他碳消费在减少。人均碳消费、人均日用品碳消费、人均生活居住碳消费、人均交通通信碳消费、人均医疗保健碳消费均在增加。食品碳消费和教育娱乐碳消费则没有显著变化。

综上可见，在使用移动支付的家庭中，无论从总量、人均还是结构来看，家庭碳消费减少的趋势多于未使用移动支付的家庭，减少的程度也大于未使用移动支付的家庭，这为后文的实证分析提供了基本事实。

表 15-4 给出了移动支付使用情况的描述性统计。由表 15-4 可知，2017 年，样本中有 22.21%的家庭使用移动支付。2019 年，样本中使用移动支付的家庭比例上升为 39.79%。特别地，我们识别出两年均使用移动支付、两年均未使用移动支付和新增移动支付的家庭比例。其中，17.84%的家庭一直使用移动支付。21.95%的家庭在 2017 年未使用移动支付，在 2019 年使用移动支付。55.85%的家庭一直未使用移动支付。

表 15-4 移动支付使用情况

	观测值	均值	标准差
2017 年使用移动支付	17095	0.2221	0.4156
2019 年使用移动支付	17095	0.3979	0.4895
一直使用移动支付	17095	0.1784	0.3829
新增移动支付	17095	0.2195	0.4139
一直未使用移动支付	17095	0.5585	0.4966

四、基准实证结果

表15-5报告了移动支付影响家庭碳消费的估计结果。其中，第（1）列以家庭总的碳消费为被解释变量。第（2）列以人均碳消费为被解释变量。由第（1）列可知，相较于两年均未使用移动支付的家庭，一直使用移动支付和新增移动支付的家庭碳消费量更少，且新增移动支付的负向影响最大，虽然统计上不显著。由第（2）列可知，相较于两年均未使用移动支付的家庭，一直使用移动支付的家庭的人均碳消费更少，且在5%的水平上显著；新增移动支付的家庭碳消费量也更少，虽然统计上不显著。可见，移动支付对家庭总的碳消费和人均碳消费均有负向影响。移动支付作为一种新型、便捷、低成本、零污染的支付方式，有助于减少家庭的碳消费。

表15-5　差分模型基准结果：移动支付与家庭碳消费

	家庭碳消费 （1）	人均碳消费 （2）
一直使用移动支付	−0.3532 （0.3290）	−0.1370 ** （0.0566）
新增移动支付	−0.9722 （1.1165）	−0.1251 （0.1277）
家庭特征变量		
Δ农村家庭	−0.8238 （0.7684）	−0.2932 （0.2477）
Δ家庭规模	0.1015 （0.2963）	−0.1591 *** （0.0382）
Δ家庭收入	−0.0093 （0.0369）	0.0044 （0.0043）
Δ家庭净财富	−0.0158 （0.0329）	0.0016 （0.0038）
Δ家庭负债	0.1413 （0.0907）	0.0231 ** （0.0103）
Δ家庭参与股票市场	0.7396 （0.3161）	0.2844 ** （0.1189）
Δ家庭拥有自有车辆	0.6471 （0.2516）	0.1303 *** （0.0501）
户主特征变量		
Δ户主已婚	0.3011 * （0.1588）	0.0879 ** （0.0445）
Δ户主受教育年限	0.0546 （0.0424）	0.0071 （0.0063）
Δ户主身体健康	0.3264 （0.3309）	0.0568 （0.0458）
Δ户主风险偏好	0.0218 （0.1455）	−0.0623 （0.0509）
县固定效应	YES	YES
N	17095	17095
R^2	0.1424	0.1345

注：*、**、***分别表示在10%、5%、1%的水平上显著，括号里报告的标准差是稳健标准差。下同。

　　从控制变量来看，以第（2）列为例，家庭规模、家庭负债、家庭参与股票市场、家庭拥有自有车辆以及户主已婚对人均碳消费有显著的影响，其余控制变量则对人均碳消费没有显著的影响，可能的原因是，运用差分模型，控制变量在两年中的变化不明显，因此导致估计系数不显著。

第六节 移动支付与低碳消费的进一步分析

一、移动支付对不同类型碳消费的影响

根据表15-5的基准结果可知，移动支付主要对人均碳消费有显著的负向影响，因此，本节以人均碳消费作为主要的被解释变量。与消费类似，家庭的碳消费由食品碳消费、衣着碳消费、日用品碳消费、生活居住碳消费、交通通信碳消费、医疗保健碳消费、教育娱乐碳消费和其他碳消费共同构成。家庭不同类型的消费具有不同的特点，因此对应的碳消费也会有差异。本节进一步探究，移动支付对家庭碳消费结构是否也会有影响？是会增加某一类碳消费还是均减少各类碳消费？或者存在非线性影响？

表15-6给出了具体的实证回归结果。由表15-6可知，移动支付对家庭碳消费结构的影响是不确定的。由表15-6 Panel A可知，以一直未使用移动支付的家庭为基准，一直使用移动支付的家庭，其人均衣着碳消费和人均生活居住碳消费都会显著下降。人均食品碳消费也会减少，但人均日用品碳消费则会增加。新增移动支付的家庭，会增加人均食品碳消费、人均衣着碳消费和人均日用品碳消费。可见，移动支付对家庭碳消费结构可能存在非线性影响。由于数据限制，无法获得家庭使用移动支付的年限，因此无法精确识别非线性关系。由表15-6 Panel B可知，与一直未使用移动支付的家庭相比，一直使用移动支付的家庭，其人均医疗保健碳消费、人均教育娱乐碳消费和人均其他碳消费都会下降。新增移动支付的家庭，也会减少人均医疗保健碳消费和人均教育娱乐碳消费。无论是一直使用移动支付还是新增移动支付家庭，交通通信碳消费均会上升。综上可以看出，移动支付对不同类型碳消费的影响是不同的，对其中一些碳消费是负向影响，对其中一些碳消费是正向影响，对食品碳消费和衣着碳消费则存在非线性影响。

表15-6 进一步分析：移动支付与家庭碳消费结构

	Panel A			
	人均食品碳消费	人均衣着碳消费	人均日用品碳消费	人均生活居住碳消费
一直使用移动支付	−0.0007	−0.0049***	0.0223***	−0.0818**
	(0.0039)	(0.0015)	(0.0068)	(0.0405)
新增移动支付	0.0056**	0.0016**	0.0249***	−0.0325
	(0.0026)	(0.0006)	(0.0046)	(0.0280)
家庭特征变量	YES	YES	YES	YES
户主特征变量	YES	YES	YES	YES
县固定效应	YES	YES	YES	YES
N	17095	17095	17095	17095
R²	0.0540	0.0336	0.0309	0.0210
	Panel B			
	人均交通通信碳消费	人均医疗保健碳消费	人均教育娱乐碳消费	人均其他碳消费
一直使用移动支付	0.2460***	−0.0045	−0.0178	−0.0048
	(0.0148)	(0.0090)	(0.0340)	(0.0037)

续表

	Panel B			
	人均交通通信碳消费	人均医疗保健碳消费	人均教育娱乐碳消费	人均其他碳消费
新增移动支付	0.0980***	−0.0057	−0.1137	0.0054***
	(0.0095)	(0.0097)	(0.1238)	(0.0012)
家庭特征变量	YES	YES	YES	YES
户主特征变量	YES	YES	YES	YES
县固定效应	YES	YES	YES	YES
N	17095	17095	17095	17095
R^2	0.1137	0.0256	0.1429	0.0252

二、移动支付与低碳消费的分位数回归

前文的基准回归考察的是移动支付对家庭碳消费的平均效应。接下来进一步探讨移动支付对家庭碳消费的影响在不同碳消费分位数家庭间的差异，具体地，分别考察人均碳消费在 10 分位、25 分位、50 分位、75 分位和 90 分位的家庭。表 15-7 给出具体的实证回归结果，由表可知，移动支付对碳消费较低家庭的负向影响更大，对碳消费较高家庭则会进一步提高这部分家庭的碳消费，这进一步说明采取针对性措施降低碳消费较高家庭的碳排放的重要性。

表 15-7 进一步分析：移动支付影响家庭碳消费的分位数回归

	家庭人均碳消费				
	P10	P25	P50	P75	P90
一直使用移动支付	−0.2447***	−0.0912***	−0.0061	0.0542***	0.1364***
	(0.0444)	(0.0133)	(0.0086)	(0.0145)	(0.0472)
新增移动支付	−0.0277	0.0013	0.0362***	0.0613***	0.0974**
	(0.0398)	(0.0120)	(0.0077)	(0.0130)	(0.0423)
家庭特征变量	YES	YES	YES	YES	YES
户主特征变量	YES	YES	YES	YES	YES
县固定效应	YES	YES	YES	YES	YES
N	17095	17095	17095	17095	17095
Pseudo R^2	0.0663	0.0253	0.0167	0.0322	0.1100

三、移动支付与低碳消费的异质性分析

中共中央、国务院《关于完整准确全面贯彻新发展理念做好碳达峰碳中和工作的意见》中明确了碳达峰碳中和工作重点任务之一就是提升城乡建设绿色低碳发展质量，促进农村家庭低碳消费是实现农村生态环境可持续发展的关键一步。因此，首先分城乡来实证考察移动支付对家庭碳消费影响的异质性。表 15-8 给出了具体的实证回归结果，第（1）列是农村样本，第（2）列是城市样本。由表 15-8 可知，在农村地区，与两年均未使用移动支付相比，一直使用移动支付和新增移动支付均会减少家庭人均碳消费，且一直使用移动支付的抑制作用更大，且在 5% 的水平上显著。在城市地区，与两年均未使用移动支付相比，一直使用移动支付和新增移动支付也均会减少家庭人均碳消费，但是统计上不显著。综合表 15-8 可以看出，一直使用移动支付对家庭碳消费的负向影响在农村地区更为显著。新增移动支付对家庭碳消费的负向影响在城市地区更大。

表15-8 移动支付与家庭碳消费：城乡异质性

	人均碳消费	
	（1）（农村）	（2）（城市）
一直使用移动支付	−0.2791** （0.1119）	−0.1346 （0.0872）
新增移动支付	−0.0076 （0.0395）	−0.1921 （0.2157）
家庭特征变量	YES	YES
户主特征变量	YES	YES
县固定效应	YES	YES
N	6979	10116
R^2	0.0618	0.1372

我国经济发展中区域经济差距长期存在，比较常见的是东部、中部和西部差异。相应地，移动支付对家庭碳排放的影响可能也会存在区域差异。接下来将样本按照东部、中部和西部划分，表15-9给出了具体的实证回归结果，第（1）列是东部样本，第（2）列是中部样本，第（3）列是西部样本。由表15-9可知，移动支付对家庭碳消费的负向影响在东部地区最为明显，且一直使用移动支付的家庭，相比一直未使用移动支付的家庭，能够显著降低人均碳消费。可见，移动支付对家庭减排具有重要作用。这也从侧面凸显，未来应重视对中部和西部家庭的低碳教育，提高居民低碳意识，培养低碳理念。

表15-9 移动支付与家庭碳消费：东中西部异质性

	人均碳消费		
	（1）（东部）	（2）（中部）	（3）（西部）
一直使用移动支付	−0.2462** （0.1080）	−0.0909 （0.0665）	0.0231 （0.0568）
新增移动支付	−0.3249 （0.2836）	0.0191 （0.0387）	0.0627 （0.0434）
家庭特征变量	YES	YES	YES
户主特征变量	YES	YES	YES
县固定效应	YES	YES	YES
N	7328	4497	5270
R^2	0.1371	0.0368	0.0373

随着"东部率先发展""西部大开发""东北振兴""中部崛起"等重大区域性战略的深入推进，东中西部发展协调性逐渐增强。新时期区域不平衡发展的新特征表现为南北差异。我国区域经济发展出现"南快北慢""南升北降"的新情况。基于上述背景，移动支付对家庭碳排放的影响可能也会存在南北差异。接下来以"秦岭-淮河"为界，将样本按照南北划分。表15-10给出了具体的实证回归结果，第（1）列是北方样本，第（2）列是南方样本。由表15-10可知，移动支付对家庭碳消费的负向影响在南方更为明显，且一直使用移动支付的家庭，相比一直未使用移动支付的家庭，能够显著降低人均碳消费。对于北方样本，移动支付对家庭碳消费则可能存在非线性影响，新增移动支付会提高人均碳消费。

表 15-10　移动支付与家庭碳消费：南北异质性

	人均碳消费	
	（1）（北方）	（2）（南方）
一直使用移动支付	−0.0842 （0.0638）	−0.1672** （0.0827）
新增移动支付	0.1136*** （0.0408）	−0.3246 （0.2319）
家庭特征变量	YES	YES
户主特征变量	YES	YES
县固定效应	YES	YES
N	7398	9697
R²	0.0225	0.1380

本章小结

实现低碳、绿色、高效、循环发展，是中国经济转型升级的战略选择和根本方向。家庭消费过程中所产生和引发的碳足迹可能会成为新一轮碳排放的主要来源，因此推动家庭消费低碳化势在必行。与此同时，依托于互联网技术的进步，金融科技飞速发展，金融创新产品层出不穷，移动支付等数字金融模式蓬勃兴起。移动支付作为数字经济时代的一种新型支付工具，相比实物货币、金属货币、纸币乃至银行卡和网络银行，都具有得天独厚的比较优势。

运用 2017 年和 2019 年中国家庭金融调查数据，采用差分模型，本章研究了移动支付对家庭碳排放的影响。研究发现，以一直未使用移动支付的家庭为基准，对于一直使用移动支付的家庭和新增使用移动支付的家庭，他们的人均碳消费会显著减少。分碳足迹类型来看，移动支付对不同类型碳消费的影响是不同的，随着时间的推移，可能会呈现非线性的影响。研究还发现，移动支付对不同分位点碳足迹的影响也是不同的。此外，移动支付对家庭碳消费的负向影响在农村地区、南方地区和东部地区更大且更显著。研究表明，未来可运用移动支付等数字技术来改变人们的消费和生活方式，服务低碳循环经济。在全社会倡导低碳型消费模式，从而贯彻落实习近平生态文明思想，实现美丽中国建设目标，实现高质量的生态发展。基于上述研究结论，提出以下三个政策建议：

（1）重视移动支付在家庭节能减排中发挥的作用。研究发现，移动支付对家庭碳足迹有负向影响。因此，应从微观家庭层面着手，鼓励家庭充分利用数字技术积极践行低碳消费行为。

（2）低碳发展应"因地施策、因户施策"。移动支付对家庭碳消费的负向影响在农村地区、南方地区和东部地区更大且更显著，移动支付对不同分位点碳足迹的影响是不同的。因此，对于不同区域和不同碳消费水平的家庭，应有针对性地普及移动支付等数字技术，逐渐树立家庭运用数字技术实现低碳消费的理念。

（3）在某些领域精准设计低碳型产品。移动支付对交通通信碳消费和日用品碳消费有显著的促进作用，移动支付与衣着碳消费呈现非线性的关系。因此，随着移动支付的逐渐普及，对于不同类型的碳足迹，不能以偏概全，要采取不同的措施，设计不同的产品，从而带动、突破与引领全国低碳发展。

第十六章　移动支付与旅游消费

第一节　研究背景

作为拉动经济增长的"三驾马车"，消费持续增长是经济高质量发展的重要因素。当前我国经济进入新阶段，如何通过扩大内需、拉动消费促进经济增长成为我国经济发展至关重要的问题（张勋等，2020；尹志超等，2021d）。在此背景下，党的十九届五中全会将"加快构建以国内大循环为主体、国内国际双循环相互促进的新发展格局"纳入我国"十四五"规划之中。根据国家统计局数据，我国最终消费率从 2010 年的 49.3% 最低点开始稳步上升，到 2020 年上升至 54.3%，高于资本形成率 11.2 个百分点，为近年来最高水平[①]。而旅游消费作为服务型消费的典型代表，有很强的综合性和带动性，能够不断拓展消费升级新空间（宋瑞，2021；王明康和刘彦平，2021）。

近年来，我国旅游业发展迅猛，对国民经济发展的贡献不断增强。《中国旅游统计年鉴》数据显示，我国居民国内旅游总消费由 1994 年的 1023.5 亿元升至 2019 年的 57250.9 亿元，国内旅游人数由 1994 年的 5.24 亿人次升至 2019 年的 60.06 亿人次，国外居民入境旅游总消费由 1994 年的 72.23 亿美元升至 2019 年的 1312.54 亿美元，出入境旅游总人数由 1994 年的 0.49 亿人次升至 2019 年的 2.62 亿人次。2019 年旅游业直接和间接就业 7987 万人，占全国就业总人口的 10.31%，旅游业对 GDP 的综合贡献为 10.94 万亿元，占 GDP 总量的 11.05%[②]。数据表明，我国居民家庭已经把消费扩展到服务享受和文化体验，旅游消费对促进我国经济增长的作用愈加显著，成为促进我国经济高质量发展的重要着力点。

与此同时，近年来随着移动互联网技术的快速进步、智能手机的迅速普及以及金融科技的快速发展，移动支付、数字货币等数字金融蓬勃兴起，对全球经济发展和居民生活带来全方位冲击（江小涓，2017）。"十四五"规划明确提出"要深入发展大众旅游、智慧旅游，创新旅游产品体系，改善旅游消费体验"。在当前新冠疫情防控常态化背景下，截至 2021 年 6 月，我国在线旅行预订用户规模达 3.67 亿，较 2020 年 12 月增长 2411 万，占网民整体的 36.3%[③]。数据表明，"互联网+"已成为居民旅游新场景、智慧旅游新动能。依托于互联网、大数据等技术的移动支付能够提高支付的便利性、有效降低金融成本，从而促进居民消费增长（尹志超等，2019a；张勋等，2020）。而旅游业各种业态均以支付为核心，支付方式的演变催生新的旅游消费体验。通过移动支付及其产生的海量大数据，实

[①]　国家统计局，历年《中国统计年鉴》。
[②]　国家统计局，历年《中国旅游统计年鉴》。
[③]　中国互联网络中心：《第 48 次中国互联网发展统计报告》。

现对旅行者的识别、观察和引导，营造便捷的消费场景和高效的服务环境，从而满足旅行者个性化以及智能化需求。

《2021 年中国第三方支付行业研究报告》数据显示，2020 年我国第三方移动支付交易规模达到 249.2 万亿元，同比增长 10.2%①。依托大数据、云计算等技术发展的移动支付市场规模庞大，对经济社会发展的影响已不容忽视。而作为新型"互联网+"支付方式的移动支付成为打通"线上"与"线下"旅游消费场景的新窗口，能够下沉到"吃住行游购娱"全方位渠道，从而驱动旅游消费场景升级，深刻改变居民旅游出行决策和消费习惯。那么我国移动支付的发展与居民出游人数以及旅游消费是否具有一定的关联呢？图 16-1 表明，随着移动支付市场规模的增加，我国国内游客人数以及居民最终消费支出在同步增长。当前我国经济转向高质量发展阶段，同时新冠疫情防控进入常态化，在此背景下如何释放内需、发挥旅游消费的基础性作用值得深入思考。移动支付因其支付便利性、提高社会互动以及增强信任等特征，能为我国旅游智慧化、数字化转型带来新的契机。因此，移动支付对我国家庭旅游消费的影响是一个值得深入研究的重要问题。

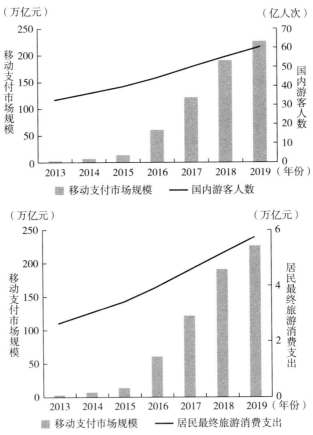

图 16-1　移动支付发展、国内出游人数与居民旅游消费增长：2013～2019 年

注：数据来自《中国统计年鉴》、艾瑞咨询《2021 年中国第三方支付行业研究报告》。

---

①　艾瑞咨询.2021 年中国第三方支付行业研究报告［EB/OL］. http://report. iresearch. cn/report/202105/3785. shtml.

为了考察移动支付对家庭旅游消费的影响，首先利用中国家庭金融调查（CHFS）2017~2019 年面板数据，检验移动支付对家庭出游决策以及旅游消费的影响。其次从支付便利性、社会互动以及信任三个维度探讨移动支付影响家庭旅游消费的作用机制。最后从人力资本、物质资本、年龄以及城乡差异四个视角讨论移动支付对家庭旅游消费的异质性影响。

第二节　文献综述与研究假设

一、文献综述

中国特色社会主义进入新时代，我国居民日益向往更高品质的美好生活，中国家庭旅游市场需求不断增长，有关家庭旅游消费的决定因素受到了国内外学者广泛关注（Lehto et al.，2017；Fu and Lehto，2018；Wu and Wall，2017；易柳夙和吴茂英，2020）。以往研究有关家庭旅游消费的影响因素主要从家庭微观层面进行探讨，相关研究主要集中在以下三个方面：①家庭经济状况对旅游消费的影响。在传统相对收入假设、持久收入假设以及生命周期理论的消费理论框架下，收入被认为是影响居民旅游消费最直接、最根本的因素之一（Yang et al.，2014；Gu and Dake，2004；Kim et al.，2012）。学者们利用微观家庭数据，实证研究表明家庭持久收入（张秋惠和刘金星，2010；王明康和刘彦平，2021）、收入来源（邓涛涛等，2020；张云亮和冯珺，2019；杨勇，2015）、预期收入（魏翔，2020）均对家庭旅游消费产生显著的正向影响。除了家庭收入以外，马轶群（2016）使用非线性平滑机制转移模型发现家庭债务对旅游消费的影响是不断变化的，当家庭债务超过一定阈值时，其对家庭旅游消费的促进作用会转变为抑制。②家庭结构对旅游消费的影响。Alegre 等（2013）使用 2006~2010 年西班牙家庭预算调查数据，实证研究发现家庭成员数量对家庭出游决策以及旅游消费有显著的抑制作用。③家庭生命周期阶段对旅游消费的影响。Bernini 和 Cracolici（2015）利用 1997~2007 年意大利家庭微观数据，使用栅栏模型实证研究发现年龄对旅游出行欲望有显著负向影响，但对旅游支出有显著正向影响。当户主年龄在 25~34 岁时家庭旅游消费支出达到高峰（张金宝，2014）。而对于老年家庭来说，退休显著降低了其家庭旅游消费水平，可能的原因是隔代照料孩童挤占其闲暇时间（任明丽和孙琦，2020）。同时已婚家庭、孩子数量以及户主教育水平均对家庭出游决策以及旅游支出产生重要影响（Alegre et al.，2013）。除了以上三个方面，另有一些学者研究表明带薪休假制度（Zhang et al.，2016；魏翔等，2019）、互联网普及程度（孙根紧等，2020）、房产价格波动（Kim et al.，2012）以及文化差异（Zheng and Zang，2013）均会对家庭旅游消费产生影响。

通过以上文献梳理可以发现，关于移动支付对家庭旅游消费影响的文献相对缺乏。依托于大数据、云计算等互联网信息技术发展演变的移动支付在近年来获得飞速发展，因此也引起国内外学者重点关注。当前有关移动支付的文献主要探讨其带来的微观效应，并持有支持和怀疑两种态度。持积极态度相关学者认为，首先，移动支付能够降低不确定事件对家庭收入带来的负向冲击，实现风险分担（Jack and Suri，2014）。其次，移动支付能够使家庭资金流动性增强，进而提高家庭福利（Munyegera and Matsumoto，2016）。再次，移动支付能够缓解家庭信贷约束，显著促进家庭创业概率并提高创业经营绩效（尹志超等，2019a）。最后，移动支付能够降低交易成本，从而减少家庭不同层次货币需求（尹志超等，2019b）。然而也有部分学者对移动支付带来的福利效应持怀疑态度。Raphael（2016）研究表明，使用移动支付的用户在交易过程中可能遇到风险和障碍，他认为这会对部分金融脆弱性高的家庭产生显著负面影响。

作为交易的"最后环节"，支付体验直接影响居民旅行体验，因此预期移动支付对家庭出游决策以及旅游消费有显著影响。然而，目前直接考察移动支付对家庭旅游消费的文献较为缺乏。陈战波等（2021）利用中国家庭金融调查微观数据，实证研究发现移动支付能够促进农村居民消费升级，进一步有效释放农村家庭消费潜力。Liu 等（2020）研究表明，在新冠疫情影响下我国居民家庭消费显著下降，而移动支付因其线上支付和线下无接触支付的便利性，显著促进城镇家庭消费，而对农村家庭无影响。同时移动支付能够弱化支付购买心理压力、缓解信贷约束从而刺激家庭居民消费，促进家庭消费结构升级，而金融素养在这一过程中起到了一定的调节作用（张岳和彭世广，2020）。

综上所述，国内外现有文献有关移动支付如何影响家庭旅游消费的研究较为缺乏，基于家庭微观数据进行实证检验的文献更加匮乏。本章将利用具有全国代表性的家庭金融调查面板数据，探讨移动支付对我国家庭旅游消费的影响。相较于已有文献，本章可能的边际贡献体现在以下三个方面：①从移动支付的视角研究家庭旅游消费行为，丰富了家庭旅游消费相关研究文献。②不仅使用固定效应模型和工具变量估计缓解了不随时间变化因素、反向因果和遗漏变量导致的内生性问题，还利用差分模型考察移动支付对家庭旅游消费增量的影响，更好地识别了移动支付与家庭旅游消费间的因果效应。③从支付便利性、社会互动以及信任三个视角切入，深入研究移动支付影响家庭旅游消费的作用机制。本章的研究为旅游智慧化、数字化转型提供了重要解释，证实移动支付引领旅游消费发展新趋势。如何建立更加完整的旅游支付体系，创造新型旅游商业模型，全面提升旅游体验将是下一步研究重点。

二、研究假设的提出

根据科斯交易成本理论，当事人为达成交易所付出的时间、精力以及相关费用构成交易成本（Coase，1937；Lee and Sabourian，2007）。非现金支付、信用卡支付以及移动支付在完成交易过程中均存在交易成本。移动支付相较于传统支付能够在以下三个方面降低交易成本，从而增加消费者剩余：①移动支付降低信息搜寻成本。在现金支付方式下，居民为了找到合适的旅游目的地需要由亲友推荐或从书籍报纸中获取有效信息，从而付出大量信息搜寻成本。而在移动支付方式下，一方面，各类旅游 App 为游客旅游信息检索和互动创造新的场所，游客完全可以在线上以很低的成本构建完整旅游消费链，有效缓解了游客与商家的信息不对称（Gretzel et al.，2012）；另一方面，移动支付作为新型支付方式能够使线上线下旅游机构实现无缝连接，海量旅游支付大数据经过互联网信息技术处理能够精确匹配游客旅行偏好，从而为游客推荐满足其需求的旅行服务，大大降低信息搜寻成本。②移动支付降低支付成本。在现金支付方式下，"吃住行游购娱"全过程中都存在着信息不对称，导致交易价格通常偏高，从而产生一定的支付成本。而在移动支付方式下，首先，游客在线上选定旅行计划时不仅会享受团购、折扣等优惠，而且经常会在成交价基础上享受各类旅游 App 提供的满减福利，降低了支付成本；其次，第三方支付平台由于激烈的市场竞争，往往相继推出大力度优惠，甚至免单出游活动，从而降低了旅行支付成本。③移动支付降低时间成本。游客在出游过程中对于时间效率有着很高的需求。在现金支付方式下，游客出行过程中在购买和支付过程中避免不了排队等候，浪费大量时间，旅游幸福大打折扣。而在移动支付方式下，首先，通过各类旅游 App 可以提前制订出游计划，进行远程支付，减少现场支付带来的时间损耗；其次，旅行过程中通过"扫一扫""刷脸"以及车牌识别等无感现场支付，能够免去旅行过程中排队等候，取钱、交钱以及找钱等烦琐过程，极大地提升了时间效率，降低时间成本。

根据双通道心理账户理论，消费者在进行消费决策时会受到"从消费中获得快乐"和"支付时的痛苦"两个心理通道影响（Prelec and Loewenstein，1998）。如果"从消费中获得快乐"效用大于"支付时的痛苦"，并且消费与支付之间的时间间隔越久，那么消费者的心理成本就会降低，认为此次消费是满意的。在现金支付方式下，居民在外出旅行过程中其享受的快乐会大打折扣。一方面，支付的现金会直观消失于自己的钱包，另一方面，支付与"吃住行游购娱"所进行的消费时间间隔较短，因此游客在进行旅游消费决策时支付的疼痛感较强，从而给游客旅行体验带来负向影响。而在移动支付方式下，首先，游客在进行旅行支付时其消费金额仅仅以数字形式消失于电子账户且整个支付非常迅速，不用经历现金支付"付钱找钱"以及信用卡支付"输入密码、账单签名"等环节，支付所带来的痛苦得到有效削弱。其次，移动支付有类似于信用卡延期支付的功能，例如，花呗、京东白条等。因此居民在旅行过程中可以享受"先旅游后支付"，支付与消费之间的时间间隔大大延长，从而进一步减少"支付时的痛苦"，增加游客出游意愿与旅行消费。

根据以上分析，移动支付作为新型支付工具在居民制订出游计划以及旅行过程中可以降低搜寻成本、支付成本以及时间成本，从而增加居民出游意愿以及旅游消费。从心理学角度分析，移动支付带来的心理账户损失感小于现金支付，能够削弱支付痛苦，从而增加居民出游意愿以及旅游消费。据此，提出假设 H1：

H1：移动支付能够提高家庭出游意愿，促进旅游支出增加。

根据购买时间模型，消费者为方便购买商品而持有货币，当消费者持有的实际货币余额越多时，其交易所需时间就越短，相应闲暇时间也会越多（McCallum and Goodfriend，1988）。谢绚丽等（2018）研究表明，移动支付作为新型支付方式能够提升支付便利性。一方面，居民在制定出游规划时可以通过各类旅行 App 线上筛选出最符合自身预期的旅行目的地，而不用通过亲友推荐或传统媒介获取相关旅游目的地信息。在筛选出旅行目的、制定最优旅行规划之后，即可立即在线上进行旅行支付，极大地提升居民旅游消费体验。另一方面，在居民"吃住行游购娱"全过程中，通过"扫一扫""刷脸"等即可完成支付，既方便又快捷，从而提升居民旅游消费体验。因此，移动支付可能通过提高支付的便利性影响家庭出游决策以及旅游消费。

移动支付的出现改变传统社交方式，人们逢年过节纷纷通过微信、支付宝等第三方支付平台进行节日祝福以及红包转账，有效维系亲友间社交网络关系，增强居民社交互动。何圆等（2021）研究发现，社会互动对居民消费升级有显著促进作用，社会互动基于消费行为信息的示范效应能够提升居民攀比性消费，基于消费品的认知效应则能够改善居民生活品质。随着我国居民生活水平日益提高，为了得到更好的旅行体验，居民对旅游相关信息沟通需求日益增加。智能手机的发展以及各类旅游 App 的出现为游客出游信息搜索和与他人交流旅行体验创造新场所（Wang et al.，2014）。居民在各类旅游 App 通过移动支付完成订单后，可以根据消费体验进行评价且可以与其他游客进行互动，这些评价信息会影响其他游客出游意愿。并且通过旅行移动支付后的社交媒体互动（旅行路线分享、公众号推文等）和消费体验反馈意见，旅游服务提供商可以将游客从"线下"引导到"线上"平台，形成完整、闭合、可循环的消费链。因此，移动支付可能通过增强社会互动影响家庭出游决策以及旅游消费。

消费者个人信任倾向会对其最终购买意愿产生显著影响（潘煜等，2010）。相较于经常消费性项目，旅游、娱乐等商品单价较高，在消费过程中面临的逆向选择和道德风险问题更加突出，信任对旅游、娱乐等非经常消费项目影响更大（冯春阳，2017）。依托于互联网、云计算以及大数据等迅速发展的移动支付能够在一定程度上缓解买卖双方互不信任问题。首先，在居民"吃住行游购娱"全过程通过移动支付交易所产生的消费大数据可以为旅游服务提供商和游客信用进行评价，缓解双方信息不对称问题，从而增加彼此信任；其次，在旅行过程中通过移动支付完成的所有消费均可溯源，极大程度缓解假币欺诈、抢劫偷盗等行为，给旅行者提供一个健康有序的交易环境，提升整个社会信任水平；最后，微信、支付宝等第三方支付平台，以担保交易的方式解决旅行服务提供商与游客的不信任问题。因此，移动支付可能通过构建旅游服务供应商与旅客的信任机制影响家庭出游决策以及旅游消费。据此，提出假设 H2：

H2：移动支付通过提高便利性、社会互动以及信任影响家庭出游意愿以及旅游支出。

综上所述，移动支付可能会显著提高家庭出游意愿、促进家庭旅游支出。进一步地，支付便利性、社会互动以及信任可能是移动支付影响家庭出游意愿以及旅游支出的重要原因。接下来将基于中国家庭金融调查微观数据对上述假设进行实证检验。

第三节　数据来源与实证模型

一、数据来源

本章数据来自 2017 年和 2019 年中国家庭金融调查（China Household Finance Survey，CHFS）。该项目由西南财经大学中国家庭金融调查与研究中心发起，目前已完成五轮调查（2011~2019 年，每两年一轮）。CHFS 样本分布于 29 个省（除新疆、西藏、港澳台地区）、367 个县（区、县级市）、1481 个社区，覆盖家庭 4 万余户。问卷涵盖家庭人口特征、收入与各类支出、支付习惯以及资产与负债等相关信息，具有较高的数据质量和代表性（甘犁等，2013），为本章考察移动支付对家庭旅游消费提供重要数据支持。在样本处理上，首先将家庭、个人以及社区数据库进行匹配，其次进行数据清洗和剔除相关变量缺失值，最后保留 34580 个家庭样本。

二、变量介绍

（1）解释变量。本章关注的主要解释变量为移动支付使用情况。移动支付相关问题在

2017 年 CHFS 问卷中选项包括：①现金；②刷卡（信用卡、银行卡等）；③通过电脑支付（网银、支付宝等）；④通过手机、iPad 等移动终端支付（支付宝 App、微信支付、Apple Pay 等）；⑤其他。借鉴尹志超等（2019a）的做法，如果受访者回答中包括选项④，那么定义为使用移动支付，将其赋值为 1，否则为 0。移动支付相关问题在 2019 年 CHFS 问卷中选项包括：①现金；②刷信用卡；③刷借记卡；④微信支付；⑤支付宝支付；⑥手机银行、网银；⑦其他。若受访者回答中包括选项④或⑤，则定义为使用移动支付。由表 16-1 可以看出，2017 年和 2019 年移动支付使用比例分别为 22.1% 和 49.9%，整体呈现上升趋势。

（2）被解释变量。本章研究移动支付对家庭旅游消费的影响，被解释变量包括家庭出游决策、家庭旅游支出以及家庭旅游支出占比。CHFS 问卷中有关家庭旅游支出的问题有：①过去一年，您家旅游总支出是多少元？②这里的旅游支出包括旅行中产生的各种交通费、门票费、住宿费等，包括本地旅游与外地旅游。如果家庭过去一年旅游支出大于 0，则定义为家庭出游，将其赋值为 1，否则为 0。家庭旅游支出占比定义为过去一年内家庭旅游支出占家庭总支出的比重，家庭总支出包括衣着、食品、居住、生活及服务、交通和通信、教育、文化和娱乐、医疗保健以及其他用品和服务八类。根据表 16-1 的描述性统计，2017 年有 17.2% 的家庭出游，旅游支出为 0.151 万元，旅游支出占比为 1.6%。2019 年以上三个指标分别为 22.3%、0.183 万元以及 1.5%。可以看出，家庭出游比例以及旅游支出呈上升趋势，而家庭旅游支出占比略有下降。

（3）控制变量。参照尹志超等（2019a）、张勋等（2020）、王明康和刘彦平（2021）的做法。选取的控制变量包括户主特征变量（年龄、婚姻状况、受教育年限、身体健康状况、居住地、是否有工作）、家庭特征变量（家庭规模、家庭总收入、家庭总负债、家庭总资产、家庭是否拥有自有住房）。同时为了剔除使用智能手机对家庭旅游消费的影响，还控制了户主是否使用智能手机。根据表 16-1 描述性统计，2019 年户主平均年龄为 57.930 岁，已婚比例为 85.3%，城镇居住比例为 59.0%，户主平均受教育年限为 8.780 年，反映出我国家庭整体受教育水平还有待提高。2019 年户主自评健康平均得分为 2.769 分，属于中等偏上水平。2017 年和 2019 年户主使用智能手机的比例分别为 58.3% 和 67.2%，反映出我国智能手机普及率逐年升高。2019 年家庭总收入平均为 8.134 万元，家庭总负债平均为 5.278 万元，家庭拥有自有住房的比例高达 92.2%。在数据处理的过程中，剔除了家庭收入小于 0、家庭总支出小于 0、户主年龄小于 16 岁的样本。具体变量描述性统计见表 16-1。

表 16-1　变量描述性统计

变量名称	2017 年			2019 年		
	观测值	均值	标准差	观测值	均值	标准差
出游决策（%）	17290	0.172	0.378	17290	0.223	0.417
旅游支出（万元）	17290	0.151	0.732	17290	0.183	0.786
旅游支出占比（%）	17290	0.016	0.054	17290	0.015	0.047
移动支付	17290	0.221	0.415	17290	0.475	0.499
户主年龄（岁）	17290	56.310	13.320	17290	57.930	13.020
户主已婚	17290	0.866	0.341	17290	0.853	0.354
受教育年限（年）	17290	8.705	3.985	17290	8.780	3.961
户主健康水平（分）	17290	2.706	1.026	17290	2.769	1.005

变量名称	2017 年			2019 年		
	观测值	均值	标准差	观测值	均值	标准差
城镇	17290	0.585	0.493	17290	0.590	0.492
智能手机	17290	0.583	0.493	17290	0.672	0.469
户主有工作	17290	0.625	0.484	17290	0.645	0.478
家庭规模	17290	3.258	1.590	17290	3.140	1.562
家庭总收入（万元）	17290	7.384	15.230	17290	8.134	18.960
家庭总负债（万元）	17290	4.400	19.350	17290	5.278	31.360
家庭总资产（万元）	17290	91.380	192.300	17290	113.100	593.700
自有住房	17290	0.925	0.264	17290	0.922	0.268

三、模型设定

首先考察移动支付对家庭出游决策的影响，计量模型设定如下：

$$Tour_{it} = \alpha + \beta_1 Payment_{it} + \beta_2 X_{it} + c_i + \lambda_t + \varepsilon_{it} \tag{16-1}$$

其中，i 表示家庭，t 表示年份。$Tour_{it}$ 是家庭出游决策变量，如果家庭过去一年旅游支出大于 0，该变量赋值为 1，否则为 0。$Payment_{it}$ 是家庭移动支付变量，如果家庭使用移动支付则赋值为 1，否则为 0。X_{it} 表示控制变量，c_i 表示家庭固定效应，λ_t 表示年份固定效应，ε_{it} 表示随机扰动项。

为了估计移动支付对家庭旅游消费的影响，计量模型设定如下：

$$T\_C_{it} = \alpha + \beta_1 Payment_{it} + \beta_2 X_{it} + c_i + \lambda_t + \varepsilon_{it} \tag{16-2}$$

其中，i 表示家庭，t 表示年份。T_C_{it} 表示家庭旅游消费支出。与式（16-1）相同，$Payment_{it}$ 表示家庭移动支付变量，X_{it} 表示控制变量，c_i 表示家庭固定效应，λ_t 表示年份固定效应，ε_{it} 表示随机扰动项。

对于不同家庭其旅游支出占家庭总支出比重是不同的。由表 16-1 可知，样本中 2017 年和 2019 年家庭出游的比例分别为 17.2% 和 22.3%，因此样本中存在大量没有出游家庭，这些家庭旅游支出占比为 0。因此使用 Tobit 左侧截断模型估计移动支付对家庭旅游支出占比的影响，计量模型设定如下：

$$Ratio_i^* = \alpha + \beta_1 Payment_i + \beta_2 X_i + \varepsilon_i \tag{16-3}$$

$$Ratio_i = \max(0, Ratio_i^*) \tag{16-4}$$

其中，$Ratio_i^*$ 表示潜变量，$Ratio_i$ 表示第 i 家庭旅游支出占比，使用过去一年家庭旅游支出除以家庭总支出计算。$Payment_i$、X_i、ε_i 分别表示第 i 家庭移动支付使用情况、控制变量以及随机扰动项。

进一步地，为了考察在 2017 年和 2019 年一直使用移动支付和新增移动支付对家庭旅游消费的影响，通过差分方式进行模型估计，具体计量模型设定如下：

$$T\_C_i = \beta_1 Payment_{11} + \beta_2 Payment_{01} + \beta_3 X_i + \varepsilon_i \tag{16-5}$$

$$\Delta T\_C_i = \beta_1 Payment_{11} + \beta_2 Payment_{01} + \beta_3 \Delta X_i + \varepsilon_i \tag{16-6}$$

其中，ΔT_C_i 表示 2017 年和 2019 年 2 期旅游消费支出的差分。将移动支付分为四类，分别为 2 期一直使用移动支付（$Payment_{11}$）、第 1 期未使用而第 2 期使用，即新增移动支付（$Payment_{01}$）、第 1 期使用而第 2 期未使用（不符合现实情况且样本中该类型家庭比例为 0，用 $Payment_{10}$ 表示）以及一直未使用移动支付（$Payment_{00}$），在我们的模型估计中，一直未使用移动支付作为参照组。ΔX_i 为相关控制变量的 2 期差分。T_C_i、X_i、ε_i 含义与式（16-2）相同。

四、内生性讨论

尽管基于中国家庭金融调查 2017~2019 年平衡面板数据，使用固定效应模型控制了不随时间变化的家庭层面遗漏变量，在一定程度上克服内生性偏误。但上述计量模型（16-1）~（16-3）中仍可能存在反向因果和遗漏变量问题导致的内生性估计偏误。一方面，家庭有可能为提高支付便捷度、获得更好的旅游体验而安装第三方支付平台并使用移动支付，因此可能带来反向因果问题。Dutta 和 Weale（2001）研究表明，消费者在购买单价较高的商品时，会更倾向于使用非现金支付。因此，家庭旅游支出与移动支付之间可能存在反向因果问题。另一方面，消费者个人旅行偏好、接受新鲜事物的能力以及成长经历等不可观测变量可能既会影响其移动支付使用，也会影响其旅游支出，从而产生遗漏变量问题。

为了克服上述模型中可能由于反向因果和遗漏变量导致的内生性问题，使用工具变量估计解决模型中可能存在的内生性问题。借鉴 Rozelle 等（1999）、Nevo 和 Rosen（2012）的思路，选用同一社区内除自身以外使用移动支付的家庭占比作为本章工具变量。Araujo 等（2010）研究表明，同一社区中具有大致相同特征（年龄、家庭地位等）的群体之间存在同侪效应。一方面，由于存在同侪效应，家庭是否使用移动支付与其生活所在地区密切相关，因而一个家庭是否使用移动支付与同一社区类似家庭移动支付使用情况密切相关，满足工具变量相关性条件；另一方面，其他家庭是否使用移动支付并不会对家庭自身旅游支出造成影响，因此该工具变量满足工具变量外生性条件。综上所述，本章工具变量在理论上是可行的，具体检验结果会在实证结果分析部分给出。

第四节　实证结果分析

一、准回归结果

（一）固定效应模型估计结果

表 16-2 汇报了移动支付对家庭旅游消费影响的估计结果，所有回归均控制了户主特征变量、家庭特征变量、家庭固定效应以及年份固定效应。表 16-2 第（1）（2）列考察了移动支付对家庭出游决策的影响。第（1）列固定效应模型估计结果显示，移动支付估计系数为 0.0731，且在 1% 水平上显著，表明移动支付能够显著提升家庭出游意愿。在控制变量方面，户主年龄、受教育年限、城镇居民、使用智能手机、家庭规模、家庭总收入、家庭总负债、家庭总资产与家庭出游决策正相关。户主健康状况则对家庭出游决策有显著的负向影响。第（2）列为工具变量估计，结果表明在考虑内生性问题后，移动支付对家庭出游决策的影响依然显著为正，估计系数为 0.1880。这一结果表明，相较于未使用移动支付家庭，使用移动支付能够将家庭出游概率提升 18.8%。第（2）列底部 Davidson-MacKinnon 内生性检验结果在 1% 显著性水平上拒绝了移动支付不存在内生性的原假设，

说明移动支付变量在模型估计中是内生的。一阶段估计的 F 值为 161.45，超过了 Stock 和 Yogo（2002）提出的 16.38 临界值，表明不存在弱工具变量问题。一阶段 T 值为 59.45 且在 1% 置信水平上显著，说明移动支付与工具变量具有相关性。以上分析表明，移动支付能够显著提升家庭出游概率。表 16-2 第（3）（4）列报告了移动支付对家庭旅游支出估计结果，第（3）列固定效应模型估计结果表明，移动支付能够显著促进家庭旅游支出，估计系数为 0.0502 且在 1% 置信水平上显著。在控制变量方面，城市居民对家庭旅游支出有显著的正向影响；家庭收入能够显著促进家庭旅游支出；户主健康状况则对家庭旅游支出有显著的抑制作用。第（4）列为工具变量估计，结果显示移动支付对家庭旅游支出的正向作用依然存在，估计系数为 0.0883。第（4）列底部 Davidson-MacKinnon 内生性检验在 1% 置信水平上拒绝移动支付不存在内生性的原假设，表明移动支付在计量模型（16-3）中是内生变量。工具变量一阶段估计结果显示，F 值为 161.45，远大于 16.38 临界值，表明本章选取的工具变量不是弱工具变量。一阶段 T 值为 59.45 且通过了 1% 置信水平检验，表明移动支付与工具变量是相关的。以上分析表明，移动支付能够显著促进家庭旅游消费。

表 16-2　移动支付对家庭旅游消费的影响：固定效应模型

变量名称	（1）	（2）	（3）	（4）
	家庭出游决策		家庭旅游支出	
	FE	IV-FE	FE	IV-FE
移动支付	0.0731 ***	0.1880 ***	0.0502 ***	0.0883 ***
	（0.0066）	（0.0150）	（0.0146）	（0.0281）
户主年龄	0.0010 **	0.0006	0.0007	0.0005
	（0.0004）	（0.0004）	（0.0008）	（0.0008）
户主已婚	−0.0099	−0.0071	−0.0009	−0.0086
	（0.0123）	（0.0122）	（0.0225）	（0.0228）
受教育年限	0.0024 *	0.0011	0.0017	0.0013
	（0.0012）	（0.0014）	（0.0030）	（0.0025）
健康水平	−0.0094 ***	−0.0103 ***	−0.0073 *	−0.0076
	（0.0030）	（0.0032）	（0.0041）	（0.0059）
城镇	0.0564 **	0.0340	0.0245 *	0.0170
	（0.0264）	（0.0325）	（0.0125）	（0.0610）
户主有工作	−0.0032	−0.0088	0.0092	0.0073
	（0.0068）	（0.0075）	（0.0097）	（0.0140）
智能手机	0.0290 ***	0.0029	0.0109	0.0022
	（0.0070）	（0.0085）	（0.0097）	（0.0160）
家庭规模	0.0049 *	0.0024	0.0023	0.0015
	（0.0046）	（0.0029）	（0.0047）	（0.0055）
家庭总收入	0.0048 ***	0.0044 ***	0.0024	0.0023
	（0.0012）	（0.0013）	（0.0027）	（0.0024）
家庭总负债	0.0014 **	0.0015 **	0.0004	0.0004
	（0.0006）	（0.0006）	（0.0011）	（0.0012）
家庭总资产	0.0124 ***	0.0059 **	0.0125 ***	0.0104 **
	（0.0020）	（0.0024）	（0.0043）	（0.0045）
自有住房	−0.0010	0.0009	0.0393	0.0432 *
	（0.0129）	（0.0131）	（0.0482）	（0.0246）
家庭固定效应	控制	控制	控制	控制
年份固定效应	控制	控制	控制	控制
观测值	34580	34580	34580	34580

续表

变量名称	(1)	(2)	(3)	(4)
	家庭出游决策		家庭旅游支出	
	FE	IV-FE	FE	IV-FE
Davidson-MacKinnon 检验		73.04***		2.206***
一阶段 F 值		161.45		161.45
一阶段工具变量 T 值		59.45		59.45

注：*、**、***分别表示在10%、5%、1%的水平上显著。括号内为聚类到家庭层面的稳健标准误。

（二）Tobit 模型估计结果

移动支付对家庭旅游支出占比的估计结果见表16-3。其中第（1）列为 Tobit 模型估计结果，结果显示，移动支付估计系数为0.0406，且在1%水平上显著，表明相较于未使用移动支付的家庭，移动支付能够将家庭旅游支出占比提高4.06%，经济意义显著。第（2）列为 IV-Tobit 模型估计的结果，估计系数为0.0697，且在1%水平上显著为正。这说明在使用工具变量法后，依然支持移动支付能够显著提升家庭旅游支出占比这一结论。一阶段估计 F 值为309.71，T 值为55.65 且在1%水平上显著，Wald 检验为10.33 且在1%水平上显著，表明本章选取的工具变量是合适的。以上分析表明，移动支付能够显著提升家庭旅游消费占比。

表 16-3　移动支付对家庭旅游消费占比的影响：Tobit 模型

变量名称	(1)	(2)
	家庭旅游支出占比	
	Tobit	IV-Tobit
移动支付	0.0406***	0.0697***
	(0.0027)	(0.0094)
控制变量	控制	控制
观测值	34580	34580
一阶段 F 值		309.71
一阶段工具变量 T 值		55.65
Wald 检验		10.33***

注：*、**、***分别表示在10%、5%、1%水平上显著。括号内为异方差稳健标准误。控制变量与表16-2一致。下同。

（三）差分模型估计结果

为了考察一直使用移动支付与新增移动支付对家庭旅游消费的影响，进一步使用差分模型进行估计，结果见表16-4。表16-4 第（1）列一直使用移动支付的估计系数为0.2150，新增移动支付的估计系数为0.0524，均在1%置信水平上显著。结果表明移动支付能够显著提升家庭旅游支出，并且相较于未使用移动支付和新增移动支付，一直使用移动支付对家庭旅游支出的促进作用更强。表16-4 第（2）列报告了一直使用移动支付与新增移动支付对家庭旅游支出差分的影响。结果显示，一直使用移动支付和新增移动支付对家庭旅游支出差分的影响分别在5%和1%置信水平上显著，估计系数分别为0.0485 和0.0533。上述结果表明，相较于未使用移动支付和一直使用移动支付，新增移动支付对家庭旅游支出增量的促进作用更强，进一步证实了移动支付对家庭旅游支出的正向作用。

综上所述，移动支付能够显著提高家庭出游概率，提升家庭旅游消费，研究假设 H1 成立。

表16-4　移动支付对家庭旅游消费的影响：差分模型

变量名称	（1）	（2）
	家庭旅游消费	Δ家庭旅游消费
	OLS	
一直使用移动支付	0.2150*** （0.0199）	0.0485** （0.0209）
新增移动支付	0.0524*** （0.0157）	0.0533*** （0.0160）
控制变量	控制	
Δ控制变量		控制
观测值	16789	16789

二、稳健性检验

（一）更换家庭旅游消费的定义方式

为了验证基准回归结果稳健性，借鉴刘晶晶等（2016）、王明康和刘彦平（2021）的做法，使用人均家庭旅游消费替换家庭旅游消费进行估计。表16-5第（1）列固定效应模型估计结果表明，移动支付能够显著提升家庭人均旅游支出，估计系数为0.0193。表16-5第（2）列为工具变量估计结果，移动支付估计系数为0.0280，且在5%置信水平上显著，表明在克服第（2）列模型可能存在的内生性问题后，移动支付依然显著促进了家庭人均旅游消费。以上结果表明，移动支付对家庭旅游消费的促进作用是稳健的。

表16-5　稳健性检验1：更换家庭旅游消费的定义方式

变量名称	（1）	（2）
	家庭人均旅游消费	
	FE	IV-FE
移动支付	0.0193*** （0.0070）	0.0280** （0.0129）
控制变量	控制	控制
家庭固定效应	控制	控制
年份固定效应	控制	控制
观测值	34580	34580
Davidson-MacKinnon检验		0.545***
一阶段F值		353.39
一阶段工具变量T值		59.45

（二）放松工具变量的排他性约束条件

尽管本章工具变量选择借鉴了已有研究成果的做法，但依然无法完全排除工具变量是否会通过其他渠道影响家庭旅游消费。为了检验工具变量估计稳健性，借鉴Conley等（2012）提出的近似于零方法（LTZ），该方法假定对工具变量的约束条件依然存在，但从"完全外生"变成了"近似外生"。假定工具变量是近似外生的，通过放松其排他性约束条件，使用LTZ方法检验近似外生条件下IV估计结果的稳健性。估计结果见表16-6，其中第（1）列被解释变量为家庭出游决策，结果表明，在近似外生的条件下，移动支付对家庭出游决策的估计系数仍然显著为正。表16-6第（2）列被解释变量为家庭旅游支出，结果表明在近似外生情形下，移动支付依然能够显著促进家庭旅游消费。以上结果表明，在放松对工具变量排他性约束后，基准回归结果依然保持稳健。

表16-6 稳健性检验2：放松工具变量的排他性约束条件

近似于零方法（LTZ）	(1) 家庭出游决策	(2) 家庭旅游消费
移动支付	0.2755***	0.1779***
	(0.0180)	(0.0351)
控制变量	控制	控制
家庭固定效应	控制	控制
年份固定效应	控制	控制
观测值	34580	34580

第五节 机制检验与异质性分析

一、机制检验

根据上文分析我们已经证实本章假设 H1，移动支付能够显著提升家庭出游概率，促进家庭旅游消费。但移动支付通过哪些渠道影响家庭出游决策以及旅游消费还需进一步检验。本章理论分析表明，移动支付可能通过提升居民支付便利性、社会互动以及信任水平来提升家庭出游概率并促进家庭旅游消费。接下来本章将从上述三个维度来实证检验移动支付影响家庭出游以及旅游消费的作用机制。

（一）移动支付、支付便利性与家庭旅游消费

已有研究表明移动支付能够极大地提升支付的便利性（谢绚丽等，2018）。居民在外出旅游的过程中，通过"扫一扫""刷脸"等即可完成旅行支付，极大地提升了旅游体验。易行健和周利（2018）、张勋等（2020）研究认为，居民网上购物频率越高，表明数字金融越能便利支付。因此，本章使用居民是否网上购物作为支付便利性的代理变量，如果家庭进行网上购物，将其赋值为1，否则为0。表16-7报告了移动支付、支付便利性与家庭旅游消费估计结果，其中第（1）（2）列被解释变量为家庭出游决策，第（3）（4）列被解释变量为家庭旅游消费。表16-7第（1）列固定效应模型估计结果显示，移动支付与网上购物交互项的估计系数为0.0462，且在1%水平上显著。表明当家庭对支付便利性有较高需求时，移动支付对家庭出游概率的正向影响更显著。表16-7第（2）列为工具变量法估计，结果表明在克服第（1）列模型可能存在的内生性问题时，结果依然保持不变。表16-7第（3）列为固定效应模型估计，结果表明移动支付与网上购物交互项系数在5%置信水平上显著，表明移动支付对支付便利需求更高的家庭旅游消费影响更大，表16-7第（4）列工具变量估计结果依然支持这一结论。以上分析表明，移动支付可以通过便利支付渠道促进家庭出游以及旅游消费。

表 16-7　移动支付、支付便利性与家庭旅游消费

变量名称	（1）	（2）	（3）	（4）
	家庭出游决策		家庭旅游消费	
	FE	IV-FE	FE	IV-FE
移动支付	0.0383***	0.1120***	0.0151	0.0173
	(0.0087)	(0.0251)	(0.0111)	(0.0469)
网购	0.0325***	-0.0558***	0.0012	-0.0515
	(0.0098)	(0.0174)	(0.0185)	(0.0326)
移动支付×网购	0.0462***	0.1570***	0.0585**	0.1470**
	(0.0137)	(0.0361)	(0.0297)	(0.0676)
控制变量	控制	控制	控制	控制
家庭固定效应	控制	控制	控制	控制
年份固定效应	控制	控制	控制	控制
观测值	34580	34580	34580	34580
Davidson-MacKinnon 检验		52.67***		2.82**
一阶段 F 值		93.23		1207.26
一阶段工具变量 T 值		5.25		5.25

（二）移动支付、社会互动与家庭旅游消费

Leung 等（2013）研究发现，社会互动和线上交流能够促进居民旅游消费增长。移动支付因其社交红包转账功能有效维系了亲友间的社交网络，增强了居民的社会互动。当前我国居民为了获得更佳的旅行体验，对旅游相关信息的需求也日益增长。各类旅游 App 的出现为居民信息搜索和交流提供了场所，游客在通过移动支付完成旅游订单后，可以与商家以及其他消费者进行旅游体验评价以及沟通，进而影响其他游客的旅游决策与消费。借鉴何圆等（2021）的做法，选用家庭一年内人情礼支出来代表家庭的社会互动情况，在回归模型中对人情礼支出进行对数处理。表 16-8 汇报了移动支付、社会互动与家庭旅游消费的估计结果，其中第（1）（2）列被解释变量为家庭出游决策，第（3）（4）列为家庭旅游支出。表 16-8 第（1）列为固定效应模型估计，结果显示移动支付与人情礼支出交互项系数为 0.0069，且在 1% 置信水平上显著，说明当家庭对社会互动需求更高时，移动支付对家庭出游的正向作用更强，第（2）列工具变量估计结果依然支持这一结论。表 16-8 第（3）列固定效应模型估计移动支付与人情礼支出交互项的系数为 0.0082，且在 5% 置信水平上显著。表明移动支付对家庭社会互动高的家庭旅游消费正向影响更大。考虑到移动支付可能存在的内生性，第（4）列结果表明移动支付与人情礼支出的交互项依然显著为正。以上分析表明，移动支付可以通过增强社会互动进而提升家庭出游概率以及旅游消费。

表 16-8　移动支付、社会互动与家庭旅游消费

变量名称	（1）	（2）	（3）	（4）
	家庭出游决策		家庭旅游消费	
	FE	IV-FE	FE	IV-FE
移动支付	0.0362***	0.1310***	0.0063	-0.0038
	(0.0097)	(0.0258)	(0.0155)	(0.0484)
人情礼支出	0.0015**	0.0001	0.0018	-0.0017
	(0.0007)	(0.0014)	(0.0012)	(0.0026)
移动支付×人情礼支出	0.0069***	0.0125***	0.0082**	0.0190**
	(0.0015)	(0.0034)	(0.0036)	(0.0065)

续表

变量名称	(1)	(2)	(3)	(4)
	家庭出游决策		家庭旅游消费	
	FE	IV-FE	FE	IV-FE
控制变量	控制	控制	控制	控制
家庭固定效应	控制	控制	控制	控制
年份固定效应	控制	控制	控制	控制
观测值	34580	34580	34580	34580
Davidson-MacKinnon 检验		48.63***		2.49**
一阶段 F 值		105.45		1491.29
一阶段工具变量 T 值		0.75		0.75

（三）移动支付、信任与家庭旅游消费

表 16-9 检验了移动支付能否通过信任这一渠道来影响家庭出游以及旅游消费。由于只有 CHFS2017 年问卷中涉及有关信任的问题，因此在此部分的估计结果仅使用 CHFS2017 年的截面数据。2017 年 CHFS 问卷有关信任的问题为："您对不认识的人信任度如何？"本章中定义的信任为虚拟变量，当户主回答为非常信任、比较信任和一般时，赋值为 1；当户主回答不太信任和非常不信任时，赋值为 0。表 16-9 第（1）（2）列与第（3）（4）列被解释变量分别为家庭出游决策和家庭旅游消费。表 16-9 第（1）列 OLS 模型估计结果表明移动支付与信任的交互项在 1% 置信水平上显著，为 0.0372，表明当家庭对信任需求更高时，移动支付对家庭出游概率的正向影响更显著。表 16-9 第（2）列两阶段最小二乘法估计结果表明，这一结论在克服移动支付内生性问题后依然成立。表 16-9 第（3）列 OLS 模型移动支付与信任交互项系数为 0.1220，且在 1% 水平上显著。表明当家庭对信任需求更高时，移动支付对其旅游消费的正向影响更强。在实际生活中，移动支付的出现有效缓解了旅游供应商与游客的信息不对称问题，同时依托第三方支付平台建立了一个健康有序的交易环境，因而能够缓解游客旅游过程中的不信任问题，从而促进家庭出游概率以及旅游消费。以上分析表明，移动支付能够增强信任从而提升家庭出游概率以及旅游消费。

表 16-9　移动支付、信任与家庭旅游消费

变量名称	(1)	(2)	(3)	(4)
	家庭出游决策		家庭旅游消费	
	OLS	2SLS	OLS	2SLS
移动支付	0.1250***	0.4330***	0.1460***	0.6290***
	(0.0067)	(0.0349)	(0.0155)	(0.0802)
信任	0.0287***	-0.0044	0.0266***	-0.0930***
	(0.0047)	(0.0082)	(0.0085)	(0.0291)
移动支付×信任	0.0372***	0.0606**	0.1220***	0.3440***
	(0.0101)	(0.0249)	(0.0336)	(0.0944)
控制变量	控制	控制	控制	控制
观测值	39833	39833	39833	39833
一阶段 F 值		566.69		566.69
一阶段工具变量 T 值		57.01		57.01
DWH 检验		57.28***		24.06***

综上所述，移动支付通过提高支付的便利性、增强社会互动、提升信任水平促进家庭

出游决策以及旅游消费，本章研究假设 H2 成立。

二、异质性分析

本章基准回归结果验证了移动支付对家庭出游概率以及旅游消费的正向作用，但移动支付对不同群体的影响可能存在差异。接下来将从物质资本、人力资本、年龄差异、城乡差异四个维度研究移动支付对家庭旅游消费的异质性影响。

（一）物质资本异质性分析

已有学者研究表明收入能够显著影响家庭旅游消费（邓涛涛等，2020；王明康和刘彦平，2021）。那么居民收入差异是否会影响移动支付对家庭旅游消费的促进效应？本章按照家庭总收入中位数（4.76 万元）将全样本分为低收入组和高收入组来考察移动支付对不同收入群体旅游消费的异质性影响。表 16-10 汇报了移动支付对不同收入群体家庭出游概率以及旅游支出的影响，其中第（1）（2）列被解释变量为家庭出游决策，第（3）（4）列被解释变量为家庭旅游消费。表 16-10 第（1）（2）列为固定效应模型估计，结果表明移动支付对高收入群体出游意愿的影响更为显著。表 16-10 第（3）列移动支付的估计系数为正，但统计意义上不显著。表 16-10 第（4）列移动支付估计系数为 0.0744，且在 5% 置信水平上显著，表明移动支付对高收入群体旅游支出有显著的促进作用。以上分析表明，移动支付对高收入群体出游决策以及旅游消费产生更大的影响。可能的原因是对于低收入群体而言，移动支付可能对其生存性消费产生一定的促进作用。而旅游作为更高层次的享乐型消费，高收入群体在满足了生存性消费的基础上，开始追求享乐型消费，在这一过程中移动支付为高收入群体提供了更加优质的旅游消费体验。

表 16-10　物质资本异质性：FE

变量名称	(1)	(2)	(3)	(4)
	家庭出游决策		家庭旅游消费	
	低收入	高收入	低收入	高收入
移动支付	0.0388***	0.0855***	0.0091	0.0744**
	(0.0093)	(0.0116)	(0.0058)	(0.0330)
控制变量	控制	控制	控制	控制
家庭固定效应	控制	控制	控制	控制
年份固定效应	控制	控制	控制	控制
观测值	17290	17290	17290	17290

注：*、**、*** 分别表示在 10%、5%、1% 的水平上显著。括号内为聚类到家庭层面的稳健标准误。除未控制家庭总收入，其余控制变量与表 16-2 相同。

（二）人力资本异质性分析

表 16-11 估计结果表明受教育程度会显著促进家庭出游概率以及旅游消费。受教育程度会影响居民的消费认知和观念，随着教育水平的提高，旅游消费水平也会提高。那么受教育程度差异是否会影响移动支付对家庭出游概率以及旅游支出的促进效应？接下来本章按照九年义务教育将全样本分为低人力资本组和高人力资本组。表 16-11 报告了移动支付对不同人力资本家庭出游决策以及旅游消费的估计结果，其中第（1）（2）列和第（3）（4）列被解释变量分别为家庭出游决策和家庭旅游消费。表 16-11 第（1）（2）列估计结果显示移动支付对高人力资本家庭出游产生更大的影响。表 16-11 第（3）列移动支付估计系

数为 0.0132，且在 10% 水平上显著。表 16-11 第（4）列移动支付估计系数为 0.1260，且在 1% 置信水平上显著。可以看出，移动支付对高人力资本家庭旅游消费产生的影响更为显著且影响更大。以上分析表明，移动支付对高人力资本家庭出游以及旅游消费产生的影响更大。相较于高人力资本家庭，一方面，人力资本家庭往往接触并使用移动支付的频率更低，很少或几乎不会使用旅游相关 App 查阅旅游相关信息、订购出行计划；另一方面，低人力资本家庭可能接受新鲜事物的能力较差，不愿意尝试使用移动支付便利其生活，因此大大弱化了移动支付对其出游决策以及旅游消费的影响。

表 16-11　人力资本异质性：FE

变量名称	（1）	（2）	（3）	（4）
	家庭出游决策		家庭旅游消费	
	低人力资本	高人力资本	低人力资本	高人力资本
移动支付	0.0508***	0.1240***	0.0132*	0.1260***
	(0.0073)	(0.0151)	(0.0070)	(0.0488)
控制变量	控制	控制	控制	控制
家庭固定效应	控制	控制	控制	控制
年份固定效应	控制	控制	控制	控制
观测值	24288	10292	24288	10292

注：*、**、*** 分别表示在 10%、5%、1% 的水平上显著。括号内为聚类到家庭层面的稳健标准误。除未控制户主受教育年限，其余控制变量与表 16-2 相同。

（三）年龄异质性分析

Bernini 和 Cracolici（2015）研究表明年龄对家庭旅游支出有显著的促进作用。那么移动支付对不同年龄群体出行意愿以及旅游支出有何影响？尤其老年群体拥有较多的闲暇和财富，其出游和消费的可能性更高，那么老年群体在旅游环节中是否会受到移动支付的影响？借鉴尹志超等（2019b）的做法，按照联合国世界卫生组织的标准将全样本分为 60 岁（包括 60 岁）以上的老年人家庭和 60 岁以下的中青年家庭，估计结果见表 16-12，其中第（1）（2）列为移动支付对不同年龄群体出游决策的影响。结果表明，移动支付对老年家庭出游决策产生更大的影响。表 16-12 第（3）列移动支付估计系数为 0.0334，且在 1% 水平上显著。表 16-12 第（4）列估计系数为 0.0518，且在 10% 水平上显著。可以看出，移动支付对老年群体旅游消费产生更大的影响。随着数字经济的不断发展，数字鸿沟问题不断凸显，对经济的发展和个人的福利产生极大的负向作用（尹志超等，2021a）。以上结果表明，移动支付在促进家庭出游以及旅游消费的过程中并没有产生更大的"数字鸿沟"。可能的原因是，老年群体在未使用智能手机和移动支付时，由于"数字鸿沟"的存在可能会对其福利产生一定的损失，而当老年人开始使用智能手机并用移动支付进行旅行支付时，移动支付会对其出游决策以及旅游消费产生更大的影响。

表 16-12　年龄差异：FE

变量名称	（1）	（2）	（3）	（4）
	家庭出游决策		家庭旅游消费	
	中青年	老年	中青年	老年
移动支付	0.0686***	0.0850***	0.0334***	0.0518*
	(0.0078)	(0.0151)	(0.0085)	(0.0322)
控制变量	控制	控制	控制	控制

变量名称	（1）	（2）	（3）	（4）
	家庭出游决策		家庭旅游消费	
	中青年	老年	中青年	老年
家庭固定效应	控制	控制	控制	控制
年份固定效应	控制	控制	控制	控制
观测值	19241	15339	19241	15339

注：*、**、***分别表示在10%、5%、1%水平上显著。括号内为聚类到家庭层面的稳健标准误。除为控制户主年龄，其余控制变量与表16-2相同。

（四）城乡异质性分析

表16-2估计结果表明，相较于农村居民，城镇居民对家庭出游以及旅游消费有显著的促进作用。那么城乡居民的差异是否会影响移动支付对家庭出游以及旅游消费的促进效应？表16-13分析了移动支付对城乡家庭出游决策以及旅游消费的影响。表16-13第（1）（2）列估计结果表明移动支付对城镇家庭出游概率的影响更大。表16-13第（3）（4）列估计结果表明移动支付对城镇家庭旅游支出产生更大的影响。首先，相较于农村地区，城镇地区移动通信基站覆盖更广且稳定性更强，城镇居民更愿意通过移动支付在各类旅游App平台订购相关产品；其次，城镇地区基础设施建设更加完善，高铁、飞机等设施方便居民出游。以上分析表明，移动支付对城镇家庭出游决策以及旅游消费产生更大的影响。

表16-13　城乡异质性：FE

变量名称	（1）	（2）	（3）	（4）
	家庭出游决策		家庭旅游消费	
	农村	城镇	农村	城镇
移动支付	0.0495***	0.0861***	0.0208**	0.0663***
	（0.0087）	（0.0092）	（0.0078）	（0.0233）
控制变量	控制	控制	控制	控制
家庭固定效应	控制	控制	控制	控制
年份固定效应	控制	控制	控制	控制
观测值	14260	20320	14260	20320

注：*、**、***分别表示在10%、5%、1%水平上显著。括号内为聚类到家庭层面的稳健标准误。除未控制城镇，其余控制变量与表16-2相同。

本章小结

"十四五"规划明确提出："要深入发展大众旅游、智慧旅游，创新旅游产品体系，改善旅游消费体验。"移动支付的出现深刻改变着人们的消费习惯，为居民旅游支付提供便利，催生出新的旅游消费体验。在当前"加快构建以国内大循环为主体，国内国际双循环相互促进的新发展格局"背景下，如何充分利用数字科技等手段提升旅游消费体验、拉动旅游消费增长是一个值得研究的重要问题。

基于中国家庭金融调查2017~2019年面板数据，本章研究了移动支付对家庭旅游消费的影响。发现移动支付显著提高家庭出游概率、提升家庭旅游消费、提高旅游支出占比。更换不同旅游消费支出口径以及放松工具变量的排他性约束条件后结论依然稳健。为克服移动支付可能存在的内生性问题，在使用固定效应模型估计基础上，以同一社区除自身以外家庭移动支付使用比例作为工具变量进行 IV-FE 估计，结论依然稳健。为了考察新增移动支付对家庭旅游消费的净效应，构造分类移动支付变量和旅游消费增量。差分模型估计结果表明，一直使用移动支付对家庭旅游消费促进作用更强，而新增移动支付对家庭旅游支出增量促进作用更强，进一步证实了移动支付对家庭旅游支出的正向作用。本章进一步研究表明，支付便利性、社会互动以及信任水平是移动支付影响家庭旅游消费的重要机制。同时移动支付对家庭旅游消费的影响存在异质性，表现为对高收入家庭、高人力资本家庭、老年家庭和城镇家庭旅游消费促进效用更大。基于研究结论，提出以下三个对策建议：

（1）扩大移动支付规模，弥合数字鸿沟。随着人民生活水平日益提高，居民出游个性化、多样化需求不断增长，自由行、沉浸式体验等特色旅游成为旅行新趋势。移动支付不仅仅只是支付工具，在交易的同时会产生海量大数据。政府相关部门和旅游服务供应商应进一步扩大移动支付规模、缩小数字鸿沟，充分利用挖掘旅行支付产生的海量数据，了解游客旅行习惯和消费偏好，为游客旅行偏好进行"描绘"，为游客制订个性化、多样化旅行计划。

（2）大力推进旅游消费智慧化、数字化转型。移动支付作为新时代的四大发明之一，不仅极大地便利居民日常生活，也深刻改变着传统商业发展模式。旅行支付已经逐步贯穿整个旅游产业，游客从"出门"到结束旅程已遍布各式各样智能服务终端。在此背景下，一方面，旅游服务供应商应大力加强与第三方支付平台合作，打造诸如手机虚拟"旅行卡"等数字化产品，进一步拉动旅游消费；另一方面，应积极探索"支付+旅行"新模式，进一步吸引游客，改善游客旅行体验，助力旅游消费智慧化、数字化转型。

（3）加强旅行支付监管，防止支付诈骗。当前我国支付产业呈多元化发展，支付市场参与主体错综复杂。同时旅行支付呈碎片化特征，产生的海量数据也更加难以监管，如果落入不法分子手中，会对游客利益造成损害。因此，必须大力加强旅行支付监管、防止支付诈骗、建立完备支付数据管理体系，全力保障"旅游+支付"产业安全、健康、有序的发展。

第十七章　通勤时间、移动支付与家庭消费[①]

第一节　研究背景

改革开放以来，中国经历了世界历史上速度最快、规模最大的城镇化进程，大量人口流入城市。目前，常住人口城镇化率从 1978 年的 18.00% 增加至 2020 年的 63.89%，中国已经进入城市提质增效的重要战略时期。迅速扩大的城市规模不仅带动了经济发展和社会进步，还引起了越来越严重的"城市病"和"职住分离"现象。幸福通勤成为社会公众的重要关切，也成为中国城市建设工作的重要内容。国家统计局第二次全国时间利用调查数据显示，居民与就业工作相关的交通时间平均为 66 分钟。早晚高峰的舟车劳顿已经成为全世界上班族的共同难题，据调查显示，莫斯科 40% 上班族的通勤时间达到 180 分钟，英格兰 38% 的上班族通勤时间长达 120 分钟，东京上班族的平均通勤时间为 59 分钟。[②] 2020 年，中国主要城市总体通勤时间在 60 分钟以上的比例为 12%。[③] 通勤距离和通勤时间的增加挤占了上班族的闲暇，延长了工作时间，增加了经济成本。而时间利用与个人福祉息息相关，是构成客观福祉的一个重要维度，也是衡量社会经济变迁的重要指标（檀学文和吴国宝，2014；金红，2019）。居民的通勤问题是政府部门重点关注和着力解决的重要民生问题之一，关注通勤是提升居民幸福感的重要抓手。如何有效利用通勤时间，减少早晚高峰带来的负效应，成为提升工作群体生活品质，保障劳动力人口福利的重要问题。

职住分离现象是指随着城市规模扩大，劳动力居住与就业地点空间分离，受到城市规划、产业分布、收入（Duncan，1956）等因素影响，也与居民生活和工作方式关系密切，居民通勤时间和距离的增加进一步影响家庭储蓄和消费等决策。首先，职住分离现象往往伴随着城镇化产生，城市的聚集效应显著增加了消费品的数量和多样性，丰富了消费市场，进而影响了居民的消费行为（Lee，2010）。在宏观层面，消费环境的改变成为通勤时间能影响居民消费的原因之一。其次，过长的通勤时间会减少工作人口的闲暇，居民将通过购买更多服务来增加闲暇，如家政服务、餐饮服务、衣着加工服务，这将增加居民消费性支出，降低家庭储蓄率（章元和王驹飞，2019）。最后，通勤时间对家庭消费的影响也可能得益于移动支付等数字经济的发展。移动支付和网络购物打破了消费和娱乐在时间和

---

　　① 尹志超，仇化，路慧泽．突破消费时空限制：通勤时间、移动支付与家庭消费［J］．财经科学，2022
（4）：92-105.
　　② 资料来源：极光大数据。
　　③ 资料来源：住房和城乡建设部城市交通基础设施监测与治理实验室：《2021 年度中国主要城市通勤监测报告》。

空间上的局限，为人们提供了新型的消费方式，可以随时随地满足人们的消费需求。网络消费和线上支付成为上班族的重要消费渠道和通勤时间利用方式。

根据调查，上海、北京等一、二线城市的通勤时间和平均通勤距离较长，职住分离现象更加显著，然而虽然通勤时间较长挤占了闲暇，但未挤出居民消费，北上广等城市人均消费性支出也更多，具体如图17-1所示。

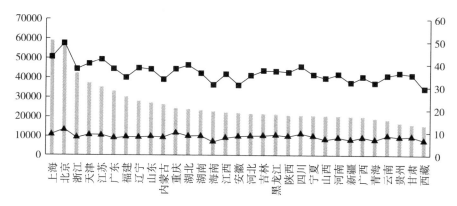

居民人均消费性支出（元） ▲ 行政区单程平均通勤距离（千米） ■ 行政区单程平均通勤时间（分钟）

图 17-1 2018 年各省（区、市）居民人均消费性支出与通勤情况统计

注：左轴代表人均消费性支出、右轴既代表通勤距离也代表通勤时间。

资料来源：国家统计局、《2018 年度中国城市交通报告》。

瑞典经济学家斯塔芬·林德认为，休闲是经济系统不可分割的一部分，是个人购买商品或服务所必需的时间（Linder，1970）。如今，中国大量劳动者面临 996 工作制，早晚高峰和长距离通勤进一步压缩了其闲暇时间，成为困扰劳动者生活和影响经济发展的重要问题。长期以来，中国关于通勤时间对居民消费的影响研究尚少，在数字技术蓬勃发展背景下分析通勤时间对中国家庭消费的影响，对探究中国消费格局，分析消费发展趋势，探求新的消费增长点具有重要意义。但国内的实证分析和理论研究多以北京、上海等代表性省市为例，缺乏对全国范围内居民通勤行为的研究，分析通勤影响家庭决策和其他行为的研究更不多见。

本章基于 2017 年中国家庭金融调查（CHFS）数据，研究了通勤时间对家庭消费的影响，并分析移动支付在其中的作用。本章可能的贡献有以下三点：①本章为闲暇与消费的相关研究补充了微观层面的证据。根据传统经济学理论模型，闲暇是家庭效用函数中的重要变量，而最大化消费往往是家庭效用函数最大化的目标。关于闲暇与消费，现有文献进行了不同角度的研究。随着城市规模扩大，职住分离程度加深，通勤时间在一定程度上挤占了个体闲暇，可能会影响家庭消费。但通勤时间的增加究竟是挤出了家庭消费，还是增加了家庭消费，目前的文献尚未给出系统回答。本章着眼微观个体，运用具有代表性的中国家庭金融调查数据和微观计量方法，实证检验了通勤时间对中国家庭消费的影响，补充了该领域的研究，为分析闲暇与消费提供了微观证据。②在金融科技迅速发展的背景下，本章的研究为分析移动支付带来的消费便利性提供了证据。相较于传统支付方式，移动支付打破了时空限制，直接提高了支付和消费的便利性。依托于移动支付，网上购物迅速发展，深刻改变了人们的消费行为。传统消费受时空限制，当闲暇减少时，人们往往面临着没有时间消费的问题，从而不利于家庭福利改善和效用最大化。但关于移动支付带来的消费便利性，囿于数据限制，现有研究未给出定量的分析。本章分析了在通勤时间不断增加时，移动支付是否为消费提供了便利，从而弥补了闲暇时间不足的问题，促进了消费。③本章研究全面捕捉了消费类型异质性和群体异质性。由于个体存在异质性，不同人的消费行为千差万别。传统经济学往往基于理性人假设，难以分析个体差异带来的异质性消费行为。中国家庭金融调查数据不仅采集了关于个体和家庭消费的相关数据，更全面采集了家庭和个人的人口统计学特征，为本章分析消费行为异质性提供了数据支撑。基于 CHFS 数据，本章进行了大量异质性分析，探究了不同类型消费和不同特征劳动者消费行为的差异，有利于全面分析通勤时间对消费的异质性影响。

第二节　文献综述及理论背景

根据城市经济学理论，交通与城市的产生与发展息息相关。当今城市化进程迅速推进，城市规模不断扩大，交通网络不断完善，通勤成为城市功能活动和居民生活的重要部分。居民通勤模式选择和通勤成本等问题成为城市经济学等学科的研究重点，学术界针对家庭和个人通勤行为进行了大量研究。

通勤行为反映了个体就业与居住的空间匹配关系，是交通、土地、住房价格、产业布局、工资水平等因素综合作用的结果。通勤时间、通勤距离和通勤行为对经济社会具有一定影响。在宏观上，当失业人员较多时，改善住房与交通的单一政策或倾斜性投资政策是无效的，反而会导致通勤成本进一步上升（范红忠，2008）。通勤成本会提高劳动力成本，增加城市道路和交通压力，降低城市运行效率（柯善咨和赵曜，2014），在一定程度上给企业经营和城市运行带来负面影响（Ross and Zenou，2008）。城镇化水平提高能够促进城市消费率增长，但城镇化速度过快也会给消费率增长带来负面影响（雷潇雨和龚六堂，2014）。在微观上，新古典经济学以效用最大化作为"理性经济人"选择目标和决策参考。个体的居住区位决策是在预算约束下对通勤成本和居住成本进行权衡的结果。对于通勤时间越长的个体而言，住房总价越低，住房面积越大（郑思齐和张文忠，2007）。此外，通勤时间也影响着个体的通勤满意度（Runing et al.，2019），通勤时间和通勤距离延长会增加个体通勤成本，挤占个体休闲时间，降低个体的工作效率和生活质量（刘志林和王茂军，2011），加重生活负担，增加个体的效用损失。但个体对通勤时间的态度和偏好也会影响通勤负效用的主观评价。通勤时间作为工作的沉没成本，对于个人的影响是环境影响的一种转化，可能积极，也可能消极。如果人们能够从劳动力、住房市场和消费等方面得到补偿，通勤时间便不会降低人们的总效用，反之则会对个人的总效用带来负面影响。鉴于此，个体在通勤时间增加时会寻求效用补偿。

居民对收入的分配有两种方式：一是消费；二是储蓄。因此，在居民微观效用函数中，消费和投资是重要要素，居民的收入效用也是通过消费和资产的效用来实现（王宋涛等，2011）。居民的消费效用具有主观和客观两种属性（王延章，1987），是影响居民效用的重要因素，是个体福利满足的重要来源。通勤时间的延长减少了个体闲暇时间，个体可能会通过增加消费来满足个人效用，提高福利，弥补通勤行为的负效用。基于上述分析，本章提出第一个研究假设：

H1a：通勤时间延长可能会增加家庭消费。

H1b：通勤时间延长可能会减少家庭消费。

通常，个体需要运用闲暇时间进行消费，满足个人需求和自身福利。通勤时间挤出了闲暇时间，间接减少了个体的消费时间，从而给个体带来了一定程度的效用损失。但随着移动信息化时代的到来，互联网技术将各个市场主体联系在一起，影响了个体的消费需求（谢平和尹龙，2001）。数字金融发展提高了支付便利性，从而促进了居民消费（易行健和周利，2018；张勋等，2020）。移动支付和网络购物使得消费场景逐渐多样化，降低了消费的门槛和实现条件。网络消费在居民消费中的占比逐渐提升（马香品，2020）。移动支付带来的便利性使人们可以利用通勤时间进行消费，满足个人需求。总的来看，对于通勤时间较长的群体，移动支付在消费中的作用体现在以下三点：

（1）移动支付打破了消费的时空制约性。数字革命使人们的居住空间和工作空间呈现再合并趋势。网络购物对个体的出行行为产生了影响（Donggen Wang，2007），个人网上购物活跃度与距商业中心远近息息相关（孙智群等，2009），网络休闲活动的增加减少了人们非必要的出行时间，改变着人们的出行行为与通勤特征。可见，移动信息技术放松了时间和空间的约束，减少了行为的时空制约性。移动支付将个体从特定消费场景和消费场所中解放出来。个体使用移动支付等网络信息技术，随时随地进行消费。大量上班族可以使用移动支付，利用通勤时间进行网上购物，满足自身的消费需求。

（2）移动支付使消费行为破碎化。破碎化是指在某一活动进行中，由于移动信息技术的影响，致使该活动暂停或中止，随后又继续进行的现象。移动信息技术使得消费行为呈现破碎化特征，主要包括时间破碎化、空间破碎化和方式破碎化（Lenz B，2007）。利用移动支付进行消费后，个体的消费方式逐渐碎片化和自由化，消费行为的弹性增加。消费可以随时随地进行，并与其他活动交错进行（廖卫红，2013）。

（3）移动支付具有时间压缩效应，降低了通勤时间的敏感性。移动信息技术促使多任务同时进行，使人们以多项任务所耗费的时间来感知每项任务的时间，缩短了对每项任务或活动耗费时间的感知。通勤乘车时，个体可以同时进行听音乐、网络购物等活动。个体对通勤时间耗时痛苦感的敏感性降低，出行满意度和幸福感增加。为增加通勤的趣味性和满意度，人们可能选择网络购物来消磨通勤时间。

基于上述分析，本章提出第二个研究假设：

H2：移动支付具有中介效应，能够促进通勤时间较长的群体进行消费。

第三节　数据、模型和变量

一、数据

本章使用的数据来自西南财经大学 2017 年在全国范围内开展的第四轮中国家庭金融调查（CHFS）。CHFS 样本覆盖了除西藏、新疆、港澳台地区以外的 29 个省（自治区、直辖市）、353 个县（区）、1417 个社区（村），共获得 40011 户家庭的微观数据，样本具有代表性，收集了家庭人口统计特征、资产与负债、保险与保障、收入与支出、金融市场参与等各方面的信息，总体上反映了中国家庭的现状。中国家庭金融调查详细询问了就业人群的职业、通勤时间、通勤距离、通勤费用和通勤采用的交通工具等，为本章研究通勤时间对家庭消费的影响提供了全国范围内具有代表性的数据和样本。

二、实证模型

在分析通勤时间如何影响家庭消费时，本章构建如下回归模型，运用最小二乘法（OLS）进行估计：

$$Consumption = \beta_0 + \beta_i Commuting\_time + \beta_x X + \mu \qquad (17-1)$$

其中，$Consumption$ 表示家庭消费，$Commuting\_time$ 表示通勤时间，β_i 表示本模型关注的系数，表示通勤时间对家庭影响的程度。X 表示控制变量，包括户主特征变量、家庭特征变量和地区特征变量。μ 表示误差项，$\mu \sim N(0, \sigma^2)$。

进一步地，研究移动支付在其中的中介作用，探究移动支付是否促进个人运用通勤时间进行消费，为此，首先构建如下模型，分析通勤时间对移动支付的作用：

$$Mobile\_payment = \beta_0 + \beta_i Commuting\_time + \beta_x X + \mu \qquad (17-2)$$

其中，$Mobile\_payment$ 表示是否使用移动支付，$Commuting\_time$ 表示通勤时间，β_i 表示本模型关注的系数，表示通勤时间对移动支付使用的影响。X 表示控制变量，包括户主特征变量、家庭特征变量和地区特征变量。μ 表示误差项，$\mu \sim N(0, \sigma^2)$。

其次，构建如下模型，分析移动支付对家庭消费的影响：

$$Consumption = \beta_0 + \beta_i Mobile\_payment + \beta_x X + \mu \qquad (17-3)$$

其中，$Consumption$ 表示家庭消费，$Mobile\_payment$ 表示是否使用移动支付，β_i 表示本模型关注的系数，表示移动支付对家庭消费的影响。X 表示控制变量，包括户主特征变量、家庭特征变量和地区特征变量。μ 表示误差项，$\mu \sim N(0, \sigma^2)$。

最后，构建如下模型，检验移动支付的中介效应：

$$Consumption = \beta_0 + \beta_1 Commuting\_time + \beta_2 Mobile\_payment + \beta_x X + \mu \qquad (17-4)$$

其中，$Consumption$ 表示家庭消费，$Commuting\_time$ 表示通勤时间，$Mobile\_payment$ 表示是否使用移动支付，β_1 表示本模型关注的系数，以此验证移动支付的中介效应是否显著存在。X 表示控制变量，包括户主特征变量、家庭特征变量和地区特征变量。μ 表示误差项，$\mu \sim N(0, \sigma^2)$。

三、变量

（1）解释变量。解释变量是通勤时间，参考章元和王驹飞（2019），基于中国家庭金融调查问卷，将家庭中就业人员的通勤时间①进行加总，刻画家庭总体通勤时间。在实证分析中，采用通勤时间的对数值。

---

① 在 2017 年中国家庭金融调查问卷中，通勤时间对应的问题是：您单程上班大概花多少时间？a. 15 分钟以下；b. 15～30 分钟；c. 30～45 分钟；d. 45～60 分钟；e. 60～75 分钟；f. 75～90 分钟；g. 90～105 分钟；h. 105～120 分钟；i. 120 分钟以上。

（2）被解释变量。被解释变量是家庭消费。在 2017 年中国家庭金融调查中，详细询问了家庭的各类消费，包括食品消费、衣着消费、居住消费、医疗保健消费、交通出行消费、通信消费、教育文化娱乐服务消费和家庭设备用品及服务消费等，将家庭各类消费进行加总，得到家庭年总消费。但由于通勤时间较长时，通勤费用[①]往往较多，为剔除通勤费用的影响，在总消费中减去家庭总通勤费用。在实证分析中使用家庭消费的对数值。

（3）控制变量。家庭消费是家庭经济活动的重要组成部分，消费决策受多方面因素影响。参考以往文献（Bostic et al., 2009；Slacalek, 2009；李涛，2014；尹志超等，2019a），选取三类控制变量：户主特征变量、家庭特征变量和地区特征变量。在 2017 年中国家庭金融调查中，户主是家庭主要的经济来源和决策制定者，其特点影响着家庭消费。因此，本章选取影响家庭消费的主要户主特征进行控制，包括户主年龄、性别、受教育程度、婚姻状况、自评健康状况[②]以及风险态度[③]。不同年龄的人群消费方式不同（李文星等，2008），且年龄对消费的影响可能是非线性的，因此同时控制户主年龄的平方。家庭收入、净财富、是否拥有自有汽车、是否拥有自有住房、家庭规模、孩子的数量及老人的数量反映了家庭的特征，影响着家庭消费，也纳入控制变量。考虑到家庭工作人数与家庭总通勤时间和消费息息相关，本章加入工作人数作为控制变量。同时，家庭的消费往往与地区经济水平等息息相关，具有一定的地域特征，本章加入是否在农村地区作为控制变量，并控制家庭所在城市的虚拟变量，以控制城市固定效应。在实证分析时，家庭收入和净财富均进行取对数处理。剔除家庭总通勤时间为 0、家庭工作人数为 0、户主年龄小于 18 岁和缺失值样本后，有效样本数量为 18769 个。全部变量的描述性统计如表 17-1 所示。

表 17-1　描述性统计

	变量名	数量	平均值	标准差	最小值	最大值
解释变量	通勤时间	18769	85.98	63.27	30	720
被解释变量	家庭消费	18769	65385.45	65121.31	1012	998800
工具变量	通勤距离	18769	23.74	30.05	0	290
控制变量	家庭总收入	18769	118458.30	188822.70	0	5000000
	家庭净财富	18769	1300507	2423399	20	3.00e+07
	年龄	18769	49.26	12.03	18	117
	年龄平方/100	18769	25.71	12.11	3.24	136.89
	受教育程度	18769	10.69	3.92	5	22
	老人数量	18769	0.32	0.62	0	5
	孩子数量	18769	0.56	0.76	0	6
	家庭规模	18769	3.59	1.47	1	15

①　在 2017 年中国家庭金融调查问卷中，通勤费用对应的问题是：您每天上下班花费多少钱？a. 5 元以下；b. 5~10 元；c. 10~20 元；d. 20~30 元；e. 30~50 元；f. 50~100 元；g. 100 元以上；h. 不花钱。

②　在 2017 年中国家庭金融调查问卷中，户主自评健康状况对应的问题是：与同龄人相比，您现在的身体状况如何？a 非常好；b. 好；c. 一般；d. 不好；e. 非常不好。将选择 a、b 或 c 选项的定义为身体健康，取值为 0，选择 d 或 e 定义为身体不健康，取值为 1。

③　在 2017 年中国家庭金融调查问卷中，风险态度对应的问题是：如果您有一笔资金用于投资，您最愿意选择哪种投资项目？该问题设置的选项有：a. 高风险、高回报的项目；b. 略高风险、略高回报的项目；c. 平均风险、平均回报的项目；d. 略低风险、略低回报的项目；e. 不愿意承担任何风险。本章将在这一问题选择 a 或 b 选项定义为风险偏好，选择 c 定义为风险中性，选择 d 或 e 定义为风险厌恶。

续表

	变量名	数量	平均值	标准差	最小值	最大值
控制变量	工作人数	18769	2.06	0.95	1	10
	农村	18769	0.24	0.43	0	1
	户主是否男性	18769	0.81	0.39	0	1
	已婚	18769	0.89	0.31	0	1
	是否自评健康	18769	0.88	0.33	0	1
	是否有车	18769	0.38	0.49	0	1
	是否有房	18769	0.92	0.28	0	1
	风险偏好	18769	0.05	0.22	0	1
	风险中性	18769	0.09	0.28	0	1
	风险厌恶	18769	0.17	0.37	0	1

资料来源：笔者根据 2017 年中国家庭金融调查数据计算。

四、内生性分析

熊彼特指出，消费不只与收入有关（熊彼特，2009）。影响家庭消费的因素众多，除本章控制的户主特征变量、家庭特征变量和地区特征变量外，仍有许多暂时不可观测的因素也会产生影响。中国的消费文化等不随时间改变的个体因素是形成中外消费差异的重要原因（朱信凯和骆晨，2011；叶德珠等，2012）。家庭成员的生活习惯、消费习惯（李文星等，2008）、性格和能力，都会影响家庭的消费和家庭成员的通勤。因此根据模型（17-1）分析通勤时间对家庭消费的影响时，可能因遗漏变量产生内生性问题，使 OLS 估计结果有偏。此外，消费作为家庭生活的重要方面，在一定程度上代表家庭的经济水平。家庭消费对家庭成员的通勤决策也会产生一定影响，家庭经济状况较好时，更有可能采取成本较高，但时间更短的通勤方式。家庭为了追求更高的收入，也有可能牺牲休息时间，接受通勤时间更长的工作。由此带来的家庭收入增加也会促进家庭消费。因此，逆向因果也可能导致内生性问题。

为克服内生性问题带来的估计结果偏误，选取工具变量进行两阶段最小二乘法估计。根据 2017 年中国家庭金融调查，选取通勤距离[①]作为工具变量。根据问卷设置，将家庭内就业人员的通勤距离加总，得出家庭总通勤距离，在实证分析中，使用通勤距离的对数值。在交通工具一定时，家庭通勤距离与通勤时间息息相关，通勤距离越长，耗费的时间往往越多，通勤距离作为工具变量满足相关性的要求。但通勤时间与通勤距离也存在一定差异，受到通勤所使用的交通工具的影响。作为地理距离，家庭消费对通勤距离没有明显影响，通勤距离作为工具变量满足外生性要求。因此，对于本章而言，通勤距离是合适的工具变量，下文将给出工具变量的检验结果。此外，考虑到仅依靠工具变量也无法确保工具变量的合理性，在稳健性检验部分采用近似零方法（LTZ）进行分析，在放松工具变量排他性约束下考察估计结果的变化。

---

① 在 2017 年中国家庭金融调查问卷中，通勤距离对应的问题是：您单程上班的距离大概是多少？（上班距离指行驶距离，非直线距离）a. 2 千米以下；b. 2~5 千米；c. 5~10 千米；d. 10~15 千米；e. 15~20 千米；f. 20~30 千米；g. 30~40 千米；h. 40~50 千米；i. 50~60 千米；j. 60 千米以上。

第四节　实证结果

一、通勤时间对家庭消费的影响

表 17-2 报告了通勤时间影响家庭消费的基准回归结果。表 17-2 第（1）列的估计结果表明，通勤时间对家庭消费有显著的促进作用，通勤时间增加，家庭消费显著增加。家庭日通勤时间每增加 1%，家庭消费增加 0.04%。考虑到内生性可能带来估计偏误，选取通勤距离作为工具变量，进行估计，估计结果如第（2）列所示。一阶段 F 值、一阶段工具变量 T 值均通过，表明通勤距离是合理的工具变量。在处理内生性后，通勤时间延长仍能显著促进家庭增加消费，家庭日总通勤时间增加 1%，家庭总消费增加 0.05%。H1a 得到验证。可能的原因有两点：一是通勤时间增加给个体和家庭带来负效用，家庭总效用损失，需要通过增加消费增加效用，满足自身的福利需求；二是随着移动支付的普及和网上购物的盛行，个人可以利用通勤时间进行消费，碎片化的消费增加了家庭总消费。从其他因素来看，大部分控制变量均对家庭消费产生不同程度的影响。户主年龄越大，家庭的消费越少，但这种影响是非线性的，呈现倒"U"形特征，这符合生命周期理论的思想，相较于青年和老年阶段，中年阶段消费较多。此外，相较于户主未婚，户主已婚时家庭消费较多，已婚家庭往往生活开支较大，消费金额更多。此外，收入和净财富反映了家庭的经济状况，收入增加，当净财富增加时，会显著促进家庭消费。但家庭拥有自有住房对家庭消费有显著的负向影响，可能的原因是，近些年房价的大幅上涨加重了家庭购房压力，大部分家庭需要申请贷款买房，还贷压力使其消费减少。家庭规模对家庭消费有显著正向影响，家庭规模越大，家庭总消费越多。

表 17-2　基准回归：通勤时间对家庭消费的影响

解释变量	被解释变量：家庭消费	
	OLS （1）	2SLS （2）
通勤时间	0.0387*** （0.0077）	0.0459*** （0.0109）
家庭总收入	0.0989*** （0.0104）	0.0986*** （0.0105）
家庭净财富	0.1279*** （0.0050）	0.1280*** （0.0050）
工作人数	−0.0604*** （0.0071）	−0.0621*** （0.0072）
老人数量	−0.0361*** （0.0077）	−0.0358*** （0.0076）
孩子数量	−0.0411*** （0.0107）	−0.0407*** （0.0106）
家庭规模	0.1298*** （0.0082）	0.1295*** （0.0080）
农村	−0.1801*** （0.0180）	−0.1790*** （0.0180）

续表

解释变量	被解释变量：家庭消费	
	OLS （1）	2SLS （2）
是否有车	0.1297*** （0.0099）	0.1299*** （0.0099）
是否有房	−0.2753*** （0.0305）	−0.2756*** （0.0300）
年龄	−0.0123*** （0.0026）	−0.0123*** （0.0026）
年龄平方/100	0.0074*** （0.0028）	0.0074*** （0.0027）
受教育程度	0.0209*** （0.0015）	0.0207*** （0.0016）
户主是否男性	−0.0430*** （0.0107）	−0.0427*** （0.0106）
已婚	0.0728*** （0.0158）	0.0723*** （0.0156）
是否自评健康	−0.0436** （0.0189）	−0.0435** （0.0187）
风险偏好	0.1094*** （0.0249）	0.1097*** （0.0246）
风险厌恶	−0.0250 （0.0152）	−0.0251* （0.0151）
城市哑变量	已控制	
N	18769	18769
R^2	0.4120	0.4119
一阶段 F 值		111.51
一阶段工具变量 T 值		80.93
Wald chi2		37606.95

注：*、**、***分别表示在 10%、5%、1%水平上显著，括号内为城市聚类标准差，表中报告的是边际效应。下同。

二、稳健性检验

考虑到通勤时间对家庭消费的影响可能受到较大极端值影响，家庭总通勤时间与家庭总人口及工作人口息息相关，本章对基准回归结果进行稳健性检验。表 17-3 报告了上下缩尾 1%的估计结果，表 17-4 报告了人均通勤时间对家庭人均消费的影响。此外，考虑到工具变量检验无法确保工具变量完全可靠，使用 LTZ 方法考察结果的稳健性。表 17-5 报告了主要的估计结果。

表 17-3 稳健性检验一：上下缩尾 1%

解释变量	被解释变量：家庭消费	
	OLS （1）	2SLS （2）
通勤时间	0.0404*** （0.0077）	0.0478*** （0.0105）
控制变量 城市哑变量	已控制	
N	18769	18769

续表

解释变量	被解释变量：家庭消费	
	OLS （1）	2SLS （2）
R²	0.4148	0.4148
一阶段 F 值		113.86
一阶段工具变量 T 值		81.31
Wald chi2		36228.88

表 17-4 稳健性检验二：人均通勤时间对人均消费的影响

解释变量	被解释变量：家庭人均消费	
	OLS （1）	2SLS （2）
人均通勤时间	0.0649*** （0.0090）	0.0605*** （0.0122）
控制变量	已控制	
城市哑变量		
N	18769	18769
R²	0.4680	0.4680
一阶段 F 值		154.11
一阶段工具变量 T 值		93.09
Wald chi2		21179.74

表 17-5 稳健性检验三：放松工具变量排他性约束

解释变量	被解释变量：家庭人均消费
	2SLS （1）
通勤时间	0.0539*** （0.0133）
控制变量	已控制
N	18769
LTZ 置信区间	（0.0320，0.0757）

（一）上下缩尾 1%

进一步，为剔除极端值影响，将通勤时间和家庭消费进行上下缩尾 1%。表 17-3 报告了稳健性检验的结果。OLS 估计结果和 2SLS 估计结果表明，通勤时间增加，家庭消费显著增加。在处理内生性后，家庭总通勤时间增加 1%，家庭消费增加 0.05%，与基准回归结果相同，结论依然显著成立。

（二）人均通勤时间对人均消费的影响

在研究通勤时间对家庭消费的影响时，可能会受到工作人数和家庭规模的影响。基准回归结果也表明，工作人数和家庭规模会影响家庭消费。但只将两者作为控制变量仍无法准确观察人均通勤时间对家庭人均消费的影响。因此，计算人均通勤时间①和家庭人均消费②，进行稳健性分析。表 17-4 报告了主要的估计结果。结果表明，在控制其他控制变

---

① 人均通勤时间＝家庭总通勤时间/家庭工作人数。

② 家庭人均消费＝家庭总消费/家庭总人数。

量的情况下，家庭人均通勤时间对家庭人均消费有正向影响。人均通勤时间增加显著提高了家庭人均消费。通勤时间对家庭消费仍有显著的积极作用，人均通勤时间每增加1%，家庭人均消费增加0.04%。结论依然显著成立。

（三）放松工具变量排他性约束

使用通勤距离作为工具变量，尽管表17-2的工具变量检验结果表明，通勤时间作为工具变量是合理的，但仍无法确保其完全准确。Conley等（2012）提出的近似零方法（LTZ）提供了解决的办法。LTZ方法假设工具变量是近似外生的，考察不同置信区间下工具变量估计结果的变化。表17-5的估计结果表明，基于LTZ方法，通勤时间对家庭消费的边际影响为0.0539，系数的置信区间为（0.0320，0.0757）。在放松工具变量排他性约束的条件下，通勤时间仍对家庭消费存在显著的促进作用，结果具有稳健性。

第五节　进一步分析

一、通勤交通工具与家庭消费

研究发现，通勤时间越长，家庭消费越多。通勤时间增多时，家庭闲暇时间和用于消费的时间减少。通过理论分析认为，在闲暇缩短的背景下，居民可以使用移动支付，利用通勤时间进行消费。居民利用通勤时间进行消费，前提之一便是乘坐公共交通工具，当个体需要开车或驾驶其他交通工具通勤时，利用通勤时间进行消费的机会较少。因此，将样本家庭划分为有车家庭和无车家庭，分别检验通勤时间对家庭消费的影响，表17-6报告了估计结果。对比各列数据，对于无车家庭，通勤时间显著增加了家庭消费。对于有车家庭，利用私家车通勤的概率较高，这类家庭利用通勤时间进行消费的可能性较低，因此通勤时间对家庭消费没有明显的促进作用。

表17-6　不同通勤交通工具

解释变量	家庭消费			
	有车家庭		无车家庭	
	OLS （1）	2SLS （2）	OLS （3）	2SLS （4）
通勤时间	0.0041 （0.0142）	0.0068 （0.0168）	0.0573*** （0.0098）	0.0642*** （0.0143）
控制变量 城市哑变量	已控制			
N	7160	7160	11609	11609

二、移动支付效应检验

（一）通勤时间与移动支付

基于基准回归结果和稳健性检验，通勤时间增加显著促进家庭消费增加。对于无车家庭而言，通勤所采用的交通工具往往是公共交通工具，通勤时间的增加对这部分群体消费的促进作用更大。本章将进一步验证居民在通勤时间利用移动支付进行消费的假设。通常，个体需要利用闲暇时间进行消费，闲暇时间越多，可用来消费的时间也就越长。通勤时间的增加会减少个体的闲暇时间，给个体带来效用损失，同时也将减少个体可用来消费的时间。但随着移动支付和网络购物的发展，消费的时空限制被打破，个人可利用乘坐公共交通的通勤时间进行消费，满足个人生活所需和福利提高。因此，如果通勤时间较长的群体消费增加，可能的原因是其使用移动支付进行网上购物，本章对此进行进一步分析和检验。表17-7报告了估计结果。回归结果表明，通勤时间延长促进了家庭和个人使用移动支付的概率，相较于短时间通勤群体，通勤时间较长的群体更有可能使用移动支付。考虑到表17-7的估计结果可能由于内生性影响而存在偏误，参考已有文献（尹志超等，2019a），构建是否使用智能手机的工具变量。处理内生性后的结果显示，通勤时间每增加1%，移动支付使用概率提高2.64%。移动支付将个体从特定的消费场景中解放出来，增加了消费行为的弹性，减少了消费的时空约束，人们可以随时随地进行消费（廖卫红，2013）。对于通勤时间较长的群体而言，移动支付具有较大的便利性和优势，能够弥补闲暇不足的负效用。因此，通勤时间增加会显著提高个体使用移动支付的概率。

表17-7 通勤时间与移动支付

解释变量	被解释变量：是否使用移动支付	
	OLS （1）	2SLS （2）
通勤时间	0.0188** （0.0077）	0.0264*** （0.0092）
控制变量 城市哑变量	已控制	
N	18769	18769

（二）移动支付与家庭消费

在检验通勤时间显著增加移动支付使用概率的基础上，探究了移动支付对家庭消费的影响，表17-8报告了实证结果。估计结果表明，移动支付促进了家庭消费，相对于不使用移动支付的家庭而言，使用移动支付的家庭消费更多。随着金融科技的发展和互联网的普及，移动支付改变了居民的消费、支付等生活方式。移动支付和网上购物打破了时空的限制性，使消费行为破碎化和自由化，降低了通勤时间的敏感性，使通勤时间较长的人群仍有充足时间进行消费，增加了通勤时间的利用率。因此，移动支付可能帮助通勤时间较长的群体缓解了时间约束，利用乘坐公共交通的时间进行消费，将在下文进行进一步验证。

表17-8 移动支付与家庭消费

解释变量	被解释变量：家庭消费	
	OLS （1）	2SLS （2）
移动支付	0.1927*** （0.0089）	1.0387*** （0.0862）
控制变量 城市哑变量	已控制	
N	18769	18432

（三）通勤时间、移动支付与家庭消费

参考以往文献（温忠麟等，2004），将移动支付引入通勤时间对家庭消费的估计中，以此来检验移动支付的中介效应是否存在，具体估计结果在表 17-9 中报告。根据表 17-9 第（2）列结果，在处理内生性后，通勤时间对家庭消费存在显著的正向影响。与此同时，移动支付的使用显著增加了家庭消费，移动支付的中介效应显著存在，移动支付在通勤时间对家庭消费的影响中扮演着中介变量的角色。通勤时间的增长显著提高了移动支付使用的可能性，由此消费的时空界限被打破，上班族利用乘坐公共交通的时间进行消费，家庭消费增加。

表 17-9　通勤时间、移动支付与家庭消费

解释变量	被解释变量：家庭消费	
	OLS（1）	2SLS（2）
通勤时间	0.0351***（0.0073）	0.0409***（0.0109）
移动支付	0.1914***（0.0089）	0.1912***（0.0087）
控制变量城市哑变量	已控制	
N	18769	18769

三、移动支付作用的进一步探讨

进一步地，探究移动支付对不同种类消费的影响。对比表 17-10 的估计结果发现，相较于家庭生存型消费，移动支付对发展享受型消费的促进作用更大。使用移动支付的家庭会进行更多的发展享受型消费。随着中国经济发展和人民生活水平的提高，消费结构不断优化升级，人们在满足基本生存所需后，逐渐增加教育娱乐、旅游和保健等方面的支出，发展享受型消费占比提高。移动支付和网络购物产生以来，消费场景不断丰富，降低了生产者的生产成本，发展享受型消费价格下降。与此同时，市场信息透明度增加，网课学习、网上预订酒店和网上购买机票等大大提高了消费的便利性，促进了家庭增加发展享受型消费。

此外，还深入探究了移动支付对家庭消费结构的影响。表 17-10 第（5）列和第（6）列的估计结果表明，相较于不使用移动支付的家庭，日常运用移动支付的家庭恩格尔系数更低，家庭食品烟酒支出占消费总支出的比重减少，丰富了家庭消费种类，家庭消费多样性增加。移动支付提高了消费的便利性，成为推动消费结构优化升级的重要动力。

表 17-10　移动支付与家庭消费

解释变量	生存型消费		发展享受型消费		恩格尔系数	
	OLS（1）	2SLS（2）	OLS（3）	2SLS（4）	OLS（5）	2SLS（6）
移动支付	0.1460***（0.0104）	0.8895***（0.0934）	0.4422***（0.0177）	2.4549***（0.2059）	-0.0811***（0.0082）	-0.1332*（0.0751）
控制变量城市哑变量	已控制					
N	18769	18432	18769	18432	18769	18432

第六节 异质性分析

通勤时间对家庭消费的影响具有较大异质性，因此进一步区分消费类型、消费结构、个体工作单位类型、加班压力和家庭压力等样本，探究通勤时间对家庭消费的异质性影响。表 17-11~表 17-14 报告了估计结果。

表 17-11 消费类型异质性

解释变量	与工作相关消费		与工作无关消费	
	OLS (1)	2SLS (2)	OLS (3)	2SLS (4)
通勤时间	0.0742*** (0.0125)	0.1286*** (0.0158)	0.0466*** (0.0083)	0.0518*** (0.0112)
控制变量 城市哑变量	已控制			
N	18769	18769	18769	18769

表 17-12 消费结构异质性

解释变量	生存型消费占比		发展型消费占比		享受型消费占比	
	OLS (1)	2SLS (2)	OLS (3)	2SLS (4)	OLS (5)	2SLS (6)
通勤时间	−0.0060** (0.0025)	−0.0015 (0.0032)	0.0054** (0.0023)	0.0031 (0.0031)	0.0024* (0.0012)	0.0023 (0.0016)
控制变量 城市哑变量	已控制					
N	18769	18769	18769	18769	18769	18769

表 17-13 工作单位类型异质性

解释变量	国有企业事业单位		非国有企业事业单位	
	OLS (1)	2SLS (2)	OLS (3)	2SLS (4)
通勤时间	0.0410** (0.0187)	0.0234 (0.0264)	0.0362*** (0.0087)	0.0487*** (0.0114)
控制变量 城市哑变量	已控制			
N	4449	4449	14320	14320

表 17-14 家庭压力异质性

解释变量	抚养比低		抚养比高	
	OLS (1)	2SLS (2)	OLS (3)	2SLS (4)
通勤时间	0.0369*** (0.0091)	0.0362** (0.0145)	0.0385*** (0.0127)	0.0541*** (0.0145)
控制变量 城市哑变量	已控制			
N	11466	11466	7303	7303

一、消费类型异质性

已有研究表明（邹红和喻开志，2015），家庭消费中有一部分消费与工作息息相关。通勤时间的增加对与工作相关的消费可能会存在异质性影响。根据是否与工作直接相关，本章进一步探究通勤时间对不同类型消费的异质性影响。参考已有文献（李宏彬等，2014），与工作相关的消费包含衣着支出、香烟酒类支出、通信支出，考虑到交通支出与通勤时间息息相关，在定义与工作相关的消费时未包含交通支出。其余为与工作无关的消费。表 17-11 的估计结果表明，通勤时间不仅显著提高了家庭与工作相关的消费，对家庭与工作无关的消费也有显著的正向作用。处理了内生性的估计结果表明，通勤时间增加对家庭食品、日用品、文化娱乐、家政服务等与工作无关的消费影响更大。

二、消费结构异质性

通勤时间显著影响了家庭生存型、发展型和享受型消费，进一步探究通勤时间对家庭消费结构的影响，估计结果在表 17-12 中进行报告。对比表 17-12 中估计结果发现，通勤时间对发展型消费和享受型消费的占比的促进作用更大。家庭日通勤时间增加 1%，家庭会增加发展型消费，其占比增加 0.005%，享受型消费占比增加 0.002%。通勤时间增加时，家庭会相应提高年消费中发展型消费和享受型消费的比例。通勤时间较长的家庭，闲暇时间较少，往往对家政、娱乐等服务性消费的需求较大，在发展和享受类的消费支出相对增多。

三、通勤群体异质性

就业人群的特征不同，通勤行为和相应决策也可能会产生差异。当个体面对的工作压力和家庭压力更大时，其对时间的利用效率可能会更高，更有可能利用宝贵的通勤时间进行消费。因此，本章进一步探究通勤时间影响家庭消费的群体异质性，表 17-13 和表 17-14 报告了回归结果。

（一）按通勤人群工作类型区分

按照工作单位类型[①]，将样本划分为国有企事业单位就职和非国有企事业单位就职，分别进行估计，表 17-13 汇报了主要的估计结果。结果表明，对于不同工作单位类型的群体，通勤时间对家庭消费的影响不尽相同。非国有企事业单位的群体通勤时间增加时，其家庭消费显著增加，通勤时间每增加 1%，消费提高 0.05%。对于国有企事业单位的群体而言，通勤时间的影响并不显著。可能的原因是，国有企事业单位就职人员工作压力较小，工作之余的闲暇时间较长，通勤时间带来的机会成本较低，其利用通勤时间进行网络购物，满足个人生活的需求较小，因此通勤时间增加对于消费的影响并不显著。

（二）按通勤群体家庭压力区分

探究家庭压力不同的情况下，通勤时间对家庭消费的异质性影响。抚养比是表示家庭

---

① 2017 年中国家庭金融调查问卷中，工作单位类型对应的问题是：您的工作单位属于以下哪种类型？ a. 机关团体/事业单位；b. 国有及国有控股企业；c. 集体企业；d. 个体工商户；e. 私营企业；f. 外商、港澳台投资企业；g. 其他类型单位；h. 耕作经营承包土地；i. 其他（请注明）。本章将 a、b 和 c 认定为国有企事业单位，将 d、e、f、g、h、i 设定为非国有企事业单位。

压力的重要变量，本章以均值为标准，将样本划分为抚养比低和抚养比高两组进行估计，估计结果如表 17-14 所示。当家庭抚养比较高时，通勤时间对家庭消费的正向作用更大。对于抚养比较高的家庭，通勤时间增加 1%，家庭消费增加 0.05%。两组均值检验的 T 值为 -7.0622，存在显著差异。可能的原因是，对于抚养比较高的家庭而言，需要照顾的老人和孩子数量较多，家务压力较大，就业者的闲暇时间较短，更有可能利用通勤时间进行消费。此外，抚养比较高的家庭往往未成年子女或老人数量较多，家庭支出也更多，因而消费动机更大，消费总量更多。

本章小结

改革开放以来，中国经历了大规模、高速度的城镇化进程，从东南沿海到西部边陲，城市数量和城市人口规模均实现了快速增长。城镇化促进了大量劳动力流入城市，推动了产业结构转型升级和城市规模不断扩大，形成了一批超大、特大城市。快速提高的城镇化水平不仅改变了中国的社会面貌，也深刻改变了居民的生活和就业。在此背景下，职住分离的现象愈加明显，通勤问题逐渐显现出来。过长的通勤时间挤占了就业人口的闲暇，延长了工作时间，增加了通勤成本，通勤问题已经成为政府部门重点关注和着力解决的重要民生问题之一，改善通勤是提升居民幸福感的重要抓手。提升通勤质量不仅是以人民为中心的城市建设关注的重点，更是社会公众的关切。但长期以来，学术界针对通勤行为的研究多集中于影响通勤行为的因素等方面，由于数据的缺乏和通勤行为的复杂性，针对通勤时间影响家庭行为和经济决策的研究较少，通勤时间对家庭消费的影响尚未明晰。随着金融科技迅速发展，移动支付和网上购物打破了消费的时空约束，改变了人们的消费行为，成为人们时间利用的新方式和消费的新途径，也使通勤时间对家庭消费的影响变得更加复杂多样。鉴于此，运用具有全国代表性的数据，从微观着眼，分析通勤时间对家庭消费的影响有利于分析中国居民的通勤行为和福利满足，具有越来越重要的理论意义和现实价值。

本章基于 2017 年中国家庭金融调查数据，探究通勤时间对家庭消费的影响和作用机制，检验了通勤时间影响家庭消费的异质性，并通过稳健性检验证实了结论的稳健性。研究发现，通勤时间增加显著促进了家庭消费，家庭日总通勤时间增加 1%，家庭年总消费增加 0.05%，经济意义显著。为克服内生性带来的估计结果偏误，选取通勤时间作为工具变量，进行两阶段最小二乘估计，估计结果显著成立。此外，人均通勤时间增加也显著促进了家庭人均消费提高。在剔除极端值影响和假设工具变量近似外生后，通勤时间对消费的影响仍显著存在。进一步地，探究了通勤时间促进家庭消费的作用机制。研究表明，移动支付在其中发挥着中介效应。移动支付打破了时空的制约性，使消费行为碎片化，人们随身携带手机，利用手机随时随地进行各类消费，缓解了没有时间去实体商店购物的不便，减轻了闲暇不足带来的消费减少问题。个人可利用乘坐公共交通的通勤时间，使用移动支付进行消费，增加福利。异质性分析表明，通勤时间的影响呈现消费类型异质性、消费结构异质性和消费群体异质性。通勤时间延长会显著促进个体增加发展型和享受型消费。相较于国有企事业单位员工和家庭压力较小的群体，通勤时间显著增加了非国有企事业单位员工和家庭压力较大人群的消费，弥补了其因消费时间不足而效用损失的问题。

鉴于通勤时间对家庭消费的重要影响和本章研究发现，我们认为，应合理推进城市化进程，解决职住分离的负面影响，保证家庭生活水平提高和福利改善。具体而言，提出以下三个政策建议：

（1）提高城市交通运行效率，合理规划城市布局。本章研究表明，通勤时间对家庭消费具有重要影响。各级政府应合理规划城市空间，合理布局交通网络，在城镇化推进过程中应重点关注城镇规模和城镇人口流动，避免"摊大饼"式的城镇化发展模式。

（2）完善公共交通体系，改善公共交通工具环境。在移动支付的发展下，通勤时间较长的群体可以利用上下班时间进行消费，弥补闲暇不足的问题。政府应大力推动公共交通优先发展，建立完善的公共交通运行体系，提高公共交通工具的舒适度，引导人们选择公共交通工具出行。

（3）应加快智能公共交通建设，推进公共交通信息化。本章研究表明，移动支付也是促进消费的重要动力。移动支付打破了消费的时空约束性，使消费不必局限于固定场景。人们可以使用移动支付随时随地进行消费、付款等经济活动。对于通勤时间较长的群体，移动支付的作用尤为明显。因此，应逐步实现地铁、公交车等无线网络全覆盖，为广大通勤人员提供良好的通勤环境，提高通勤效率。

第十八章 结论与建议

第一节 研究结论

随着智能手机的迅速普及和移动互联网信息技术的高速发展，移动支付、数字货币等数字金融蓬勃发展，对居民生活方式以及国民经济发展带来全方位冲击。习近平总书记在2021年10月中共中央政治局第三十四次集体学习时强调："要发挥数字技术对国民经济发展的放大、叠加作用，进一步推动数字经济与实体经济融合发展。"考虑到当前国际贸易环境的变化，我国经济下行压力不断增大。在需求收缩、供给冲击、预期转弱的背景下，如何改善民生、促进消费结构升级、推动我国经济高质量发展是值得高度关注的重要问题。基于此，本书深入研究了移动支付对我国经济、金融、生产、消费以及减贫的影响。

一、移动支付助力经济高质量发展

从经济增长方面来看，数字经济作为继农业经济、工业经济后主要经济形态，对建设完整内需体系，培育新的消费增长点，构建新发展格局起到强大推动作用。本书利用2016~2020年县域统计年鉴与北京大学数字普惠金融数据深入研究移动支付对中国县域经济增长的影响。研究结果发现，移动支付显著促进了县域经济增长，移动支付指数每提高1%，县域实际GDP提高约1849万元。机制分析表明，缓解信息不对称、降低金融约束，扩大市场可及性，促进就业、优化就业结构是移动支付推动县域经济增长的主要渠道。移动支付对贫困县、西部地区、低经济发展区域的经济有更为显著的正向推动作用，表明移动支付能够发挥普惠效应，从而为实现共同富裕提供推动力。进一步分析表明，移动支付与"电子商务进农村综合示范"项目在促进县域经济增长中存在协同作用。

从乡村振兴方面来看，乡村振兴战略是全面建成小康社会、全面建设社会主义现代化国家的重大历史任务，是新时代"三农"工作的总抓手。本书基于北京大学数字普惠金融数据与2015~2019年中国家庭金融调查数据深入考察了移动支付对乡村振兴发展的影响。研究结果表明，移动支付对乡村振兴发展有着显著的积极影响，移动支付指数每提高1%，乡村振兴综合指数提高0.04%。进一步研究发现，移动支付主要通过促进农村地区形成特色产业、普及和深度发展农村电商以及推动乡村治理的数字化转型等方式推动乡村振兴全面发展。同时，移动支付对受教育程度较高、收入水平较高的农户家庭以及东部地区乡村振兴发展产生更大的影响。

从小微企业发展方面来看，规模庞大的小型微型企业是国民经济的重要组成部分，为我国经济高质量发展贡献重要力量。首先，利用 2017～2019 年中国家庭金融调查数据和 2015 年中国小微企业调查数据深入研究了移动支付对小微企业经营绩效的影响。研究结果表明，移动支付能够显著提高小微企业经营收入、利润以及资产规模。进一步研究发现，移动支付能够显著缓解小微企业融资约束、提高小微企业经营便利性以及激发小微企业进行创新活动，从而进一步提高企业经营绩效。异质性分析表明，移动支付对批发零售业、服务业、处于成长期以及西部小微企业经营绩效促进效用更大。其次，利用北京大学数字普惠金融数据与 2015～2017 年中国家庭金融调查数据深入考察了移动支付对小微企业创新的影响。研究结果表明，地区移动支付指数和企业层面数字支付的使用均显著地提高了小微企业创新活动与研发投入。机制分析表明，移动支付主要通过改善创新环境、缓解信贷约束、促进信息共享等方式助力小微企业可持续发展。异质性分析显示，对于金融知识水平高、非风险厌恶的小微企业经营者，移动支付的发展更能激发其创新研发活力。同时，移动支付在一线、新一线及二线尤其南方等发展水平更高的地区作用更大。

二、移动支付深刻改变家庭金融行为

从货币需求方面来看，"无现金社会"和"去现金化"成为现金管理领域的热点问题。研究移动支付对我国家庭货币需求的影响，可以为我国现金管理政策的制定提供理论依据，证明移动支付在"去现金化"进程中的作用，具有十分重要的理论和实践意义。本书基于 2017 年中国家庭金融调查数据深入研究了移动支付对家庭货币需求的影响。研究结果显示，移动支付导致家庭的 M_0 占比下降 25.00%、M_1 占比下降 36.10%、M_2 占比下降 21.70%，表明移动支付显著降低了家庭不同层次的货币需求。进一步研究表明，交易成本是移动支付对家庭货币需求影响的重要渠道，在交易成本高的地区，移动支付对现金需求的影响更大。异质性分析表明，户主受教育程度以及城市发展程度对移动支付作用的发挥至关重要。此外，移动支付对预防性货币需求的影响大于交易性货币需求。

从家庭信贷方面来看，融资行为对家庭福利提升和经济增长具有重要的意义。本书基于 2017 年中国家庭金融调查数据，从微观层面实证分析了移动支付对家庭信贷可得性的影响。研究发现，移动支付显著提高家庭获取信贷资源的概率，缓解了家庭的流动性约束。相较于未使用移动支付的家庭，使用移动支付能够将家庭信贷可得性提高 15.02%。进一步分析发现，移动支付通过降低信息不对称、提高个体的风险偏好水平、提高社会信任和社会互动渠道来促进家庭获取信贷资源。异质性分析表明，移动支付主要对金融知识水平较高群体、受到流动性约束群体、年轻群体、中西部地区及农村家庭的影响更为敏感。

从家庭储蓄方面来看，解决好低消费、高储蓄问题有助于形成以国内大循环为主体、国内国际双循环相互促进的新发展格局，拉动经济增长，更好地满足人民日益增长的美好生活需要。本书利用 2017～2019 年中国家庭金融调查数据实证分析了移动支付对中国家庭储蓄率的影响。研究结果表明，移动支付显著降低了家庭储蓄率。相较于未使用移动支付家庭，使用移动支付能够将家庭储蓄率降低 18.95%，具有显著的经济意义。机制分析发现，缓解流动性约束、信贷约束和扩大社会网络是移动支付降低家庭储蓄率的主要渠道，移动支付可以缓解健康风险、医疗风险、失业风险、收入风险等背景风险对预防性储蓄的影响。异质性分析表明，移动支付对农业户口家庭、中低收入家庭、低受教育水平家庭以及农村地区、中西部地区、四五线城市家庭作用更明显。

从家庭保险决策方面来看，促进商业保险业的发展一直以来都是政府高度关注的问题。利用 2017 年中国家庭金融调查数据深入研究了移动支付对家庭商业保险参与的影响。研究结果发现，移动支付显著促进家庭商业保险参与、提高家庭参与商业保险的保费支出占收入的比重。相较于未使用移动支付家庭，使用移动支付使家庭商业保险参与的概率增加 4.40%。进一步研究发现，移动支付能够扩宽人们了解金融知识的渠道、增强家庭之间的社会互动、缓解"低保险可得性"地区家庭有限的保险机构和保险产品的约束，进而促进家庭的参保。异质性分析表明，移动支付对高学历家庭、中部地区家庭以及高收入家庭商业保险的参与促进作用更大。

从家庭股市参与方面来看，党的十九届五中全会提出了"十四五"时期推动共同富裕的重点任务，资本市场作为提高居民财产性收入、分享经济增长成果的重要渠道之一，对促进共同富裕目标的实现发挥着重要的作用。本书基于 2017~2019 年中国家庭金融调查数据实证分析了移动支付对家庭股市参与及回报的影响。研究结果发现，移动支付对家庭提高股票市场参与率和深度、进行分散化投资有正向影响，但是移动支付对股票盈利没有产生明显促进作用。进一步研究表明，移动支付可通过金融信息获取、风险态度转变、提高信任感及信贷可得性四个渠道促进家庭参与股票市场进行分散化投资。异质性分析发现，移动支付对中年家庭、中高收入家庭、中高资产家庭以及城镇地区、一二三线城市及金融可得性强地区的家庭作用更突出。

三、移动支付对居民就业和创业具有积极影响

从家庭创业方面来看，"大众创业、万众创新"对推动新旧动能转换和经济结构升级、扩大就业和改善民生、实现机会公平和社会纵向流动发挥了重要作用，为促进经济增长提供了有力支撑。本书基于 2017 年中国家庭金融调查数据考察了移动支付对家庭创业决策和经营绩效的影响。研究结果表明，移动支付通过降低成本，缓解信贷约束，显著提高了家庭创业的概率，同时也提高了工商业项目的经营绩效。相较于未使用移动支付家庭，使用移动支付能将家庭创业概率提高 28.10%。同时，移动支付可以为家庭创造更有利的创业条件，从而使其更有可能进行主动创业活动。异质性分析表明，移动支付对经济发展水平较为滞后，交通、金融网点等配套设施建设较为落后的农村家庭、西部地区家庭、城市化程度较低地区家庭创业活动的促进作用更大。

从家庭就业方面来看，就业是民生之本、财富之源，也是社会稳定和经济持续健康发展的重要保障。首先，本书利用北京大学数字金融研究中心发布的中国数字支付指数与 2015~2017 年中国家庭金融调查数据深入考察了移动支付发展对居民就业的影响。研究结果表明，移动支付指数每上升 1 单位，将导致家庭部门的就业率提高 0.10%，其中，自雇佣就业率显著提高 0.08%，非自雇佣就业率未受显著影响。进一步分析发现，创业型自雇佣就业活动的开展是移动支付发展提升家庭就业率的重要原因。异质性分析发现，移动支付的发展对城镇家庭和金融素养较低家庭产生了更为显著的就业促进作用。其次，本书运用 2015~2019 年中国家庭金融调查数据深入探究了智能手机对居民灵活就业的影响。研究结果发现，智能手机的使用显著提高了个体参与非正规就业的概率，提高了非正规就业者和个体经营者的工资性收入。进一步分析表明，信息获取、社交活动和智能手机使用广

度，是智能手机影响灵活就业的可能渠道。异质性分析表明，智能手机显著促进了就业者从事受雇于他人或单位、自营性质的工作。从劳动者特质来看，智能手机对中年人、女性和未接受义务教育的群体就业具有明显的促进作用。

四、移动支付促进消费增长并助力消费升级

从消费升级方面来看，消费是经济增长的基础，消费升级是实现高质量发展的引擎。本书利用 2017~2019 年中国家庭金融调查数据考察了移动支付对家庭消费支出与家庭消费结构优化升级的影响。研究结果表明，移动支付显著增加了家庭消费支出，降低了家庭恩格尔系数，推动了非生存型消费支出的增加，是家庭消费结构优化升级的重要推动力。相较于未使用移动支付家庭，使用移动支付能够将家庭消费水平提高 12.65%，恩格尔系数降低 1.30%，消费多样性提高 13.11%，具有显著的经济意义。进一步研究发现，便捷支付、降低成本是移动支付影响家庭消费升级的重要机制。异质性分析表明，移动支付对中等收入群体、人力资本以及相对落后地区家庭消费行为以及消费结构的影响更大。

从低碳消费方面来看，实现低碳、绿色、高效、循环发展，是中国经济转型升级的战略选择和根本方向。家庭消费过程中所产生和引发的碳足迹可能会成为新一轮碳排放的主要来源，因此推动家庭消费低碳化势在必行。本书采用 2017 年和 2019 年中国家庭金融调查数据，运用差分模型深入研究了移动支付对家庭碳排放的影响。研究结果表明，相较于从未使用过移动支付的家庭，一直使用移动支付的家庭和新增使用移动支付的家庭，他们的人均碳消费会显著减少。进一步研究发现，移动支付对不同类型碳消费以及不同分位点碳足迹的影响是不同的。异质性分析表明，移动支付对家庭碳消费的负向影响在农村地区、南方地区和东部地区更大且更显著。

从旅游消费方面来看，旅游消费作为服务型消费的典型代表，有很强的综合性和带动性，能够不断拓展消费升级新空间。本书基于中国家庭金融调查 2017~2019 年面板数据实证分析了移动支付对家庭旅游消费的影响。研究结果表明，移动支付显著提高家庭出游概率、提升家庭旅游消费、提高旅游支出占比。相较于未使用移动支付家庭，使用移动支付能够将家庭出游概率、旅游消费水平以及旅游支出占比分别提高 18.80%、8.83% 以及 6.97%。进一步研究发现，支付便利性、社会互动以及信任水平是移动支付影响家庭旅游消费的重要机制。同时移动支付对家庭旅游消费的影响存在异质性，表现为对高收入家庭、高人力资本家庭、老年家庭和城镇家庭旅游消费促进效用更大。

从通勤时间方面来看，随着金融科技迅速发展，移动支付和网上购物打破了消费的时空约束，改变了人们的消费行为，成为人们时间利用的新方式和消费的新途径，也使得通勤时间对家庭消费的影响变得更加复杂多样。本书利用 2017 年中国家庭金融调查数据深入考察了通勤时间、移动支付与家庭消费的关系。研究结果表明，通勤时间增加显著促进了家庭消费，移动支付在其中发挥着中介效应。移动支付打破了时空的制约性，使消费行为碎片化，人们随身携带手机，利用手机随时随地进行各类消费，缓解了没有时间去实体商店购物的不便，减轻了闲暇不足带来的消费减少问题。异质性分析表明，通勤时间延长会显著促进个体增加发展型和享受型消费，增加非国有企事业单位员工和家庭压力较大人群的消费。

第二节　对策建议

一、扩大移动支付规模，助力经济高质量发展

中国人口众多，仍然有许多老年人口、地区偏远的人群无法触及移动互联网，难以享受到数字经济所带来的福利。因此，相关部门应积极加强移动互联网的基础设施建设，消除数字鸿沟。主要体现在以下三个方面：一是完善数字基础设施，从供给端发展移动支付。地方政府应牢牢抓住发展机遇，抢先布局以人工智能、5G、区块链为代表的新型数字基础设施建设，加大对该方面的资金投入，为移动支付的发展提供支撑力。二是强化居民数字素养，从需求端推动移动支付发展。一方面，政府应该派出技术人员，对居民进行数字培训，提高其使用数字设备的能力，扩展其数字知识；另一方面，政府可以结合当地社区，共同举办数字经济知识教育活动，在强化其使用数字技能的同时，丰富他们对数字金融风险的识别和防范等相关知识，提高其对移动支付平台的信任，从需求端推动移动支付发展。三是政府应持续推进移动支付体系建设，制定合理有效的移动支付发展规划，为推动我国经济高质量发展营造良好的环境。

二、加快移动支付产业链建设，助力产业数字化转型

移动支付作为新时代的四大发明之一，不仅极大地便利居民日常生活，也深刻改变着传统产业发展模式。相关部门应加快移动支付产业链建设，助力产业数字化转型。主要体现在以下五个方面：一是推动农村产业数字化转型升级。地方政府应充分利用移动支付的特性，大力发展地方特色产业，加快形成高质量的"淘宝村""淘宝县"，提高产业的可持续发展能力。同时，政府应该出台相关的政策条例和税收优惠政策，建立健全相关的法律法规，积极引导移动支付在乡村振兴中发挥正向良性的作用。二是结合行业特征推进小微企业数字化转型。本书研究发现，移动支付对小微企业经营绩效的影响存在行业异质性，因此小微企业应结合各自行业特征进行数字化转型。举例来说，对于批发零售业以及服务业小微企业，应将重点放在支付大数据处理分析、商品销售预测以及数字营销等方面。三是推动商业保险信息化、智能化发展。政府和企业要抓住科技的迅速发展，引导商业保险与移动技术的结合，为有不同需求的消费者提供针对性的保险产品。通过保险连接用户需求，打造数字的保险生活圈，使保险具有普适的意义。四是加快智能公共交通建设，推进公共交通信息化进程。移动支付打破了消费的时空约束性，人们可以使用移动支付随时随地进行消费、付款等经济活动。对于通勤时间较长的群体，移动支付的作用尤为明显。因此，应逐步实现地铁、公交车等无线网络全覆盖，为广大通勤人员提供良好的通勤环境，提高通勤效率。五是推进旅游产业智慧化、数字化转型。旅行支付已经逐步贯穿整个旅游产业，游客从"出门"到结束旅程已遍布各式各样智能服务终端。在此背景下，一方面，旅游服务供应商应大力加强与第三方支付平台合作，打造诸如手机虚拟"旅行卡"等数字化产品，进一步拉动旅游消费；另一方面，应积极探索"支付+旅行"新模式，进一步吸引游客，改善游客旅行体验，助力旅游产业智慧化、数字化转型。

三、优化移动支付的综合服务功能，促进信息共享

移动支付具有金融与信息共享功能，政府相关部门应丰富并不断优化移动支付相关功能，完善信息共享机制。主要体现在以下四个方面：一是优化移动支付的金融服务。一方面，政府应鼓励支付平台在风险可控的前提下，降低居民获得金融服务的阈值，提高小额信贷额度，进一步缓解居民面临的金融约束，丰富其生产生活行为，为经济增长提供助推器；另一方面，鼓励金融机构设立科研平台和智库机构，聚焦大数据、人工智能、分布式技术等前沿方向，突破关键核心技术，优化软信息识别算法，构建征信体系，缓解信息不对称问题。二是优化移动支付的医疗健康服务。政府相关部门应鼓励移动支付平台进一步完善医疗健康服务，并为在线医疗服务提供可持续的保障。在线医疗健康服务打破了时间、空间和地域的限制，居民使用移动支付平台就可以实现挂号、问诊、测评自身健康状况及了解健康知识等，有效避免了因小病导致大病情况的发生，最大限度地降低了健康风险和医疗风险，从而进一步改善居民生活水平。三是重视移动支付在家庭节能减排中发挥的作用。一方面，应从微观家庭层面着手，鼓励家庭充分利用数字技术积极践行低碳消费行为；另一方面，低碳发展应"因地施策、因户施策"。对于不同区域和不同碳消费水平的家庭，应有针对性地普及移动支付等数字技术，逐渐树立家庭运用数字技术实现低碳消费的理念。对于不同类型的碳足迹，不能以偏概全，要采取不同的措施，设计不同的数字产品，从而带动、突破与引领全国低碳发展。四是完善信息共享平台建设。政府应鼓励支付平台逐步完善其信息共享的功能，形成支付与信息获取相互融合的布局，助力经济高质量发展。

四、增强移动支付的包容性，弥合数字鸿沟

由于我国农村家庭、中西部地区家庭、低收入人群以及老年群体的数字化程度相对较弱，因此要进一步增强移动支付的包容性，重点关注"弱势群体"。主要体现在以下四个方面：一是加快移动支付在农村地区的推广和普及。政府相关部门应加快我国农村地区宽带网络全覆盖进程，提高智能手机使用率，推动5G网络建设，切实保障移动支付在农村地区的全覆盖，将移动支付融入农村家庭日常生活的各个环节中，提升农户家庭对移动支付的认同感和接受程度。二是加快移动支付在中西部地区的推广和普及。一方面，政府应做好前期规划，在加快中西部地区的信息基础设施建设的同时，为创业家庭提供数字技术支持和引导，鼓励当地家庭结合地方特点实现电子商务交易，依托互联网创业，从而为中西部地区家庭提供更多的就业岗位；另一方面，政府相关部门应加强我国中西部地区信息基础设施建设，为中西部小微企业营造良好的数字环境，进一步发挥移动支付对我国中西部地区小微企业"雪中送炭"的作用。三是提升低收入群体智能手机和移动支付普及率。本书研究表明，智能手机和移动支付的使用对于个体的就业和收入增长具有显著的正向影响，尤其对于就业市场中的低收入群体，智能手机和移动支付的作用更为明显。政府相关部门应将"新基建"深入至微观主体，在有条件、有需要的地区，免费或低价发放智能手机，为低收入群体提供智能手机和移动支付使用技能培训。四是提升老年群体智能手机和移动支付普及率。"数字鸿沟"问题正严重影响老年人平等享受数字红利的权利。一方面，相关企业应开发适合老年人使用的智能手机，弥合老年群体数字金融"接入沟"；另一方

面，政府相关部门应以社区为单位，派出专业技术人员，对老年群体进行数字培训，提高其使用数字设备的能力，扩展其数字知识，弥合老年群体数字金融"使用沟"。

五、加强移动支付监管，完善数字监管体系

在扩大移动支付规模的同时，政府相关部门应注意到，一方面，移动支付的网络化、无形化以及可能存在的技术安全隐患，使移动支付存在风险并且传播十分迅速；另一方面，我国移动支付市场参与主体错综复杂，通过移动支付产生的海量交易数据更是难以监管。风险一旦发生，将会迅速通过网络扩散，引发全局性、系统性的金融风险。为适应移动支付环境新变化，在扩大移动支付规模的同时，应加强移动支付监管，完善数字监管体系。主要体现在以下三个方面：一是增强居民的风险防控意识。居民在使用移动支付的过程中要防范潜在的支付风险，在使用移动支付平台进行交易时，应仔细甄别潜在的风险，保护好自己的个人隐私，防止信息泄露。二是完善企业支付数据管理。第三方支付平台和企业应建立完备的支付数据管理系统，为交易提供可追溯记录，及时发现、处理潜在风险。三是加强政府支付监管。政府相关部门应进一步完善数字监管体系，加强个人信息保护，利用大数据、人工智能等方法对潜在风险进行实时跟踪与评估，为居民数字化美好生活、企业数字化转型以及经济高质量发展保驾护航。

参考文献

［1］Acemoglu D, Naidu S, Restrepo P, et al. Democracy Does Cause Growth ［J］. Journal of Political Economy, 2019, 127（1）：47-100.

［2］Acemoglu D, Restrepo P. The Race between Machine and Man：Implications of Technology for Growth, Factor Shares and Employment ［J］. American Economic Review, 2018, 108（6）：1488-1542.

［3］Acemoglu D, Linn J. Market Size in Innovation：Theory and Evidence from the Pharmaceutical Industry ［J］. The Quarterly Journal of Economics, 2004, 119（3）：1049-1090.

［4］Acemoglu D, Restrepo P. Robots and Jobs：Evidence from US Labor Markets ［J］. Journal of Political Economy, 2020, 128（6）：2188-2244.

［5］Acharya V and Xu Z. Financial Dependence and Innovation：The Case of Public Versus Private firms ［J］. Journal of Financial Economics, 2016, 124（2）：223-243.

［6］Aghion P, Fally T, Scarpetta S. Credit Constraints as a Barrier to the Entry and Post-entry Growth of Firms ［J］. Economic Policy, 2007, 22（52）：732-779.

［7］Acs Z J, Plummer L A. Penetrating the "Knowledge Filter" in Regional Economies ［J］. The Annals of Regional Science, 2005, 39（3）：439-456.

［8］Aker J C, Boumnijel R, Mcclelland A, Tierney N. Payment Mechanisms and Anti-poverty Programs：Evidence from a Mobile Money Cash Transfer Experiment in Niger ［J］. Economic Development and Cultural Change, 2016, 65（1）：1-37.

［9］Alegre J R, Mateo, A S, Pou L. Tourism Participation and Expenditure by Spanish Households：The Effects of the Economic Crisis and Unemployment ［J］. Tourism Management, 2013, 39：37-49.

［10］Alessandra C, Luke C, Bruce W. The Effect of Social Capital on Group Loan Repayment：Evidence from Field Experiments ［J］. Economic Journal, 20210（517）：85-106.

［11］Allen F, Douglas G. Limited Market Participation and Volatility of Asset Prices ［J］. The American Economic Review, 1994（84）4：933-955.

［12］Allen R C. Absolute Poverty：When Necessity Displaces Desire ［J］. American Economic Review, 2017, 107（12）：3690-3721.

［13］Araujo C, de Janvry A, Sadoulet E. Peer Effects in Employment：Results from Mexico's Poor Rural Communities ［J］. Canadian Journal of Development Studies/Revue Canadienne D'études du développement, 2010, 30（3）：565-589.

［14］Arun T, Bendig M, Arun S. Bequest Motives and Determinants of Micro Life Insurance in Sri Lanka ［J］. World Development, 2012, 40（8）：1700-1711.

［15］ Atella V, Brunetti M, Maestas N. Household Portfolio Choices, Health Status and Health Care System: A Cross-country Analysis Based on SHARE ［J］. Journal of Banking and Finance, 2012 (36): 1320-1335.

［16］ Audretsch D B, Carree M A, Stel A J, Thurik, A R. Impeded Industrial Restructuring: The Growth Penalty ［J］. Kyklos, 2002, 55 (1): 81-97.

［17］ Lenz B, Nobis C. The Changing Allocation of Time Activities in Space and Time By the Use of ICT-fragmentation as A New Concept and Empirical Results ［J］. Transportation Research Part A, 2007, 41 (2): 190-204.

［18］ Bachas P, Gerler P, Higgins S, et al. Digital Financial Services Go A Long Way: Transaction Costs and Financial Inclusion ［J］. American Economic Review, 2018, 108: 444-448.

［19］ Bagnall J, Bounie D, and Huynh K P, et al. Consumer Cash Usage: A Cross-Country Comparison with Payment Diary Survey Data ［J］. Dnb Working Papers, 2016, 12 (4): 1-61.

［20］ Bagnoli M, Wang T, Watts S G. How do corporate websites contribute to the information environment? Evidence from the US and Taiwan ［J］. Journal of Accounting and Public Policy, 2014, 33 (6): 596-627.

［21］ Balyuk T. Financial Innovation and Borrowers: Evidence from Peer-to-peer Lending ［D］. Rotman School of Management Working Paper, 2019: No. 2802220.

［22］ Baptista G, Oliveira T. Understanding Mobile Banking: The Unified theory of Acceptance and use of Technology Combined with Cultural Moderators ［J］. Computers in Human Behavior, 2015, 50 (9): 418-430.

［23］ Baumol W J. The Transactions Demand for Cash: An Inventory Theoretic Approach ［J］. Quarterly Journal of Economics, 1952, 66 (4): 545-556.

［24］ Baumol W. Entrepreneurship: Productive, Unproductive, and Destructive ［J］. Journal of Political Economy, 1990, 98 (5): 893-921.

［25］ Baydas M M, Meyer R L, Aguilera-Alfred N. Discrimination Against Women in Formal Credit Markets: Reality or Rhetoric? ［J］. World Development, 1994, 22 (7): 305-326.

［26］ Beck T, Pamuk H, Ramrattan R, et al. Payment Instruments, Finance and Development ［J］. Journal of Development Economics, 2018 (133): 162-186.

［27］ Beck T, Demirgüç-Kunt A, Levine R. Finance, Inequality and the Poor ［J］. Journal of Economic Growth, 2007, 12 (1): 27-49.

［28］ Beck T, Webb I, Economic, Demographic, and Institutional Determinants of Life Insurance Consumption across Countries ［J］. World Bank Economic Review, 2003, 17 (1): 51-88.

［29］ Beck T, Levine R, Loayza N. Finance and the Sources of Growth ［J］. Journal of Financial Economics, 2000, 58 (1): 261-300.

［30］ Becker G S. A Note on Restaurant Pricing and Other Examples of Social Influence on Price ［J］. Journal of Political Economy, 1991, 99 (5): 1109-1116.

［31］ Bernini C, Cracolici M F. Demographic Change, Tourism Expenditure and Life Cycle Behavior ［J］. Tourism Management, 2015 (47): 191-205.

［32］ Bian Y. Bringing Strong Ties Back in: Indirect Ties, Network Bridges, and Job Searches in China ［J］. American Sociological Review, 1997, 62 (3): 366-385.

［33］ Boden J A, Maier E, Wilken R. The Effect of Credit Card Versus Mobile Payment on Convenience and Consumers' Willingness to Pay ［J］. Journal of Retailing and Consumer Services, 2020 (52): 101910.

［34］ Boeschoten W C. Cash Management, Payment Patterns and the Demand for Money ［J］. De Economist, 1998, 146 (1): 117-142.

［35］ Borenstein S, and Saloner G. Economics and Electronic Commerce ［J］. Journal of Economic Perspectives, 2001, 15 (1): 3-12.

［36］ Bostic R, Gabriel S, and Painter G. Housing Wealth, Financial Wealth, and Consumption: New Evidence from Micro Data ［J］. Regional Science and Urban Economics, 2009, 39 (1): 79-89.

［37］ Brancati E. Innovation Financing and the Role of Relationship Lending for SMEs ［J］. Small Business Economics, 2015, 44 (2): 449-473.

［38］ Braunerhjelm P, Acs Z J, Audretsch D B, et al. The Missing link: Knowledge Diffusion and Entrepreneurship in Endogenous Growth ［J］. Small Business Economics, 2010, 34 (2): 105-125.

［39］ Browne M J, Kim K, An International Analysis of Life Insurance Demand ［J］. Journal of Risk and Insurance, 1993, 60 (4): 616-634.

［40］ Bruhn M, Love I. The Economic Impact of Banking the Unbanked: Evidence from Mexico ［R］. Policy Research Working Paper Series, 2009.

［41］ Bruhn M, Love I. The Real Impact of Improved Access to Finance: Evidence from Mexico ［J］. The Journal of Finance, 2014, 69 (3): 1347-1376.

［42］ Buera F J. A Dynamic Model of Entrepreneurship with Borrowing Constraints: Theory and Evidence ［J］. Annals of Finance, 2009, 5 (3-4): 443-464.

［43］ Calum G T and Kong R. Informal Lending Amongst Friends and Relatives: Can Microcredit Compete in Rural China? ［J］. China Economic Review, 2010, 41 (4): 544-556.

［44］ Campbell K E, Marsden P V, and Hurlbert J S. Social Resources and Socioeconomic Status ［J］. Social Networks, 1986, 8 (1): 97-117.

［45］ Campbell J Y, and Cocco J F. How do house prices affect consumption? Evidence from micro data ［J］. Journal of Monetary Economics, 2007, 54 (3): 591-621.

［46］ Carree M A, Thurik A R. The Lag Structure of the Impact of Business Ownership on Economic performance in OECD Countries ［J］. Small Business Economics, 2008, 30 (1): 101-110.

［47］ Carroll C D. The Buffer-Stock Theory of Savings: Some Macroeconomic Evidence ［J］. Brookings Papers on Economic Activity, 1992 (23) 2: 61-156.

［48］ Cassar A. Coordination and Cooperation in Local, Random and Small World

Networks: Experimental Evidence [J]. Games and Economic Behavior, 2007.

[49] Chari A V, Engberg J, Ray K N, Mehrotra A. The Opportunity Costs of Informal Elder-Care in the United States: New Estimates from the American Time Use Survey [J]. Health Services Research, 2015, 50 (3): 871-882.

[50] Chatterjee P, Rose RL, Do Payment Mechanisms Change the Way Consumers Perceive Products? [J]. Journal of Consumer Research, 2011, 38 (6): 1129-1139.

[51] Chen H, Chiang R H L, Storey V C. Business Intelligence and Analytics: From Big Data to Big Impact [J]. MIS quarterly, 2012, 36 (4): 1165-1188.

[52] Chen T, Huang Y, Lin C, et al. Finance and Firm Volatility: Evidence from Small Business lending in China [J]. Management Science, 2022, 68 (3): 2226-2249.

[53] Chen L. From Fintech to Finlife: the case of Fintech Development in China [J]. China Economic Journal, 2016, 9 (3): 225-239.

[54] Chin A G, Harris M A, Brookshire R. An Empirical Investigation of Intent to Adopt Mobile Payment Systems Using a Trust-based Extended Valence Framework [J]. Information Systems Frontiers, 2020, 11 (3): 1-19.

[55] Christelis D, Georgarakos D, Haliassos M. Differences in Portfolios Across Countries: Economic Environment Versus Household Characteristics [J]. The Review of Economics and Statistics, 2013, 95 (1): 220-236.

[56] Coase R H. The Nature of the Firm [J]. Economica, 1927, 4 (16): 386-405.

[57] Colombo M G, Delmastro M, and Grilli L. Entrepreneurs' Human Capital and the Start-up Size of New Technology-based firms [J]. International Journal of Industrial Organization, 2004, 22 (8-9): 1183-1211.

[58] Comanor W S and Scherer F M. Patent Statistics as a Measure of Technical Change [J]. Journal of Political Economy, 1969, 77 (3): 392-398.

[59] Conley T G, Hansen C B, Rossi P E. Plausibly Exogenous [J]. Review of Economics and Statistics, 2012, 94 (1): 260-272.

[60] Cueto B, Mayor M, Suárez P. Entrepreneurship and Unemployment in Spain: A Regional Analysis [J]. Applied Economics Letters, 2015, 22 (15): 1230-1235.

[61] Danquah M, Iddrisu A M. Access to Mobile Phones and the Wellbeing of Non-farm Enterprise Households: Evidence from Ghana [J]. Technology in Society, 2018 (54).

[62] David P. et al. The Implications of Debt Heterogeneity for R&D Investment and Firm Performance [J]. Academy of Management Journal, 2008, 51 (1): 165-181.

[63] Davidsson P, and Honig B. The Role of Social and Human Capital Among Nascent Entrepreneurs [J]. Journal of Business Venturing, 2003, 18 (3): 301-331.

[64] Deaton A. Saving and Liquidity Constraints [J]. Econometrica, 1991, 59 (5): 1221-1248.

[65] Deaton A, Paxson C. Saving, Growth and Aging in Taiwan [M]. In Studies in the Economics of Aging, University of Chicago Press, 1994.

[66] Demirgüç - Kunt A, Klapper L, Singer D, Financial Inclusion and Inclusive

Growth: A Review of Recent Empirical Evidence [R] . Policy Research Working Paper Series, 2017.

[67] Demir A, Pesqué-Cela V, Altunbas Y, et al. Fintech, Financial Inclusion and Income Inequality: A Quantile Regression Approach [J] . The European Journal of Finance, 2022, 28 (1): 86-107.

[68] Duncan B. Factors in Work Residence Separation: Wage and Salary Works Chicago [J] . American Sociological Review, 1956, 21 (1): 48-56.

[69] Dutta J, Weale M. Consumption and the Means of Payment: An Empirical Analysis for the United Kingdom [J] . Economica, 2012, 68 (271): 293-316.

[70] El-Attar M, Poschke M. Trust and the Choice Between Housing and Financial Assets: Evidence from Spanish Households [J] . Review of Finance, 2011, 15 (4): 727-756.

[71] Evans D S, and Jovanovic B. Some Empirical Aspects of Entrepreneurship [J] . American Economic Review, 1989 (79): 367-397.

[72] Fafchamps M. Development and Social Capital [J] . Journal of Development Economics, 2006, 42 (7): 1180-1198.

[73] Fafchamps M, Gubert F. The Formation of Risk Sharing Networks [J] . Journal of Development Economics, 2007, 83 (2): 326-350.

[74] Fagereng A, Gottlieb C, Guiso L. Asset Market Participation and Portfolio Choice over the Life Cycle [J] . The Journal of Finance, 2017, 72 (2): 705-750.

[75] Fair R C. How Fast Do Old Men Slow Down? [J] . Review of Economics and Statistics, 1994, 76 (1): 103-118.

[76] Falk T, Kunz W H, Schepers J J, Mrozek A J. How mobile Payment Influences the Overall Store Price Image [J] . Journal of Business Research, 2016, 69 (7): 2417-2423.

[77] Fan J, Tang L, Zhu W, et al. The Alibaba Effect: Spatial Consumption Inequality and the Welfare Gains from E commerce [J] . Journal of International Economics, 2018, 114 (9): 203-220.

[78] Feldstein M. Social Security, Induced Retirement, and Aggregate Capital Accumulation [J] . Journal of Political Economy, 1974, 82 (5): 905-926.

[79] Flap H, and Boxman E. Getting Started: The Influence of Social Capital on the Start of the Occupational Career: Theory and Research [M] . Social Capital, 2017.

[80] Frey C B, and Osborne M A. The Future of Employment: How Susceptible are Jobs to Computerization? [J] . Technological Forecasting and Social Change, 2017, 114 (1): 254-280.

[81] Friedman M. Theory of the Consumption Function [M] . Published by Princeton University Press, 1957.

[82] Fu X, Lehto X Y. Vacation Co-creation: The Case of Chinese Family Travelers [J] . International Journal of Contemporary Hospitality Management, 2018, 30 (2): 980-1000.

［83］Fujiki H, Shioji E. Bank Health Concerns, Low Interest Rates and Money Demand: Evidence from the Public Opinion Survey on Household Financial Assets and Liabilities ［J］. Monetary and Economic Studies, 2006 (11): 73-123.

［84］Fujiki H, Tanaka M. Currency Demand, New Technology and the Adoption of Electronic Money: Evidence Using Individual Household Data ［J］. IMES Discussion Paper, 2009.

［85］Fuster A, Plosser M, Schnabl P, et al. The Role of Technology in Mortgage Lending ［J］. The Review of Financial Studies, 2019, 32 (5): 1854-1899.

［86］Gajewski J F, Li L. Can Internet-based Disclosure Reduce Information Asymmetry? ［J］. Advances in Accounting, 2015, 31 (1): 115-124.

［87］Georgarakos D, Haliassos M, Pasini G. Household Debt and Social Interactions ［J］. Social Electronic Publishing, 2014, 27 (5): 1404-1433.

［88］Glaeser E L, Kerr S P, Kerr W R. Entrepreneurship and Urban Growth: An Empirical Assessment with Historical Mines ［J］. Review of Economic and Statistics, 2015, 97 (2): 498-520.

［89］Gomes F, Michaelides A. Optimal Life Cycle Asset Allocation: Understanding the Empirical Evidence ［J］. The Journal of Finance, 2005, 60 (2): 869-904.

［90］Gretzel U, Hwang Y H, Fesenmaier D R. Informing Destination Recommender Systems Design and Evaluation through Quantitative Research ［J］. International Journal of Culture, Tourism and Hospitality Research, 2012 (6) 4: 297-315.

［91］Grossman J, Tarazi M. Serving Smalholder Farmers: Recent Developments in Digital Finance ［R］. Focus Note, 2014.

［92］Gu H, Liu D. The Relationship between Resident Income and Domestic Tourism in China ［J］. Tourism Recreation Research, 2004 (29) 2: 25-33.

［93］Guiso L, Sapienza P, Zingales L. Trusting the Stock Market ［J］. Journal of Finance, 2008 (6): 2557-2600.

［94］Guiso L, Sapienza P, Zingales L. The Role of Social Capital in Financial Development ［J］. American Economic Review, 2004 (94) 3: 526-556.

［95］Guiso L, Jappelli T, and Terlizzese D. Income Risk, Borrowing Constraints, and Portfolio Choice ［J］. American Economic Review, 1996, 86 (1): 158-172.

［96］Hall B H et al. Innovation and Productivity in SMEs: Empirical Evidence for Italy ［J］. Small Business Economics, 2009, 33 (1): 13-33.

［97］Hall B H. The Financing of Research and Development ［J］. Oxford Review of Economic Policy, 2002, 18 (1): 35-51.

［98］Hall B H, Lerner J. The Financing of R&D and Innovation ［J］. Handbook of the Economics of Innovation, 2010 (1): 609-639.

［99］Hamermesh D. Lock-downs, Loneliness and Life Satisfaction ［J］. NBER Working Paper, 2020, No. 27018.

［100］Haseeb A, Benjamin C. Mobile Money and Healthcare Use: Evidence from East Africa [J] . World Development, 2021 (141) .

[101] Hau H, Huang Y, Shan H, et al. Fintech Credit, Financial Inclusion and Entrepreneurial Growth [J] . Unpublished working paper, 2018.

[102] Hau A, Liquidity, Estate Liquidation, Charitable Motives, and Life Insurance Demand by Retired Singles [J] . Journal of Risk & Insurance, 2000, 67 (1): 123-141.

[103] Heijden H V D. Factors Affecting the Successful Introduction of Mobile Payment Systems [J] . Chinese Nursing Research, 2002, 33 (4): 359-365.

[104] Hirschman Elizabeth C. Differences in Consumer Purchase Behavior by Credit Card Payment System [J] . Journal of Consumer Research, 1979, 6 (1): 58-66.

[105] Hoedemakers L. The Changing Nature of Employment: How Technological Progress and Roboics Shape the Future of Work [M] . Sweden: Lund University, 2017.

[106] Hong C Y, Lu X, Pan J. Fintech Adoption and Household Risk-Taking [R] . NBER Working Papers, 2020.

[107] Hong H, Jeffrey J D, Stein J C. Social Interaction and Stock—Market Participation [J] . Journal of Finance, 2004 (1): 137-163.

[108] Hong H, Kubik J D, and Stein J C, Social Interaction and Stock-Market Participation [J] . The Journal of Finance, 2004, 59 (1): 137-163.

[109] Hsu P H. et al. Financial Development and Innovation: Cross-country Evidence [J] . Journal of Financial Economics, 2014, 112 (4): 116-135.

[110] Humphrey D B. Replacement of Cash by Cards in US Consumer Payments [J] . Journal of Economics & Business, 2004, 56 (3): 211-225.

[111] Humphrey D B, Kim M, and Vale B. Realizing the Gains from Electronic Payments: Costs, Pricing, and Payment Choice [J] . Journal of Money Credit and Banking, 2001, 33 (5): 215-234.

[112] Ilahiane H, Sherry J. Economic and Social Effects of Mobile Phone Use in Morocco [J] . Ethnology, 2009, 48 (2): 85-98.

[113] Inkpen A C, & Tsang E W K. Social Capital, Networks, and Knowledge Transfer [J] . Academy of Management Review, 2005, 30 (1): 146-165.

[114] Jack W, Suri T. Risk Sharing and Transactions Costs: Evidence from Kenya's Mobile Money Revolution [J] . American Economic Review, 2014, 104 (1): 183-223.

[115] Jaffe A B. Demand and Supply Influences in R&D Intensity and Productivity Growth [J] . Review of Economics and Statistics, 1988, 70 (3): 431-437.

[116] James H. Stock, Jonathan H. Wright, Motohiro Yogo. A Survey of Weak Instruments and Weak Identification in Generalized Method of Moments [J] . Journal of Business & Economic Statistics, 2002, 20 (4): 518-529.

[117] Jappelli T, Pischke J, Soulele N S. Testing for Liquidity in Euler Equations with Complementary Data Sources [J] . The Review of Economics and Statistics, 1998, 80 (2): 251-262.

[118] John V D, William C W. Credit Cards and Money Demand: A Cross-sectional Study

[J]. Journal of Money Credit & Banking, 1995, 27 (2): 604-623.

[119] Kaleemullah A, Ashraful A, Min A D, et al. FinTech, SME Efficiency and Aational Culture: Evidence from OECD Countries [J]. Technological Forecasting and Social Change, 2021 (163): 120-454.

[120] Kalckreuth U V, Schmidt T, Stix H. Choosing and using Payment Instruments: Evidence from German Microdata [J]. Empirical Economics, 2014, 46 (3): 1019-1055.

[121] Kapoor A, Financial Inclusion and the Future of the Indian Economy [J]. Futures, 2013, 10 (2): 5-42.

[122] Karlan D, Zinman J. Expanding Credit Access: Using Randomized Supply Decisions to Estimate the Impacts [J]. Review of Financial Studies, 2010, 23 (1): 433-464.

[123] Kim H, Park J H, Lee S K, Jang S. Do Expectations of Future Wealth Increase Outbound Tourism? Evidence from Korea [J]. Tourism Management, 2012, 33 (5): 1141-1147.

[124] Kim M, Lennon S J. Television Shopping for Apparel in the United States: Effects of Perceived amount of Information on Perceived Risks and Purchase Intentions [J]. Family and Consumer Sciences Research Journal, 2000, 28 (3): 301-331.

[125] King R G, Levine R. Finance and Growth: Schumpeter Might Be Right [J]. QuarterlyJournal of Economics, 1993, 108 (3): 717-737.

[126] Kunreuther H, Pauly M. Rules Rather than Discretion: Lessons from Hurricane Katrina [J]. Journal of Risk and Uncertainty, 2006, 33 (1/2).

[127] Kuusisto M. Organizational Effects of Digitalization: A Literature Review [J]. International Journal of Organization Theory and Behavior, 2017.

[128] Krugman P. Increasing Returns and Economic Geography [J]. Journal of Political Economy, 1991, 99 (3): 483-499.

[129] Lee J, Sabourian H. Coase Theorem, Complexity and Transaction Costs [J]. Journal of Economic Theory, 2007, 135 (1): 214-235.

[130] Lee S. Ability Sorting and Consumer City [J]. Journal of Urban Economics, 2010, 68 (1): 20-33.

[131] Lehto X Y, Fu X, Li H, Zhou L Q. Vacation Benefits and Activities: Understanding Chinese Family Travelers [J]. Journal of Hospitality & Tourism Research, 2017, 41 (3): 301-328.

[132] Leland H E. Savings and Uncertainty: The Precautionary Demand for Saving [J]. Quarterly Journal of Economics, 1968, 82 (3): 465-473.

[133] Leung D, Law R, Van Hoof H, Buhalis D. Social Media in Tourism and Hospitality: A Literature Review [J]. Journal of Travel & Tourism Marketing, 2013, 30 (1-2): 3-22.

[134] Li B, Fisher K R, Farrant F Q and Cheng Z M. Digital Policy to Disability Employment? An ecosystem perspective on China and Australia [J]. Social Policy & Administration, 2020 (11).

[135] Li J, Zhang D, Su B. The Impact of Social Awareness and Lifestyles on Household Carbon Emissions in China [J]. Ecological Economics, 2019 (160): 145-155.

[136] Li D, Moshirian F, and Nguyen P, & Wee T, The Demand for Life Insurance in OECD Countries [J]. Journal of Risk and Insurance, 2007, 74 (3): 637-652.

[137] Li J, Wu Y, and Xiao J. The Impact of Digital Finance on Household Consumption: Evidence from China [J]. Economic Modelling, 2020 (86): 317-326.

[138] Li P, Lu Y, Wang J. Does Flattening Government Improve Economic Performance? Evidence from China [J]. Journal of Development Economics, 2016 (12): 18-37.

[139] Li R, Li Q, Huang S, Zhu X. The Credit Rational of Chinese Rural Household and Its Welfare Loss: An Investigation Based on Panel Data [J]. China Economic Review, 2013 (26): 17-27.

[140] Liang P, Guo S. Social Interaction, Internet Access and Stock Market Participation-An Empirical Study in China [J]. Journal of comparative Economics, 2015, 43 (4): 883-901.

[141] Lin M, Prabhala N R, Viswanathan S. Judging Borrowers by the Company They Keep: Friendship Networks and Information Asymmetry in Online Peer-to-peer Lending [J]. Management Science, 2013, 59 (1): 17-35.

[142] Linder S B. The harried leisure class [M]. Columbia University Press, 1970.

[143] Lippi F, Secchi A. Technological Change and the Households' Demand for Currency [J]. Journal of Monetary Economics, 2009, 56 (2): 222-230.

[144] Liu T, Pan B, Yin Z. Pandemic, Mobile Payment, and Household Consumption: Micro-Evidence from China [J]. Emerging Markets Finance and Trade, 2020, 56 (10): 2378-2389.

[145] Lu L. Promoting SME finance in the Context of the Fintech Revolution: A Case Study of the UK's Practice and Regulation [J]. Banking and Finance Law Review, 2018, 33 (3): 317-343.

[146] Manyika J, Lund S, Singer M, et al. Digital Finance for All: Powering Inclusive Growth in Emerging Economies [R]. Mckinsey Global Institute, 2016.

[147] Marcet A, Obiols-Homs F, Weil P. Incomplete Markets, Labor Supply and Capital Accumulation [J]. Journal of Monetary Economics, 2007, 54 (8): 2621-2635.

[148] Marshall A. Principles of Economics [J]. Political Science Quarterly, 1961, 31 (77): 430-444.

[149] McCallum B T, Goodfriend M. Theoretical Analysis of the Demand for Money [J]. FRB Richmond Economic Review, 1988, 74 (1): 16-24.

[150] Mei Y, Mao D L, Lu Y H, et al. Effects and Mechanisms of Rural E-commerce Clusters on Households' Entrepreneurship Behavior in China [J]. Growth and Change, 2020, 51 (4): 1588-1610.

[151] Mel S D, and Woodruff C C. Returns to Capital in Microenterprises: Evidence from a Field Experiment [J]. Policy Research Working Paper, 2007, 123 (4): 1329-1372.

［152］ Meng X. Unemployment, Consumption Smoothing, and Precautionary Saving in Urban China ［J］. Journal of Comparative Economics, 2003, 31 (3): 465-485.

［153］ Merton R C. A Simple Model of Capital Market Equilibrium with Incomplete Information ［J］. Journal of Finance, 1987, 42 (3): 483-510.

［154］ Modigliani F, Brumberg R. In Post Keynesian Economics ［M］. Published by Rutgers University Press, 1954.

［155］ Mookerjee R and Kalipioni P. Availability of Financial Services and Income Inequality: The Evidence from Many Countries ［J］. Emerging Markets Review, 2010, 11 (4): 404-408.

［156］ Munyegera G K, Matsumoto T. Mobile Money, Remittances, and Household Welfare: Panel Evidence from Rural Uganda ［J］. World Development, 2016 (79): 127-137.

［157］ Nevo A, Rosen A M. Identification with Imperfect Instruments ［J］. Review of Economics and Statistics, 2012, 94 (3): 659-671.

［158］ Ozili P K. Impact of Digital Finance on Financial Inclusion and Stability ［J］. Borsa Istanbul Review, 2018, 18 (4): 329-340.

［159］ Pelizzon L, Weber G. Are Household Portfolios Efficient? An Analysis Conditional on Housing ［J］. Journal of Financial and Quantitative Analysis, 2008, 43 (2): 401-431.

［160］ Peress J. Information vs. Entry costs: What Explains U. S. Stock Market Evolution? ［J］. Journal of Financial and Quantitative Analysis, 2005, 40 (3): 563-594.

［161］ Persaud A, Schillo S R. Purchasing Organic Products: Role of Social Context and Consumer Innovativeness ［J］. Marketing Intelligence & Planning, 2017, 35 (1): 130-146.

［162］ Pietrobelli C, Rabellotti R, Aquilina M. An Empirical Study of the Determinants of Self-employment in Developing Countries ［J］. Journal of International Development, 2004, 16 (6): 803-820.

［163］ Prasad E S. Financial Sector Regulation and Reforms in Emerging Markets: An Overview ［R］. NBER Working Paper, 2010.

［164］ Pratt J, Zeckhauser R J. Proper Risk Aversion ［J］. Econometrica, 1987, 55 (1): 143-154.

［165］ Prelec D, Loewenstein G. The Red and the Black: Mental Accounting of Savings and Debt ［J］. Marketing Science, 1998, 17 (1): 4-28.

［166］ Priyatama A, Apriansah A. Correlation between Electronic Money and the Velocity of Money ［J］. Global Management Conference, 2010.

［167］ Qi J Q, Zheng X Y, Guo H D. The Formation of Taobao Villages in China ［J］. China Economic Review, 2019, 53 (2): 106-127.

［168］ Qiu Weiwei, Enterprise Financial Risk Management Platform Based on 5G Mobile Communication and Embedded System ［J］. Microprocessors and Microsystems, 2020 (80).

［169］ Rajan R G, Zingales L. Financial Dependence and Growth ［J］. American Economic Reviw, 1998, 88 (3): 559-586.

［170］ Raijman R. Determinants of Entrepreneurial Intentions: Mexican Immigrants in Chicago [J]. The Journal of Socio-Economics, 2001, 30 (5): 393-411.

[171] Raphael G. Risks and Barriers Associated with Mobile Money Transactions in Tanzania [J]. Business Management and Strategy, 2016 (7): 121-139.

[172] Riley E. Mobile Money and Risk Sharing Against Village Shocks [J]. Journal of Development Economics, 2018 (135): 43-58.

[173] Roessler P. The Mobile Phone Revolution and Digital Inequality: Scope, Determinants and Consequences [J]. Prosperity Commission Background Paper Series, 2018 (15).

[174] Rooij M V, Lusardi A, Alessie R. Financial Literacy and Stock Market Participation [J]. Journal of Financial Economics, 2007, 101 (2): 449-472.

[175] Ross S L and Zenou Y. Are Shirking and Substitutable? An Empirical Test of Efficiency Wages Based on Urban Economic Theory [R]. IZA (Institute for the Study of Labor) Discussion Paper, 2008: 2601.

[176] Rozelle S, Taylor J E, DeBrauw A. Migration, Remittances, and Agricultural Productivity in China [J]. American Economic Review, 1999, 89 (2): 287-291.

[177] Runing Y, Jonas D V and Liang M. Analysing the Effect of a Dissonance between Actual and Ideal Commute Time on Commute Satisfaction [J]. Journal of Transport & Health, 2019 (14): S9.

[178] Salo M, Savolainen H, Karhinen S, et al. Drivers of Household Consumption Expenditure and Carbon Footprints in Finland [J]. Journal of Cleaner Production, 2021 (289): 125607.

[179] Samila S, Sorenson O. Venture Capital, Entrepreneurship, and Economic Growth [J]. The Review of Economics and Statistics, 2011, 93 (1): 338-349.

[180] Sarma M. Index of Financial Inclusion [R]. Indian Council for Research on International Economic Relations Working Paper, 2008.

[181] Sarma M. Measuring Financial Inclusion Using Multidimensional Data [J]. World Economics, 2016, 17 (1): 15-40.

[182] Sarma M J. Pais Financial Inclusion and Development [J]. Journal of International Development, 2011, 23 (5): 613-625.

[183] Say J B. A Treatise on Political Economy; or the Production, Distribution, and Consumption of Wealth [M]. New York: Kelley Publishers, 1971.

[184] Schierz PG, Schilke O and Wirtz B W, Understanding Consumer Acceptance of Mobile Payment Services: An Empirical Analysis [J]. Electronic Commerce Research and Applications, 2010, 9 (3): 209-216.

[185] Seekin A. Essays on Consumption with Habits Formation [D]. Department of Economics, Carleton University, 1999.

[186] Slacalek J. What Drives Personal Consumption? The Role of Housing and Financial Wealth [J]. The BE Journal of Macroeconomics, 2009, 9 (1).

[187] Snellman H, Viren M. ATM networks and cash usage [J]. Applied Financial Economics, 2009, 19 (10): 841-851.

［188］Soman D, Effects of Payment Mechanism on Spending Behavior: The Role of Rehearsal and Immediacy of Payments ［J］. Journal of Consumer Research, 2001, 27 (4): 460-474.

［189］Soman D, The Effect of Payment Transparency on Consumption: Quasi-Experiments from the Field ［J］. Marketing Letters, 2003, 14 (3): 173-183.

［190］Song Z, Storesletten K, Zilibotti F. Growing like China ［J］. American Economic Review, 2011, 101 (1): 196-233.

［191］Sreyoshi D, Camelia M K, Stefan N. Socioeconomic Status and Macroeconomic Expectations ［J］. The Review of Financial Studies, 2020 (1): 395-432.

［192］Stiglitz J E, Weiss A. Credit Rationing in Markets with Imperfect Information ［J］. The American Economic Review, 1981, 71 (3): 393-410.

［193］Stix H. How Do Debit Cards Affect Cash Demand? Survey Data Evidence ［J］. Empirical, 2004, 31 (2-3): 93-115.

［194］Stock J H, Yogo M. Testing for Weak Instruments in Linear IV Regression ［J］. NBER Working Paper, 2002.

［195］Sun X, Wang Z. Can Chinese Families Achieve a Low-Carbon Lifestyle? An Empirical Test of China's Low-Carbon Pilot Policy ［J］. Frontiers in Energy Research, 2021 (9): 113.

［196］Takalo T. & Tanayama T. Adverse Selection and Financing of Innovation: Is There a Need for R&D subsidies ［J］. Bank of Finland Research Discussion Papers, 2008.

［197］Tervo H. Self-Employment Transitions and Alternation in Finnish Rural and Urban Labour Markets ［J］. Papers in Regional Science, 2008, 87 (1): 55-76.

［198］Thomas D, Armin F, David H, Uwe S. Are Risk Aversion and Impatience Related to Cognitive Ability? ［J］. American Economic Review, 2010, 100 (3): 1238-1260.

［199］Tian X, Geng Y, Dong H, et al. Regional Household Carbon Footprint in China: A Case of Liaoning Province ［J］. Journal of Cleaner Production, 2016, 114: 401-411.

［200］Timmons J A, New Venture Creation ［M］. Singapore: Mc Graw-Hill, 1999.

［201］Tobin J. The Interest-elasticity of Transactions Demand for Cash ［J］. Review of Economics & Statistics, 1956, 38 (3): 241-247.

［202］Tobin J. Liquidity Preference as Behavior Towards Risk ［J］. Review of Economic Studies, 1958, 25 (2): 65-86.

［203］Turvey C G, Kong R. Informal Lending Amongst Friends and Relatives: Can Microcredit Compete in Rural China? ［J］. China Economic Review, 2010, 21 (4): 544-556.

［204］Venti S F, Wise D A. Have IRAs Increased U. S. Saving? Evidence from Consumer Expenditure Surveys ［J］. Quarterly Journal of Economics, 1990, 105 (3): 661-698.

［205］Vissing-Jorgensen A. Towards an Explanation of Household Portfolio Choice Heterogeneity: Nonfinancial Income and Participation Cost Structures ［R］. NBER Working Paper 8884, 2002.

［206］Wang D and Law F Y T. Impacts of Information and Communication Technologies

(ICT) on Time Use and Travel Behavior: A Structural Equations Analysis [J]. Transportation, 2007, 4 (34): 513-527.

[207] Wang X, Chen S. Urban-rural carbon footprint disparity across China from Essential Household Expenditure: Survey-based Analysis, 2010-2014 [J]. Journal of Environmental Management, 2020 (267): 110570.

[208] Wang D, Xiang Z, Fesenmaier D R. Adapting to the Mobile World: A Model of Smartphone Use [J]. Annals of Tourism Research, 2014 (48): 11-26.

[209] Weber C L, Matthews H S. Quantifying the Global and Distributional Aspects of American Household Carbon Footprint [J]. Ecological economics, 2008, 66 (2-3): 379-391.

[210] Weber E U, Morris M W. Culture and Judgment and Decision Making [J]. Perspective on Psychological Science, 2010 (4): 410-421.

[211] Wei Y M, Liu L C, Fan Y, et al. The Impact of Lifestyle on Energy Use and CO_2 Emission: An Empirical Analysis of China's Residents [J]. Energy Policy, 2007, 35 (1): 247-257.

[212] Wickham P A, Strategic Entrepreneurship [M]. New York: Pitman Publishing, 1998.

[213] William J T. Suri, Risk Sharing and Transactions Costs: Evidence from Kenya's Mobile Money Revolution [J]. American Economic Review, 2014, 104 (1): 183-223.

[214] Wu M Y, Wall G. Visiting Heritage Museums with Children: Chinese Parents' Motivations [J]. Journal of Heritage Tourism, 2017, 12 (1): 36-51.

[215] Yang Y, Liu Z H, Qi Q. Domestic Tourism Demand of Urban and Rural Residents in China: Does Relative Income Matter [J]. Tourism Management, 2014, 40 (1): 193-202.

[216] Yin J, Shi S. Social Interaction and the Formation of Residents' Low-carbon Consumption Behaviors: An Embeddedness Perspective [J]. Resources, Conservation and Recycling, 2021, 164: 105-116.

[217] Yin Z, Gong X, and Guo P. What Drives Entrepreneurship in Digital Economy? Evidence from China [J]. Economic Modelling, 2019 (82): 66-73.

[218] Zeldes S P. Consumption and Liquidity Constraints: An Empirical Investigation [J]. Journal of Political Economy, 1989, 97 (2): 305-346.

[219] Zhang Longmei, Chen Sally. China's Digital Economy: Opportunities and Risks [J]. International Organizations Research Journal, 2019, 14 (2).

[220] Zhang C, Singh A J, Yu L. Does It Matter? Examining the Impact of China's Vacation Policies on Domestic Tourism Demand [J], Journal of Hospitality and Tourism Research, 2013, 40 (5): 527-556.

[221] Zhang X, and Li G. Does Guanxi Matter to Nonfarm Employment? [J]. Journal of Comparative Economics, 2003, 31 (2): 315-331.

[222] Zheng B, Zang Y. Household Expenditures for Leisure Tourism in the USA, 1996 and 2006 [J]. International Journal of Tourism Research, 2013, 15 (2): 197-208.

［223］安宝洋．互联网金融下科技型小微企业的融资创新［J］．财经科学，2014
（10）：1-8．

［224］白俊红，蒋伏心．考虑环境因素的区域创新效率研究——基于三阶段 DEA 方法［J］．财贸经济，2011（10）：104-112+136．

［225］白雪梅．教育与收入不平等：中国的经验研究［J］．管理世界，2004
（6）：53-58．

［226］白增博．新中国 70 年扶贫开发基本历程、经验启示与取向选择［J］．改革，
2019（12）：76-86．

［227］部慧，解铮，李佳鸿．基于股评的投资者情绪对股票市场的影响［J］．管理科学学报，2018，21（4）：86-101．

［228］曹延贵，苏静，任渝．基于互联网技术的软信息成本与小微企业金融排斥度关系研究［J］．经济学家，2015（7）：72-78．

［229］曹直，叶显，吴非．居民幸福感对家庭商业保险的影响——基于异质性视角的传导机制检验［J］．江西财经大学学报，2020（2）：62-75．

［230］柴时军．移动支付是否放大了家庭债务风险？——基于家庭财务杠杆视角的微观证据［J］．西南民族大学学报（人文社科版），2020（10）：122-133．

［231］常建坤，李时椿．中外成功创业者素质研究［J］．高等财经教育研究，2004，
7（4）：66-69．

［232］陈斌开，杨汝岱．土地供给、住房价格与中国城镇居民储蓄［J］．经济研究，
2013，48（1）：110-122．

［233］陈秉正．从保险大国到保险强国［J］．保险研究，2018（12）：68-72．

［234］陈华平，唐军．移动支付的使用者与使用行为研究［J］．管理科学，2016，6
（19）：48-55．

［235］陈莉敏．县域创业经济的功能与模式探析［J］．华中农业大学学报（社会科学版），2009（5）：9-11+24．

［236］陈享光，汤龙，唐跃桓．农村电商政策有助于缩小城乡收入差距吗——基于要素流动和支出结构的视角［J］．农业技术经济，2023（3）：89-103．

［237］陈铭聪，程振源．移动支付普及对居民消费不平等的影响——来自 CHFS 的微观证据［J］．消费经济，2021，37（6）：50-59．

［238］陈学云，程长明．乡村振兴战略的三产融合路径：逻辑必然与实证判定［J］．农业经济问题，2018（11）：91-100．

［239］陈彦斌，邱哲圣．高房价如何影响居民储蓄率和财产不平等［J］．经济研究，
2011，46（10）：25-38．

［240］陈一明．数字经济与乡村产业融合发展的机制创新［J］．农业经济问题，2021
（12）：81-91．

［241］陈莹，李淑锦．第三方互联网支付对预防性货币需求影响的实证研究［J］．金融与经济，2017（3）：46-53．

［242］陈勇，赵一飞，王宫．中国创新型城市创业成本研究［J］．科学与管理，
2017，37（4）：29-34．

［243］陈战波，黄文已，郝雄磊．移动支付对中国农村消费影响研究［J］．宏观经济研究，2021，270（5）：123-141.

［244］陈中飞，江康奇．数字金融发展与企业全要素生产率［J］．经济学动态，2021（10）：82-99.

［245］陈姿，裴雅文．教育程度与居民家庭信贷行为［J］．中国经贸导刊（中），2019（8）．

［246］池丽旭，庄新田．我国投资者情绪对股票收益影响——基于面板数据的研究［J］．管理评论，2011，23（6）：41-48.

［247］崔丽丽，王骊静，王井泉．社会创新因素促进"淘宝村"电子商务发展的实证分析——以浙江丽水为例［J］．中国农村经济，2014（12）：50-60.

［248］崔萌．对农民创业行为及其影响因素的研究——基于扬州市5县（市、区）495名创业者的问卷调查［J］．金融纵横，2010（4）：21-25.

［249］邓可斌，曾海舰．中国企业的融资约束：特征现象与成因检验［J］．经济研究，2014，49（2）：47-60+140.

［250］邓涛涛，胡玉坤，杨胜运，马木兰．农村家庭收入来源、家庭特征与旅游消费——基于中国家庭追踪调查（CFPS）数据的微观分析［J］．旅游学刊，2020，35（1）：47-62.

［251］邓辛，彭嘉欣．基于移动支付的数字金融服务能为非正规就业者带来红利吗？——来自码商的微观证据［J］．管理世界，2023，39（6）：16-33+70+34-43.

［252］董梅．低碳城市试点政策的工业污染物净减排效应——基于合成控制法［J］．北京理工大学学报（社会科学版），2021，23（5）：16-30.

［253］董玉峰，李泽卉．乡村电商人才振兴：驱动力、困境及其破解［J］．河北广播电视大学学报，2020，25（4）：59-64.

［254］董志勇，赵晨晓．乡村振兴背景下我国农业农村高质量发展的路径选择［J］．中共中央党校（国家行政学院）学报，2022，26（2）：80-88.

［255］范红忠．交通住房政策效应与生产和人口的过度集中［J］．经济研究，2008（6）：73-84.

［256］樊玉红．银行卡对货币流通速度的影响［J］．生产力研究，2010（5）：95-96.

［257］房宏琳，杨思莹．金融科技创新与城市环境污染［J］．经济学动态，2021（8）：116-130.

［258］冯春阳．信任，信心与居民消费支出——来自中国家庭追踪调查数据的证据［J］．现代财经（天津财经大学学报），2017，37（4）：76-90.

［259］冯兴元，孙同全，董翀，等．中国县域数字普惠金融发展：内涵、指数构建与测度结果分析［J］．中国农村经济，2021（10）：84-105.

［260］付伟，罗明灿，陈建成．碳足迹及其影响因素研究进展与展望［J］．林业经济，2021，43（8）：39-49.

［261］傅秋子，黄益平．数字金融对农村金融需求的异质性影响——来自中国家庭金融调查与北京大学数字普惠金融指数的证据［J］．金融研究，2018（11）：68-84.

［262］甘犁，秦芳，吴雨．小微企业增值税起征点提高实施效果评估——来自中国小微企业调查（CMES）数据的分析［J］．管理世界，2019，35（11）：80-88+231-232.

［263］甘犁，尹志超，贾男，徐舒，马双．中国家庭金融调查报告2012［M］．成都：西南财经大学出版社，2012.

［264］甘犁，尹志超，贾男，徐舒，马双．中国家庭资产状况及住房需求分析［J］．金融研究，2013（4）：1-14.

［265］甘犁，尹志超，谭继军．中国家庭金融调查报告2014［M］．成都：西南财经大学出版社，2014.

［266］甘犁，赵乃宝，孙永智．收入不平等、流动性约束与中国家庭储蓄率［J］．经济研究，2018，53（12）：34-50.

［267］高鸣，芦千文．新中国70年农村集体经济的发展经验与启示［J］．农村经营管理，2019（10）：15-16.

［268］高文涛，郝文武．教育对村民脱贫致富究竟有多大作用——丝路沿线国家级贫困县村民脱贫致富与受教育状况关系调查研究［J］．教育与经济，2018（6）：25-32+64.

［269］高玉强，刘劭英，张宇．移动支付对家庭金融资产配置的影响——来自CHFS的微观证据［J］．重庆社会科学，2022（4）：100-117.

［270］郭峰，孔涛，王靖一，张勋，程志云，阮方圆，孙涛，王芳．中国数字普惠金融指标体系与指数编制［R］．北京大学数字金融研究中心工作论文，2016.

［271］郭峰，王靖一，王芳，等．测度中国数字普惠金融发展：指数编制与空间特征［J］．经济学（季刊），2020，19（4）：1401-1418.

［272］郭峰，熊云军．中国数字普惠金融的测度及其影响研究：一个文献综述［J］．金融评论，2021，13（6）：12-23+117-118.

［273］郭沛瑶，尹志超．小微企业自主创新驱动力——基于数字普惠金融视角的证据［J］．经济学动态，2022（2）：85-104.

［274］郭润东，王超．互联网使用对家庭旅游消费影响的实证检验［J］．统计与决策，2022，38（8）：91-94.

［275］郭士祺，梁平汉．社会互动、信息渠道与家庭股市参与——基于2011年中国家庭金融调查的实证研究［J］．经济研究，2014（S1）：116-131.

［276］郭晓鸣．乡村振兴战略的若干维度观察［J］．改革，2018（3）：54-61.

［277］韩俊．以习近平总书记"三农"思想为根本遵循实施好乡村振兴战略［J］．管理世界，2018，34（8）：1-10.

［278］韩旭东，杨慧莲，郑风田．乡村振兴背景下新型农业经营主体的信息化发展［J］．改革，2018（10）：120-130.

［279］韩永，李成明．移动支付促进家庭医疗健康消费支出了吗？［J］．金融与经济，2019，505（9）：50-56.

［280］何帆，刘红霞．数字经济视角下实体企业数字化变革的业绩提升效应评估［J］．改革，2019（4）：137-148.

［281］何婧，李庆海．数字金融使用与农户创业行为［J］．中国农村经济，2019（1）：112-126.

［282］何雷华，王凤，王长明．数字经济如何驱动中国乡村振兴？［J］．经济问题探索，2022（4）：1-18.

［283］何韧，刘兵勇，王婧婧．银企关系、制度环境与中小微企业信贷可得性［J］．金融研究，2012（11）：103-115.

［284］何兴强，李涛．社会互动、社会资本和商业保险购买［J］．金融研究，2009（2）：116-132.

［285］何兴强，史卫．健康风险与城镇居民家庭消费［J］．经济研究，2014，49（5）：34-48.

［286］何圆，佘超，王伊攀．社会互动对老年人消费升级的影响研究——兼论广场舞的经济带动效应［J］．财经研究，2021，47（6）：124-138.

［287］何宗樾，宋旭光．数字金融发展如何影响居民消费［J］．财贸经济，2020a，41（8）：65-79.

［288］何宗樾，宋旭光．数字经济促进就业的机理与启示——疫情发生之后的思考［J］．经济学家，2020b（5）：58-68.

［289］何宗樾，张勋，万广华．数字金融、数字鸿沟与多维贫困［J］．统计研究，2020，37（10）：79-89.

［290］胡鞍钢，杨韵新．就业模式转变：从正规化到非正规化——我国城镇非正规就业状况分析［J］．管理世界，2001（2）：69-78.

［291］胡枫，陈玉宇．社会网络与农户信贷行为——来自中国家庭动态跟踪调查（CFPS）的证据［J］．金融研究，2012（12）：178-192.

［292］胡金焱，张博．社会网络、民间融资与家庭创业——基于中国城乡差异的实证研究［J］．金融研究，2014（10）：148-163.

［293］黄凯南，郝祥如．数字金融发展对我国城乡居民家庭消费的影响分析——来自中国家庭的微观证据［J］．社会科学辑刊，2021（4）：110-121+215.

［294］黄倩，李政，熊德平．数字普惠金融的减贫效应及其传导机制［J］．改革，2019（11）：90-101.

［295］黄锐，赖晓冰，唐松．金融科技如何影响企业融资约束？——动态效应、异质性特征与宏微观机制检验［J］．国际金融研究，2020（6）：25-33.

［296］黄淑敏．ICT使用对农户低碳消费行为的影响——以生活用能为例［J］．现代信息科技，2021，5（5）：44-47.

［297］黄益平，黄卓．中国的数字金融发展：现在与未来［J］．经济学（季刊），2018，17（4）：1489-1502.

［298］黄宇虹，黄霖．金融知识与小微企业创新意识、创新活力——基于中国小微企业调查（CMES）的实证研究［J］．金融研究，2019（4）：149-167.

［299］黄祖辉，宋文豪，叶春辉，胡伟斌．政府支持农民工返乡创业的县域经济增长效应——基于返乡创业试点政策的考察［J］．中国农村经济，2022（1）：24-43.

［300］黄祖辉．实施乡村振兴战略须厘清四个关系［J］．农民科技培训，2018（10）：32-33.

［301］贾晋，李雪峰，申云．乡村振兴战略的指标体系构建与实证分析［J］．财经科

学，2018（11）：70-82.

[302] 江海洋，谷政．社会互动与家庭保险市场参与——基于 CHFS 的实证分析 [J]．金融理论探索，2018（3）：56-64.

[303] 江红莉，蒋鹏程．数字普惠金融的居民消费水平提升和结构优化效应研究 [J]．现代财经（天津财经大学学报），2020，40（10）：18-32.

[304] 江嘉骏，刘玉珍，陈康．移动互联网是否带来行为偏误——来自网络借贷市场的新证据 [J]．经济研究，2020，55（6）：39-55.

[305] 江小涓．高度联通社会中的资源重组与服务业增长 [J]．经济研究，2017，52（3）：4-17.

[306] 姜树广，韦倩，沈梁军．认知能力、行为偏好与个人金融决策 [J]．管理科学学报，2021，24（1）：19-32.

[307] 姜长云．科学理解推进乡村振兴的重大战略导向 [J]．管理世界，2018，34（4）：17-24.

[308] 蒋剑勇，郭红东．创业氛围、社会网络和农民创业意向 [J]．中国农村观察，2012（2）：20-27.

[309] 焦瑾璞．移动支付推动普惠金融发展的应用分析与政策建议 [J]．中国流通经济，2014，28（7）：7-10.

[310] 解维敏，方红星．金融发展、融资约束与企业研发投入 [J]．金融研究，2011（5）：171-183.

[311] 金红．2018 年全国时间利用调查公报解读 [J]．中国统计，2019（2）：7-9.

[312] 景国文．低碳城市试点政策与 FDI 的区位选择 [J]．华东经济管理，2021，35（12）：43-51.

[313] 鞠晓生，卢荻，虞义华．融资约束、营运资本管理与企业创新可持续性 [J]．经济研究，2013，48（1）：4-16.

[314] 柯善咨，赵曜．产业结构、城市规模与中国城市生产率 [J]．经济研究，2014，49（4）：76-88+115.

[315] 蓝嘉俊，杜鹏程，吴泓苇．家庭人口结构与风险资产选择——基于 2013 年 CHFS 的实证研究 [J]．国际金融研究，2018（11）：87-96.

[316] 雷潇雨，龚六堂．城镇化对于居民消费率的影响：理论模型与实证分析 [J]．经济研究，2014，49（6）：44-57.

[317] 冷晨昕，陈淑龙，祝仲坤．移动支付会如何影响农村居民主观幸福感？——来自中国综合社会调查的证据 [J]．西安交通大学学报（社会科学版），2022（3）：100-109.

[318] 黎文靖，郑曼妮．实质性创新还是策略性创新？——宏观产业政策对微观企业创新的影响 [J]．经济研究，2016，51（4）：60-73.

[319] 李春涛，宋敏．中国制造业企业的创新活动：所有制和 CEO 激励的作用 [J]．经济研究，2010，45（5）：55-67.

[320] 李二亮，何毅，李永焱．移动支付商家采纳影响因素及决策过程研究 [J]．管理评论，2020，32（6）：184-195.

［321］李宏彬，施新政，吴斌珍．中国居民退休前后的消费行为研究［J］．经济学（季刊），2015，14（1）：117-134.

［322］李继尊．关于互联网金融的思考［J］．管理世界，2015a（7）：1-7+16.

［323］李继尊．互联网金融：缓解信息不对称的一把钥匙［J］．银行家，2015b（5）：40-43+6.

［324］李建军，韩珣．普惠金融、收入分配和贫困减缓——推进效率和公平的政策框架选择［J］．金融研究，2019（3）：129-148.

［325］李建军，彭俞超，马思超．普惠金融与中国经济发展：多维度内涵与实证分析［J］．经济研究，2020，55（4）：37-52.

［326］李江一．"房奴效应"导致居民消费低迷了吗？［J］．经济学（季刊），2018，17（1）：405-430.

［327］李军，黄园，谢维怡．教育对我国城镇居民消费结构的影响研究［J］．消费经济，2015，31（1）：56-59.

［328］李蕾，吴斌珍．家庭结构与储蓄率U型之谜［J］．经济研究，2014，49（S1）：44-54.

［329］李涛，陈斌开．家庭固定资产、财富效应与居民消费：来自中国城镇家庭的经验证据［J］．经济研究，2014，49（3）：62-75.

［330］李涛，徐翔，孙硕．普惠金融与经济增长［J］．金融研究，2016（4）：1-16.

［331］李涛．社会互动与投资选择［J］．经济研究，2006（8）：45-57.

［332］李彦龙，沈艳．数字普惠金融与区域经济不平衡［J］．经济学（季刊），2022（5）：1805-1828.

［333］李文星，徐长生，艾春荣．中国人口年龄结构和居民消费：1989-2004［J］．经济研究，2008（7）：118-129.

［334］李晓，吴雨，李洁．数字金融发展与家庭商业保险参与［J］．统计研究，2021，38（5）：29-41.

［335］李心丹，肖斌卿，俞红海，宋建华．家庭金融研究综述［J］．管理科学学报2011，14（4）：74-85.

［336］李雪松，黄彦彦．房价上涨、多套房决策与中国城镇居民储蓄率［J］．经济研究，2011，50（9）：100-113.

［337］廖卫红．移动互联网环境下消费者行为研究［J］．科技管理研究，2013，33（14）：179-183.

［338］林春，康宽，孙英杰．普惠金融对中国城市就业的影响——基于地区、产业和城市经济规模异质性的考察［J］．城市问题，2019（8）：94-104.

［339］林建浩，吴冰燕，李仲达．家庭融资中的有效社会网络：朋友圈还是宗族？［J］．金融研究，2016（1）：130-144.

［340］林靖，周铭山，董志勇．社会保险与家庭金融风险资产投资［J］．管理科学学报，2017，20（2）：94-107.

［341］刘百灵，夏惠敏，李延晖，梁丽婷．保健和激励双因素视角下影响移动支付意愿的实证研究［J］．管理学报，2017（4）：600-608.

［342］刘斌，胡菁芯，李涛．投资者情绪、会计信息质量与股票收益［J］．管理评论，2018，30（7）：34-44．

［343］刘常勇．创业者必备哪些能力［J］．中外管理，2002（1）：68．

［344］刘根荣．电子商务对农村居民消费的影响机理分析［J］．中国流通经济，2017，31（5）：96-104．

［345］刘海二．互联网金融的基础设施：移动支付与第三方支付［J］．国际金融，2014（5）：72-77．

［346］刘合光．激活参与主体积极性、大力实施乡村振兴战略［J］．农业经济问题，2018（1）：14-20．

［347］刘晶晶，黄璇璇，林德荣．房地产价格对城镇居民旅游消费的影响研究——基于动态面板数据的分析［J］．旅游学刊，2016，31（5）：26-35．

［348］刘铠豪，刘渝琳．破解中国高储蓄之谜——来自人口年龄结构变化的解释［J］．人口与经济，2015（3）：43-56．

［349］刘向东，张舒．移动支付方式与异质性消费者线下消费行为［J］．中国流通经济，2019（12）：3-15．

［350］刘兴国，沈志渔，周小虎．社会资本对创业的影响研究［J］．中国科技论坛，2009（4）：102-106．

［351］刘修岩．空间效率与区域平衡：对中国省级层面集聚效应的检验［J］．世界经济，2014，37（1）：55-80．

［352］刘宇娜，张秀娥．金融支持对新生代农民工创业意愿的影响分析［J］．经济问题探索，2013（12）：115-119．

［353］刘兆博，马树才．基于微观面板数据的中国农民预防性储蓄研究［J］．世界经济，2007（2）：40-49．

［354］刘志林，王茂军．北京市职住空间错位对居民通勤行为的影响分析——基于就业可达性与通勤时间的讨论［J］．地理学报，2011，66（4）：457-467．

［355］罗必良．明确发展思路、实施乡村振兴战略［J］．南方经济，2017（10）：8-11．

［356］罗楚亮．经济转轨、不确定性与城镇居民消费行为［J］．经济研究，2004（4）：100-106．

［357］罗楚亮，梁晓慧．互联网就业搜寻对流动人口就业与工资的影响［J］．学术研究，2021（3）：72-79．

［358］罗午阳．农户金融风险偏好与借贷行为研究［D］．湘潭大学硕士学位论文，2016．

［359］吕丹．新型农业经营主体电子商务采纳及其增收效应研究［D］．华中农业大学博士学位论文，2020．

［360］吕学梁，吴卫星．借贷约束对于中国家庭投资组合影响的实证分析［J］．科学决策，2017（6）：55-76．

［361］毛捷，黄春元．地方债务、区域差异与经济增长［J］．金融研究，2018（5）：1-19．

［362］马光荣，杨恩艳．社会网络、非正规金融与创业［J］．经济研究，2011（3）：83-94.

［363］马光荣，周广肃．新型农村养老保险对家庭储蓄的影响：基于 CFPS 数据的研究［J］．经济研究，2014，49（11）：116-129.

［364］马双，赵朋飞．金融知识、家庭创业与信贷约束［J］．投资研究，2015（1）：25-38.

［365］马香品．数字经济时代的居民消费变革：趋势、特征、机理与模式［J］．财经科学，2020（1）：120-132.

［366］马轶群．我国家庭债务、消费习惯形成与旅游消费——基于阈值协整关系的研究［J］．旅游学刊，2016，31（12）：18-27.

［367］马彪，张琛，郭军，等．电子商务会促进农户家庭的消费吗？——基于"电子商务进农村综合示范"项目的准自然实验研究［J］．经济学（季刊），2023，23（5）：1846-1864.

［368］冒金凤，孙英隽．移动支付对居民消费的影响——基于 CHFS 的实证分析［J］．科技和产业，2021，21（9）：242-246.

［369］聂辉华，谭松涛，王宇锋．创新、企业规模和市场竞争：基于中国企业层面的面板数据分析［J］．世界经济，2008（7）：57-66.

［370］潘爽，魏建国，胡绍波．互联网金融与家庭正规信贷约束缓解——基于风险偏好异质性的检验［J］．经济评论，2020（3）：149-162.

［371］潘煜，张星，高丽．网络零售中影响消费者购买意愿因素研究——基于信任与感知风险的分析［J］．中国工业经济，2010（7）：115-124.

［372］潘越，翁若宇，刘思义．私心的善意：基于台风中企业慈善捐赠行为的新证据［J］．中国工业经济，2017（5）：133-151.

［373］庞新军，冉光和．风险态度、农户信贷与信贷配给——基于张家港市问卷调查的分析［J］．经济经纬，2014，31（1）：149-154.

［374］裴辉儒，胡月．移动支付对我国居民消费影响的实证研究［J］．西安财经学院学报，2020，33（1）：37-44.

［375］彭澎，周力．中国农村数字金融发展对农户的收入流动性影响研究［J］．数量经济技术经济研究，2022，39（6）：23-41.

［376］齐天翔，李文华．消费信贷与居民储蓄［J］．金融研究，2000（2）：111-116.

［377］戚聿东，刘翠花，丁述磊．数字经济发展、就业结构优化与就业质量提升［J］．经济学动态，2020（11）：17-35.

［378］秦芳，王剑程，胥芹．数字经济如何促进农户增收？——来自农村电商发展的证据［J］．经济学（季刊），2022（2）：592-612.

［379］秦芳，王文春，何金财．金融知识对商业保险参与的影响——来自中国家庭金融调查（CHFS）数据的实证分析［J］．金融研究，2016（10）：143-158.

［380］邱晗，黄益平，纪洋．金融科技对传统银行行为的影响——基于互联网理财的视角［J］．金融研究，2018（11）：17-29.

［381］裘江南，葛一迪．股市危机情境下社会媒体投资者情绪对股票市场的影响研究

［J］．管理评论，2021，33（6）：281-294．

［382］饶育蕾，张梦莉，陈地强．移动支付带来了更多家庭金融风险资产投资行为吗？——基于 CHFS 数据的实证研究［J］．中南大学学报（社会科学版），2021，27（5）：92-105．

［383］任保平，文丰安．新时代中国高质量发展的判断标准、决定因素与实现途径［J］．改革，2018（4）：5-16．

［384］任碧云，张彤进．移动支付能够有效促进农村普惠金融发展吗？——基于肯尼亚 M-PESA 的探讨［J］．农村经济，2015（5）：123-129．

［385］任明丽，孙琦．退休与家庭旅游消费经济状况与闲暇时间的调节作用［J］．南开管理评论，2020，23（1）：4-17．

［386］桑林．居民幸福感、主观态度与商业保险市场参与——基于中国家庭金融调查数据的研究［J］．经济与管理，2019（2）：45-53．

［387］沈坤荣，谢勇．不确定性与中国城镇居民储蓄率的实证研究［J］．金融研究，2012（3）：1-13．

［388］石丹淅，赖德胜．自我雇佣问题研究进展［J］．经济学动态，2013（10）：143-151．

［389］石敏俊，王妍，张卓颖，周新．中国各省区碳足迹与碳排放空间转移［J］．地理学报，2012，67（10）：1327-1338．

［390］帅青红．电子支付与结算［M］．大连：东北财经大学出版社，2015．

［391］宋翠平，李宗霖．乡村振兴教育与教育振兴乡村研究［J］．当代教育论坛，2022（6）：1-9．

［392］宋弘，孙雅洁，陈登科．政府空气污染治理效应评估——来自中国"低碳城市"建设的经验研究［J］．管理世界，2019，35（6）：95-108+195．

［393］宋敏，周鹏，司海涛．金融科技与企业全要素生产率——"赋能"和信贷配给的视角［J］．中国工业经济，2021（4）：138-155．

［394］宋明月，臧旭恒．我国居民预防性储蓄重要性的测度——来自微观数据的证据［J］．经济学家，2016（1）：89-97．

［395］宋全云，吴雨，尹志超．金融知识视角下的家庭信贷行为研究［J］．金融研究，2017（6）：95-110．

［396］宋瑞．经济新发展格局下促进旅游消费的思路与方向［J］．旅游学刊，2021，36（1）：3-5．

［397］宋晓玲．数字普惠金融缩小城乡收入差距的实证检验［J］．财经科学，2017（6）：14-25．

［398］苏毅清，游玉婷，王志刚．农村一二三产业融合发展：理论探讨、现状分析与对策建议［J］．中国软科学，2016（8）：17-28．

［399］孙根紧，王丹，丁志帆．互联网使用与居民旅游消费——来自中国家庭追踪调查的经验证据［J］．财经科学，2020（11）：81-93．

［400］孙赫，任金政，王贝贝．初始信任对个人互联网理财使用意愿的影响研究——兼论性别受教育水平等因素的中介效应与调节效应［J］．管理评论，2020，32（1）：142-152．

［401］孙浦阳，张靖佳，盛斌．电子商务、搜寻成本与消费价格变化［J］．经济研究，2017，52（7）：139-154.

［402］孙武军，高雅．金融知识、流动性约束与家庭商业保险需求［J］．金融学季刊，2018（2）：53-75.

［403］孙永苑，杜在超，张林，何金财．关系、正规与非正规信贷［J］．经济学（季刊），2016，15（2）：597-626.

［404］孙早，许薛璐．产业创新与消费升级——基于供给侧结构性改革视角的经验研究［J］．中国工业经济，2018（7）：98-116.

［405］孙智群，柴彦威，王冬根．深圳市民网上购物行为的空间特征［J］．城市发展研究，2009，16（6）：106-112.

［406］檀学文，吴国宝．福祉框架下时间利用研究进展［J］．经济学动态，2014（7）：151-158.

［407］唐红涛，谢婷．数字经济与农民收入消费双提升［J］．华南农业大学学报（社会科学版），2022，21（2）：70-81.

［408］唐松，伍旭川，祝佳．数字金融与企业技术创新——结构特征、机制识别与金融监管下的效应差异［J］．管理世界，2020，36（5）：52-66+9.

［409］唐跃桓，杨其静，李秋芸，等．电子商务发展与农民增收——基于电子商务进农村综合示范政策的考察［J］．中国农村经济，2020（6）：75-94.

［410］田秀娟，李睿．数字技术赋能实体经济转型发展——基于熊彼特内生增长理论的分析框架［J］．管理世界，2022（5）：56-74.

［411］田瑶，段笑娜，刘思洋．居民风险态度对家庭商业保险参与行为的影响——基于 CFPS 数据的实证分析［J］．金融经济，2018（8）：94-96.

［412］田鸽，张勋．数字经济、非农就业与社会分工［J］．管理世界，2022（5）：72-84.

［413］童馨乐，褚保金，杨向阳．社会资本对农户信贷行为影响的实证研究——基于八省1003个农户的调查数据［J］．金融研究，2011（12）：177-191.

［414］涂勤，曹增栋．电子商务进农村能促进农户创业吗？——基于电子商务进农村综合示范政策的准自然实验［J］．中国农村观察，2022（6）：163-180.

［415］涂丽，乐章．城镇化与中国乡村振兴：基于乡村建设理论视角的实证分析［J］．农业经济问题，2018（11）：78-91.

［416］涂圣伟．脱贫攻坚与乡村振兴有机衔接：目标导向、重点领域与关键举措［J］．中国农村经济，2020（8）：2-12.

［417］万广华，张茵，牛建高．流动性约束、不确定性与中国居民消费［J］．经济研究，2001（11）：35-44+94.

［418］万向东．农民工非正式就业的进入条件与效果［J］．管理世界，2008（1）：63-74.

［419］汪红驹，张慧莲．不确定性和流动性约束对我国居民消费行为的影响［J］．经济科学，2002（6）：22-28.

［420］汪淼军，张维迎，周黎安．信息技术、组织变革与生产绩效——关于企业信息

化阶段性互补机制的实证研究［J］．经济研究，2006（1）：65-77.

［421］汪亚楠，谭卓鸿，郑乐凯．数字普惠金融对社会保障的影响研究［J］．数量经济技术经济研究，2020，37（7）：92-112.

［422］王宏扬，樊纲治．人口结构转变与人身保险市场发展趋势——基于省际面板数据的实证研究［J］．保险研究，2018（6）：24-40+109.

［423］王会娟，夏炎．中国居民消费碳排放的影响因素及发展路径分析［J］．中国管理科学，2017，25（8）：1-10.

［424］王乐君，寇广增．促进农村一二三产业融合发展的若干思考［J］．农业经济问题，2017，38（6）：82-88+3.

［425］王明康，刘彦平．收入及其不确定性对城镇居民旅游消费的影响研究——基于CFPS数据的实证检验［J］．旅游学刊，2021，36（11）：106-121.

［426］王奇，李涵，赵国昌，牛耕．农村电子商务服务点、贸易成本与家庭网络消费［J］．财贸经济，2022，43（6）：128-143.

［427］王奇，牛耕，赵国昌．电子商务发展与乡村振兴：中国经验［J］．世界经济，2021，44（12）：55-75.

［428］王山．电子支付工具对现金需求影响的实证研究［J］．金融经济，2017（4）：147-148.

［429］王胜，余娜，付锐．数字乡村建设：作用机理、现实挑战与实施策略［J］．改革，2021（4）：45-59.

［430］王宋涛，杨薇，吴超林．中国国民总效用函数的构建与估计［J］．统计研究，2011，28（4）：17-23.

［431］王伟同，周佳音．互联网与社会信任：微观证据与影响机制［J］．财贸经济，2019，40（10）：111-125.

［432］王小兵．大数据驱动乡村振兴［J］．网络安全和信息化，2018（5）：26.

［433］王晓彦，胡德宝．移动支付对消费行为的影响研究：基于不同支付方式的比较［J］．消费经济，2017（5）：77-82.

［434］王馨．互联网金融助解"长尾"小微企业融资难问题研究［J］．金融研究，2015（9）：128-139.

［435］王信，郭冬生．瑞典无现金社会建设启示［J］．中国金融，2017（18）：79-81.

［436］王勋，王雪．数字普惠金融与消费风险平滑：中国家庭微观证据［J］．经济学（季刊），2022（5）：1680-1698.

［437］王延章．消费效用函数与消费需求［J］．系统工程，1987（4）：52-61.

［438］王永钦，董雯．机器人的兴起如何影响中国劳动力市场？——来自制造业上市公司的证据［J］．经济研究，2020（10）：159-175.

［439］王勇．通过发展消费金融扩大居民消费需求［J］．经济学动态，2012（8）：75-78.

［440］韦东明，顾乃华．城市低碳治理与绿色经济增长——基于低碳城市试点政策的准自然实验［J］．当代经济科学，2021，43（4）：90-103.

［441］魏华林，杨霞．家庭金融资产与保险消费需求相关问题研究［J］．金融研究，2007（10）：70-81.

［442］魏江，李拓宇，赵雨菡．创新驱动发展的总体格局、现实困境与政策走向［J］．中国软科学，2015（5）：21-30.

［443］魏金龙，郑苏沂，于寄语．家庭异质性、互联网使用与商业保险参保——基于中国家庭金融调查数据［J］．南方金融，2019（9）：51-62.

［444］魏先华，张越艳，吴卫星，肖帅．我国居民家庭金融资产配置影响因素研究［J］．管理评论，2014，26（7）：20-28.

［445］魏翔，吴新芳，华钢．带薪休假能促进国内旅游消费吗？——基于"中国国民旅游休闲调查"的检验［J］．旅游学刊，2019，34（6）：14-27.

［446］魏翔．有钱而游，还是因梦而旅？——预期收入对旅游消费决策的作用机制研究［J］．旅游学刊，2020，35（4）：12-25.

［447］温涛，陈一明．数字经济与农业农村经济融合发展：实践模式、现实障碍与突破路径［J］．农业经济问题，2020（7）：118-129.

［448］温涛，何茜．新时代中国乡村振兴战略实施的农村人力资本改造研究［J］．农村经济，2018（12）：100-107.

［449］温铁军，罗士轩，董筱丹，等．乡村振兴背景下生态资源价值实现形式的创新［J］．中国软科学，2018（12）：1-7.

［450］温铁军，王茜，罗加铃．脱贫攻坚的历史经验［J］．当代中国史研究，2021，28（2）：151.

［451］温忠麟．张雷，侯杰泰，刘红云．中介效应检验程序及其应用［J］．心理学报，2004（5）：614-620.

［452］巫云仙，杨洁萌．中国货币流通中现金（M0）变化的经济学分析——基于互联网金融发展的背景［J］．改革与战略，2016，32（5）：77-81.

［453］吴锟，吴卫星，王沈南．信用卡使用提升了居民家庭消费支出吗？［J］．经济学动态，2020（7）：28-46.

［454］吴卫星，沈涛，李鲲鹏，刘语．健康、异质性家庭投资者与资产配置［J］．管理科学学报，2020，23（1）：1-14.

［455］吴卫星，张旭阳，吴锟．金融素养对家庭负债行为的影响——基于家庭贷款异质性的分析［J］．财经问题研究，2019（5）：57-65.

［456］吴晓瑜，王敏，李力行．中国的高房价是否阻碍了创业？［J］．经济研究，2014（9）：121-134.

［457］吴雨，李成顺，李晓，戈代顺．数字金融发展对传统私人借贷市场的影响及机制研究［J］．管理世界，2020，36（10）：53-64+65+138.

［458］吴雨，李晓，李洁．数字金融发展与家庭金融资产组合有效性［J］．管理世界，2021，37（7）：92-104+7.

［459］吴雨，彭嫦燕，尹志超．金融知识、财富积累和家庭资产结构［J］．当代经济科学，2016（4）：19-29.

［460］吴雨，杨超，尹志超．金融知识、养老计划与家庭保险决策［J］．经济学动

态，2017（12）：86-98.

［461］伍再华，李伟男．户籍、借贷约束与家庭商业保险市场参与行为——基于
CFPS 数据的微观实证［J］．消费经济，2018（5）：64-71.

［462］夏显力，陈哲，张慧利，等．农业高质量发展：数字赋能与实现路径［J］．中
国农村经济，2019（12）：2-15.

［463］向玉冰．互联网发展与居民消费结构升级［J］．中南财经政法大学学报，2018
（7）：51-60.

［464］肖文，林高榜．政府支持、研发管理与技术创新效率——基于中国工业行业的
实证分析［J］．管理世界，2014（4）：71-80.

［465］谢凯，陈进．银行卡支付市场研究：从 POS 支付看网上支付的发展［J］．农
村金融研究，2013（1）：48-53.

［466］谢绵陛．家庭抵押与非抵押债务的决定因素研究［J］．投资研究，2017，36
（10）：143-156.

［467］谢平，陈超，陈晓文．中国 P2P 网络借贷：市场、机构与模式［J］．金融纵
横，2015（4）：102.

［468］谢平，刘海二．ICT、移动支付与电子货币［J］．金融研究，2013（10）：
1-14.

［469］谢平，尹龙．网络经济下的金融理论与金融治理［J］．经济研究，2001
（4）：24-31+95.

［470］谢平，邹传伟，刘海二．互联网金融的基础理论［J］．金融研究，2015
（8）：1-12.

［471］谢平，邹传伟，刘海二．互联网金融手册［M］．中国人民大学出版社，2014.

［472］谢平，邹传伟．互联网金融模式研究［J］．金融研究，2012，390（12）：
11-22.

［473］谢锐，王振国，张彬彬．中国碳排放增长驱动因素及其关键路径研究［J］．中
国管理科学，2017，156（10）：119-129.

［474］谢绚丽，沈艳，张皓星．数字金融能促进创业吗——来自中国证据［J］．经济
学（季刊），2018（4）：1557-1580.

［475］谢雪燕，朱晓阳．数字金融与中小企业技术创新——来自新三板企业的证据
［J］．国际金融研究，2021（1）：87-96.

［476］谢雅萍，黄美娇．社会网络、创业学习与创业能力——基于小微企业创业者的
实证研究［J］．科学学研究，2014，32（3）：400-409.

［477］熊小林．聚焦乡村振兴战略　探究农业农村现代化方略——"乡村振兴战略研
讨会"会议综述［J］．中国农村经济，2018（1）：138-143.

［478］徐建华．创业者的"实践性知识"及其教育意义——以义乌商人为例［J］．
浙江树人大学学报（人文社会科学版），2010，10（3）：75-79.

［479］许庆瑞，吴志岩，陈力田．转型经济中企业自主创新能力演化路径及驱动因素
分析——海尔集团 1984～2013 年的纵向案例研究［J］．管理世界，2013（4）：121-
134+188.

［480］薛莹，胡坚．金融科技助推经济高质量发展：理论逻辑、实践基础与路径选择［J］．改革，2020（3）：53-62．

［481］杨碧云，吴熙，易行健．互联网使用与家庭商业保险购买——来自 CFPS 数据的证据［J］．保险研究，2019（12）：30-47．

［482］杨波，王向楠，邓伟华．数字普惠金融如何影响家庭正规信贷获得？——来自 CHFS 的证据［J］．当代经济科学，2020，42（6）：74-87．

［483］杨晨，王海忠．"空付"们怎样掏空用户的钱包？——支付方式对消费行为的影响［J］．清华管理评论，2014（Z2）：84-90．

［484］杨光，吴晓杭，吴芷翘．互联网使用能提高家庭消费吗？——来自 CFPS 数据的证据［J］．消费经济，2018，34（1）：19-24．

［485］杨明婉，张乐柱．社会资本强度对农户家庭信贷行为影响研究——基于 2016 年 CFPS 的数据［J］．经济与管理评论，2019，35（5）：71-83．

［486］杨汝岱，陈斌开．高等教育改革、预防性储蓄与居民消费行为［J］．经济研究，2009，44（8）：113-124．

［487］杨伟明，粟麟，孙瑞立，等．数字金融是否促进了消费升级？——基于面板数据的证据［J］．国际金融研究，2021（4）：13-22．

［488］杨伟明，粟麟，王明伟．数字普惠金融与城乡居民收入——基于经济增长与创业行为的中介效应分析［J］．上海财经大学学报，2020，22（4）：83-94．

［489］杨贤传，张磊．消费价值与社会情境对城市居民低碳消费意愿的影响研究［J］．技术经济与管理研究，2018，265（8）：21-26．

［490］杨阳，吴子硕，尹志超．移动支付对家庭股市参与的影响［J］．管理评论，2023，35（1）：52-65．

［491］杨勇．收入来源、结构演变与我国农村居民旅游消费——基于 2000-2010 年省际面板数据的实证检验分析［J］．旅游学刊，2015，30（11）：19-30．

［492］杨震宁，李东红，范黎波．身陷"盘丝洞"：社会网络关系嵌入过度影响了创业过程吗？［J］．管理世界，2013（12）：101-116．

［493］叶德珠，连玉君，黄有光，李东辉．消费文化、认知偏差与消费行为偏差［J］．经济研究，2012，47（2）：80-92．

［494］叶静怡，王琼．农民工的自雇佣选择及其收入［J］．财经研究，2013，39（1）：93-102．

［495］叶兴庆．实施好乡村振兴战略的原则与抓手［J］．农村工作通讯，2018（7）：11-13．

［496］易纲，樊纲，李岩．关于中国经济增长与全要素生产率的理论思考［J］．经济研究，2003（8）：13-20+90．

［497］易柳夙，吴茂英．家庭旅游研究进展——基于 2000-2019 年英文文献的综述［J］．旅游学刊，2020，35（4）：133-144．

［498］易行健，张波，杨汝岱，杨碧云．家庭社会网络与农户储蓄行为——基于中国农村的实证研究［J］．管理世界，2012（5）：43-51．

［499］易行健，周利．数字普惠金融发展是否显著影响了居民消费——来自中国家庭

的微观证据［J］．金融研究，2018（11）：47-67.

［500］殷浩栋，霍鹏，汪三贵．农业农村数字化转型：现实表征、影响机理与推进策略［J］．改革，2020（12）：48-56.

［501］尹振涛，李俊成，杨璐．金融科技发展能提高农村家庭幸福感吗？——基于幸福经济学的研究视角［J］．中国农村经济，2021（8）：63-79.

［502］尹志超，公雪，郭沛瑶．移动支付对创业的影响——来自中国家庭金融调查的微观证据［J］．中国工业经济，2019a（3）：119-137.

［503］尹志超，公雪，潘北啸．移动支付对家庭货币需求的影响——来自中国家庭金融调查的微观数据［J］．金融研究，2019b（10）：40-58.

［504］尹志超，郭润东．移动支付能否促进家庭旅游消费——来自中国家庭金融调查的微观证据［Z］．工作论文，2022.

［505］尹志超，蒋佳伶，严雨．数字鸿沟影响家庭收入吗［J］．财贸经济，2021a，42（9）：66-82.

［506］尹志超，李艺菲．移动支付对相对贫困的影响［J］．当代经济科学，2023（5）：1-19.

［507］尹志超，刘泰星，王晓全．农村收入差距抑制了农户创业吗？——基于流动性约束与人力资本投资视角的实证分析［J］．中国农村经济，2020a（5）：76-95.

［508］尹志超，刘泰星，严雨．劳动力流动能否缓解农户流动性约束——基于社会网络视角的实证分析［J］．中国农村经济，2021b（7）：65-83.

［509］尹志超，刘泰星，张诚．农村劳动力流动对家庭储蓄率的影响［J］．中国工业经济，2020b（1）：24-42.

［510］尹志超，刘泰星，张逸兴．数字金融促进了居民就业吗？［J］．福建论坛，2021c（2）：98-112.

［511］尹志超，马双．信贷需求、信贷约束和新创小微企业［J］．经济学报，2016，3（3）：124-146.

［512］尹志超，潘北啸．信任视角下的家庭信贷行为研究［J］．金融论坛，2020，25（4）：15-26+80.

［513］尹志超，彭嫦燕，里昂安吉拉．中国家庭普惠金融的发展及影响［J］．管理世界，2019c（2）：74-87.

［514］尹志超，仇化，路慧泽．突破消费时空限制：通勤时间、移动支付与家庭消费［J］．财经科学，2022（4）：92-105.

［515］尹志超，仇化，潘学峰．住房财富对中国城镇家庭消费的影响［J］．金融研究，2021d（2）：114-132.

［516］尹志超，宋全云，吴雨，彭嫦燕．金融知识、创业决策和创业动机［J］．管理世界，2015a（1）：87-98.

［517］尹志超，宋全云，吴雨．金融知识、投资经验与家庭资产选择［J］．经济研究，2014（4）：62-75.

［518］尹志超，田文涛，王晓全．移动支付对家庭商业保险参与的影响——基于CHFS的实证分析［J］．财经问题研究，2022（11）：57-66.

[519] 尹志超，王天娇，蒋佳伶．移动支付对中国家庭碳消费的影响——来自家庭碳足迹的证据 [J]．会计与经济研究，2023，37（1）：99-116.

[520] 尹志超，吴子硕，蒋佳伶．移动支付对中国家庭储蓄率的影响 [J]．金融研究，2022（9）：57-74.

[521] 尹志超，吴雨，甘犁．金融可得性、金融市场参与和家庭资产选择 [J]．经济研究，2015b（3）：87-99.

[522] 尹志超，严雨．保险对中国家庭储蓄率的影响 [J]．经济科学，2020（5）：99-110.

[523] 尹志超，张诚．女性劳动参与对家庭储蓄率的影响 [J]．经济研究，2019，54（4）：165-181.

[524] 尹志超，张号栋．金融知识、自信心和家庭信贷约束 [J]．社会科学辑刊，2020（1）：172-181+209.

[525] 尹志超，张逸兴，于玖田．第三方支付、创业与家庭收入 [J]．金融论，2019d，24（4）：45-57.

[526] 余明桂，钟慧洁，范蕊．民营化、融资约束与企业创新——来自中国工业企业的证据 [J]．金融研究，2019（4）：75-91.

[527] 余绍忠．创业绩效研究述评 [J]．外国经济与管理，2013，35（2）：34-42.

[528] 袁航，朱承亮．国家高新区推动了中国产业结构转型升级吗 [J]．中国工业经济，2018（8）：60-77.

[529][英] 约翰·梅纳德·凯恩斯．就业、利息和货币通论（重译本）[M]．商务印书馆，2009.

[530][美] 约瑟夫·熊彼特．经济分析史（第三卷）[M]．朱泱译．商务印书馆，1994.

[531][美] 约瑟夫·熊彼特．经济发展理论 [M]．中国商业出版社，2009.

[532] 臧传琴，孙鹏．低碳城市建设促进了地方绿色发展吗？——来自准自然实验的经验证据 [J]．财贸研究，2021，32（10）：27-40.

[533] 曾福生，蔡保忠．农村基础设施是实现乡村振兴战略的基础 [J]．农业经济问题，2018（7）：88-95.

[534] 曾亿武．农产品淘宝村集群的形成及对农户收入的影响 [D]．浙江大学博士学位论文，2018.

[535] 张兵兵，周君婷，闫志俊．低碳城市试点政策与全要素能源效率提升——来自三批次试点政策实施的准自然实验 [J]．经济评论，2021（5）：32-49.

[536] 张车伟．中国30年经济增长与就业：构建灵活安全的劳动力市场 [J]．中国工业经济，2009（1）：18-28.

[537] 张海鹏，郜亮亮，闫坤．乡村振兴战略思想的理论渊源、主要创新和实现路径 [J]．中国农村经济，2018（11）：2-16.

[538] 张号栋，尹志超，彭嫦燕．金融普惠和京津冀城镇居民失业——基于中国家庭金融调查数据的实证研究 [J]．经济与管理研究，2017（2）：61-71.

[539] 张号栋，尹志超．金融知识和中国家庭的金融排斥——基于 CHFS 数据的实证

研究［J］．金融研究，2016（7）：80-95．

［540］张杰，芦哲，郑文平，陈志远．融资约束、融资渠道与企业 R&D 投入［J］．世界经济，2012，35（10）：66-90．

［541］张金宝．经济条件、人口特征和风险偏好与城市家庭的旅游消费——基于国内 24 个城市的家庭调查［J］．旅游学刊，2014，29（5）：31-39．

［542］张军．乡村价值定位与乡村振兴［J］．中国农村经济，2018（1）：2-10．

［543］张李义，涂奔．互联网金融对中国城乡居民消费的差异化影响——从消费金融的功能性视角出发［J］．财贸研究，2017，28（8）：70-83．

［544］张龙耀，邢朝辉．中国农村数字普惠金融发展的分布动态、地区差异与收敛性研究［J］．数量经济技术经济研究，2021，38（3）：23-42．

［545］张龙耀，张海宁．金融约束与家庭创业——中国的城乡差异［J］．金融研究，2013（9）：123-135．

［546］张铭心，谢申祥，强皓凡，郑乐凯．数字普惠金融与小微企业出口：雪中送炭还是锦上添花［J］．世界经济，2022，45（1）：30-56．

［547］张秋惠，刘金星．中国农村居民收入结构对其消费支出行为的影响——基于 1997-2007 年的面板数据分析［J］．中国农村经济，2010（4）：48-54．

［548］张世虎，顾海英．互联网信息技术的应用如何缓解乡村居民风险厌恶态度——基于中国家庭追踪调查（CFPS）微观数据的分析［J］．中国农村经济，2020（10）：33-51．

［549］张挺，李闽榕，徐艳梅．乡村振兴评价指标体系构建与实证研究［J］．管理世界，2018，34（8）：99-105．

［550］张璇，刘贝贝，汪婷，李春涛．信贷寻租、融资约束与企业创新［J］．经济研究，2017（5）：161-174．

［551］张勋，万广华，吴海涛．缩小数字鸿沟：中国特色数字金融发展［J］．中国社会科学，2021（8）：35-51+204-205．

［552］张勋，万广华，张佳佳，何宗樾．数字经济、普惠金融与包容性增长［J］．经济研究，2019，54（8）：71-86．

［553］张勋，杨桐，汪晨，万广华．数字金融发展与居民消费增长：理论与中国实践［J］．管理世界，2020，36（11）：48-63．

［554］张艳红．正确的价值观是企业家创业的真正动机［J］．决策探索，2001（11）：54-55．

［555］张永丽，李青原．互联网使用对贫困地区农户收入的影响——基于甘肃省 15 个贫困村 1735 个农户的调查数据［J］．管理评论，2021，33（1）：60-71．

［556］张玉利，杨俊，任兵．社会资本、先前经验与创业机会——一个交互效应模型及其启示［J］．管理世界，2008（7）：91-102．

［557］张岳，彭世广．移动支付影响家庭消费行为作用机理与实证分析［J］．商业研究，2020（5）：105-111．

［558］张学良．中国交通基础设施促进了区域经济增长吗——兼论交通基础设施的空间溢出效应［J］．中国社会科学，2012（3）：60-77．

［559］张云亮，冯珺．中国家庭收入来源差异与旅游消费支出：基于中国家庭金融调查 2011—2015 年数据的分析［J］．旅游学刊，2019，34（5）：12-25．

［560］章元，陆铭．社会网络是否有助于提高农民工的工资水平？［J］．管理世界，2009（3）：45-54．

［561］章元，王驹飞．城市规模、通勤成本与居民储蓄率：来自中国的证据［J］．世界经济，2019，42（8）：25-49．

［562］赵青．金融知识、风险态度对信贷行为的影响——基于 CHFS 的经验证据［J］．金融发展研究，2018（4）：55-60．

［563］赵涛．"企业总部+扶贫基地+贫困农户"模式：推动小农户对接大市场［J］．农业发展与金融，2020（6）：24-25．

［564］赵涛，张智，梁上坤．数字经济、创业活跃度与高质量发展——来自中国城市的经验证据［J］．管理世界，2020（10）：65-76．

［565］赵霞，姜利娜．荷兰发展现代化农业对促进中国农村一二三产业融合的启示［J］．世界农业，2016（11）：21-24．

［566］赵霞．农村人居环境：现状、问题及对策——以京冀农村地区为例［J］．河北学刊，2016，36（1）：121-125．

［567］赵昕，曹森，丁黎黎．互联网依赖对家庭碳排放的影响——收入差距和消费升级的链式中介作用［J］．北京理工大学学报（社会科学版），2021，23（4）：49-59．

［568］赵振智，程振，吕德胜．国家低碳战略提高了企业全要素生产率吗？——基于低碳城市试点的准自然实验［J］．产业经济研究，2021（6）：101-115．

［569］郑杲娉，徐永新．慈善捐赠、公司治理与股东财富［J］．南开管理评论，2011，14（2）：92-101．

［570］郑思齐，张文忠．住房成本与通勤成本的空间互动关系——来自北京市场的微观证据及其宏观含义［J］．地理科学进展，2007（2）：35-42．

［571］周光友，施怡波．互联网金融发展、电子货币替代与预防性货币需求［J］．金融研究，2015（5）：67-82．

［572］周光友．电子货币的替代效应与货币供给的相关性研究［J］．数量经济技术经济研究，2009（3）：129-138．

［573］周光友．电子货币对货币流动性影响的实证研究［J］．财贸经济，2010（7）：13-18．

［574］周光友．电子货币发展对货币流通速度的影响——基于协整的实证研究［J］．经济学（季刊），2006，3（5）：1219-1234．

［575］周广肃，樊纲．互联网使用与家庭创业选择——来自 CFPS 数据的验证［J］．经济评论，2018（5）：134-147．

［576］周广肃，梁琪．互联网使用、市场摩擦与家庭风险金融资产投资［J］．金融研究，2018（1）：84-101．

［577］周广肃，谢绚丽，李力行．信任对家庭创业决策的影响及机制探讨［J］．管理世界，2015（12）：121-129+171．

［578］周弘．风险态度、消费者金融教育与家庭金融市场参与［J］．经济科学，2015

（1）：79-88.

［579］周锦，赵正玉．乡村振兴战略背景下的文化建设路径研究［J］．农村经济，2018（9）：9-15.

［580］周利，王聪．人口结构与家庭债务：中国家庭追踪调查（CFPS）的微观证据［J］．经济与管理，2017，31（3）：31-37.

［581］周逸先，崔玉平．农村劳动力受教育与就业及家庭收入的相关分析［J］．中国农村经济，2001（4）：60-67.

［582］周袁民．第三方支付对金融消费者的持币影响和冲击［J］．区域金融研究，2017（10）：55-60.

［583］朱光伟，杜在超，张林．关系、股市参与和股市回报［J］．经济研究，2014，49（11）：87-101.

［584］朱红根，康兰媛．金融环境、政策支持与农民创业意愿［J］．中国农村观察，2013（5）：24-33.

［585］朱信凯，骆晨．消费函数的理论逻辑与中国化：一个文献综述［J］．经济研究，2011，46（1）：140-153.

［586］祝仲坤，冷晨昕．互联网与农村消费——来自中国社会状况综合调查的证据［J］．经济科学，2017（6）：115-128.

［587］邹红，喻开志．退休与城镇家庭消费：基于断点回归设计的经验证据［J］．经济研究，2015，50（1）：124-139.